中國學術思想 研究輯刊

二十編

林 慶 彰 主編

第 5 冊

從引詩賦詩到詩本義探求的詮釋轉向——
《詩經》詮釋典範轉移中的文化意識、文本觀及存在闡釋的界域

翁 燕 玲 著

花木蘭文化出版社

國家圖書館出版品預行編目資料

從引詩賦詩到詩本義探求的詮釋轉向——《詩經》詮釋典範轉
移中的文化意識、文本觀及存在闡釋的界域／翁燕玲 著 -- 初
版 -- 新北市：花木蘭文化出版社，2015〔民104〕
目 6+282 面；19×26 公分
（中國學術思想研究輯刊 二十編；第 5 冊）
ISBN 978-986-322-994-0（精裝）
1. 詩經 2. 研究考訂
030.8   103026834

ISBN-978-986-322-994-0

9 789863 229940

中國學術思想研究輯刊
二十編 第五冊   ISBN：978-986-322-994-0

從引詩賦詩到詩本義探求的詮釋轉向——
《詩經》詮釋典範轉移中的文化意識、文本觀及存在闡釋的界域

作　　者　翁燕玲
主　　編　林慶彰
總 編 輯　杜潔祥
副總編輯　楊嘉樂
編　　輯　許郁翎
出　　版　花木蘭文化出版社
社　　長　高小娟
聯絡地址　235 新北市中和區中安街七二號十三樓
　　　　　電話：02-2923-1455／傳眞：02-2923-1452
網　　址　http://www.huamulan.tw 信箱 hml 810518@gmail.com
印　　刷　普羅文化出版廣告事業
封面設計　劉開工作室
初　　版　2015 年 3 月
定　　價　二十編 21 冊（精裝）台幣 38,000 元

從引詩賦詩到詩本義探求的詮釋轉向——
《詩經》詮釋典範轉移中的文化意識、文本觀及存在闡釋的界域

翁燕玲　著

作者簡介

翁燕玲，國立東華大學中國語文學系博士，國立中正大學中國語文學系碩士。著有《從引詩賦詩到詩本義探求的詮釋轉向——《詩經》詮釋典範轉移中的文化意識、文本觀及存在闡釋的界域》、《現代性的追索——林燿德研究》（碩士論文）等。

提　要

　　《詩經》自五四以來現代詮《詩》典範生成後，《詩經》與詩文本解讀均受此一詮釋典範固定觀點的影響，這一典範主要受西方文化觀點和當時特殊歷史情境的限定，《詩經》經典詮釋和詩文本詮釋均強調以自我抒情為主的原作者本意，並貶斥傳統經學典範。然而這一觀點基本上忽視詩文本在中國文化傳統形構的原有傳承，因而難以突顯中國自身詩學傳統的要義和特質，亦難以反思現代詮詩模式自身的問題與限制。

　　本論文主要以詩本義的構成為核心觀點，透過古今詮《詩》三大典範——《毛詩》、《詩集傳》及五四古史辨學派，重新考察各典範詮釋詩本義的意義生成脈絡，探究其基本詮釋方法和模式，以求重新探討古今中國的詩文本觀與典範生成的歷史語境，觀察其承變關係。研究發現古今三大詮《詩》典範即使歷經典範轉移的過程，仍共同表現出中國傳統引譬連類等聯繫性思維的思考模式，價值與意義詮釋均呈現傳統一元論的思維模式。

　　然而三大詮《詩》典範亦各自形構其自身的典範意義和詩文本觀，漢代《毛詩》詩本義在於以美刺為詮釋原則，使詩成為輿論的再現，展現出詩史性質的詮詩行動，由之證明輿論的正當性，《詩經》詮釋成為一種「古代輿論原型」的重建；宋代《詩集傳》等朱熹詮詩論述的典範義在於使詩成為聖俗主體間相互通感以求身心修煉的文本，觀詩即可觀人品格的詮釋觀點因而建立，並產生以「諷詠涵濡」工夫為中心的一套身心修煉式的學詩方法論。現代詮《詩》典範的典範義來自於個人性與集體性兩種意義面向的矛盾綜合，雖看似回歸文本與原作者本意，實則將想像的俗民集體形象和現代民謠比附於詩文本進行詮釋，以符合自身以世俗化為中心的文化意識型態。

　　綜上所述，詩本義和詩文本觀的構成在中國文化傳統中，不論古今皆有其複雜性，不能一概而論，且均應返回其所處歷史情境，才能理解其意義，因而在此一基礎上，現代詮詩觀點亦應面對因忽視和未深入理解傳統，所造成的經典意義萎縮及喪失的問題。

目次

第一章 緒 論 …………………………………………… 1
　第一節　問題意識的形成——詩本義與《詩經》
　　　　　意義價值關係的檢討 ………………………… 1
　第二節　詩本義的多重性：作者、文本觀與文化
　　　　　價值意識的糾結 ……………………………… 3
　　一、作者多重性與本義論爭 ……………………… 3
　　二、儒家文本觀、作者觀與《詩經》意義生成
　　　　的基本趨向 ………………………………… 8
　　三、近現代價值意識下的經典、歷史文化意識
　　　　與《詩經》意義形成的關連性 ……………… 10
　第三節　文獻檢討 ……………………………………… 13
　第四節　研究範圍、方法與步驟 …………………… 16
　　一、研究範圍的選取與畫分 ……………………… 16
　　二、研究方法及步驟 ……………………………… 20
第二章　《毛詩》代表之漢代《詩經》詮釋模式及
　　　　基本視域——「詩史合一」意識下神聖原
　　　　型與古代輿論原型的建立 ………………… 25
　第一節　采詩說與「大序」建構的詮釋趨向——
　　　　　由俗顯聖、詩史意識到古代輿論原型的
　　　　　構成 …………………………………………… 26
　　一、涵融個體而以群體社會價值為詩文本詮釋
　　　　導向 ………………………………………… 26

　　二、由俗顯聖——采詩獻詩的體察民意以彰顯
　　　　聖王之跡 ……………………………………… 30

　　三、詩、史初步繫連及神聖價值在詩體分類的
　　　　呈現 …………………………………………… 35

第二節　「詩史合一」至「詩史」觀念初步建立——
　　　　以正變觀、歷史譜系重構詩本義 ………… 40

　　一、詩即王者之跡——正變觀、歷史譜系爲詮
　　　　釋主軸的建構 ………………………………… 42

　　二、歷史化、譜系化方法運用——王者之跡實
　　　　證完成到詩本義重詮與體系化 …………… 46

　　三、「詩史合一」詮釋法所含的歷史原型與中
　　　　國歷史觀 ……………………………………… 49

　　四、詮詩理論落實於具體詮釋文本的類型和疑
　　　　義 ……………………………………………… 54

第三節　史實或比附：開放文本公有化與多元語境
　　　　轉用的遺形 …………………………………… 55

　　一、方法探源及用詩類型——先秦引詩賦詩等
　　　　用詩在漢代的兩種遺形 …………………… 56

　　二、文本類型及學科畫分的半成熟階段——漢
　　　　代史學的非獨立性與文本性質界分的模
　　　　糊性 …………………………………………… 63

　　三、意義生成的基本思維方式——中國傳統整
　　　　體一元論的詩詮釋 ………………………… 66

　　四、詮釋層次轉換——語境轉換法的廣泛運用
　　　　與「言外之意」詮釋取向的產生 ………… 69

　　五、以儒家價值爲開放詮釋之範限和基準 …… 73

第四節　詩文本觀及其典範化——個人至群體、凡
　　　　俗至神聖的交流互動象徵到「詩史」觀的
　　　　衍生 …………………………………………… 74

　　一、詩、史、禮分判到詩文本觀初步建構 …… 74

　　二、《詩》的典範作用與漢代士人存在困境的
　　　　對應 …………………………………………… 80

　　三、當代輿論到「古代輿論原型」的詩文本觀
　　　　詮釋移位 ……………………………………… 83

　　四、詮詩新典範樹立——「詩史」觀初步形構
　　　　………………………………………………… 87

第三章　《詩集傳》代表之宋代《詩經》詮釋模式
　　　　及基本視域——聖俗感通歷程中道統化
　　　　歷史化文本與個人化世俗化文本的雙向
　　　　建構 ……………………………………………… 91

　第一節　神聖價值偏移——《詩》典範義重構與宋
　　　　　代政治文化的士人主體 …………………… 91

　　一、前言：疑古、去歷史化、個人化和文學化
　　　　的現代朱熹建構及其問題 ………………… 91

　　二、詩發生論：回歸個人情性感發為原點 ……… 95

　　三、詩之教——從感發到情性主體藉詩由俗趨
　　　　聖 ……………………………………………… 96

　第二節　觀詩即觀人的詮釋體系建構——道德修
　　　　　養分判做為詩體、作品價值及作者觀的分
　　　　　類原則 ……………………………………… 105

　　一、「風」「雅」「頌」詩體分類標準以個人情
　　　　性為主 ………………………………………… 106

　　二、觀詩即觀人的詩體分類基準與作品價值區
　　　　辨 ……………………………………………… 116

　　三、祖述聖人之道與個人主體創作的聖俗過渡
　　　　型作者觀 ……………………………………… 122

　　四、語言文本與作者存在的一體觀 …………… 126

　第三節　非語言層的詩本義體察：諷詠涵濡到藉詩
　　　　　以「觀」、以「興」的身心修煉工夫 …… 129

　　一、學詩基礎工夫——語言層的詩本義理解
　　　　 ………………………………………………… 130

　　二、學詩進階工夫——非語言層的詩本義體察
　　　　到藉詩以「興」的身心修煉 ……………… 132

　第四節　學詩讀詩工夫論的體系建構——語言層
　　　　　理解轉化至非語言層解悟的內聖修煉工
　　　　　夫與詩本義的雙重義 …………………… 144

　　一、能「興」與意識轉換的解悟工夫：諷詠涵
　　　　濡以觀的身心修煉 ………………………… 144

　　二、起興前的虛待準備意識至起興解悟意識的
　　　　跨越翻轉 …………………………………… 148

　　三、解悟意識及語言理解的關連與區辨 ……… 155

四、詩的雙重本義、詩本質之微婉自然到「言外之意」的詩文本觀 ……………………… 158

五、《詩集傳》僅爲基礎教本——傳注體的解義限制 ………………………………………… 162

第五節　朱子詮詩觀的典範化——聖俗感通、以聖化俗的身心修證原型及「言外之意」觀衍生的意義轉化 ………………………… 169

一、《詩集傳》兩大基本詮釋類型與文本意義形構的兩種觀點 …………………………… 170

二、歷史化與去歷史化並存的機轉——詩可以王化之跡與個人情性並觀 ………………… 176

三、詩文本爲儒者內聖外王價值於俗世實踐的具體實跡 ………………………………… 178

四、詩文本詮釋原則——回歸文本、觀個人情性及轉向聖人本意的價值分判 ………… 180

五、朱子詮《詩》一隱一顯之詩本義與詩文本觀 ……………………………………………… 181

第四章　五四時期代表之現代《詩經》詮釋模式及基本視域——文學自覺、上古俗民烏托邦到傳統原型觀的變形再現 …… 187

第一節　肅清傳統「經學」詮釋，以文學和上古史料重構意義 …………………………… 188

一、上古詩歷史源流重詮——疑古、反傳統觀點形構 ………………………………………… 188

二、現代詮《詩》觀——文學文本與上古史料的詮釋定位 ………………………………… 190

三、《詩經》即古樂歌謠的論述提出及價值預設 ………………………………………… 192

第二節　去歷史化與再歷史化的詩本義詮釋與「俗民歷史原型」塑造 ………………… 195

一、去歷史化——抹除王化之跡、政治教化及中國歷史觀 ……………………………… 195

二、再歷史化——「俗民原型」化俗爲聖的歷史重詮與烏托邦價值重構 ……………… 197

三、現代式引譬連類與詮釋方法的俗民化原則 …………………………………………… 203

第三節　詩體傳統分類系統重詮和「開放性文本
　　　　觀」神聖義移轉·················215
　一、以歌謠爲中心的「風」「雅」「頌」分類基
　　　準與詮釋·····················215
　二、雅俗二元對立的題材分類即詩體區辨········219
　三、現代「用詩」觀——讀詩即讀解社會階級
　　　二元對立之價值行動···············221
　四、詩本義構義原則自相矛盾與文本觀的糾結
　　　···························222
　五、俗民爲中心的兩大詮詩類型及詩體析類·····224
第四節　「反向格義」與《詩經》文本附庸化——
　　　　以現代民謠爲構義主體的詩本義和詩文
　　　　本觀······················225
　一、詩本義的詮釋模式（一）——「反向格義」
　　　與《詩經》文本附庸化············226
　二、詩本義詮釋模式（二）：白話翻譯與現代
　　　民謠的本義共構···············232
　三、自作立說與經典詮釋的基本區辨··········242
　四、詩文本詮釋原則——回歸文本與現代民歌
　　　比附共構、轉向「俗民原型」、雅俗二元
　　　對立······················248
　五、自然質樸、個人抒情之詩本質論述及詩文
　　　本觀······················249
　六、經典意義的萎縮與存在價值意義的死亡
　　　···························252
第五章　結　論·····················255
　一、古今詮詩典範的詩本義形構模式、文化意
　　　識與存在闡釋視域···············257
　二、詩本義與儒家述作傳統交互作用下的意義
　　　生成系統與其意涵···············262
　三、詩文本觀承變關係與核心觀點喻示的詩本
　　　質························266
　四、詮釋典範對中國詩學方法學與工夫論的
　　　建構······················269
參考書目·························273

第一章　緒　論

第一節　問題意識的形成——詩本義與《詩經》意義價值關係的檢討

　　本論文的主要研究旨趣在於《詩經》文本詮釋與直接彰顯文本存在意義的一般《詩經》詮釋路徑，專論《詩經》整體的一般詮釋路向，及其歷史演變裡所生典範轉移的關鍵問題及緣由。

　　《詩經》詮釋史在古代或以毛、鄭為宗，或以朱熹為尚，形成猶如派系鬥爭的學派爭論，是《詩經》研究史至今仍延續存在的問題，實則漢代起齊魯韓毛四家詩便有爭奪詮釋主導權的現象，最終《毛詩》勝出，直至宋代歐陽修撰《詩本義》始質疑《毛詩》，直接標舉《詩經》之「本義」為問題核心，揭開後世《詩經》詮釋爭論的序幕。

　　此一《詩經》意義詮釋上的歧見與爭端背後，其實隱藏一個基本問題和判斷——即作者本意的追索，能深察作者本意才是讀詩價值（正當性）所在。但正因此，各代對《詩經》作者的判定歷來各有主張且歧異其大，根本無以判定爭議的是非曲折，至今似乎已使此一爭論陷入各說各話的困局，而失去意義。

　　然而問題在於：何謂「詩本義」？《詩經》的文本意義詮釋與價值如何推求才得以顯現？

　　若換個視野觀之，不先預設某時代某派別的基本觀點或意識型態，而是先尋索古今幾個關鍵詮《詩》典範的基本詮釋及所預設的詮釋價值觀，溯源流別，以觀其價值觀與詮釋方法的交互關係，並探求各詮釋模式與其所在的

歷史文化處境間的關連性，以明各代詮《詩》典範賴以形構的歷史文化成因，再考察歷史文化與預設價值觀的變遷，與各詮《詩》典範詮釋模式的流變，便能較清楚地看到不同詮《詩》典範在詮解意義時的發展及範限。而從方法論上重新梳理，亦有益我們觀察《詩經》意義詮釋的趨向變化與意義。

再者，經典所以具有重要性，乃在於其「超時間性」與「超空間性」〔註 1〕，即因其能彰顯生命存在意義的豐富性，故能帶給當代或後世生命更多存在的啓示與反思，而歷代《詩經》詮釋典範由其不同詮釋模式與價值觀，分別側重闡發《詩經》何種面向的意義？其所重視闡釋的基本意義面向，到底視《詩經》爲一種怎樣的經典？其闡述的意義大致所畫定的意義範圍，爲《詩經》此一經典發展出哪方面的意義？又形成怎樣的局限？依此來重新省思歷代《詩經》詮釋觀點與模式，於今可能更有意義，一方面可將史料不足而生的無解懸案暫時擱置，另一方面則能回到讀詩誦詩最基本且重要的意義及價值層次，即對生命存在意義的感悟或省思，最能給我們深刻或寬闊的生命存在意涵者，此則爲詩之價值的主要歸趨，如此，我們也許可以重新穿越古今，試圖重新辨識這些看似異於現今主流《詩經》詮釋的古代重要詮詩典範，是否如五四文人所言如今已喪失其主要存在意義，不具經典價值？或是這些當時看似隨歷史故去的古典《詩經》詮釋典範，其實在現代反而有其新的意義與價值，轉化爲重新感發現代人心或文化的動能，從而有可能在讀者或文化情境中獲得新生？

自五四時期後取得主流詮釋位階的現代《詩經》詮釋，今人詮解《詩經》雖多遵此趨向而翕然宗之，然而在作法與取義的視域上，其發展與限制何在，幾可說是未被仔細檢視的問題，不過現代《詩經》詮釋卻能大刀闊斧地直斷古人詮詩之弊，甚且主張將某些古人認定的核心意指掃除，但對自身評斷的標準及價值意識卻未深入檢核，眾人卻也多以之爲不證自明者而多加跟隨，此一現象不可謂不怪，然如此而欲說此種現代《詩經》詮釋可信或有其效力，則亦頗有可置疑或商榷之處。

此外，《詩經》在現今雖因歷史文化價值意識的變異，失去古典時期以之立身處世的經典地位，然除此之外，現代《詩經》詮釋的路向及意義闡釋是否形成某些自身的限制，以致不能展現《詩經》所以爲經典的存在意涵與價

〔註 1〕 此處概念並非意指其「超驗性」或抽象性，中國經典此種性質已有前行研究加以詳論，參見第二章第二節「詩史合一」討論，其中黃俊傑論中國歷史觀有關「超時間性」的說明。

值，亦是值得深入討論的問題，是以本論文亦期能藉歷代不同詮釋典範的比較，來考察現代主要詮釋典範裡的發展及限制，思索《詩經》現代詮釋的其他可能。

　　由此論各代詮《詩》典範探求詩本義時其意義如何生成，以觀其判定詩本義的文本觀點和解讀《詩經》的視域，討論其對《詩經》文本意義詮釋的開展和限制，從而重新思考詩本義探索的意義及我們該如何看待此一研究《詩經》的轉向，因此，本論文將試由重探歷代《詩經》詮釋典範對詩本義的基本判斷及其產生緣由，探索《詩經》詮釋取向的轉變及其意義，並檢討此一《詩經》詮釋路向開展出怎樣的詩文本詮釋視域，其發展及限制為何？以此重新檢視現代《詩經》詮釋的路向及問題，思索經典的存在意蘊於今如何得以再現。

第二節　詩本義的多重性：作者、文本觀與文化價值意識的糾結

　　歷代對《詩經》解義上的爭議該要如何直接斷其是非曲直，並非本論文關切的主要問題，因為我們要回到一個更重要且更基本的問題，即詩文本的意義如何生成，重新檢討此一問題，可使我們免於淪入歷來聚焦於詩文本第一序意義解讀時眾說紛紜、莫衷一是的困局，而有助於回到各《詩經》詮釋典範形成其意義詮釋的方法、價值意識等詮釋基點來進行觀察，亦即從第二序的文本詮釋檢討中，我們得以檢視各《詩經》詮釋典範所解說的「詩本義」，其意義究竟如何生成？在怎樣的價值意識及條件下生成？

　　如此可使我們站在一個較清楚有利的位置，重新思考歷代圍繞在「詩本義」爭議的困局及其中所含的深層意義，包括歷代文化意識、文本觀及詮釋方法等的考察，並藉此廓清這個爭端對《詩經》此一經典的意義價值形成產生了怎樣的作用及效果。

　　因而在此必須先從最基本的概念重新思考，即何謂「詩本義」，而從此一概念出發，以下幾個要點是本研究欲進一步加以討論的問題：

一、作者多重性與本義論爭

　　透過選取的《詩經》典範，並對其詩本義所生成的基本條件加以探討，乃是本研究最根本的論題。然而在此即會遇到詩本義的多重性問題，也涉及

作者多重性的現象。

藉著《詩經》詮釋史一個極著名也極重要的爭端,將更容易進入我們想探討的問題,此一爭端即是五四疑古派大將顧頡剛所掀起的《詩經》論戰。

二三十年代五四前後古史辨派極著名的「《詩經》大討論」中,顧頡剛〈《詩經》的厄運與幸運〉一文可說是最具代表性且開啓後續《詩經》論議及研究方向的先聲,其中討論孟子說詩的部分,包括「尚友論世」(即今所謂「知人論世」)和「以意逆志」等,這段論說適足以呈現我們將提出的一些重要問題。顧頡剛對孟子此兩種說詩方法正反評價皆有,以「尚友論世」而言,孟子說「以友天下之善士爲未足,又尚論古之人。頌其詩,讀其書,不知其人,可乎?是以論其世也。是尚友也。(《萬章下篇》)」顧頡剛認爲這是很好的讀書方法,可惜孟子自身就做不到,不只認爲歷史興亡繫於少數君王之手,犯了觀念上的錯誤,而《詩》與《春秋》寫作年代分明有所重疊,孟子還不按史實做出「王者之跡熄而詩亡,詩亡而後春秋作」的判斷,牽強附會,開漢儒附會史事之風。

接著則說孟子「故說詩者不以文害辭,不以辭害志,以意逆志,是爲得之」的「以意逆志」說詩方法,是要探到詩人的心志裡,與春秋時「賦詩言志」的方式大爲不同,顧頡剛認爲春秋時人的「賦詩言志」是主觀的態度,孟子改爲「以意逆志」是客觀的態度,有了客觀的態度才可以做學問,所以認爲孟子這句話可謂詩學的開端。

然而他又引孟子對〈閟宮〉、〈綿〉二詩的引用和論說,批評孟子不詳究歷史眞實、時代先後,即隨意比附,「到底只會用自己的意志去『亂斷』詩人的志」。最後對孟子解詩之法的總結則爲:

> 孟子能夠知道「尚友論世」、「以意逆志」,對於古人有了研究歷史的需求,確然是比春秋時人進步得多了。但既有了研究歷史的需求,便應對於歷史做一番深切的研究,然後再去引詩,這才是道理。他竟不然,說是說得好聽,作出來得依然和春秋時人隨便用詩的一樣,甚至於亂說《閟宮》所頌的人,亂說《詩經》亡了的年代,造出春秋時人所未有的附會,下開漢人「信口開河」與「割裂時代」的先聲,他對於詩學的流毒,到了這般,我們還能輕易的放過他嗎?〔註2〕

〔註 2〕顧頡剛批判孟子之說,詳見顧頡剛等:《古史辨》第三冊(台北:藍燈文化,1993 年),頁 358~366,關於該文相關議題後面章節將再詳論。

　　顧頡剛對孟子說《詩》的主要評論可歸納爲幾大要點：一、肯定孟子「尙友論世」（知人論世）的解詩法，但批評孟子自己做不到，一是因孟子認爲時代的好壞是截然的，僅繫於少數人（王者），又因孟子認爲《詩經》是歌詠王道之書，此皆證其未論其世以知原詩作者之意。二則將孟子「以意逆志」的說《詩》法視爲詩學的開端，因爲這才是探求原詩作者之志，才是客觀，春秋時流行的「賦詩言志」則爲主觀，於詩文本詮釋而言自不足爲取。二、孟子「尙友論世」（知人論世）、「以意逆志」說雖重要，但不懂歷史之法，不據史實，任意解詩附會，猶如春秋時的用詩之法，卻比春秋人更進一步地附會史事於詩文本中，開漢人任意以史比附解詩之先，此即詩學的流毒。

　　這些論點裡的文化價值意識容後再談，其論點最重要的是揭起新時代對何謂「詩本義」的重新探索與判斷，以及由此而斷中國古代學術與傳統價值不足取，在其中判斷的基點有二：一是原詩作者之志才是所謂「詩本義」，王道之說或用詩之說均屬無稽；二、歷史眞實的判斷爲解讀文本的關鍵，而這裡對歷史眞實認定之準，明顯近於西方現代實證史學；三、時代好壞、歷史治亂不應繫於少數上位者，且《詩經》並非歌詠王道之書，應是民歌樂歌般的文學。

　　此一對《詩經》之學的詮釋判斷，引起其後更多學者投入論辯，形成五四時期極重要的一場學術論戰，上述所涉的判斷基點及相關論題，將於各章分別論述，而其中最關鍵的問題即在於「詩本義」認定的觀點歧異。

　　在此我們無意如顧頡剛即行判斷「詩本義」的認定基準，而是準備懸置此一問題，並由此考察各代詮釋典範所謂「詩本義」的標準爲何，使「詩本義」的基準移異或承襲的現象得以充分展現，因爲詩本義的多重性與《詩經》文本產生的背景有關，今所見《詩經》文本最早的全本乃是漢人所編，而文本原作者多不可考，加上一向流傳的孔子刪詩編詩之說，使眾人追索詩本義時，常立於不同的「作者」立場來進行解釋，但多未清楚說明其立場而造成讀者理解時的混亂。清代魏源《詩古微》則洞晰此一作者多重性的問題，而作出如下的分判：

> 夫詩，有作詩者之心，而又有采詩、編詩者之心焉；有說詩者之義，而又有賦詩、引詩者之義焉。作詩者自道其情，情達而止，不計聞者之如何也；即事而詠，不求致此者之何自也；諷上而作，但蘄上寤，不爲他人之勸懲也。至太師采之以貢於天子，則以作者之詞而

論乎聞者之志，以即事之詠而推其致此之由，則一時賞罰黜陟興焉。
國史編之以備矇誦、教國子，則以諷此人之詩存爲諷人人之詩，又
存爲處此境而詠己詠人之法，而百世勸懲觀感興焉……

三家特主於作詩之意而「毛序」主於采詩、編詩之意，似不同而實
未嘗不同也。……三家雖主作詩之意，而亦間及編詩、奏詩之意，
似自違而非自違也。「毛序」雖以采詩編詩之意爲主，然……合眾作
而推其義例，可見序詩者與作詩之意絕不相蒙，作詩者意盡於篇中，
序詩者事徵於篇外，是《毛傳》仍同三家，不以序詩爲作詩，似相
牴而非相牴也。……至若編詩以教萬世，則視采詩教一時者，其義
尤賾，正風正雅諸樂章既以播之朝廷、鄉國，其餘亦備國子矇瞍諷
誦之明，……「大序」所謂「國史明乎得失之跡，哀刑政之苛，吟
詠性情以風其上」，蓋國史掌世系、擇勸戒以授之矇瞍，……雖非詩
人言志之初心，適符國史美刺之通例，此則齊、魯、韓、毛各有所
得，觀其會通以逆其志，未始不殊途同歸者也〔註3〕。

魏源把「作詩者」、「采詩、編詩者」、「說詩者」、「賦詩、引詩者」等與
《詩經》意義生成相關卻性質不同的幾個角色明確地加以辨明，指出作詩者
作詩只爲自述一己之情，不是爲了聽者讀者的觀感而作，因事而歌詠，不爲
推求何以致此，即使諷上而作，但求上位者醒悟，不爲他人勸懲之意，這才
是作詩者之心意。但到了太師采詩以貢於天子，則以作者之詞來論聞者之志，
以即事之詠推其致此之由，才有以詩來賞罰臧否的情況，這是采詩者所言的
詩義。而國史再編之以備矇誦、教國子，則以原爲諷刺特定某人之詩轉爲可
諷眾人之詩，又保留處於此一語境時的述己志及述眾志的方法，故百世勸懲
觀感亦由之而生，如此則編詩者爲了當時教化目的，將詩的語境由個人轉爲
群體之用，而此種傳述志意的方式又被存留而固定下來，因而後世可依此不
斷將詩文本轉爲勸懲之用，而形成編詩者之意。

我們可以看到，魏源確切地梳理出《詩經》詮釋主要變遷的歷程，原詩
作者創作的個人性，轉至采詩、編詩者以群體意識來重新用詩，將詩文本轉

〔註 3〕 魏源：《詩古微・齊魯韓毛異同論》，收錄於《續修四庫全書》77 冊（上海：
上海古籍，1995），頁 19～20。其後同時代龔橙《詩本誼》則據魏源此說進一
步直言《詩》之本義問題，然因其主要觀點多循魏源而類同，其說收錄於《續
修四庫全書》73 冊（上海：上海古籍，1995）。

爲適應國家社會等群體語境下而用，致使詩的意義轉爲勸懲教化之用，於是
可因之看出由「作者」的多重性而致「詩本義」的多重性，即各種「本義」
乃因多種不同的「作者」而生成不同意義，在此即可知「詩本義」並不限於
今日我們所習以爲的原詩作者之意，《詩經》文本意義的生成尚涉及早期尚未
經化的詩文本轉爲春秋時引詩、賦詩等用詩之義，以及《詩經》編輯寫定至
經典化之後的解詩說詩之義等等，由此不難理解歷代對《詩經》解義時何以
各執一詞的基本緣由，除原詩作者外，在采詩及引詩、用詩起，即已轉換《詩
經》意義生成的基本背景、條件及機制，若欲釐清《詩經》詮釋問題的爭端，
不同「作者」及「本義」層次的梳理實屬必要，意即「本義」之「本」，未必
是「原作者之本」，而可能是基於各種不同意義需求之下而生的「原其根本」，
這裡的「根本」往往未必是西方的線性時間歷史觀可推求，而是依某一意義
需求的層次來尋溯此一層次下的根本意涵。形成這種「詩本義」多重性現象，
實因上古及早期儒家對「作者」的觀點有其特殊性，此一特殊「作者」觀與
現今的作者觀大不相同，而後歷代對文本及作者的觀點漸漸產生變化，作者
概念意涵也隨之改變，此一歷程在研究詩本義時也必須加以考慮。

　　然而魏源此說仍僅著重在詩本義多重性形構的表象層次，即只著眼於歷
史進程中「作者」的多重性類別區分，卻未深入探討此多重性所以形成的內
外在動因及條件，因其論本志不在此，而在辨三家與《毛詩》異同而已，不
過他的分判已足以給我們一重要啟示，即詩本義之多重性既關乎作者的多重
性，亦是中國歷史文化發展下極特殊的現象，則我們當然應將詩本義的爭議
問題重新放回中國歷史文化形構的背景脈絡中，才得以釐清長期未能意識到
此一問題而形成的意義糾結，也才能避免因所採「本義」層次不同而產生論
辯失焦的常見現象〔註4〕。

　　因而我們須先了解多重作者形構的主要動因及關鍵意涵，再回到歷代各
《詩經》詮釋典範的作者問題及其意義構成的主要成因加以剖析，由此方能
理解各典範詮釋類型的意義、典範類型構成的內外動因，及典範更迭的緣由

〔註4〕 由前述顧頡剛論孟子說《詩》的部分即爲頗具代表性的一例，孟子此處論《詩》
　　　之「本義」，顯非站在原詩作者之本意而言，乃近於采詩及編詩者的立場而言
　　　《詩》文本經此一歷程後而生的「本義」，若即以原作者本意爲唯一基準，忽
　　　略《詩》文本形成歷程和解義條件不同下所造成的「本義」認定之差異，則
　　　易失去論辯焦點，且使問題更形模糊：因孟子在此處原無意以今之所謂「原
　　　作者本意」說之，而是強調另一種「本義觀」，來論證所主張的價值。

與類型變化的意義。

二、儒家文本觀、作者觀與《詩經》意義生成的基本趨向

如前所述，《詩經》所以逐漸經典化，及至被視為經書，與經學形成的背景和歷程有關，且此一經學觀點與傳承，直至清代結束前均延續保留，此部分前人研究已多論及〔註5〕；尤因《詩經》文本編纂與聖王、孔子等聖人典型密切相關，《詩經》文本所以至今流傳，乃因周代王室采詩，再經孔子列為教授弟子的重要教材，姑不論孔子是否曾有刪詩之舉，但孔子重視《詩經》的意義價值自無可議，是以經過聖人們的認可及編纂後的詩文本，自被後世文人視為具有神聖意義，而具備列入經典的重要條件。

造成詩本義產生歧異的關鍵，在於何謂詩之「本義」的認定標準和條件並不相同，透過魏源的論述，不難了解詩本義的爭議多來自於對「作者」認知的差異，而產生「本義」的判定基準問題，今之所謂「本義」基本上乃以原作者為本，因作品為原作者所創作，為其所有，故「本義」便常被視為原作者所表述的意義，然而這一想法於今看來理所當然，在古代卻非如此，因之我們於今詮釋古典典籍時，往往理所當然地先以現代觀點為出發點，如此自然容易曲解古人之意。關於這一問題，龔鵬程已做過極清楚的分判，將古今不同的作者觀區分為兩種類型：「神聖性作者觀」和「所有權作者觀」，後者即是我們今日所熟知的作者觀，這種作者觀在於肯定作者對作品的勞動所有權，說明某物是由某人製造出來的，而所造之物雖可供眾人欣賞，但欣賞者必須尊重作者的創造之功，也必須信從作者對他自己作品的處理權和解釋權，亦即以接近作者的解釋為目的。

然而「神聖性作者觀」則大異於「所有權作者觀」，它視文本的所有權為開放的，「任何人都可參與作品為一神聖性的活動。任何人都不敢壟斷或獨居創作者之名；作者，也被視為神聖性的。這就是《禮記‧樂記》所說的『作者之謂聖，述者之謂明』。聖者作，其他人便來傳述之、彰明之。」這種傳述

〔註 5〕徐復觀指出經學乃由周室之史為發端，《詩》《書》的成立目的在由義理而來的教戒，經春秋時代以至孔子奠定經學的基礎，直至漢代設五經博士從制度上給予經學主要地位，開儒生正規進入仕途之路，經義在政治思想上居於總攬地位等影響。詳見徐復觀：《中國經學史的基礎》（台北：學生書局，1982年 5 月）。由此可知《詩經》在取得其儒學經典地位後，隨儒學在中國古典時期居於長期重要地位，在知識階層亦有其重大的影響力。其他經學史論著在此部分觀點多亦相承，在此不具引。

就是參與作品〔註6〕。

　　以今人角度觀之，的確很難理解這種作者觀，正如龔鵬程所說「東西明明是自己作的，卻不願自居作者，而要推一位才智名望都比自己高的人出來掛名，乃是將創作的榮耀歸於他人的行為。」現代人在「所有權作者觀」的洗腦下，這種託名他人的行為簡直不可思議，然而「神聖性作者觀」卻認為：「一切創造性的力量，及創造性的根源，均來自神或具有神聖性的『東西』。人是靠著神的給予，才獲得了這一力量。所以作品固然是由我所製造的，創作者卻是另一『東西』，不是我。」因而人的創作不過是模擬和學習，藉之傳述神的靈恩，不是要自我宣示或意念傳達，基於這種信仰和觀點，古人才會在作詩著書時，不敢自居作者，而將之歸於古聖先哲〔註7〕。

　　在此龔鵬程所說的這種藉與神聖物接觸即參與神聖性的信仰，其實宗教現象學已多有探討〔註8〕，「神聖性作者觀」只是這種信仰在文本撰述上所產生的一種文化現象，不足多怪，然而現代人無法察覺或理解，正因我們習於現今流行已久的「所有權作者觀」，而被此一前見所遮蔽。

　　所以在此可看到詩本義問題的糾結，不僅來自於意義編纂傳述過程裡所生的意義多重性，更重要的是這些如今我們看來應可清楚區分所謂原作者、采詩者、編者、注疏者等不同角色及其各自所述的意義內容，在宋代以前，這類角色分辨顯然不是十分重要的問題，《詩經》意義的討論焦點不在於誰才是真正的原作者，「原作者是誰」在上古至唐代都不是《詩經》注疏者關心的主要問題〔註9〕，是以意義如何生成，在當時顯然並不是現今我們所以為的主要須由探究原作者來加以確定。

　　這便顯示現今我們所認定的「作者觀」和文本意義的必然關連性，在古人眼中這一連結顯然不是那麼理所當然，那麼古人所謂詩文本意義的關鍵及

〔註6〕 龔鵬程：《文化符號學》，第一章〈中國文人傳統之形成：論作者〉（台北：學生書局，1992），頁4，12。然而此處以「神聖性作者觀」和「所有權作者觀」對舉而論，大抵只舉出作者觀聖俗兩個極端的類型，但作者觀內部尚有其他創作思維觀點而呈多種複雜類型，本論文第三、四章將另依所涉其他類型加以區分探討。

〔註7〕 龔鵬程：《文化符號學》，第一章〈中國文人傳統之形成：論作者〉，頁10～11。

〔註8〕 與神聖物接觸連結即與神聖連結的「聖化」現象及行為，於後文將有進一步探討。

〔註9〕 宋代以前《詩經》詮釋主要關注的焦點及意義如何生成等問題，將於第二章進行探討。

其意義如何生成，自然與我們如今所見者極爲不同，本論文即是想彰顯此一不同的意義生成條件、觀點和文化意識，重新考察《詩經》詮釋典範在意義建構的方法論問題，以使日後我們面對《詩經》意義詮釋及各種批判時，得以找到一個適當的考察基點，不致陷入錯解及混亂。

由上述探討可知，作者的多重性使詩的本義問題更形複雜化，造成詩本義的多重現象，而這一現象固然與《詩經》文本產生及經典化的整個歷史發展脈絡有關，但古人對文本詮釋及何謂作者的觀點與今均大不相同，致使今人每論及詩本義時，屢屢僅以今之觀點觀之且藉此批判古人作法，而不解古人在意義詮解的觀點及關切的層面本與現代相異，若全以現代觀點視之或批判之，反倒容易混淆不同意義層次及詮釋觀點，並錯失探索古人所以如此理解的特殊詮釋觀點及價值意識，也易使批判落於不自覺地僅以現代立場爲尊來曲解古人。

因而要詳究詩本義的問題，不能不區分各詮釋典範所採取的「作者」，究竟是前列所述哪種「作者」，而辨明此一「作者」所涉及「詩本義」之意指屬於何種層次，了解其採取此一意義層次爲「本義」的緣由爲何，藉此我們不但可以探求其對文本詮釋的基本觀點及視野，更能進一步思考詮釋典範更迭時，後起典範批判前行典範的基本立場，在何種層次上仍沿襲前行典範的詮釋方向，又在何種層次轉換了新意義生成的條件。

唯有詳究其意義構成的脈絡與層次，我們才確能區辨各典範間的承變關係，示現典範更迭時所轉換的詮釋視域與存在意義，也才能了解當代及後世各《詩經》詮釋相關作品彼此批判的核心意旨何在，而不致對這些批判流於片斷理解而排斥或接受，或輕易陷入意識型態式的立場論爭，是以圍繞詩本義概念及依此形成的詮釋觀點和意義生成條件，即爲本論文的主要論述核心之一。

三、近現代價值意識下的經典、歷史文化意識與《詩經》意義形成的關連性

中國近現代以降，尤因西風東漸及歷史劇變等，時代的文化價值意識與古代文化價值意識產生極大的裂變，因而在《詩經》意義詮釋視域是否因之而有古今詮釋基點的根本差異，便值得細究，我們對事物的理解、詮釋往往涉及文化價值意識等層次的「前理解」，加達默爾進一步推衍海德格所提出的

這個概念時，指出詮釋學所以重要，因為「在構成我們的存在的過程中，偏見的作用要比判斷的作用大。」而且我們存在的歷史性即包含著這種偏見，然而加達默爾在此提醒，這裡的「偏見」並非一般所指帶有貶義的用法，亦即它不一定必然不正確或錯誤，或會歪曲真理，而是「我們存在的歷史性包含著從詞意上所說的偏見，它為我們整個經驗的能力構造了最初的方向性。它們只是我們經驗任何事物的條件──我們遇到的東西通過它們而向我們說些什麼。」〔註10〕

既然我們不可免必透過自身「偏見」來理解事物，這「偏見」自與所存在的歷史文化環境密切相關，那麼判斷或評價《詩經》詮釋典範意義時，便不能不檢討各代詮釋典範乃至現今主導我們研究視野的所謂「前理解」為何，而文化價值意識正是其中最重要的部分。

因而在中國古今文化價值意識發生如此重大改變，卻不詳究二者基本差異對《詩經》詮釋所構成的影響，也未仔細分辨二者在基本詮釋視域和意義生成條件上的異同，即不自覺地以現今的價值意識斷之或指摘古人的不是，無疑易流於斷章取義而難以根本理解古人之義，更無法適切地觀照自身詮釋的可能盲點，使《詩經》詮釋史及相關批評易於淪為意識型態式的爭辯，而不易回歸《詩經》文本自身的基本詮釋問題，自難於辨析各種《詩經》論戰的意義及價值何在。

尤其中國近現代歷史的巨變在文化上轉折的關鍵──五四新文化運動，時至今日，其帶來的文化意識及價值觀的根本改變，仍深切地影響我們，在《詩經》詮釋研究的領域裡亦然，五四時期重要學者研究《詩經》的核心觀點，至今依然被眾家學者承襲而不斷沿用。如前述顧頡剛的論點至今幾成為《詩經》讀者的「前理解」，不僅如此，該文起首即下了一重大論斷：「《詩經》是一部文學書，這句話對現在人說，自然是沒有一個人不承認的。我們既知道它是一部文學書，就應該用文學的眼光去批評它，用文學書的慣例去注釋它，才是正辦。」〔註11〕魯迅則視之為「中國最早的詩選」〔註12〕。

胡適甚至直接說：「《詩經》不是一部經典」，否定其神聖性，將《詩經》

〔註10〕漢斯─格奧爾格・加達默爾（Hans-Georg Gadamer）原著，洪漢鼎譯：《真理與方法：哲學詮釋學的基本特徵》（臺北市：時報文化，1993年），頁352～354。

〔註11〕顧頡剛等編著：《古史辨》第三冊（台北：藍燈文化，1993年），頁309。

〔註12〕魯迅：《集外集》，北京市：人民文學，1973。

定位爲「一部古代的歌謠總集」，且此一說法於今不僅如夏傳才所說的至今仍頗有影響〔註 13〕，而是成爲現代詮釋《詩經》者進行詮釋的開場白，余冠英《詩經選》〈前言〉即說「我們的第一部詩歌總集《詩經》就標誌著中國文學史的光輝的起點和現實主義文學傳統的源頭。〔註 14〕」

是否定調爲「現實主義文學傳統的源頭」，後人看法容或不一〔註 15〕，但所謂「歌謠總集」的說法，高亨、屈萬里、裴普賢、吳宏一、余培林、朱守亮、程俊英、蔣見元、滕志賢等眾多現代學者均持守沿用〔註 16〕，且總在序文裡以此開宗明義，這種不論兩岸皆有共識即視《詩經》爲純文學文本的論法，正來自五四觀點。然而它當然不是歷史上的共識，這一論斷在古人眼中幾不存在，可見放在歷史歷程中，我們今日以爲正當的主流「前理解」，仍有再檢視並省察其意義的必要。

這類觀點都有一共同趨向：力圖將《詩經》由經學向文學詮釋位移，即意欲由所謂純文學的觀點來解讀《詩經》，重新定位《詩經》的主要價值在於其文學性質，且藉此突出此一純文學文本的建構與民間聲音的密切關連，突顯民間無名作者的重要性，在此五四文人們不僅是要設法使《詩經》意義、價值與經學思維及視野完全脫鉤，更重要的是何以如此苦心孤詣、煞費周章地重新建構一套大異於古代傳統的詮釋系統？這套詮釋系統到底想要完成或塑造什麼？最終其詮釋視域建構出怎樣的意義系統？其效應爲何？這大抵不是三言兩語可概括，但顯然與這套建構背後預設的一套文化價值意識密切相關，只是我們至今都未曾仔細地加以檢視或反思。

是以我們在此研究現代《詩經》詮釋時將以五四時期所立下的詮釋範型

〔註 13〕 胡適：〈談談《詩經》〉，顧頡剛編：《古史辨》第三冊（台北：藍燈文化，1993年），頁 576～577。
〔註 14〕 余冠英：《詩經選》（北京：人民文學出版社，1956 年 1 月初版），1995 年 11月第三次印刷，頁 1。
〔註 15〕 滕志賢從此說，詳見滕志賢注譯：《新譯詩經讀本》〈導讀〉（臺北市：三民，2000），頁 2。標舉現實主義之名及其價值，在五四時期甚至其後相當長時間都尚流行此說，詳見本文關於現代《詩經》詮釋典範的討論。
〔註 16〕 高亨撰：《詩經今注》（台北：漢京文化，1984）。周振甫：《詩經譯注》（北京：中華書局，2006 年）。屈萬里著：《詩經詮釋》（台北市：聯經，1983）。吳宏一著：《白話詩經》（台北市：聯經，1993）。余培林著：《詩經正詁》（台北市：三民，1993）。裴普賢編撰：《詩經評註讀本》（台北市：三民，1982）。程俊英，蔣見元著《詩經注析》（北京：中華書局，1991）。朱守亮著：《詩經評釋》（台北市：學生，1984）。

—12—

爲主，一方面具有時代轉折先驅的意義，另一方面則因基本詮釋觀點及方法
多已在此時期奠定，至今絕大多數現代《詩經》詮釋的主要觀點仍沿襲五四
時期的說法，則五四時《詩經》詮釋之作確實已成爲後世之模範，已具有作
爲詮釋範型的代表性。依此我們易於清楚地辨明現代《詩經》詮釋的基本類
型與時代變遷的關係，也更能在對照古代《詩經》詮釋典範時，使古今類型
所以形構之脈絡和異同性得以更明確地突顯。

第三節　文獻檢討

　　由於本論文研究重心主要在於詩本義和詩文本觀的第二序研究爲主，《詩
經》前行研究雖多，但研究方法多爲第一序的文本研究，即針對《詩經》文
本本義、詮釋學派、詮釋典範基本特質和詮釋典範間爭論議題等之探討，主
要分爲《詩經》學史、《詩經》斷代史或某一共同議題之研究，斷代史的相關
研究多由詮釋典範所在之時代爭議問題及現象爲主，較缺乏第二序的文本研
究，本論文希望能從第二序之觀點來針對歷來三大詮《詩》典範進行方法論
上的考察，因而在此主要針對《詩經》學史研究及《詩經》範型第二序研究
兩種相關前行研究類型加以檢討。

　　《詩經》學史方面的研究主要有夏傳才《詩經研究史概要》、洪湛侯《詩
經學史》等，這類研究在《詩經》第一序研究上奠定相當重要的詮釋基礎，
對於歷代《詩經》詮釋發展形塑的現象多所鋪陳，尤其在諸多現代意識爲主
的議題設定上多有建樹，比如淫詩說、歷史比附等問題上，多從現代詮釋視
野加以探討，提出不少新的詮釋觀點，但恰因如此，未能注意到現代詮釋視
野所採取詮釋觀點的合理性問題，即此種現代詮釋意識是否僅以現代文化意
識爲主，忽略詮釋上古文本時如何儘量接近還原上古文化意識的根本問題，
因而在此部分仍多沿襲五四以降的基本詮釋觀點。

　　目前針對《詩經》進行較全面的第二序研究者仍爲少數，多以詮釋學視
野進行研究，主要著作有猶家仲《《詩經》的解釋學研究》和范佐仁《詩與人
格：閱讀、經解與中國傳統詮釋學》等〔註17〕。

〔註17〕　猶家仲：《詩經的解釋學研究》（桂林：廣西師範大學出版社，2005 年）。范佐
　　　　仁：《詩與人格：閱讀、經解與中國傳統詮釋學》，原書爲 Van Zoeren, Steven Jay
　　　　（1991）. *Poetry and personality: Reading, ecegesis, and hermeneutics in
　　　　traditional China*. Stanford, Calif.: Stanford University Press.

　　猶家仲《《詩經》的解釋學研究》最主要的研究特色在於先以西方詮釋學中諸多概念先行套用於《詩經》詮釋現象中，對於《詩經》詮釋中符合人類普遍共有之詮釋現象和原則的部分能加以闡述，然而正因如此，是以這類原則多可適用於眾多文本，對於《詩經》詮釋裡的特殊現象則無從解釋，是以此一論述中多半只能詮解出一般文本中亦有的詮釋原則，但無法呈現出各《詩經》詮釋典範裡的特殊詮釋原則，即後者乃具有中國文化的特殊性，故僅由一般性詮釋原則或西方詮釋傳統所形塑的詮釋方法進行說解時，《詩經》詮釋在中國文化傳統中的特殊性便多無法掌握而消失；因而此一做法常造成將各個《詩經》詮釋典範都變成為了證明西方詮釋學概念的附註說明而已，反而無法彰顯《詩經》詮釋本身的特殊性或本有的詮釋問題。

　　范佐仁《詩與人格：閱讀、經解與中國傳統詮釋學》雖是西方漢學研究之作，亦以西方詮釋學觀點來進行《詩經》至宋代朱熹為止的詮釋研究，然而此作在方法論層次的省思上頗有深切之處，其研究方法不是以單純西方詮釋學為主，而由中西經典詮釋建構歷程的交互參照比較，依此突顯由《詩經》詮釋脈絡形塑在中國傳統詮釋建構上的重大意義；因之其詮釋頗有能深入中國古典文本，直接考求文本意義之處，不是觀點的直接套用；如其對宋代二程至朱熹《詩經》詮釋之學的掌握便有精到之處，他指出宋儒建立一套新的《詩經》詮釋傳統，將讀詩轉為推求作者之志，並將之內化以改變讀者人格，此一判斷確能指明宋儒《詩經》詮釋之學的部分要義。

　　然而此書亦有所限，觀點有以偏蓋全、以儒家觀點及文本為研究範圍，和未能進入中國文化傳統所生的誤讀，為其最主要的三大問題。觀點上的以偏蓋全為最大的問題，作者將詩與人格畫上等號，視之為歷代《詩經》詮釋乃至中國傳統詮釋學的最主要特徵，故其書名即如此標示，然而讀詩即推求詩人人格，以轉化讀者自身人格這一觀念在宋代二程以後可以成立，在北宋以前此一觀念並非主導《詩經》詮釋的核心觀點，尤以漢代所建立詩與史密切連繫的《詩經》詮釋結構，即不可能建立在轉化個人主體的基礎之上，而以群體價值義的詮釋為主。

　　作者之失即在依孔子等原始儒家頗重知人之學，即一路以此觀念推衍至朱熹，以之為上古至宋代《詩經》詮釋的唯一且共有之要義，從而使中國古代《詩經》詮釋之學乃至中國傳統詮釋學都片面偏向以個人為主體的基礎，在其說之下，《毛詩》的「詩史合一」之法被略而不提，依此則後世眾多對《毛

詩》此法之論議遂成一不可解的怪異現象，《毛詩》以至《毛詩正義》的主要
詮釋原則皆在此一以偏蓋全中全然消失。另外，其過於強調詩的感化作用，
而使作者與讀者關係失衡，詩在宋儒詮釋下亦非聖人感化讀者的單向作用，
而是建立在互相感通的基礎上〔註18〕。

其次，該書主要研究範圍多限於儒家觀點及文本，使《詩經》詮釋之學
形構變爲儒家自身內部歷史沿革層積下的產物；《詩經》詮釋成爲中國經典詮
釋學的一環，儒家的確是最關鍵的推手，然而不能說《詩經》詮釋只是儒家
單一學派內部觀點所形構而成，而且即使儒學內部亦有其不同思想派別和觀
點歧異，不可一概而論。事實上周詩采詩陳詩、春秋引詩賦詩等非儒家專利
的詮釋現象和漢代《詩經》詮釋形構的重要關連，這些該書皆未討論，故不
能見漢代詮釋的基本特質〔註19〕。

至於漢、宋文化意識之別以致二者發生典範轉移，與典範間詮釋主軸的
主要差異，該書亦多未能察知，正因其以爲凡儒學皆以個人主體爲中心，並
藉此一觀點概括原始儒家至宋代《詩經》詮釋史，而未能察覺不同歷史語境
下儒學思想和價值詮釋重心亦發生重大異變；另因其探討範圍僅及宋代朱子
之說，現代詮《詩》觀點與古今詮《詩》典範的承變問題皆非其關注重點所
在，故未探討；加以此書在詩本義詮釋因多取於現代經學範圍，而未見其他
外部條件和儒學互動的重要詮釋現象，對中國詩文本觀的形構亦較少探討。

當然西方漢學研究往往不能免於理解異文化時的某些預設偏見，這類問
題多因研究者西方文化觀點的立場限制而有所偏，如其對宋儒所說置心平易
以求詩人之志的詩貴自然之說，便譏評爲「理學家的烏托邦」，因范佐仁認爲
若讀者持心平易，玩味詩意，即可見詩人情性，便可自然成就個人道德，此
說無非是神話〔註20〕。但范佐仁以爲是神話而目爲天眞的《詩經》詮釋和解
悟之學，恰是宋儒讀詩解詩工夫論裡精華，精華成爲糟粕，這正是理解異文
化時未能進入其中，仍以西方詩學和詮釋學爲本位所形成的偏見。

有鑑於此，本論文希望能以第二序研究來深入檢討《詩經》詮釋範型，
即期望能藉第二序研究對詮釋方法論的重新檢討和思考各範型內部意義構成
的基本脈絡，從而能找出另一條思索《詩經》經典詮釋的可能路徑。

〔註18〕詳見第三章之論。
〔註19〕在第二章將予以解說。
〔註20〕范佐仁：《詩與人格：閱讀、經解與中國傳統詮釋學》，頁209～210。

第四節　研究範圍、方法與步驟

一、研究範圍的選取與畫分

　　爲了便於研究，並深入觀察上述問題，在此將以《詩經》詮釋史上的主要詮釋典範爲考察對象，一則要觀察由古至今《詩經》詮釋觀點及意義構成方式的主要變化，去蕪存菁實有其必要性，亦便於對重要且具代表性的文本深入研究考索；二則由接受史的觀點來看，歷代《詩經》詮釋作品雖多，然真正能爲歷代讀書人所重且列爲研習談論的主要作品者，實寥寥可數，這正代表歷代讀書人在面對《詩經》文本時，已肯定這極少數的《詩經》詮釋作品有詮釋文本上的權威性及代表性，此即視這少數作品爲《詩經》詮釋史上的典範或範型，認定透過這少數詮釋典範，可望在閱讀《詩經》文本時找到一條適切的理解路徑。這證明經由這些在歷史上長期影響眾人理解與詮釋《詩經》的典範文本，我們將更容易直接考察出歷來引領《詩經》詮釋史發展的關鍵動因，並得以深入這些典範歷久彌新或產生更迭的緣由，思索構成《詩經》文本意義的時代因素。

　　因而選取《詩經》詮釋典範的判準，首先須爲歷代眾人均熟知且列爲學習研讀之典範，即從接受史之觀點來看，此一典範文本對歷代《詩經》讀者研習《詩經》時有極大的影響力，甚且具有類似教科書的性質；其次則須爲開啓新的詮釋方向、建構新的詮釋框架，即在《詩經》詮釋史上扮演使典範更迭的新典範角色。如此觀之，則歷代《詩經》足以構成典範的文本並不多，古代最具代表性的《詩經》詮釋典範唯《毛詩》及朱熹《詩集傳》當之，近現代《詩經》詮釋範型如前所述，基本觀點及詮釋方法已在五四時期奠立，並爲現今《詩經》詮釋作品不斷沿用，因而對近現代《詩經》詮釋典範的研究，將以五四時期幾位最具代表性的研究者所著相關詮解著作爲主；此一時期《詩經》詮釋重要作品雖至今仍發揮其影響力，多未構成如古代典範的全本箋注詮釋著作，而後起全本箋注詮釋雖不少，然基本詮釋方向卻往往承續五四時期已形成的觀點，且至今並未出現任一定本可如《毛詩》或《詩集傳》等典範在學界或文化社會上發揮其廣泛影響力，即無一全本箋注之作被公認爲典範，但五四以降，卻又確實出現足以稱爲新範型的現代《詩經》詮釋框架，至今主導學界及當今文化觀點及方向〔註21〕，因而此處仍將以五四時期

〔註21〕五四文人所立下而至今仍持續廣泛沿用的基本詮釋模式，在此稱之爲範型，

《詩經》相關詮釋或文學批評等重要作品爲主，以突顯《詩經》詮釋方向大幅轉向的始點，及典範更迭的新範型性質。

　　然而五四時期詮《詩》論述相當紛雜，爲能較準確地考察現代詮《詩》範型主要詮釋框架的構成，將以古史辨運動重詮《詩經》的論述爲主要研究對象，不只因古史辨運動在五四新文化運動中做爲引領新文化思潮和主要研究取向的重要角色，更因其不僅爲一小集團內的學派主張，而是在現代報刊媒體上發表其論述，從而引起學派內外各種聲音群起參與論辯，且在此一論辯歷程中不論學派內外，眾多詮《詩》論述主張雖有小異，實則在詮釋基本框架和模式上大多相似，其後數年雖詮《詩》論辯仍陸續發表，但現代詮《詩》範型已基本完成，故古史辨運動詮《詩》所形構的基本詮《詩》範型，乃爲五四時期最早完成且極具代表性的詮釋範型〔註22〕，並已確立其後現代詮《詩》的基本方向，因而在此將以古史辨運動的《詩經》詮釋重構爲核心，探討現代詮《詩》範型的基本特質及詩文本觀。

　　其實在《詩經》學史上，《毛詩》與《詩集傳》已是公認的兩個最主要的典範。夏傳才縱觀至今整個《詩經》學史，僅將《毛詩傳箋》〔註23〕、《毛詩正義》、《詩集傳》等三部《詩經》詮釋作品視爲《詩經》學史上的三個里程碑，除此之外則未有足以被稱爲「里程碑」的作品〔註24〕。

　　　　因其未出現如古代詮《詩》典範般在接受史上足堪爲眾人模習的全本《詩經》詮釋典範，而僅有片斷零散的詮《詩》論述，但其相關論述觀點和詮釋模式在現代《詩經》詮釋史上卻廣泛被沿用，其後雖有依其觀點模式而生眾多詮《詩》全本之作，然其中至今仍未有被眾人翕然宗之的典範，故五四時期所立下的詮《詩》觀點和模式僅能以範型稱之，以茲區辨。

〔註22〕五四時期詮《詩》相關論述起初雖有個別零星之論，爲數極少仍未成氣候，直至古史辨運動興起且對《詩經》展開重詮，才使《詩經》詮釋進入一全面重構的階段，詳見趙沛霖：《現代學術文化思潮與詩經研究：二十世紀詩經研究史》（北京：學苑出版社，2006年7月）。其後俞平伯、朱自清、聞一多等人雖更深入且多元性地對《詩經》進行現代詮釋建構，其詮釋基礎已在古史辨運動奠立，現代《詩經》詮釋最主要的構義原則和方向實已在古史辨時期大致完成，第四章將再深入詳論。

〔註23〕此處所說《毛詩傳箋》即指毛亨傳、鄭玄箋的《毛詩》，歷來對此作有數種書名，如《毛詩傳箋》、《毛詩鄭箋》或《毛詩》等等，本論文皆以《毛詩》稱之。

〔註24〕夏傳才：《詩經研究史概要》增注本（北京：清華大學出版社，2007）。其他類似說法如：洪湛侯：《詩經學史》（北京：中華書局，2002），頁197～198、245、362；本田成之：《中國經學史》（上海：中華書局，1935年6月），頁229～230，250、253。

　　《毛詩》在漢末以後構成一不可漠視的詮釋典範，漢代雖以齊、魯、韓三家詩爲主流，可是三家詩在鄭玄箋注《毛詩》，即《毛詩》成爲新典範後，旋即被取而代之，喪失其影響力，加以其說多未能全存，今之所存乃歷代輯佚的殘本〔註25〕，又與《毛詩》的詮釋法則仍有不少近似處〔註26〕，因而三家詩在漢代《詩經》詮釋史雖爲重點，在整個《詩經》詮釋史以歷代重要典範爲基準時，則不須列入。

　　在《詩集傳》出現前，唐代孔穎達疏《毛詩正義》雖詳細精要且取得官方認可，爲科舉考試科目的教本性質，卻因其詮釋方向和架構多沿《毛詩》，夏傳才亦指出《毛詩正義》爲追隨《毛詩傳箋》之作，其他《詩經》學史研究亦多證之〔註27〕，故仍以《毛詩》爲《詩經》詮釋典範的首部代表作，《毛詩正義》因非改變詮釋方向的新典範，而不列入討論。

　　宋代在整個中國文化史上是十分重要的轉折年代，經學、思想及文學都在宋代發生極大的轉變，歐陽修〈論經學箚子〉首開風氣，欲正各經經義而主張詔名儒學官對先前注疏加以刪修，雖其議不行，「然自是風氣一變，學者解經，互出新意，視注疏如土苴，所謂宋學者，蓋已見其端矣。」〔註28〕在《詩經》詮釋史上此時亦是改變漢末主流的一大轉捩點，歐陽修《詩本義》開宋代重新反思《詩經》本義問題之風，王安石《詩經新義》、蘇轍《詩集傳》、鄭樵《詩辨妄》、王質《詩總聞》、程大昌《詩論》、楊簡《慈湖詩傳》、輔廣《詩童子問》等均屬之，而王柏《詩疑》甚至連部分《詩經》文本都主張刪除，疑經風氣可見一斑；朱熹《詩集傳》、《詩序辨說》及《朱子語類》論詩部分等論述則可說是宋代《詩經》詮釋的集大成之作，此處不將其他宋人之作列入，一因未能成爲後世主要典範，二則這類著作多僅提示部分新的詮釋方向及可能，非如朱熹《詩集傳》發展出整全的詮釋框架，既能反映宋代學術風格，又具個人研究詮解新意，加以朱子在宋代以降的學術文化發揮廣泛影響力，由此而成爲古代《詩經》詮釋史上唯一足以和《毛詩》相匹敵

〔註25〕魏源辨三家《詩》和毛《詩》異同時，即已說兩方各有其異，但實類同之處，如雖各有所偏，但均及作詩、采詩、編詩、奏詩等之意；而國史美刺之通例，四家亦各有所得。由之可明四家《詩》雖於個別文本之釋或有所異，在詮釋模式上仍多近似之處。詳見前節註及引文。

〔註26〕三家詩與《毛詩》詮釋原則問題，另將於第二章時略加說明。

〔註27〕夏傳才：《詩經研究史概要》增注本（北京，清華大學出版社，2007）。洪湛侯：《詩經學史》（北京：中華書局，2002）。

〔註28〕馬宗霍：《中國經學史》（台北市：臺灣商務，1966），頁111。

的新典範。

　　明清兩代其實陸續有不少《詩經》詮釋作品，亦發展出其特色，然而主要多仍不脫漢、宋兩大典範之餘緒。明代初、中期因官方纂修之範本《詩傳大全》和科舉考試均以朱熹《詩集傳》爲準，朱《傳》乃成唯一主流，後期則有《毛詩》再興之勢，甚或文學性視角的詮解出現，後者甚且一度短暫形成著述風潮，然而爲時甚短，且後世多未重視，故不足以爲典範之角色〔註29〕。

　　清代號爲經學復興，《詩經》詮釋亦出現不少重要著作，洪湛侯《詩經學史》總括清代《詩經》研究的成果，分爲三個主要時期：一、清代初期：基本上沿襲宋學，但漢宋兼採，專講推求義理的「《詩經》宋學」，二、清代乾嘉時期爲主：形成清代特有學術風格的「《詩經》清學」，以顧炎武提倡考據，研討「詩本音」爲發軔之始，以乾嘉學者爲中心，從而形成的一個詩學學術流派。「它的主要特點是：經義說解，遵從古文經說；治學方法，注重文字、音韻、訓詁和名物、制度、考證，並且非常重視辨僞和輯佚。在治學範圍、研究手段、學術成果方面，較之漢代的『《詩經》古文學』已有重大發展。『《詩經》清學』中，重訓詁的考據學派是主流，反傳統的思辨學派是它的駢支。」三、清代後期：信守「三家」遺說的「《詩經》今文學」〔註30〕。且因時代變遷，如其所說，「經學不得不降下它暗淡的帷幕，悄悄地畫上一個句號。」〔註31〕因此清代《詩經》詮釋主流仍在其延續前代加以總結反省之性質，反傳統的思辨之作雖局部啓發五四時期詮釋新方向，但當時均未獲重視〔註32〕，即清代《詩經》詮釋都未能如《毛詩》或《詩集傳》擁有被眾人視爲典範的性質，因此不加以討論。

〔註29〕楊晉龍和劉毓慶均有類似的見解，且均爲明代《詩經》學長期以來未獲重視而抱屈，以此尤可見明代《詩經》諸作雖有研究價值，但終未成典範之義，詳見楊晉龍：《明代詩經學研究》〈第六章結論〉，台灣大學中國文學研究所博士論文，1997年6月，頁331～337。劉毓慶：《從經學到文學：明代《詩經》學史論》（北京：商務，2001），頁1～2，11，15～16。

〔註30〕洪湛侯：《詩經學史》（北京：中華書局，2002），頁457及頁493。

〔註31〕洪湛侯：《詩經學史》，頁457。

〔註32〕如五四時期顧頡剛等所推崇的清代《詩經》疑古詮釋代表姚際恆及崔述，在清代均未引起注意，王汎森即曾舉崔述爲例，指出一個異說要激起廣大回應，必須與學術界公認的核心論題相關才可能轉換成重大危機，若不能則單一異說甚至不能導致極小領域的變化，是以崔述在當時雖另立異說，時人卻不以爲意，可見外在環境條件對思想傳播的限制。詳見王汎森：《古史辨運動的興起》（台北：允晨，1987年），頁23～27。

二、研究方法及步驟

（一）詮釋範型、詮釋典範變遷的異同與承變關係

每一詮釋典範能成為歷代讀書人公認的典範，必然自成一格，方能彰顯自身異於前行典範，取得主導地位，則研究其得以成為典範的類型如何構成，自是了解典範意義生成必經路徑，從類型論的路向觀察，即是探討範型或典範自身內部意義脈絡如何構成，即其所以自成類型而成詮釋典範的內在理路如何建構，而這將涉及該範型或典範的詮釋原則、詮釋主軸以至詮釋模式等討論。

範型的詮釋原則、詮釋主軸探究之重要性，在於突顯詮《詩》範型在詮釋詩文本時基本的詮釋方法，尤以最根本的主要詮釋方法為研究重心，這些最足以突顯該範型意義形構特質的主要詮釋方法，在同一範型裡反覆習用之下，表示其非為一般方法屬性而已，而成為詮釋詩文本時的基本原則，即詩文本之解讀和詮釋必依此原則進行，得以顯示詮釋觀點落實於詩文本解義具體操作之方法原則，這有助於我們重新反思詮釋觀點與其所形構基本詮釋方法、原則之間的關係模式，使該典範的意義生成脈絡得以清楚浮現。

如此則尤其有助於對照古今詮釋詩文本不同觀點與其各自形塑的詮釋模式，考察古今詩文本觀異同，對其詮釋意義與文本價值時的基本差異，亦將可使我們儘量避免以某種固定的文化意識型態來定位詩文本意義，從而使詩文本在中國古今文化史上所示現的意義痕跡及其層次得以儘量地彰顯，有益於重新進行理解其可能的價值意義。

藉由詮釋類型解析與重構，不僅易於突顯各典範詮釋方法及模式的典型性、獨特性，又因各典範類型均為歷史性之存在，即來自典範及其作者所生之歷史情境和經驗，故能由類型構成條件之異同，深入觀察各典範類型的承變關係，進一步討論典範所以更迭的內外動因，即不同時代文化意識層次的問題。然而文化意識雖重要，卻涵蓋甚廣，未必皆與欲探討的詮釋類型相關，故在此將僅限於就與詮《詩》範型密切相關的部分，即對本論文所討論的三大詮《詩》範型之主要構成具有關鍵影響的文化意識部分，才列入探討對象。

本論文關心的主題在於《詩經》詮釋史的詮釋轉向及此轉向所以形構的主要條件，主要討論焦點不在字詞訓詁的解釋，亦不在各詮釋典範和範型所指涉的一般議題或詮釋現象，而在主導文本主旨及整部《詩經》主要意義的詮釋方向及詮釋框架，意即並非現今習見的《詩經》學史或《詩經》詮釋史

的第一序研究視野，這類研究視野的主要特性在於考察《詩經》詮釋重要文本著作在詮釋上的特質和意義時，往往將之置於目前《詩經》詮釋史上被視為重要論題和爭議焦點的脈絡裡進行研究，例如「淫詩說」、疑古或信古，以及詩史相互比附等論題為現代《詩經》研究主要關注和爭辯焦點，是以《毛詩》或朱熹《詩集傳》等各個重要詮《詩》著作詮釋特質和意義詮釋的探討，都先被置放在此一研究框架和視野中進行考察，於是《毛詩》或《詩集傳》意義詮釋和特質的研究，變成考察其中是否肯定淫詩和是否以史比附詮詩為主的研究。

　　這類眾多研究已累積相當豐富的成果，然而這一研究視野和框架下亦產生其基本限制，在這種《詩經》學史的研究中，都是預先設定與其文化價值觀點相合的數個概念做為重要論題，疑古信古、淫詩問題、政教詮詩和以史詮詩等問題，皆為此種詮釋框架下的產物，而後所有研究歷程裡必不斷環繞在這幾個預設議題為中心，等於視這些預設議題為古代詮《詩》典範主要意義產生之所在，不過仔細觀察這些目前被預設為重要的論題，大抵是後世屢生爭論的焦點議題，可是這類爭議問題起初未必具有重要性，而是在後世（尤其是五四以降）特定文化意識型態的眼光審視下才發生爭辯而漸被重視。

　　如所謂以史詮詩現象在漢代不是《毛詩》專利，三家詩亦如有此種做法，但這一現象在當代屬理所當然，宋代後卻成為不少學者群起攻之的對象，然而後世至今仍認定應以《毛詩》之說為準者，亦有不少，可見若僅以這種研究模式和視野進行研究，並不能回應極根本的重要問題：即何以這些問題會成為爭論的焦點？爭論形成中的主要概念（如淫詩、疑古、以史詮詩等）從何而來？何以這些概念會形成爭辯？

　　當然更重要的問題在於這些爭辯內容是否真能概括古代這些詮《詩》典範的主要意義？光以這類爭辯焦點為主的詮釋研究，能否充分解明各典範主要意義生成之所在？在以爭辯焦點為核心的詮釋探討中，是否已偏離了古代詮《詩》典範自身意義生成的詮釋結構，轉而用後人預設詮釋價值觀點和框架來套在古人身上？意即古人所以如此詮《詩》乃有其特定詮釋觀點和意義價值之認定，僅由後人詮釋框架套取古人詮《詩》意義時，古人對《詩》的特定詮釋觀點和方法可能反而因之而不能顯現。

　　「淫詩說」就是極鮮明的一例。後世屢喜以是否承認淫詩存在來觀察各個古代典範的意義，不過若純就古代各典範詮釋構成而言，淫詩可說從來都

不是詩文本意義構成的關鍵組成，尤其漢代或宋代典範而言，我們在後面論述的過程將會充分顯明，若由詮釋主軸和意義生成的關鍵來考察，各典範在形構其詩文本意義的主要詮釋時，意義生成的主要關鍵往往與淫詩並無太大關係，是否肯定淫詩存在，所以成為焦點議題，乃是五四以後才廣受重視的論題，意即現代以降對詩文本意義生成的觀點改變，淫詩問題才成為詩本義構成的主要論題，放眼古代，則淫詩問題至多只是詩本義研究裡一個小的爭端，不足以成為詩本義形構的意義主軸。

然而在昔日研究中，對古代各典範的意義詮釋裡，淫詩說卻常是觀察各典範意義和特質的主要觀點，以之而判定各典範的意義和價值，如此做法即用後世觀點取代古代典範原先形構自身詮釋的主軸，但以下問題即因之隱伏未現，如：古代典範自身意義如何生成？以何者為詮釋主軸？基本詮釋原則為何？詮釋方法和模式如何形成？尤其由淫詩說的爭辯可知，此一論辯的形成必為歷史視域轉變而生的詮釋觀點差異所致，則各典範範型的歷史文化意識產生那些重大差異，從而使詮釋觀點產生重大改變？文化意識和文本意義生成模式的關連性何在？這些不同的文本意義生成模式顯然蘊含對文本意義價值的一套基本觀點，即詩文本觀和文化意識間的基本關係如何建立？基於不同文化意識下，產生不同詩文本觀的重要意義何在？此處必涉及各代對於詩文本的意義、本質和價值的基本定位，由是才有不同意義詮釋生成的可能。

是以要真能解明各典範、範型所以具有典範或範型義，仍必先回到典範自身，了解其內部意義形成的基本脈絡和結構，再參照當代歷史情境的特殊性，才能避免僅由後世詮釋觀點和價值意識出發所造成的偏失，而較能回歸各典範文本的歷史語境，以究其詮釋所以生成的基本模式，和這種特定詮釋模式產生的主要緣由，因而在此研究的基本方法，不採取第一序研究中常視《詩經》詮釋史中重大爭議現象和論題為主要研究對象和研究框架，而是希望以各詮《詩》典範和範型文本為主，對其意義生成的模式和詩文本觀的構成，進行第二序探討。

所以《詩經》文本的詮釋框架如何構成，各時代文化意識關切的主要價值及閱讀理解文本的基本觀點間有何關連，則為典範類型論述裡不可不提的重點，由此可以確認各代詮釋典範在詮釋文本時的「前見」，及由此「前見」所發展出的一套詮釋文本的基本觀點及依此而生的一套詮釋文本的方法模式，這套固定模式我們稱之為「文本觀」，而透過文化意識及文本觀間關係

的考察後，接著可清楚地勾畫出不同文本觀所具的詮釋視域，由詮釋視域的畫定，即能看出各詮釋典範在面對自身所處特定的歷史存在情境時，其關切的存在問題爲何、如何因應此存在問題，又如何在經典詮釋時置入此存在問題加以思考，由之而在闡釋經典時形成一套特別的存在闡釋；此外，藉著這些不同界域的呈現，得以進入具體文本解析，選取《詩經》詮釋史上最具爭議性的數個文本加以討論，比對不同詮釋典範的固定存在詮釋界域在個別文本解析時慣常出現的觀點、模式，由此我們得以重新省思這些不同界域在詮釋《詩經》文本時所發展的詮釋豐富性或可能產生的限制。

（二）《詩經》與經學、今之文學觀點的糾結與方法問題

《詩經》在古今不同的釋義條件下常有不同的解讀方法及文本上的分類，視爲傳統經學領域者有之，視爲文學、詩學問題者亦有之，且依不同研究分類之研究視域，各自產生不同研究範疇下研究《詩經》的豐碩成果，然經學與今之文學各具其學科意識，且常依此畫定形成一固有的研究範圍及方法，也因而使其研究文本的視域鎖定某一固定的價值取向或觀點，如文學研究下的《詩經》必先預設解讀《詩經》文本的途徑爲現代的純文學觀點等；在此本論文先視《詩經》爲最廣義的文化文本，並不先預設《詩經》的屬性及文本觀，因這正是本研究想要先懸置而重新探究的問題，依本研究所欲呈顯各《詩經》詮釋典範的詮釋框架及典範間釋義的異同性等問題，即是欲重新思索各代詮釋典範對《詩經》文本屬性的定位及解讀文本觀點、方法的關係探討，以便反思詩文本於中國文化傳統中的定位與意義，因而將以此一論述取向爲核心，經學、文學視野下與此相關的研究成果亦將依之廣泛參考。

（三）研究模式及步驟

如前所說，探討範型或典範自身內部意義脈絡及理路如何構成，即其所以自成類型而成詮釋典範的內在理路如何建構，乃本論文最基本的研究基礎，再由之將其置於歷史文化語境中考察典範所以建構的內外在成因的關連。故研究基本方法將先究明該範型或典範的詮釋原則、詮釋主軸以至詮釋模式等，以明此典範內在理路建構的基本模式，再追索其與外部歷史文化語境問題的關連性。故本論文主要研究方法及模式如下：

一、詮《詩》典範內在意義脈絡形構的探討方式，將先取足以代表該典範內在理路說明的關鍵文本，此類文本通常是詮《詩》典範的詮釋者自述詮

釋目的和詮釋意義價值所在的關鍵文本，對其典範如何具體建構的基本觀點提出概括性的要義論說，具有高度的理論概述意涵，亦對其所形構的具體詩作詮解，具有基本詮釋觀點的規範效用，故將先以此關鍵文本的解析為準，依其行文脈絡，逐步解讀該典範主要詮釋觀點，和此一詮釋觀點下所形構的詮釋原則、詮釋主軸和詮釋模式。依此方式，可產生如下效益：一方面可使典範詮釋者的主要詮釋觀點和詮釋模式等直接顯現，方便與具體詩作的箋釋內容相對照；另一方面因依照具理論代表性的關鍵文本，據其行文脈絡進行解析，則可盡量避免前文已論的斷章取義式之論述，即避免非屬該典範觀點的涉入，以免預設觀點對典範文本造成斷章取義的解讀。

二、足代表該典範內在理路形構的關鍵文本解讀後，進一步針對解析所得的詮釋原則、詮釋主軸及詮釋模式加以探討，此部分主要將呈現該典範詮釋觀點落實於具體詩文本詮釋的結果，說明典範基本詮釋觀點對個別詩文本具體詮釋所產生的意義規範性，以及具體落實於個別文本箋釋時的成效，以明該典範整體意義脈絡的生成模式和樣態。

三、求索典範內部意義構成模式和外部歷史文化語境的關連，由於典範詮釋者所涉外部歷史文化語境甚為複雜，在此僅探討與該典範意義構成主要模式最為相關的外部問題和成因，即此一外部問題最能突出典範形構其意義的基本向度，由之以探究典範所對應的基本外部問題，及其所以形構的基本歷史文化語境，以理解詮釋者的歷史性存在與其詮釋觀點形成的具體關連。

是以本研究將先觀察詮釋範型內部系統的構成和主要觀點、概念形構的脈絡，以求理解形構詮釋體系的相互沿用的概念和觀點，可比較詮釋範型間的主要概念、觀點和意義脈絡結構和文本觀的對應關係；其次將各詮釋範型重新放回其歷史文化脈絡，尋求其內部系統構成與所處歷史文化脈絡間的對應關係，以考察彼此對應的關鍵緣由。

接著考察典範轉移時前後範型在意義生成結構中的承變關係，思考主導意義構成的機制；最後則總括各詮釋範型構成相互承變關係，考察詩本義構成、詩文本觀形成等的關鍵和特質，以求中國詩文本觀和詩的構義觀點形成的基礎。

第二章 《毛詩》代表之漢代《詩經》詮釋模式及基本視域——「詩史合一」意識下神聖原型與古代輿論原型的建立

　　昔日研究對《毛詩》詮釋方法及原則的概括或言美刺、或曰比興，多孤立舉一概念或現象，較少由方法論和整體思維模式加以考察，且多直接因美刺或王化之義而說是「政治化」，但究竟「政治化」的意義和層次為何？所涉及的政治問題為何？為何非必藉詩來闡釋政治問題？相對而言，《書》或《春秋》等文本類型較《詩》應該更能闡述政治議題、發揮政治意義，何以《毛詩》要將詩文本政治化呢？如此，漢儒何必將這幾種不同文本加以類分呢？其文本分類的基準何在？另外，過去也常舉出《毛詩》將詩文本歷史化的做法，則亦如前一狀況，未能清理詮釋內部的脈絡和層次，使得此一《詩經》詮釋範型的詮釋模式和意義生成的機制仍有其模糊未明之處〔註1〕。前行研究已發現不少此範型

〔註1〕 五四以降這類觀點已蔚為主流，多略述《毛詩》將周《詩》文本歷史化和政治化，此處僅能舉例言之。劉毓慶說其將「大量與政治無關的詩作，則根據設定的時代，通過主觀分析、判斷，建立與政間的聯系。」但劉立志則引用萬曉音對《毛詩》標興體的研究，認為《毛詩》雖有不少詮釋真正被視為穿鑿牽強、附會政教、倫理和史事者，但興句與應句確有存在意義的內在關聯者亦多有，因而說「《毛詩》闡解具有相當的合理性，後人亦給予高度的肯定。」前一觀點以為《毛詩》乃隨意主觀判斷即將詩文本政治化，後一觀點卻肯定《毛詩》政治化解詩有其合理性，就其成果卻難判斷何者較能辨明《毛詩》原具的詮釋模式和觀點，其原因則在《毛詩》若有所謂詩文本政治化或歷史化現象，其原有思維模式和意義生成上的機制和層次未加以探索而致。劉毓慶、郭萬金：〈〈詩小序〉與詩歌「美刺」評價體系的確立〉，《太原師範學院學報（社會科學版）》第6卷第6期（2007年11月）。劉立志：《漢代《詩經》學史論》（北京：中華書局，2007年4月），頁69。

的重要詮釋現象或方法之局部,但始終未能回答一個關鍵問題:「何以必是詩?」
因此本章將以這一問題為中心,考索問題相關的意義層次和脈絡,以求重新思
考《毛詩》詮釋模式的基本構成,即意義生成的條件機制、詮釋基本原則和主
要方法、價值和意義的基本趨向等等,以重新反思其詩本義的構成和意指,了
解其詩文本觀的特質、典範性的來源及其影響。

第一節　采詩說與「大序」建構的詮釋趨向——由俗
顯聖、詩史意識到古代輿論原型的構成

在此我們可先以「大序」做為《毛詩》此一典範之作的論述基礎,除因
目前多數研究均認同「大序」著作年代較早的說法,另外,即使撇開時間順
序的問題不談,不論「小序」或鄭玄的詮釋都明顯循著「大序」的主要詮釋
觀點、方法和基本模式而開展,因而「大序」可說是建立了一套《詩》的詮
釋理論範型,即使宋代起疑古之風興起,但終古之世所疑者多針對「小序」
與鄭玄,對「大序」所揭示闡明的《詩經》價值意識及文本觀則多未置疑,
且多所遵從〔註2〕,而成為後世《詩經》詮釋的共同範式,足見其詮釋範型的
重要,因而先探究「大序」論述的結構及核心意義後,將更有利於考察《毛
詩》典範的構成。

一、涵融個體而以群體社會價值為詩文本詮釋導向

由於「大序」對後世詮詩有極重要的影響力,在此先引全文以便進行討
論,歷來「詩序」問題亦為《詩經》研究爭論的公案,此處引《毛詩》校相
臺岳氏本(同於十三經注疏本《毛詩正義》之「大序」版本)進行討論〔註3〕:

〔註2〕 學界對「詩序」存廢論爭中多尊「大序」,對「小序」質疑和批駁較多,此類
　　　研究極多,可見李家樹:《詩經的歷史公案》〈漢「毛詩序」的存廢問題〉(台
　　　北:大安出版社,1990),頁15～37。洪湛侯:《詩經學史》,頁169～178。

〔註3〕 毛亨傳,鄭玄箋:《毛詩》(北京:北京書局,1990年)。詩序爭議問題含大小
　　　「序」劃分和作者等,歷來學界主要的幾種說法和類型,裴普賢已有擇要整
　　　理辨之,詳見裴普賢:《詩經研讀指導》(台北:東大圖書,1978年),頁22
　　　～27。洪湛侯亦有詳盡的分類和說明,洪湛侯:《詩經學史》,頁156～178。
　　　學界目前仍多以大小「序」非同時同人之作,非為一體,朱子主張的重編版
　　　「大序」頗有其理,因被其刪減的前後段落,確有與中間刻意拼接的斧鑿之
　　　跡,意義脈絡有承接之落差,似為後起詮釋者或編者所為(或曰為〈關雎〉
　　　之「小序」)。

〈關雎〉，后妃之德也，風之始也，所以風天下而正夫婦也。故用之鄉人焉，用之邦國焉。風，風也，教也，風以動之，教以化之。

詩者，志之所之也，在心爲志，發言爲詩。情動於中而形於言，言之不足，故嗟歎之，嗟歎之不足，故永歌之，永歌之不足，不知手之舞之、足之蹈之也。情發於聲，聲成文謂之音。治世之音安以樂，其政和；亂世之音怨以怒，其政乖；亡國之音哀以思，其民困。故正得失，動天地，感鬼神，莫近於詩。先王以是經夫婦，成孝敬，厚人倫，美教化，移風俗。

故詩有六義焉：一曰風，二曰賦，三曰比，四曰興，五曰雅，六曰頌。上以風化下，下以風刺上。主文而譎諫，言之者無罪，聞之者足以戒，故曰風。至于王道衰，禮義廢，政教失，國異政，家殊俗，而變風變雅作矣。國史明乎得失之跡，傷人倫之廢，哀刑政之苛，吟詠情性，以風其上，達於事變而懷其舊俗者也。故變風發乎情，止乎禮義。發乎情，民之性也；止乎禮義，先王之澤也。是以一國之事，繫一人之本，謂之風；言天下之事，形四方之風，謂之雅。雅者，正也，言王政之所由廢興也。政有大小，故有小雅焉，有大雅焉。頌者，美盛德之形容，以其成功告於神明者也。是謂四始，詩之至也。

爲突出「大序」提示之詮詩原則，與《毛詩》多重作者觀點之承變與整合關係，故引校相臺岳氏本（十三經注疏本）的整合版，以正體字標出朱子和一般認定的「大序」內容，以斜體字標示首尾兩段應爲後起編作者所補入的內容，以利觀其承變關係及多重作者（詮釋者）的問題。然不論採何種版本，在此皆不影響其詮釋範型的主要結構與意義的形成，至多僅在觀點的承變問題上略有差距而已。

舉例言之，《毛詩》的「詩大序」版本先以「國風」之始〈關雎〉，闡明此詩列爲全書之首的詩義所在，爲表現后妃之德，足爲表率而可風化天下而使眾人效法應有的夫婦之道，因而雖爲一例，卻可推衍用於鄉閭、再推至範圍更大的邦國，指明卷首之詩即可代表「風」的風化、教化之義，全文開宗明義先以此例爲證，除了強調「風」所具由個體漸次推廣至社會集體，從上漸行至下的風化教化功能，突顯「風」在《詩》裡的首要性，強化《毛詩》欲藉「風」之義以傳達重視民情的重要性，並能使原「大序」隱含的正變觀，在添加首尾兩段關於〈關雎〉之序的內容後，得以變成顯而易見的價值觀。在此爲直接考察「大序」詩發生論的論點，首尾兩段談風化及正變等觀點併於正變觀等部分再行討論。

> 然則〈關雎〉〈麟趾〉之化，王者之風，故繫之周公。南，言化自北而南也。〈鵲巢〉〈騶虞〉之德，諸侯之風也。先王之所以教，故繫之召公。〈周南〉〈召南〉，正始之道，王化之基。是以〈關雎〉樂得淑女以配君子，憂在進賢，不淫其色，哀窈窕，思賢才，而無傷善之心焉。是〈關雎〉之義也。

「大序」的論述觀點與內容有頗多與《禮記・樂記》近似或雷同，可顯示上古詩樂觀點的發展脈絡和關連性〔註4〕，然而其雖近於〈樂記〉，卻已出現部分改變，主要在於起首說明詩文本源起時，對「心」「物」「志」「情」關係的說明，此一發生論的觀點異於〈樂記〉所論。〈樂記〉說：

> 凡音之起，由人心生也。人心之動，物使之然也。感於物而動，故形於聲。聲相應。故生變；變成方，謂之音。比音而樂之，及干戚羽旄，謂之樂。

由之論「是故先王慎所以感知者」，引出「禮、樂、刑、政」乃為一體，「所以同民心而出治道也」，接著才說：

> 凡音者，生人心者也。情動於中，故形於聲。聲成文，謂之音。是故，治世之音安以樂，其政和。亂世之音怨以怒，其政乖。亡國之音哀以思，其民困。聲音之道，與政通矣〔註5〕。

此段話的大部分即與「大序」部分內容相同，顏崑陽先生已論證二者在觀點上的延續性，指出〈樂記〉的論述重點，不在存有論，而在音樂的社會學意義，有關音樂「本質」的論述，亦由人在現實社會活動中所發生的經驗而論。意即「心感於物而動」而「形於聲」的基本觀點。

因此「大序」吸納〈樂記〉的觀點，並加以發展，顏崑陽先生指出其觀點在於：

> ⋯⋯不但在理論上，明白地將「情」視為詩「體」的構成要素，同時對於「情」的實質義涵，也明確限定為「情緒」與「欲求」，並且這些情緒與欲求，既是「感」於關乎「政教」的外境而生，則必以政教經驗為其內容。甚至，進一層解釋了「情動」的原因乃出於「感

〔註4〕 鄭毓瑜等前輩學者已多討論，在此不再贅述，參見鄭毓瑜：〈詮釋的界域──從詩大序再探抒情傳統的建構〉，《中國文哲研究集刊》第 23 期（2003 年 9 月），頁 4～9。

〔註5〕 《禮記・樂記》卷十一，收入鄭玄注：《禮記鄭注》（台北：新興書局，1979 年），頁 126～127。

物」，則「詩大序」於文學經驗的「對象」，也已明確地意識到了。
　　情，是主要的經驗題材；物，則是客觀的經驗題材，二者同爲詩「體」
的構成要素〔註6〕。

　　因而說儒系詩學的詩本體內容在「大序」手中已近完成，先秦詩的「本體」
仍偏向主觀之「志」的觀點，「大序」則已發展爲兼具另一主觀要素的「情」和
客觀要素的「物」，因而說其內容性質爲「心物交用、群己不二、情志融合」，
因而才有種種政教上的「用」詩〔註7〕。

　　在此種觀點下，詩的發生雖由人心感發，肯定情緒、欲求做爲詩文本發
生的原點，並結合先秦論詩所強調「志」的觀點，但其意義卻必轉向社會治
亂、國政乖和的群體面向，故詩歌能體現人民對文化社會環境的觀感及反映
文化社會的現況，這樣的發生論觀點對詩文本的解讀和定位極爲關鍵，因爲
詩既由人的心志所生，表示人心能感而發言爲詩，尤其所論指向人類人心的
普同性，則由這一發生論觀點緊接著導向近於社會功能論的觀點和意義時，
即證明了詩足以代表眾人心之顯現，而足成爲代表民情所在的「民意」根源，
由此推衍詩文本可以「正得失、動天地、感鬼神」。

　　因而我們可在此一觀點基礎上，更進一步發掘詩本義及詩本質在「大序」
中的論證脈絡，一是由詩的發生論指出人的情志雖是詩所以生的原點而爲重
要且不可忽視，但其重要性和意義卻必置於社會群體的脈絡裡才形構其根本
意義，此即詩本義的基礎；詩既是心志所往所生，而此乃建立於人類人心之
普遍性，是以詩可以是眾人心顯現的代表，二則可由之以導向近於社會功能
論的觀點，在此則不論治世之音、亂世之音或亡國之音，都成爲反映時政利
弊而爲眾民心向背的表徵，此爲詩可以是眾民心顯現象徵的第二層次之義，
此時詩的本義開始導向民心所向的社會群體價值，三則藉前兩階段的論述以
證詩文本的重要性，在於可以反映民心之向背與觀感，投射出政治社會的現
象，因而成爲可以正得失的重要依據，足以成爲社會治亂國家興衰的指標，
自然可「動天地，感鬼神」，達成古人以爲的存在最高境界。

　　至此我們可以發現，「大序」這套以「人同此心，心同此理」的詩文本發

〔註6〕　顏崑陽先生：〈從〈詩大序〉論儒系詩學的「體用」觀——建構「中國詩用學」
　　　　三論〉，收入國立政治大學中文系所主編：《第四屆漢代文學與思想學術研討
　　　　會論文集》（台北市：新文豐，2003年4月），頁312。
〔註7〕　顏崑陽先生：〈從〈詩大序〉論儒系詩學的「體用」觀——建構「中國詩用學」
　　　　三論〉，頁314。

生論連結至社會功能論的建構裡，最重要的是形構出幾個重大的詮釋方向：一為「詩」直接代表人心之所在，詩樂乃人心志情感之所發，故可反映民心向背、社會治亂，以指出「民意」之所在及詩之源起的密切關連，為後文所論「風」、「雅」裡的風刺之意預設充分的理論基礎，以便指向其後所論上位者必須傾聽民情的觀點。二則是此處的「心」、「詩」、「民」等概念均強調其「人的普同性」之性質，不在於「個體」意義的指涉，雖不否定詩為個體所發，但此所發者卻指向人類普遍共同的現象，而可直接包含且收歸於群體政教社會價值，使詩既能涵容個體，卻不指向單一自我之意，則涵括眾個體共性的群體價值正當性亦可由之證成，詩的本義也可由此轉換至既包括個體，又主要指向群體的社會價值意義。

二、由俗顯聖——采詩獻詩的體察民意以彰顯聖王之跡

接著「大序」展開另一向度的詮釋，從「先王以是經夫婦，成孝敬，美教化，移風俗」。至「言之者無罪，聞之者足以戒，故曰風」，此部分即以「先王」為中心，以采詩獻詩等制為隱含之論證基礎，將詩的詮釋導向另一重要面向——「聖王之跡」。

既然詩可代表民心民情，能反映社會治亂、施政利弊，可觀之而正得失，以「天人合一」，則先王自須以詩來做為施政教化人民、移風易俗的重要參考，在此接著說「故詩有六義焉，一曰風，二曰賦，三曰比，四曰興，五曰雅，六曰頌。」，歷來關於六義說的爭辯不勝枚舉，無法一一俱論〔註 8〕，但由此上下文脈可以確定「大序」對六義的主要定義，絕非後世單純所謂語言修辭學上的意指，這裡用「故」字來連接前文由詩的發生論到社會功能論的意義，是以詩之六義在此雖未詳細說明，卻必然指向由個體至群體社會價值的意義。

六義提出後，「大序」開始進行詩之類型論述，首先論「風」，強調「風」的首要性，而其首要性意義建築在兩個基礎上，一是前文所提出的人心民心所向所發，另一為「大序」未直接言明而隱含其間的周代采詩獻詩等制度，因詩雖可代表人民之情，但不能上達君王的話，亦無法完成前述所謂調整群體政教社會價值的功能，所以必有一可使民間詩歌上達君王的管道，此即采詩獻詩及陳詩等制度，或由周王采詩，或由民間獻詩、陳詩予周王，否則「先王以是經夫婦……移風俗」一段則無法成立，不能蒐集得知民間詩歌，如何

〔註 8〕前人於此已多相關研究，本文後面章節將另行討論。

得知人民之情？所以在此「大序」雖未提及采詩相關制度，依其說法則必有類似制度或管道，才能使下情上達，此則可證先王之跡，即先王立下此制，使民風民情得以隨詩而上達，一方面可由上而下，便於君王理解民情，調整施政以達教化的目的，此即「上以風化下」，又因之可以由下至上，達成「下以風刺上，主文而譎諫，言之者無罪，聞之者足以戒」的功能，從而讓民情民意得以傳至上位者，使君王有所戒，能調整其施政之不善，爲善政以利人民，此是爲「風」之意涵。

（一）聖王之跡裡的「聖王原型」——詩文本神聖之源

「大序」於此建構了詮詩範型的另一層次——由聖王之跡所完成的「聖王原型」，此處的先王自然是指周文王以至武王等周代盛世的明君，由其施善政照顧百姓等事蹟知其爲聖，於是詩的本義在此展現另一層次的深義，即由聖王采詩等制度以求了解民情民意，故蒐集編輯成《詩》，則此一經聖王採集編纂的《詩》文本，自然亦可代表聖王之跡，如此則聖王之跡自可表現聖王的德政，因其不專斷、能傾聽民意以調整國政、教化百姓，可知此一聖王之跡裡包含著一種「聖王原型」〔註9〕，此一原型包含周代「天視自我民視，天

〔註9〕 此處所謂「原型」指的並非心理學家容格的用法，而是近於現象學家耶律亞德（Mircea Eliade）定義「原型」（archtypes）爲「範例」（exemplary models）或「典範」（paradigms），即範型之義，在此我們要藉「原型」概念來指明一件在中國傳統文化思維的幾個在歷史裡反覆且幾爲普遍性的思維模式，以強調其可穿越歷史之流而爲一種高度穩定性的存在。耶律亞德之說見於耶律亞德（Mircea Eliade）著，楊儒賓譯：《宇宙與歷史——永恆回歸的神話》〈英譯本前言〉（台北：聯經，2000 年），頁 12～13。不過我們並非認爲中國這種「原型觀」即等同伊利亞德所說的「永恆回歸」的意義，「原型」在反覆出現過程所示現的是一種「超時間性」，即黃俊傑所定義的「『超時間性』源生自『時間』，『超時間』本身受到人文活動的滲透，但與『時間』相較則更涵有普遍意義和價值，是一切人事活動所追企的物件。」黃俊傑：〈中國傳統歷史思想中的時間概念及現代啓示〉，收入黃俊傑編：《傳統中華文化與現代價值的激盪與交融》（二）（台北：喜瑪拉雅，2002 年），頁 17～18。
在此以「聖王原型」來指稱儒家將存在的理想價值最終寄託於聖王所體現的價值觀，林毓生已論說中國人對王權普遍性絕對信服之事實，因而王權制度與文化得以支配一切而少有異議，傳統中國的普遍王權是一個必要鏈環，它使社會——政治與文化——道德秩序高度地整合，因而現代中國隨著普遍王權崩潰所生的社會——政治秩序的解體，便導致文化——道德秩序的破壞。由之我們可將這個普遍王權思想在儒家學說裡常以聖王爲核心價值具現的思想模式，稱爲「聖王原型」，以「原型」之義來表示其思想模式上的固定化，和在歷史上的持續和穩定性，顯示「聖王原型」在中國歷史文化中的主導地

聽自我民聽」的人文價值精神,而透過聖王言行得以具現,此一原型更體現了聖王所以為「聖」的正當性,來自於以民情民意為重的主要概念。余英時指出周代思想中,一個王朝能得到天命資格(政權的合法性來源),君王和其朝臣必須「明德」,即「畏天」、「恤民」、「勤政」等,後來孟子便援引《尚書·泰誓》「天視自我民視,天聽自我民聽。(《孟子·萬章上》)」來總結這個概念〔註10〕;周代所突顯的以民為本的文化價值意識,經由「大序」的建構,而在詩文本中清楚地再現。

且正因有「聖王原型」的存在,則所謂用詩來「動天地、感鬼神」即因聖王之神聖而可上通於天地鬼神,又可以之下治百姓,這一「聖王原型」所寄寓烏托邦式上下互動交流之價值理想,則唯在《詩》文本中得以具體呈現,此適為《詩經》不同於其他四經的緣由。

前人研究中有不少關於采詩相關制度的討論,其中為數不少都圍繞在其真實性問題的討論,特別是五四時期以降的現代《詩經》研究,沿襲清代崔述《讀風偶識》否定采詩實存的說法,欲借質疑此一制度之實存,證漢儒詮詩範型的無稽,以另證說一套新的詩本義的範型,如夏承燾〈「采詩」和「賦詩」〉即羅列諸多理由以質疑采詩等制的真實性,而論采詩等制度在歷史既不存在,便可導出漢儒硬將詩義導向政教的謬誤〔註11〕;然而近年部分學者開始為采詩等制度的歷史實存性問題翻案,徐復觀、周延良等都引證,陳詩之制為《國語》所載明,並非漢儒首創此說,而認為采詩陳詩等均為歷史事實〔註12〕。

此類爭辯在了解《詩》文本編輯形構的歷史歷程有其重要性,然而我們

位。林毓生著,穆善培譯:《中國意識的危機——五四時期激烈的反傳統主義》(增訂版)(貴陽:貴州人民出版社,1988年),頁17～23。

〔註10〕 余英時著,程嫩生、羅群等譯:《人文理性的中國》(上海:上海古籍出版社,2007年1月),頁12。類似觀點亦可見杜維明著,錢文忠、盛勤譯:《道、學、政——論儒家知識分子》(上海:上海人民出版社,2000年10年),頁6。

〔註11〕 夏承燾:〈「采詩」和「賦詩」〉,收錄於郭萬金選編:《詩經二十講》(北京:華夏出版社,2009年1月),頁82～85。其他五四後關於質疑采詩、獻詩制度者,如:陸侃如、馮沅君《中國詩史》、高亨《詩經引論》、青木正兒、張長弓等人,相關文獻及說法的匯整詳見劉毓慶、郭萬金:《從文學到經學——先秦兩漢詩經學史論》(上海:華東師範大學出版社,2009年),頁14。

〔註12〕 徐復觀〈原史〉一文中已詳加論證,本章第四節將再詳述。周延良亦有類似之說,周延良:《詩經學案與儒家倫理思想研究,第六章〈采詩、獻詩之說與西周王權的宗教倫理〉(北京:學苑出版社,2005年2月),頁270～311。

可以說，不論如何，其結果不足以動搖漢儒建構詮詩範型的正當性，因爲采詩等制爲歷史事實，固可依之輕鬆證明《詩》義轉向政教社會群體價值的必然連繫；即令采詩等並非歷史實存的事蹟，亦無損詩之本義導向社會群體的價值意識，關鍵即在於所謂價值之證立，不在於其必屬歷史上眞實發生之事，而可建立在此一價值之應該存在，此爲所謂價值的眞實性，此中之分別即爲「實然」與「應然」之別，許多《詩經》研究中屢喜以歷史「實然」的論證來導出漢儒以降所立「應然」價值的不存在，顯然混淆論域而反使問題難以釐清〔註13〕，此一問題後面章節將再討論。

總之，只要人們願意相信由類似采詩等制度而形構上下君民得以溝通交流之價值意義，且此意義深蘊於詩文本結集形構的過程，並因而賦予詩自身如此的意義，那麼由此一價值意識所立的詩本義即可爲一眞實的存在，此即猶如宗教信仰價值的存在，不在於歷史曾發生之實存，而在於因信仰行動而指向的價值應然所構成的實存，所以「大序」起自漢儒所建構的詩的價值意義，乃是因其可充分呈顯上下交流互動無礙而政通人和的價值理想，故被後世所尊崇信奉，其是否爲歷史發生之實然，在此並非重要的問題。

（二）詩文本作爲「古代輿論原型」——天人合一、聖俗互融的象徵文本與典範義

因此，重新梳理「大序」的詮釋脈絡，再探其詮詩範型與核心意旨後，《詩》文本所蘊藏的一種長期被忽視卻極特殊的文本性質便從而浮現，即「古代輿論原型」的出現，詩文本的主要部分被塑造爲得以「天人合一」而使聖俗互融的文本，而足以當此重大功能的緣由即在一種雙重性、雙向性的建構，一是詩代表民意民情之發動展現，亦爲反映國政良窳的借鑑，故可「下以風刺上」，且「言之者無罪」，第二個向度則是「王化之跡」，此爲聖王顧念民情，以詩觀民風亦觀政教得失，以自警戒，做爲調整自身施政的依據，故言「聞之者足以戒」；由這兩個向度的同時建構，目的即徐復觀曾說過的「教戒」〔註14〕，但文本性質也同時成爲一種上下交流、聖俗互融的象徵文本，因而此處實已爲「小序」、「鄭

〔註13〕 徐復觀已清楚辨析〈詩序〉價值問題本不在攻〈詩序〉者所執持的質疑上，而在〈詩序〉本爲詩教而作，自有編詩詮釋者依詩教價值觀而欲詮釋的意義，有其合理性，故認爲攻〈詩序〉者反而對之「毫無理解」。徐復觀：《中國經學史的基礎》（台北：學生書局，1982年5月），頁155。
〔註14〕 徐復觀：《中國經學史的基礎》，頁2。

箋」提供其可隨之發展的基本詮釋原則，是以〈鹿鳴之什〉十首詩作因被「小序」和「鄭箋」釋爲先王德化之政跡，其釋便具體示現其隨「大序」此論的「上以風化下」的意義面向。

如〈鹿鳴〉之「小序」釋爲「燕群臣嘉賓也。既飲食之，又實幣帛筐篚，以將其厚意，然後忠臣嘉賓得盡其心矣。」「鄭箋」亦從此義，故於第二章箋釋曰：「德音，先王道德之教也。……嘉賓之語，先王德教甚明，可以示天下之民，使之不愉於禮義，是乃君子所法傚，言其賢也。〔註15〕」即是以先王宴群臣嘉賓之詩，呈現先王與群臣嘉賓宴飲的上下和樂之景，以示先王德政之跡。

〈皇皇者華〉「小序」則說「君遣使臣也，送之以禮樂，言遠而有光華也。」「鄭箋」又從此義說「言臣出使能揚君之美，延其譽於四方，則爲不辱命也。〔註16〕」即以此遣使臣詩，詮釋忠臣奉使能光耀顯揚君王美盛之政的本義。因〈鹿鳴之什〉多被其詮爲文王之詩（少數兼及武王），故爲周之盛世，君王自多行德政而於詩中示現，此即「大序」所示「上以風化下」的美先王德政風化其臣民的意義面向和詮釋觀點，至「小序」及「鄭箋」所具體建立的各詩本義詮釋。

〈谷風之什〉十首詩則反之，因多指爲幽王衰政之跡，故「小序」之釋除〈無將大車〉及〈小明〉二詩外，全直接釋爲「刺幽王」之義，但依「鄭箋」補釋，則此二詩亦全在幽王之時，分別指爲「大夫悔將小人也」和「大夫悔仕於亂世也」等本義，故實亦爲廣義之刺王化衰變之詩，且各詩分別有其所刺指的不同王化衰變面向；〈無將大車〉及〈小明〉釋爲大夫之悔，以反襯王化之衰亂，〈北山〉則是大夫刺幽王時，「役使不均，己勞於從事，而不得養其父母焉。」即刺勞役不均，使大夫不能奉養父母，此一大夫之情感發爲詩文本，但其本義卻被轉向「刺幽王」之亂政，故爲「下以風刺上」詮釋實例之建構，其他各詩亦同此例〔註17〕。如此「小序」和「鄭箋」即以具體詩作詮釋來落實這種上下交流、聖俗互融的詩本義，以完成「古代輿論原型」的塑造。

這個「古代輿論原型」的詩文本意義的形構，雖如現代輿論般具有依靠

〔註15〕《毛詩》，頁59。
〔註16〕《毛詩》，頁60。
〔註17〕《毛詩》，頁85～91。

文本爲媒介，以形成一種溝通的平台，但卻未如現代輿論一樣能形構一種固定式、民間性質但由菁英主導、即時互動式、且公共論壇式、中介性的大眾媒介，詩文本雖能展現人民的志意情感，終要靠君王編輯採納才能發揮其互動溝通之效，因而「王化之跡」具有較高能動性而扮演關鍵角色，此即「大序」裡屢屢提及先王作爲的重要緣由，是以「大序」雖首重民情民意之上達，終要回歸聖王用以教化之效，回歸聖王典型所呈現的價值意義，因而此一輿論並不能以民主稱之〔註18〕。

　　但詩能溝通上下、在一定層次欲導向聖俗互融意義的文本性質，則十分鮮明。因而在這樣的基礎上可將詩文本定位爲輿論，但這一文本性質終究僅屬一種「原型」，正因其未能制度化，未能落實爲常態制度，則缺乏延續性，詩文本原先所具的反映時政、上下互動溝通的性質便無以爲繼，然而卻又未完全消失，而是以一種「精神原型」的樣態，由「大序」揭示且在《詩經》接受史上的持續影響力，使此一原型可成爲一種價值的歸趨、精神意識上的召喚，故可成爲中國古代詩文化性格上一種根深柢固的特性，正因它象徵一種上下溝動互動、聖俗互融而由俗顯聖的理想價值之具現，因而《詩經》的經典意義與典範義乃由此一烏托邦式的理想原型而來。

三、詩、史初步繫連及神聖價值在詩體分類的呈現

（一）「國史」正變分說——詩本義與史的初步絪合

　　《詩》終僅能爲一「精神原型」，而不能實際於現世持續落實，在於聖王之難得，因而「王者之跡」的另一面出現，也是「聖王之跡」的對反，於是「大序」接著說「至於王道衰，禮義廢，政教失，國異政，家殊俗，而變風、變雅作矣」，從而引出「國史」的角色及功能在於能明曉得失之跡，哀政俗之壞，能吟詠情性，以風刺君上，具現時事之變，以追懷往昔聖王所立舊俗，因而爲變「風」、變「雅」，所以變「風」爲「發乎情」，由前文發生論可知其爲「民之性」，乃人之自然天性，而又應「止乎禮義」，則源於「先王之澤」，

〔註18〕周延良由采詩、獻詩之說，認爲其是以「民主議政爲前提而存在」，更視之爲中國「政治制度史中民主議政的曙光」。不過所謂民主最主要構成條件應有公民參政、選舉等權利和相關常態制度，西周雖有如采詩等近於輿論蒐集之制，但離民主議政的概念差距仍遠，以民主或民主議政概括之恐易混淆，故在此不以民主等概念釋之。周延良：《詩經學案與儒家倫理思想研究，第六章〈采詩、獻詩之說與西周王權的宗教倫理〉，頁311。

此則對應前文所述「主文而譎諫,言之者無罪,聞之者足以戒」所指的禮義規範,以說變「風」雖不是聖王之「風」,卻因聖王所立之典範恩澤傳世,因而仍可依於禮義以風刺上位者,而爲合理。

若以朱熹所區分的「大序」及「小序」來看,正變觀是經「小序」所確立,「大序」僅提示正與變的的歷史演變現象,可說隱含正變的價值分辨,但未正式提出「正」的概念;不過若以《毛詩》版本的詩「序」觀之,則「大序」裡已有正變概念的明確區辨,即其最後部分所論「然則關雎麟趾之化,王者之風,……是關雎之義也」,將〈周南〉、〈召南〉視爲「正始之道,王化之基」,確實從概念上區辨以二《南》爲代表的「正」,與變「風」、變「雅」的「變」分屬兩種不同的詮釋概念。但不論何種版本均無損於此一結論,即《毛詩》以正變觀詮詩乃由「大序」而起。

此一以正變觀詮釋詩文本的作法帶有濃厚的正統論色彩,正統論爲中國傳統思想重要觀點之一,饒宗頤已梳理其理論形成和發展,說明自漢以來之史家致力於正統問題的探討,這套源於《公羊傳》推衍而來的正統理論精髓,「在於闡釋如何始可以承統,又如何方可謂之『正』之真理。持此論者,皆有凜然不可侵犯之態度。」意即「正」者乃理想價值之所在,「統」則由時間概念而來,即繼承以前之系緒〔註 19〕。不過「大序」詮詩雖含此義,但未涉繁複的正統論述內容,因其主題僅在借此法論詩的價值意義,援引正統觀以爲詮釋詩文本意義的方法,使詩的意義生成帶有史的傾向,詩文本的意義開始被置放在君王世系承緒的時間軌跡上構成,結合「國史」之說,更可見其用歷史之法以詮釋詩之價值所繫。

歷來不少《詩經》研究常質疑「大序」這一「國史」之說的合理性,宋代朱熹就懷疑「國史」置於《詩經》中的適切性,由《禮記》關於周代采詩制度的記載中,「國史」非爲負責采詩之官,而是掌管音樂的太師負責,而駁「國史」之說的不合理,現代學界循此主張者甚多〔註 20〕。然而不論如何,

---

〔註 19〕饒宗頤:《中國史學上之正統論》(上海:上海遠東出版社,1994 年),頁 74 ～76。

〔註 20〕朱子由《詩》之作者並非一人,「且考之《周禮》,大史之屬掌書而不掌詩,其誦詩以諫,乃太師之屬,瞽矇之職也。」以否定「大序」由國史以論詩之諷誦義。朱熹《詩傳綱領》,收入朱熹著,朱傑人編:《朱子全書》第一冊(上海:上海古籍出版社;合肥:安徽教育出版社,2002),頁 345。但亦有折中或反對此疑的說法,如魏源即折中二者,而說君王巡狩「則與太史、太師同車,命太師陳之以觀民風,而國史錄其世次」,認爲是掌史之官國史和掌樂之

「大序」的「國史說」不只長期寓於《詩經》中不斷流傳，朱子的論據即令為眞，只能在歷史「實然」處成立，卻不能推翻「大序」將詩文本賦予歷史意涵的「應然」論述，「大序」無疑借詩文本能證上下交流互動之跡，能繫時世興衰之象，能見聖俗互融、王政之興的價值所在，故能論詩為近於歷史性質之文本，而有歷史垂鑒後世的功能，這一論法實為儒者歷史觀之發用，其意不需藉史官採集編輯詩作之制度實存才能成立。黃俊傑即曾指出，中國以儒家為主的歷史觀裡，不重歷史客觀事實的講求，而是以歷史方法、事件來證明歷史「應然」的價值歸趨，當「實然」的歷史現實不能與「應然」的價值意識相合時，儒者並不會屈從於歷史現實之中，而是更信仰歷史的「應然」，且欲將現實導向「應然」且合而為一，所以儒家才有「道統」與「政統」的分立及交叉〔註21〕，因此「大序」作者既認定詩文本可反映當時社會歷史的現象，而做為歷史中之具體事蹟，則可用儒家歷史觀來解釋並考察其中儒家所重的價值意義。

不過「大序」畢竟僅提示詩文本之歷史性質，具有將詩文本導向類歷史之文本的趨向，它只建立此一可能詮釋取向，而詩文本偏向歷史化的之歷程則至「小序」與鄭玄之手所成。

（二）「風」「雅」「頌」類型義、作者觀與天人合一的理想境界

以「風」為主的大篇幅論述後，總結「風」、「雅」、「頌」各類型之義，即說「風」是「一國之事，繫一人之本」，唐代孔穎達在解說此段之意時說：

> 言詩人作詩之用心，如此一國之政事善惡皆繫屬於一人之本意，如
> 此而作詩者，謂之風；言道天下之政事，發見四方之風俗，如是而
> 作詩者，謂之雅。……一人者，作詩之人，其作詩者，道己一人之
> 心耳，要所言一人，心乃是一國之心，詩人覽一國之意，以為己心，
> 故一國之事，繫此一人使言之也，但所言者直是諸侯之政行風化於

官太師通力合作以采詩編詩，魏源：《詩古微》，收入《續修四庫全書》77 冊
（上海：上海古籍，1995），頁 20。
〔註21〕 余英時〈道統與政統之間〉對中國傳統文化中「道」與「勢」關係的探討已
為學界廣泛引用，且有後續論述發展，第三章再行討論，此文主要觀點見於
余英時：《史學與傳統》（台北：時報，1982），頁 64～70。黃俊傑、古偉瀛：
〈中國傳統史學與後現代主義的挑戰：以「事實」與「價值」的關係為中心〉，
收入《傳統中華文化與現代價值的激盪與交融》（二）（台北：喜瑪拉雅基金
會，2002 年），頁 82～93。

一國，故謂之風，以其狹故也；……〔註22〕。

　　然觀「大序」全文可知，孔穎達的說法已是後起帶有個人創作主體色彩，又兼具儒者述作意識的作者觀〔註23〕，「大序」卻不重個人作者，此處的「一人」固可說是原作詩人，但這「一人」能繫連於國事，乃是經采詩等制的編輯過程，而具備可繫連於群體社會國家之事的性質，為民情中具有部分代表性者，是以仍必連於王化之跡而來，因而才另說「言天下之事，形四方之風」是為「雅」，若如孔穎達所說一人即可攬天下之心以為己心，即一人之心已有代表天下之心的志意，此則為儒者的擔當與價值懷抱，「大序」在此僅指一國之事可繫於一人所作之詩，意即雖一人之所作，而可反映出一國之事，並未將原作者均化為士人，如前述詩發生論的論述所說，其並未排除俗民所作之可能，且肯定俗民合理風刺而作，但強調的仍是個人所作之「風」能反映國政時事等社會功能論的意義面向，而不是如孔穎達將儒者士人的理想抱負寄寓於作者「一人」的說法。

　　〈邶風〉所引「小序」及「鄭箋」而觀，除〈綠衣〉、〈雄雉〉、〈泉水〉、〈新臺〉、〈二子乘舟〉明確標示作者外，〈日月〉、〈終風〉言「衛莊姜傷己也」，雖亦使人能知作者應為莊姜，但其體例表明其詮釋重心不在於作者定位以求詩本義，而在於其後所述史事而說詩本義；更重要的是，其他各詩則多不標作者，而主要詮釋意義多在闡明各詩文本的刺義和具體史事反映的王化之跡，如〈式微〉「小序」僅說「黎侯寓于衛，其臣勸以歸也。」「鄭箋」亦說：「寓，寄也。黎侯為狄人所逐，棄其國而寄於衛。衛處之以二邑，因安之，可以歸而不歸，故其臣勸之。〔註24〕」皆是以詮釋王化之跡和風刺之義以構成本義，未注意言明作者問題，此亦可證此時詩之作者並非意義構成之主軸。

　　孔穎達不僅於此將儒者士人視為詩之作者，其疏解「上以風化下」一段

〔註22〕 毛亨傳，鄭玄箋，孔穎達疏：《毛詩正義》，收錄於《十三經注疏·第3冊》（台北：藝文印書館，1989年），頁18。

〔註23〕 此可由《毛詩正義》以《詩經》全為臣子所作的觀點證之，「詩皆人臣作之以諫君，然後人君用之以化下。」由之而論「上以風化下，下以風刺上」，把《詩經》作者全部士人化，且變為儒者直接作詩以體現聖人價值，並把《詩經》變為諫書者，不在於漢儒，而是《毛詩正義》。《毛詩正義》詩文本作者均士人化，將於第二節詳述。儒者述作意識與作者觀的關係詳見龔鵬程：《文化符號學》第一章〈中國文人傳統之形成：論作者〉，頁12～23，28～33。

〔註24〕 《毛詩》，頁10～18。〈邶風〉全部詩作之「小序」及部分「鄭箋」內容，可參下節論詩即王化之跡時有詳引，故本節僅略述之。

時即云：「主文而譎諫，唯說刺詩者，以詩之作皆爲正邪防失，雖論功誦德，莫不匡正人君，故主說作詩之意耳。詩皆人臣作之以諫君，然後人君用之以化下〔註25〕」，刺詩之作者皆變爲人臣，孔穎達將《詩》之作者幾乎士人化、儒者化的做法則至爲明顯。

　　在此對照孔穎達的疏解恰恰顯現我們在第一章所說的多重作者觀的問題，孔穎達將後起的作者觀注入了「大序」文本中，「大序」之說雖偏向社會功能論的論述，但未把原作者與采詩或編詩者的立場相混淆，因作者本身一向不是上古時期關注的主要問題〔註26〕，孔穎達對「一人之本」的疏解則有儒者抱負所寄的儒家作者觀外，亦由詩人個人主體性出發，強調個人作者的能動性，故在此一疏解中，詩文本變成個別詩人基於眾意，有意識地爲眾人發聲，以言一國之政事善惡，如此說法則排除了單純個人抒情的可能，「大序」之論未排除此一可能的原作者本義，只是特重轉換其構義的層次，由個人折射出群體情志的取向；但孔穎達卻未分辨原作者與編詩者的差別，而直接將儒者述作的襟懷與意識置於個別詩人之中，便造成作者意指的混同。

　　其次，「雅」的分類義亦在於「王政所由廢興」，「頌」的意義主要在於「以其成功，告於神明者也」，這都可證明詩文本作爲一種聖王之跡的具體依據，「頌」主要之義便顯現古人所重的神聖境界和價值，天子能使天下治而功成，此乃神聖價值的根本實現，因而得以告神而證自身乃爲天之子，是爲天命的完成，此即「天人合一」，加以前文所論詩文本足以「動天地，感鬼神」，則不論「風」「雅」「頌」何種類型，詩之要義在於體現中國古代文化的終極價值，即天下大治、天人合一之境，因而詩文本便成爲得以具現此一終極價值的重要文本。孔穎達在此亦疏解「頌」義爲「皆以民爲主，欲民安樂……」，可知詩文本足以具現古代文化理想價值這一文本觀點，在唐代以後，仍藉由「大序」所論而得以不斷地流傳，並發揮其深切的影響力。

　　所以「國史」之說以降，「大序」示現出兩大重要意義：一是詩文本由官方匯集整編而來，自此《詩》的主要意義自必主要形構在群體的、政教社會的層次；二爲賦予詩文本一種「準歷史文本」的位階，詩既爲有類國史價值意義的文本，正因前述所論詩的淵源與文本匯集編輯的歷程而來，足以反映民情以至群體政教社會之現象，又得以呈現國家治亂興衰之跡，所以有「準歷史」之義。

〔註25〕《毛詩正義》，頁 16。
〔註26〕詳見本章第三節作者觀之討論。

　　至此，「大序」由歷史觀點的引入對照聖王與後王之跡，隱約指出了正統之源，其中以聖王作爲歷史的核心，因其能體現歷史價值、神聖價值之所在，因而可說「聖王原型」亦成爲歷史的原點，成爲後世必須一再回溯追隨的典範，且成爲一種猶如神話傳說英雄的存在，隱然構成歷史的核心〔註27〕；其次，詩成爲代表王化之跡且具有歷史意義的指涉，此一歷史意義將聖王與後王加以區分，此即所謂正變觀點的預設，「大序」雖未提出正變觀的直接說法，而是隱含藉「變」以顯「正」之意，但因此一區分相當明確，也開啓後世以正變之說來解詩的模式。

　　而上下交流性質的文本定位更突顯「詩」的特異和重要性，此即「詩」得以爲古代經典的核心價值所在，且終古之世歷代皆然，更因之而使詩文本自此開始具有一種根本意義，即聖俗交融卻由俗（民）顯聖（王）的意涵，於是詩文本意義在中國傳統文化裡有了其基本的意義指向，此即由《詩經》所意指的神聖意涵，此一神聖意涵必有著俗民的面向，卻終要指向聖王體現的天下大治、民皆安樂的終極價值，所以此一價值雖由個人出發，終必轉向群體政教社會的意義層次。此外，詩所特有且首重的風刺、風化雙向並行、上下交流一體的文本意指與形式，也成爲詩體的根本且終極價值所在。

　　總結「大序」詮詩的基本模式，可知其對詩文本的觀點偏於社會功能論的視野，並部分融入了歷史觀點，如此則使詩本義雖涵攝個人情志，主要意義卻非指向個人抒情言志，而導向社會群體價值，強調個別之作卻能某種程度反映社會歷史現狀，再疊合「王者之跡」之說，則個別之作的個人性弱化，成爲對君民教戒垂鑒的重要依據。

第二節　「詩史合一」至「詩史」觀念初步建立──
　　　以正變觀、歷史譜系重構詩本義

　　「大序」既提示對詩文本的基本觀點及價值判斷，奠定詮詩的基本原則，「小序」及鄭玄在此一基礎上進一步發展論述，形成更爲細密而體系化的整

─────────────────────

〔註27〕上古聖王在中國古代文化思想中成爲後世一再追溯的典範，黃俊傑指出此一現象常以「三代」作爲典範的代表，所以如此則因中國古代儒家時間觀有其可逆性，且「古」與「今」乃爲一種互爲主體性之關係。詳見黃俊傑：〈中國古代儒家歷史思維的方法及其運用〉，收入黃俊傑、楊儒賓編：《中國古代思維方式探索》（台北：正中書局，1996 年），頁 2～7。

套詮釋系統，終成為後世研習《詩經》時不可忽視的典範，然其典範性的最終構成不單是「大序」所提示的詮詩原則，更有賴「小序」以迄鄭玄的體系化、歷史化，才在後世取得詮釋上的主導地位。

不少學者已注意到「小序」至鄭玄在《毛傳》的基礎上加以歷史性詮釋的基本做法，或謂之「以史證詩」，或謂之「詩史互詮」，亦有認之為「陳古諷今」〔註 28〕，均已為探討《毛傳》的歷史性詮釋法奠下重要基礎，不過這類前行研究所關心者多只及於「以史證詩」的現象及方法提示，未究其何以如此混合詩、史，此詮釋方法的層次建構及效益為何因而尚未梳理，所提及的仍多止於所謂諷喻勸諫之效。如陳志信〈倫理神話的形構——以《毛傳鄭箋》的詮釋體系析論經學運作的形式與意義〉雖注意詩、史互詮的現象，但並無區分二者互詮的基礎及層次何在，因其論述目的不在於方法論的究實，而在於由《毛詩》的詩、史、禮交融合一之象，以由此證說上古倫理神話闡釋的豐富性〔註 29〕。可知昔日研究取向較不著眼於詮釋方法上的認識論解析，在方法論層次的反思較少，雖因研究目的及關心議題有所不同，然詩、史交融及分判的基礎何在即不能辨明，從而使相關重要概念和觀點亦糾結不清，因而至今我們很難從根本處體察《毛詩》的意義與價值所在。

具體探究「小序」與鄭玄的詮釋方法，我們可以看到主要觀點仍源於「大序」所提的核心概念，但在形式的建構與概念轉用上則發揮其再創作的精神，其中最主要的特色有二：一為根據「大序」觀點所做的深化與發展，此

〔註 28〕 張海晏〈詩經在漢代的教化功能——齊魯韓毛四家《詩》學合論〉認為〈毛詩序〉為「以史證詩」，但亦如五四常見觀點而說：「〈毛詩序〉將歷史上的具體人物和事件與《詩經》中的詩篇一一關聯起來，實際上不可能復原《詩》的本事，對準確理解《詩》本義也無所補益。」，該文收入《經學今詮初編——中國哲學第 22 輯》（瀋陽：遼寧教育出版社，2000 年 6 月），頁 353，356（334～374）。陳志信：〈倫理神話的形構——以《毛傳鄭箋》的詮釋體系析論經學運作的形式與意義〉，國科會專題研究計畫成果報告，2005 年 10 月。、車行健：〈陳古諷今與毛詩序的歷史詮釋〉，國科會專題研究計畫成果報告，2011 年 9 月。

〔註 29〕 不少學者另論及以禮詮詩的層面，陳志信之外，張海晏更說漢代「四家《詩》是以禮釋詩，即以《詩》來說明禮的內容規定」。如前註。劉毓慶、郭萬金亦有類似說法，《從文學到經學——先秦兩漢詩經學史論》（上海：華東師範大學出版社，2009 年 10 月），頁 471～472。但這類說法有更進一步檢視探究的必要，本文即不擬討論禮與詩關係，其緣由將於第四節詳論。

即正變觀與歷史譜系爲主軸的詮釋框架建構；二爲依前列詮釋主軸而開展的形式與意義構築，即歷史化、譜系化方法於詩文本的廣泛運用，及由之而進行詩本義的重新詮釋，使其既能承繼傳統，亦能適應歷史新局；三則是基於前述整個體系的完成，因而推導出「詩史合一」的完成，而此一關鍵概念亦隨著《毛詩》在中國古典文化裡所建立的典範性，從而在詩史、文學史、文學批評史，甚至整個文化史，都不斷地發揮其影響力。本節將先初步梳理第一及第三部分，考察《毛詩》詮釋體系的詮釋主軸和個別詩作詮釋如何具體建構，並詳論「史」在詩的意義生成中佔有的重要位置和作用。至於詩史互連互融的層次和機制，乃至其在文本觀上的衍生效應，則置於第三節加以析論。

一、詩即王者之跡——正變觀、歷史譜系爲詮釋主軸的建構

《毛詩》「詩史合一」的特質並非偶然，而有其演化軌跡可循，第一節中我們已指出「大序」實隱含著以王者之跡正與變的區分觀點和部分歷史詮釋視域的融入，但直到「小序」至鄭玄的發展，正變觀和歷史譜系才眞正被提取出來成爲詩文本詮釋的兩大主軸，使詩文本意義必圍繞這兩大主軸進行詮釋，而成爲一種詮釋詩文本的基本模式並立爲典範，因而才能在古代文化史上產生重大的影響。

「大序」裡鋪敘卻未正式以概念性質提出的正變觀，透過「小序」與鄭玄將之提取而成詮釋主要觀點和方法，在詩文本意義詮解上成爲最關鍵的核心主軸，而且成爲詩文本編定至個別文本意義說解都必須遵循的詮釋原則，《毛詩》乃至古代《詩經》詮釋大多循此一原則而作，可以說是古代《詩經》的主要詮釋框架，藉此則「大序」裡只作爲原則提示的「聖王之跡」得以在詩文本上落實，〈周南〉、〈召南〉所謂二〈南〉被視爲代表文王時王化之基奠定的根本，而被歸爲正「風」，〈鹿鳴〉、〈文王〉則爲「雅」中的正「雅」〔註30〕，至此則以王者之跡爲善政或爲惡政的正變觀區分，就確立其基本詮釋框

〔註30〕 參見本章第一節引《毛詩》版「大序」全文首末兩段，及《詩譜‧序》曰：「文、武之德，光熙前緒，以集大命於厥身，遂爲天下父母，使民有政有居。其時詩，風有〈周南〉、〈召南〉，雅有〈鹿鳴〉、〈文王〉之屬。……本之由此風、雅而來，故皆錄之，謂之《詩》之正經。……五霸之末，上無天子，下無方伯，善者誰賞，惡者誰罰，紀綱絕矣。故孔子錄懿王、夷王時詩，訖於陳靈公淫亂之事，謂之變風、變雅」。鄭玄：〈詩譜序〉，《毛詩正義》，頁3～4。

架，而其下所屬之詩文本，自然成爲反映當時王化之跡的主要依據，於是詩的本義便須轉向來解釋當時王化之跡，而成爲王化之跡裡的一個具體而微的事例，所以〈周南〉裡各詩的詮釋都圍繞后妃而來，〈召南〉則除了反映諸侯、大夫妻妾之德行外，亦體現召伯依循文王之政而行王化的種種事跡。另一方面代表「王道衰，禮義廢」的「變風」「變雅」便多刺詩，如正「風」多爲聖王之跡，故均善，變「風」則考其國之史事風俗，以言其變，如衛、鄭等「風」多由淫風釋之。以《毛詩》〈邶風〉共十九首詩的詮釋內容而論，即可詳明此一詮釋原則和固定體例，其「小序」全文如下：

〈柏舟〉，言仁而不遇也。衛頃公之時，仁人不遇，小人在側。

〈綠衣〉，衛莊姜傷己也。妾上僭，夫人失位而作是詩也。

〈燕燕〉，衛莊姜送歸妾也。

〈日月〉，衛莊姜傷己也。遭州吁之難，傷己不見答於先君，以至困窮之詩也。

〈終風〉，衛莊姜傷己也。遭州吁之暴，見侮慢而不能正也。

〈擊鼓〉，怨州吁也。衛州吁用兵暴亂，使公孫文仲將而平陳與宋，國人怨其勇而無禮也。

〈凱風〉，美孝子也。衛之淫風流行，雖有七子之母，猶不能安其室，故美七子能盡其孝道，以慰其母心，而成其志爾。

〈雄雉〉，刺衛宣公也。淫亂不恤國事，軍旅數起，大夫久役，男女怨曠，國人患之而作是詩。

〈匏有苦葉〉，刺衛宣公也。公與夫人並爲淫亂。

〈谷風〉，刺夫婦失道也。衛人化其上，淫於新昏而棄其舊室，夫婦離絕，國俗傷敗焉。

〈式微〉，黎侯寓於衛，其臣勸以歸也。

〈旄丘〉，責衛伯也。狄人迫逐黎侯，黎侯寓於衛。衛不能脩方伯連率之職，黎之臣子以責於衛也。

〈簡兮〉，刺不用賢也。衛之賢者仕於伶官，皆可以承事王者也。

〈泉水〉，衛女思歸也。嫁於諸侯，父母終，思歸寧而不得，故作是詩以自見也。

〈北門〉，刺仕不得志也。言衛之忠臣不得其志爾。

〈北風〉，刺虐也。衛國並爲威虐，百姓不親，莫不相攜持而去焉。

〈靜女〉，刺時也。衛君無道，夫人無德。

〈新台〉，刺衛宣公也。納伋之妻，作新台於河上而要之。國人惡之，
而作是詩也。

〈二子乘舟〉，思伋、壽也。衛宣公之二子爭相爲死，國人傷而思之，
作是詩也〔註31〕。

〈邶風〉全部詩作在「小序」詮釋下，全轉化爲王者之跡的示現，其中
主要特質即王化史跡於詩文本的詮釋，及以此做爲詩本義的詮釋觀點。其王
化史跡落實於詩文本有兩種基本模式，一即直接以君王世系及史事次序排
列，故依其所釋內容之史序排列，則〈柏舟〉爲衛頃公時，〈綠衣〉爲衛莊公
時，〈燕燕〉至〈擊鼓〉四詩皆指涉衛州吁之亂，〈式微〉、〈旄丘〉皆述黎侯
爲狄人所逐之史事〔註32〕，〈雄雉〉、〈匏有苦葉〉、〈新臺〉、〈二子乘舟〉等詩
爲衛宣公時；二即〈凱風〉、〈谷風〉、〈簡兮〉、〈泉水〉、〈北門〉、〈北風〉、〈靜
女〉等未具體指明君王世次之詩，但其亦均轉化詩文本義爲王化史跡，幾全
爲刺君之意，唯〈凱風〉、〈泉水〉未直接言刺義；〈凱風〉釋爲「美孝子也」，
但其目的亦在呈現「衛之淫風流行」的王化之跡，而說七子之母不安於室，
所以才稱美孝子能盡孝道，以安慰其母之心，因而實亦如刺義一般，藉詩文
本以現王化衰變之跡。僅〈泉水〉衛女思歸之釋並無刺義或明衰世之意，如
「鄭箋」亦僅釋爲「國君夫人父母在則歸寧，沒則使大夫寧於兄弟，衛女之
思歸，雖非禮，思之至也〔註33〕。」亦類同「小序」之釋。

故朱子指出「小序」觀點有著「〈序〉以爲變「風」不應有美」的原則，
所以才多轉以刺詩來詮釋，確爲的論〔註34〕。

「鄭箋」在箋釋部分雖有不同於《毛傳》者，但於詩本旨的部分實多依
於「小序」，〈邶風〉即爲如此，〈匏有苦葉〉第二章《毛傳》釋爲「衛夫人有

〔註31〕《毛詩》，頁 10～18。

〔註32〕《毛詩正義》疏有詳指此史事出處，說爲：「宣十五年《左傳》伯宗數赤狄路
氏之罪云：『奪黎氏地，三也。』服虔曰：『黎侯之國。』此詩之作，責衛宣
公。」詳見《毛詩正義》，頁 93。

〔註33〕《毛詩》，頁 16。

〔註34〕朱熹《詩序辨說》辨說〈羔裘〉時之言，收於朱熹著，朱傑人編：《朱子全書》
第一冊（上海：上海古籍出版社；合肥：安徽教育出版社，2002），頁 371。

淫洗之志，授人以色，假人以辭，不顧禮義之難，至使宣公有淫昏之行。」
便已提出王化之跡的詮釋面向，「鄭箋」其後即順以此意，僅補充而言：「有
瀰濟盈，謂過於厲，喻犯禮深也。」，且至第三章「鄭箋」即釋此章之義爲「渡
深水者必濡其軌，言不濡者，喻夫人犯禮而不自知，雉鳴反求其牡，喻夫人
所求非所求。〔註35〕」即明確表示「鄭箋」在此詩亦隨《毛傳》、「小序」之
說，而言詩本旨。因此「正風」多美，「變風」多刺以明王化盛衰之跡之別的
詮釋觀點及原則由此可見。

於是我們不難察知，此一正變觀詮釋本身如本章第一節所論，以正統論
作爲詩文本詮釋之主要觀點，其中即內含一種歷史性的觀察視角，爲突顯聖
王之跡爲正，自必說解其對反面向，即衰變之君王所爲之苛政，更因其本是
爲了說明不同君王所留下的王化之跡，是以易於導向對歷史現象的考察，因
而正變觀預設爲詮釋框架，便導入近於歷史詮釋的契機。

不過，「大序」僅隱含此一觀點，而《毛傳》對詩文本的解釋常未指稱
歷史背景，亦少予以歷史性的詮解，如〈唐風・蟋蟀〉一詩，《毛傳》於全
篇均爲文字訓詁而未具體名言其歷史背景，「小序」才說是「刺晉僖公也。」
詩首章裡「蟋蟀在堂，歲聿其莫。今我不樂，日月其除。」的「我」，《毛詩》
未有所注，「鄭箋」則特別加注爲「我僖公也」。〈唐風・椒聊〉亦同，《毛傳》
通篇未注明歷史內容而純爲文字訓詁，「小序」以之「刺晉昭公也」，「鄭箋」
則在《毛傳》首章標「興」之下，特別加注：「興者，喻桓叔晉君之支別耳」；
又注「彼其之子，碩大無朋」的「之子」即爲「謂桓叔也」，此類注例極多
〔註36〕；而鄭玄所言「大序」「小序」作者雖常爲後世所疑，然依其傳承，
應可確定「大序」「小序」作者不同且寫作順序有先後之別，由此可見，全
面予以歷史性且譜系化詮釋應是後來附加而成，《毛詩》應由多位作者陸續
完成，學界多爲此論，於此不再詳述〔註37〕。直到「小序」及鄭箋對各個
詩文本均附以時世與世系中的歷史事件或情境的詮釋，這個歷史性詮釋的體
系才算正式完成，其後反對《毛詩》雖不少，唯其中之正變說幾成爲古代《詩
經》詮釋主要的詮釋框架，對「小序」多所質疑駁斥的朱子雖有所疑，實仍
常沿用之，可見其影響之深。

〔註35〕《毛詩》，頁 14。
〔註36〕《毛詩》，頁 42～43。
〔註37〕學界說法參見本章第一節注 3。

二、歷史化、譜系化方法運用——王者之跡實證完成到詩本義重詮與體系化

雖說至鄭玄《詩譜》才提出以「譜系」觀點立說,且依之加以編纂,其實「小序」已先將各個詩文本與周代君王世系、時次建立相互關係〔註38〕,「小序」這一詩、史的相互牽連雖被後世學者大力批判,也成爲疑古派最喜批駁的對象〔註39〕,但這個詩、史互連的文本詮釋法實有跡可循,除了「大序」本已先隱含正變觀的區辨,又因這些詩作本因周代王室各代采詩、陳詩等制度而加以蒐集編輯,加上詩發生論裡詩能反映民情與政教興衰的論點,則不同君王世次下蒐集的詩作,應能反映不同的時世狀況和當時的政教民情,基於這個邏輯,才展開各詩之序詩、史結合的編撰,並非一般以爲的天馬行空,任意比附,而是有其用心,詮釋方法和目的都爲了突顯正變觀中聖王與闇主於王化之跡的差別,在這一基礎上,經「小序」至鄭玄才以譜系概念,完成以歷史譜系爲主軸的《毛詩》詮釋體系,而這個譜系的詮釋由時間和空間兩個向度加以建構:

(一)時間向度詮釋建構——君王世系在詩文本編次落實

既是歷史譜系,則時序自需先加以定位,時間座標確立則便於史事、史料的具體繫連,但此處的時序卻非單純的線性時序,而爲以君王世次、世系爲基準的時世次序,這裡我們再度看到以王者之跡爲核心概念的具體明證,若對照《詩譜》和《毛詩》二書,即知鄭玄〈詩譜序〉雖是《詩譜》一書之序,實總結個人詮《詩》基本觀點和方法,亦可謂整理纂注《毛詩》詮釋原則的方法論述,全篇即完全改由歷史世系的觀點來詮釋《詩》,起首說:「詩

〔註38〕 徐復觀說:「〈詩序〉的作者,曾經作了一番努力,把各篇之詩,組合通貫,使成爲一有系統的《詩》教。」並說明〈詩序〉作者依主題而使部分詩作合爲一系統,如〈周南〉、〈召南〉的后妃與夫人之德及〈小雅〉〈六月·序〉後的大段連結〈小雅〉諸篇而貫穿成系統。徐復觀:《中國經學史的基礎》,頁155～157。鄭玄所建《詩》的世次譜系,洪湛侯對其詩與君王世次系統已有簡要整理,洪湛侯:《詩經學史》,頁201～203。

〔註39〕 宋代起對《毛傳鄭箋》這種詩史合一所造成的詮釋問題,大加非議者在所多有,歐陽修《詩本義》起即以《詩經》應另求本義,故其中即以「詩本義」名之。其開宗明義即駁《毛傳鄭箋》〈關雎〉之說,而以其「既差時世,至於大義亦失之。」明示反對《毛傳鄭箋》詮詩時之歷史時世的詮釋;朱子《詩集傳》則對這詩史合一之法有更多方法學上的批判,逮及五四古史辨學派以降,更幾乎完全否定此法之正當性,詳見第三、四章討論。

之興也，諒不於上皇之世，大庭、軒轅逮於高辛，其時有亡載籍，亦蔑云焉。」便是由歷史世次的觀點來探討詩的起源，其後論周代之詩的流變，亦由始祖后稷起據君王世系依序羅列，從而例舉《詩》於各時世的相關代表性文本；另外，不只《詩譜序》以猶如編年史的譜系方式進行詩文本詮釋而已，此一方法在「小序」即已在各個文本詮釋時建構完成，鄭玄之箋注和《詩譜》只是將此一方法提取並顯明化，且加強其結構，使體系更為嚴密，由全《詩》的結構來看，各「風」、「雅」、「頌」的詮釋亦均圍繞著所定位的歷史時世而進行，由此一以史詮詩的論法觀之，時世、世系成為理解《詩》文本極其關鍵的軸心，這便與「大序」所論偏重上下互動交流的詮釋面向及「國史」僅為輔助性詮釋的說法頗有不同，亦即在「小序」和鄭玄所完成的體系裡，詩文本的詮釋方法已大幅度朝歷史向度偏移。

（二）空間向度詮釋建構——政治教化界域畫定和王化之跡實存性確立

《毛詩》歷史譜系詮釋不單是立於時間座標的建構，空間座標亦有明確的標定，目前大多數對《毛詩》和《詩譜》的研究，大多注意到時間座標的建立，但未注意到《毛詩》在空間座標上亦強化政治界域之建構。《毛詩》詮釋結構最明顯的即是各國「風」依地理位置所做的分類，這固然也由采詩相關制度而來，如孔穎達便說：「以詩人自作，自歌土風，驗其水土之名，知其國之所在。」〔註40〕。

但漢儒將各地土風土樂轉為強化以政治界域而說其國之屬別，以便立說各諸侯國王化之跡，實是強化詩文本在政治空間座標上的定位及衍生之義，則無庸置疑，十五國「風」的明確類分，且配合該國的地理與風土民情來詮詩，這一方法成為「小序」及鄭玄個別詩作箋釋上的詮釋通則，〈魏風〉之詩便明確表現出強調魏國地理和風土民情來詮詩的做法：

〈葛屨〉：刺褊也。魏地陿隘，其民機巧趨利，其君嗇褊急，而無德以將之。（第四章）：箋云：魏俗所以然者，是君褊急，無德教使之耳，我是以刺之。

〈園有桃〉：刺時也。大夫憂其君國小而迫，而儉以嗇，不能用其民，而無德教，日以侵削，故作是詩也。（第一章）：箋云：魏君薄公稅，

省國用，不取於民，食園桃而已，不施德教，民無以戰，其侵削之由由是也。

〈陟岵〉：孝子行役，思念父母也，國迫而數侵削，役乎大國，父母兄弟離散，而作是詩也。（「鄭箋」：役乎大國，爲大國所徵發。）

〈十畝之閒〉：刺時也。言其國削小，民無所居焉。〔註41〕

　　〈魏風〉之詩僅七首，一半以上如前列諸詩皆釋以該國土地狹小，其風土民情亦因之而成儉嗇之俗，且「小序」與「鄭箋」皆循例而說，均反覆申說魏國小而迫，故其俗及其君便多儉嗇或褊急，同時皆強調其國政亦有侵削百姓之弊，足證其將地理位置、風土民情和政治界域等密連，並用以和詩文本產生繫連，於是魏地土風土樂便因政治界域義的強化，轉爲風土民情、政治界域以至該國王政等意義在詩本義的強化，土樂民風因而可與國政王化密連不分。

　　而此一詮釋通則在鄭玄《詩譜》裡加以更周密的發展，「風」、「雅」、「頌」均一一依類分而繫之以譜，且必先標定其所佔空間位置，和地理特性，再說歷史沿革，如此則詮詩之義亦必經由空間座標的劃定而來，經由轄屬之地的界分和明確標定，王化之跡便有了空間上的確切跡證。如：「秦譜」首先標明「秦者，隴西谷名於禹貢近雍州鳥鼠之山」，「小雅大雅譜」啓首亦說：「周室居西都豐鎬之時詩也。」又如「魯頌譜」亦特標示「其封域在禹貢徐州大野蒙羽之野〔註42〕」，均指明其國地理空間，以便細論其國之詩中反映的政治界域，以明其王化界域。

　　由此王者之跡藉由空間的設定而取得其實存性，而更爲具體鮮明，尤其聖王之跡所構成的聖王原型依此而有具體「神聖空間」的標定〔註43〕，聖王原型便由時間和空間的實存性詮說而能加以確立，使其做爲價值理想的象徵

〔註41〕《毛詩》，頁 40～41。

〔註42〕分別見於《毛詩正義》，頁 232、307、761。

〔註43〕〈關雎序〉裡釋二〈南〉義時說：「然則〈關雎〉、〈麟趾〉之化，王者之風，故繫之周公，「南」言化自北而南也。」即有實指神聖空間所在而說風化的流布方向，《詩譜》〈周南召南譜〉更明確劃出且細述聖王所在的地理空間位置爲：「周召者，禹貢雍州岐山之陽地名。今屬右扶風美陽縣，地形險阻而原田肥美。周之先公曰大王者，避狄難自豳始遷焉，而脩德建王業。」前半部將神聖空間先行劃定，並藉古今之對照更明其實存性，後半部說周代先祖於此地發跡之淵源，前後相合便把神聖空間的實存和聖王發跡之源結合，以藉神聖空間強化神聖價值的實存。《毛詩正義》，頁 19、7。

並非立於想像上的空幻，而是具體曾有的時空存在，則具體實存性便可導向此價值理想的具體可行性，成為後世君王應該效法並遵循的價值理想原型，使《詩》做為經典的典範性格更為強化，也讓繫入史事史料的做法更形合理，因史料史事便成為在此一特定時空裡曾發生具體存在的歷史還原。

因而時空座標在詩文本建構完成後，「小序」至「鄭箋」具體詮解各詩時，即易於由「史」所載天子及各諸侯王「王化之跡」的優劣，做為各「國風」詮說詩本義趨向的基準之一。

三、「詩史合一」詮釋法所含的歷史原型與中國歷史觀

（一）中國歷史觀與「詩史合一」的交會關係

然而何以要大費周章將詩、史合為一體？兩者得以合一的基礎何在？將詩文本做為王者之跡，顯然預設一套與現今詩文本觀頗有差異的價值觀點和詮釋視野，且非得藉史才得以彰著，前述探討已清楚可見王者之跡才是核心所在，詩與史均可做為考察王者之跡的重要依據，所以王者之跡便成為詩和史兩個不同類型文本可以彼此相依相合而釋的基礎，兩者相合，詩文本詮釋方向即易於導向「大序」欲藉詩以區分判斷王者之跡的正變價值，亦能猶如史鑑一般以王者所留之史跡來斷其治亂興衰，以明其價值所在。

因此，若由方法論的視野加以檢討，《毛詩》「詩史合一」的詮釋方法和基本觀點，最主要有兩大要點值得注意，一是將中國歷史方法與觀點引入詩文本，中國歷史觀中強調的儒家文化價值意識化為正變觀，又以歷史譜系化的形式來詮釋；其次，從歷史方法引入所欲完成的是儒家歷史價值的證成與強化，也就是承先秦儒家論詩觀點以迄「大序」所傳承的聖王原型與歷史原型的再現與強調。

但考之於昔日研究，張鴻愷說《毛詩》是「按照時代順序劃分『正』與『變』，將《詩經》解釋成反映治亂興衰的編年史。」洪湛侯、劉毓慶等亦有類似說法〔註44〕，且此類說法多把《毛詩》「詩史合一」的詮釋現象看作是以詩為史。其實《毛詩》並未將《詩經》變成歷史文本，而僅欲藉歷史方

〔註44〕張鴻愷：〈從詩教傳統論《詩經》「風雅正變」〉，《詩經研究叢刊·第18輯》，中國詩經學會，河北師範大學編（2010年5月），頁103～122。頁104。洪湛侯：《詩經學史》，頁204～205。劉毓慶、郭萬金：〈〈詩小序〉與詩歌「美刺」評價體系的確立〉，頁65～66。

法來證明王化之跡在詩文本的再現，而無意將詩變爲史，而是將詩和史分別看作足以考察王者之跡的兩種不同向度，因而才有其文本分類的必要和不同的效能，此部分我們將在本章第四節詳加分辨。在此「詩史合一」方法最先完成的是將個別詩文本轉爲王化之跡的例證，詩近似史而得以反映王者之跡，則詩亦如史可有史鑑之義，更重要的是中國所謂「史」，其中的歷史觀正建立在以王者之跡爲中心的歷史考察上，因而詩與史才有合一以詮義的基礎。

尤其中國傳統文化裡，詩和史雖爲不同文本類型，既均可視爲王者之跡，則其意義價值自有近似之處，即就王者的治亂之跡省思何以如此的意義和價值，產生教戒垂鑒之效。因而「詩史合一」欲達成的意義和價值取向顯然與中國歷史觀有關。我們考察「詩史合一」時必須先理解中國歷史觀的特殊思維結構，並明瞭其與儒家價值意識的密切關係，這是理解「詩史合一」之義時必有的前理解。

（二）神聖歷史原點的標舉與回返——「詩史合一」裡歷史價值和傳統思想的普遍王權預設

「小序」至「鄭箋」所完成的詩、史互詮體系裡，代表因王道盛而上下得以交流的聖王之跡——「聖王原型」成爲詮《詩》體系脈絡裡的唯一核心價值。「小序」依正變觀詮釋而對聖王典型做了十分具體的塑造，吳萬鐘說：「毛氏解詩強調詩歌所反映的歷史成份，並塑造各種典型的歷史人物或事件，加上倫理道德的評價，配合儒家特色的思維」，且由二〈南〉各詩之「小序」爲主，概括出文王的形象爲：「一、文王有眾多賢能之臣；二、文王爲興國之君；三、文王爲得天命之君；四、文王爲化民之君。〔註45〕」且徵引不少先秦古籍而說文王聖君的典型早在漢以前即已形成。對照第一節所引「詩序」：「〈關雎〉，后妃之德也，風之始也，所以風天下而正夫婦也。故用之鄉人焉，用之邦國焉。風，風也，教也，風以動之，教以化之。……然則〈關雎〉〈麟趾〉之化，王者之風，故繫之周公。南，言化自北而南也。〈鵲巢〉〈騶虞〉之德，諸侯之風也。先王之所以教，故繫之召公。〈周南〉〈召南〉，正始之道，王化之基。是以〈關雎〉樂得淑女以配君子，憂在進賢，不淫其色，哀窈窕，思賢才，而無傷善之心焉。是〈關雎〉之義也。」即可證此文王聖

〔註45〕吳萬鐘：《從詩到經——論毛詩解釋的淵源及其特色》（北京：中華書局，2001年3月），頁102～116。

君及其所具現王化的神聖典型，不論「詩序」或鄭玄皆以之爲理想價值所在
而做爲詩文本詮釋的重心。

這正可證明我們所說的「聖王原型」在中國歷史上反覆出現的特性，即
聖王不是客觀線性歷史的陳跡，而是被視爲寄寓價值理想的完美範型而存
在，且在中國文化中始終作爲一種核心且普遍存在的價值意識。

而與「聖王原型」相應的歷史時期，則成爲中國歷史上的「歷史原型」，
象徵其爲中國歷史流變裡的「歷史原點」，這個「歷史原點」是象徵中國歷史
核心價值得以彰顯且實存的一個原點，在這樣的歷史觀裡，我們可以發現一
個中國歷史詮釋的重要觀點和特質，即這個以彰顯代表「聖王原型」的「歷
史原型」，以及對此一「歷史原型」的原點式標舉，都不是西方史學和史觀所
重的線性時間觀所主導，而是以一個理想烏托邦象徵的歷史存在，做爲歷史
的關鍵發端。黃俊傑總結古代儒家歷史思維的主要特質在於儒家的「時間」
概念具有其「可逆性」，且呈現某種「反事實性的思考方式」特徵，常以美化
的「三代」經驗對比古今，思考評斷自身所處當前情境的問題，突顯現實的
荒謬性，藉此「儒家將回顧性與前瞻性的思維活動完全融合爲一體，並將『價
值』與『事實』結合。」〔註46〕；此外，其於〈中國傳統歷史思想中的時間
概念及現代啓示〉亦詳論中國傳統文化的時間觀不同於西方線性時間觀，「而
是與人作爲主體之知覺息息相關的人文時間。」所以：

> 古代希臘人認爲時間會對值得記述之事件產生耗損，而歷史學就是
> 對時間的耗損作用所進行的抗爭與挽救；相對而言，中國史學家卻
> 相信『時間』是型塑歷史的一種助力。在中國文化中，『時間』本身
> 已經銘記刻畫了人之居處之境況，時勢的脈動以及歷史中的個人的

〔註46〕黃俊傑所論已清楚辨明以儒家歷史思維爲主的中國歷史觀之特質，且在古代
始終爲一主要思維模式，因此依其超時空且固定化的性質，我們可進一步將
之視爲一種「原型」，「原型」之義如第二章第一節所述，即在中國古人思維
模式中，此種「原型」乃是主導其思維感知和意義形成的一套既有思維模式，
由之更能看出其根深柢固之處，且易於考察「原型」在後世的承變關係，不
論「聖王原型」或「歷史原型」皆如此。
中國歷史觀相關論述詳見黃俊傑：〈中國古代儒家歷史思維的方法及其運
用〉，收入黃俊傑、楊儒賓編：《中國古代思維方式探索》（台北：正中書局，
1996），頁1～34。另可見黃俊傑：〈中國傳統歷史思想中的時間概念及現代啓
示〉，收入黃俊傑編：《傳統中華文化與現代價值的激盪與交融》（二）（台北：
喜瑪拉雅，2002年），頁4，21～27。

種種表現，絕非只是對自然事件的機械式載錄而已。許多中國歷史學家認為，以永恆理則（如「道」、「理」）或不朽典範（如「堯」、「舜」、「三代」）等為標竿，而嘗試去存留或體現的實踐過程，構成了中國歷史上各個時代的具體內容；……在中國傳統文化中，生命的意義與價值在於領悟並學習歷史上存在過的道德典範，並將這些典範接引，召喚至人們所生存的時代，也因此中國文化中的「時間」概念寓涵了某種「超時間」的基點，其究極目的實在將典律範型落實於當代時空中〔註47〕。

因而我們可以直接將傳統中國此一歷史觀視為一種「歷史原型觀」，更可突顯此套觀點在傳統中國的高度穩定性和普遍性。

漢儒並非不懂線性時間觀，鄭玄在《詩譜序》裡對詩發生史的追溯即以線性時間觀對聖王（周文王、武王）前後各代各世都依序考察，但在儒家的歷史觀中，這種線性時間的編年繫連法只是一種手段，歷史的目的是為了回返這個「聖王原型」所在的「歷史原點」，因而一切經典文本的論述詮釋核心都要回溯追返此一「歷史原點」，才能重新發掘和傳承此一原點所象徵的價值意涵。這種一再對代表神聖的「歷史原點」的追返行動，上至先秦儒家如孔、孟即已如此，而後我們分析朱熹《詩集傳》，也可見之，余英時指出朱熹等宋代文人以上古「三代之治」為價值理想的歸趨，主張依此重建人間秩序；其實《詩集傳》的詮釋模式同樣明確地表現追返此一理想「歷史原型」的渴望。甚至連代表現代激進思想的五四文人論《詩》，仍不能免除此一原型觀的影響，並不斷地透過自身結合當代歷史的論述，再次強化且再現此一神聖的「歷史原點」，這套方法的詮釋意識與思惟充分反映中國歷史觀的特殊性，迥異於五四以降風行的西方實證史學觀，但也因之在現代以降不易為人了解而屢遭批判或曲解〔註48〕。

此種一再追返「聖王原型」和「歷史原型」的行動裡內含著中國傳統文化思想始終未能脫離普遍王權的觀點。史華慈已指出傳統中國自周代起已出現「道」這一不受人支配的秩序之觀念，此一宇宙與人間社會共有的秩序中，

〔註47〕 黃俊傑：〈中國傳統歷史思想中的時間概念及現代啟示〉，收入黃俊傑編：《傳統中華文化與現代價值的激盪與交融》（二），頁4～6。

〔註48〕 余英時：《朱熹的歷史世界：宋代士大夫政治文化的研究》上冊（北京：三聯書店，2004年），頁5～6，190～198。五四觀點於第四章再加析論。

普遍王權佔有一個早經建立的、永恆的的樞紐位置，林毓生更進一層地論述傳統中國在普遍王權思想根深柢固下的兩點具體影響：

> 第一、秦代以來帝國的建立以及精心提出的、成為欽定儒教的有機式宇宙論，增強了普遍王權的思想和制度。作為使社會——政治秩序與文化-——道德秩序整合的鏈環，普遍王權自此以後更加強大鞏固。第二、普遍王權是一個根基至深的、為不分畛域的眾多相異思想學派所共同採納的預設，從中國有文字記載時起，就佔有支配性的地位。中國的傳統文明幾乎沒有擺脫這一預設的可能性。概括言之，普遍王權在中國傳統中繼續不斷的持續性所蘊涵的是：中國文化和社會整合性的結構，雖歷經漫長歲月，但它並未發生本質上的改變〔註49〕。

漢儒雖藉經典詮釋來標明王權應有其合理之來源，如詮《詩》之本義強調傾聽詩文本代表之民意才能合於王者之天命，但從未質疑普遍王權概念的合理性，而是要求王者要能成為聖王，以符合天命所賦予的身分，且言行確能體現上應天意、下體民情的神聖意涵，即神聖價值的根源仍收歸於聖王此一樞紐，在《毛詩》的詮釋體系裡，仍要以俗顯聖的思維和詮釋意向確實說明中國傳統文明和價值取向的重大特質。

另外，由此一歷史原型觀中可以發現，中國歷史觀不僅只涉及史學領域而已，誠如黃俊傑所說，中國文化中常藉史以論證價值合理性所在。這在文學領域亦頗常見，古代文人論文學喜以源流觀為基礎而進行析論，便為此種歷史觀及思維模式的反映，顏崑陽先生即針對中國文學中本具的「源流文學史觀」進行文本分析詮釋，並重構其詮釋模型，其中最主要的特質即在於一方面由文體形質「過去」在時間歷程中的發生、因變、終結之規律，以建構「源流終始」關係；另一方面則「從文體的源流，溯末以尋本，從而規定此一文體存在的價值性依據，再建構出創化、開展的實踐規範；這是對「未來」之文學歷史所進行的導向性創造。」並指出後一模式常展現將文學「出自」的原因繫屬於「道」，落實於文學歷史情境時，便「將文學『始自』之作歸源於體道的遠古聖人，則『始源時期』的經典文本，其『形質』就被認定為合乎美善的理想性體式，應該做為分流時期之各類體

〔註49〕林毓生著，穆善培譯：《中國意識的危機：五四時期激烈的反傳統主義》（增訂再版本）（貴陽：貴州人民出版社，1988年），頁22。

所遵循的典範。」〔註50〕。

我們可以看到中國傳統此種文學源流觀與中國歷史觀、傳統一元論的思維都有密切關連，也更確定此種特定的中國傳統思維模式不限於某一學科領域，而幾為一普遍性思維。由於《詩經》在漢代後更確立其作為中國詩文本源初典範的地位，《毛詩》所立詮釋範型中的詩文本觀，也成為後世辨識此一詩文本源初典範的重要依據，周《詩》所立範型即成為後世詩文本應有的理想範型，從而影響中國古詩詮釋、創作和批評的思維和標準，此一歷史原型觀在詩文本觀的形構時，其重要性不容小覷。

四、詮詩理論落實於具體詮釋文本的類型和疑義

事實上《毛詩》在將歷史框架置於詩文本進行編纂詮釋時，亦有設法建構此一詮釋的合理性，一是歷史框架自身的合理性，即依與周代歷史有關的重要史籍來設定歷史時空座標的準確性，此為歷史世系史事的客觀性，因本於史籍而少疑義。

二為歷史框架與詩文本之間的繫連組構，這部分才是後人質疑批駁的根源，因歷史框架雖有客觀史實為據，但詩文本自身表述卻常不能直接表現其與王化之跡的關連意義，此處其實突顯詮詩理論和詮詩現實之間的差距，《毛詩》對詩本義詮釋的價值導向有其理想性，但詩文本自身表現模式和原有意指常在於個人情志發抒面向的呈現，不在於明示歷史時空的背景，《毛詩》對詩文本意義層次由個人拓展至群體、聖俗互通而以俗顯聖等面向的開展在理論上可以成立，但用於實際詮釋個別詩作時必有其因詩文本自身本義不在顯示王化之跡而無法示現此一面向的問題，因王化之跡面向本為在理論上言之成理，在文本上卻常非直接呈示的部分，所以王化之跡大多必得依靠文本外的另行詮釋才能顯發其義，此種不能內含於文本的部分因不見於文本，即缺少客觀詮釋的證據，但又未必能完全否定其存在之可能性，因而充滿曖昧性。

所以若仔細分辨《毛詩》以史詮釋詩文本的方式，可分為兩大類型析論：一、詩文本採直接抒發情志方式而小〈序〉依其情志內容而說者，或直接表現與時世時局或歷史人物有關，或《左傳》、《國語》等史籍中有相關詩作背景之記載，如：〈邶風・燕燕〉、〈衛風・碩人〉等。此類作品因文本內有直接

〔註50〕顏崑陽先生：〈中國古代原生性「源流文學史觀」詮釋模型之重構初論〉，《政大中文學報》第 15 期，2011 年 6 月，頁 265～266。

表明,《毛詩》順詩文本內容引入文本所指歷史事件人物來釋義,多依《左傳》、《國語》等史籍,故少爭議〔註51〕。二、詩文本自身未明確表現歷史內容者,這部分在《詩經》中佔大多數,原為詩表述的常態,但若要放入「大序」提出的詮詩觀點以形成特定意義脈絡的表示,勢必要由詮釋者在文本外另行詮釋出此詩實代表某一王者之跡的意涵,《毛詩》詩文本意義的生成便成為一種「言外之意」的尋索,實際上必依詮釋者所給定的意義來固定其本義,這就與孔門論詩喜隨語境而自由觸發,或先秦政治外交用詩時以詩為譬喻來解悟用詩者隱含意向等頗有不同,所同者在於均有意義觸發、引譬連類之機轉,但相異處在先秦時詩義多不固定,可隨語境而轉用其義,漢代《毛詩》已依其詮詩理論而要求詩文本必有固定本義,因每一詩文本必是反映特定「王者之跡」的具體例證,自必依歷史之跡來顯明必關乎「王者之跡」的本義。然而由於不在文本文字意義表出的範圍內,便有極大的詮釋空間,於是《毛詩》另行發展填補此一意義空間的模式,但因不能確證故疑義叢生,由此將進入第三節的討論。

第三節 史實或比附:開放文本公有化與多元語境轉用的遺形

「詩史合一」的趨向在鄭玄手中達到高峰,且成為詮詩的主要方法,此一現象於外在時代環境的變遷下看來雖似合理,但詩、史分明為兩種不同性質的文本類型,將史的觀點和方法注入詩文本中,且有時未必合於客觀史實,卻仍將二者牽合互釋,由「小序」到鄭玄均如此理所當然地以「詩史合一」

〔註51〕洪湛侯對歷來研究「詩序」所釋內容為合理之類型已加梳理,見洪湛侯:《詩經學史》,頁 177。吳萬鐘解說《毛詩》歷史化解釋時已將之分為兩種類型:「有些詩篇是因為詩歌本身顯現出歷史背景而作歷史的解釋的,而有些則是對本身毫無歷史背景的詩歌作歷史化的比附與解釋。」並注意到第一類詩作的作者說法亦可分兩類,一即沿襲《左傳》之說,如〈邶風・燕燕〉、〈衛風・碩人〉。但亦有與《左傳》說法不同者,如〈鄭風・清人〉、〈小雅・常棣〉;並對這種作者說法歧異的問題表示目前仍無從考證。詳見,吳萬鐘:《從詩到經——論毛詩解釋的淵源及其特色》(北京:中華書局,2001 年 3 月),頁 94~96。但我們若細察之,作者問題也許不得索解,但歷史背景與事件的標定在這類詩作中多與《左傳》所載大同小異,可知《毛詩》在形構歷史詮釋的合理性時,仍基本依《左傳》等史籍史事的記載,即亦重史料的客觀性。

的模式來詮詩，然而後人因之而大加非議，且到五四以後幾乎完全否定，均批駁《毛詩》非爲詩本義〔註52〕，但清代詮釋《詩經》重要之作陳奐《詩毛氏傳疏・序》卻特加強調「詩史合一」之法爲讀詩的必然正途〔註53〕，此一古今觀點大異的現象顯然並不尋常，往昔卻極少有人注意，幾乎全先以漢儒爲謬而批判之。

　　不過這種批判忽視根本問題的反思，如：何以漢儒要以近於混同詩史的手法來詮詩？除外在因素外，文本自身沿革的問題亦不可忽視，今人常以詩、史本不應混同來批判漢儒，然詩、史分屬不同，難道漢儒全然不知？漢儒確實混同詩、史二者而未曾界分嗎？可是以《詩大序》至鄭玄對詩本身性質的判定，明顯又與史的性質決不相同，這類文本內部的問題未進一步考索，即批判漢儒爲謬妄，而漢儒思考與詮釋的根本觀點與模式在這類批判中卻似未確實呈現，漢儒既明白詩、史有別，又爲何要牽合詩、史？漢儒在怎樣的程度與層次上進行「詩史合一」的實踐？又在何種層次上將詩、史二者清楚加以界分？這種既牽合又界分的尺度與方法中，蘊含怎樣的特定文本觀？這些問題若未清楚究實，便不能了解這種異於後世觀點的現象到底有何意義，自也難以明確判定漢儒在詮詩上眞正的功過得失；本節即探討「詩史合一」在方法上的合理性問題，詩史分判等詩文本觀的問題則於下一節討論。

一、方法探源及用詩類型——先秦引詩賦詩等用詩在漢代的兩種遺形

　　前一節我們已解析「詩史合一」的詮釋方法和因之發生的局部詮釋轉向，且此一方法對無明確歷史性質標定的詩文本多進行一種「言外之意」詮釋的轉換，這固然是基於儒者價值意識於漢代側重群體政教意義而衍生，但文本詮釋的合理性未必在於由文本自身表義所展現的歷史客觀性，詩文本詮釋爭議多在文本自身無明確歷史定位者，這時任何一種歷史性或非歷史性的詮釋

〔註52〕詳見第二章第二節詩、史牽合以證王者之跡的實存性和後世之批判，詳注8。
〔註53〕陳奐說《毛詩》能「明乎世次得失之迹而吟詠情性，有以合乎詩人之本志。故讀《詩》不讀「序」，無本之教也。」可見其認爲解《詩》必依「序」，且必依其世次之觀點來讀詩，才是正確讀《詩》之道。陳奐：《詩毛氏傳疏》〈敘〉，收錄於《皇清經解續編》第 12 冊，卷 782（台北：藝文圖書館，1966），頁9030。

都無法證明其眞爲原作者本意,《毛詩》因其詩論已表明其詮釋詩之本義在於王者之跡和其價值之證成,所以其詮釋合理性的問題即不在於原作者本意還原的層次,而在於其所詮釋文本是否可以適切證明此詩即爲詮釋者所指的王者之跡,如前一節所述,這注定是曖昧不明的問題,端看詮釋者的詮釋意向而有極大詮釋空間,這時正變觀即成意義生成之重要基準,正「風」詮釋多誦美,變「風」詮釋多風刺即是由預設價值而生的意義導向,此時,個別詩文本是否仍能與詮釋密合便是可以檢證的問題。

　　因爲這種對詩文本賦予歷史面向的詮釋和意義轉換過程的方法與現代詮釋詩文本的基本觀點和方法明顯不同,《毛詩》的詮詩理論雖可有理論上的合理性,實際詮釋各個詩作時如何將原作者本意轉向詮釋者所欲表述的詩本義,其間必有合理性的問題,而其不同於後世的文本詮釋方法所內含的文本觀點便值得詳究。因而本節要討論《毛詩》此種詮釋詩文本的合理性問題前,首先必須從方法論的視野重新檢討《毛詩》在詮釋方法和觀點上的基本特質,其中與後世詮釋典範和觀點歧異最深的問題,除了比附穿鑿史實之外,便是被後人批評其指稱之作者有所謬誤,過去研究證其謬誤之法在於「以子之矛,攻子之盾」,即以歷史學的方法和觀點來批判《毛詩》之誤,這類研究幾乎全以史學裡客觀求實的觀點來配合史料史實的檢證,依此發現《毛詩》爲誤,輒加批駁之,不過這類方法看似有理,卻忽略因古今時代差距而產生的觀點變遷因素,故未能確切理解漢儒如此詮解詩文本的基本觀點與形成背景,因而在此我們希望儘量先還原漢代對文本理解和詮釋的視域,以求深入理解漢人何以如此解詩的緣故。

（一）先秦用詩在漢代詮詩的兩種遺形——內外傳體及兩種構義觀

　　《毛詩》詮釋最常面對所謂比附穿鑿的惡評,然而若細加考察,這並非《毛詩》的獨創,漢代三家詩可能都不免有此一做法,《漢書·藝文志》已說三家詩「采雜說,咸非其本義」,然而最值得細究的是班固此處所謂「本義」亦非今所習以爲的「原作者本意」,觀其論述文脈,文章起首即由孔子論起,「昔仲尼沒而微言絕,七十子喪而大義乖,故《春秋》分爲五,《詩》分爲四,《易》則有數家之傳〔註54〕。」則其本義觀點當亦爲儒家對詩文本意義理解的路向,即王化之跡至聖人之跡的反映。

〔註54〕班固之說皆見於《漢書·藝文志》,班固撰,顏師古注:《漢書》第六冊（北京:中華書局,1962）,頁1708,1701。

　　可見此觀點在漢代乃為普遍觀點，非《毛詩》獨具，嚴格來說，這是漢人傳承自先秦文化對詩文本觀及相關運用方法的一種遺形，從《禮記》用詩之例及《韓詩外傳》、《列女傳》等漢人詮詩用詩的幾個重要文本來解析其方法上的特性，便可見出漢代的詩文本觀和基本詮釋應用的原則、方法，均與我們大不相同，清代學者陳澧《東塾讀書記》即已注意到這類說詩之法的特異，而說「外傳之體」與「內傳之體」雖有別，卻均能發明儒家論詩之旨，其先引《韓詩外傳》錢惟善序云「斷章取義，有合於孔門商賜言《詩》之旨」，又說：

> 《禮記》〈坊記〉、〈中庸〉、〈表記〉、〈緇衣〉、〈大學〉，引《詩》者尤多似《外傳》，蓋孔門學詩者皆如此。其於《詩》義，洽熟於心，凡讀古人古事，皆與《詩》義相觸發，非後儒所能及。西漢經學，惟《詩》有毛氏、韓氏兩家之書，傳至今日，讀者得知古人內傳、外傳之體，乃天之未喪斯文也。……〔註55〕

　　陳澧指明這類「外傳之體」的特徵在於「斷章取義」、「多述古事」且古事能與詩義「相觸發」等兩大特點，本為孔子教詩說詩的特色，可見其論原在於認可「斷章取義」的某種合理性和必要性，甚且認為「非後儒所能及」。事實上這種以「斷章取義」為合理的文本觀點並非儒家的專利，春秋時外交與政教對話中常見引詩賦詩的現象亦多為「斷章取義」，現代以文本作者原意為核心，「斷章取義」因脫離文本原意，自被視為解義謬誤，兩相對照則古代的詩文本觀與現代觀點在取義的根源本不相同，故對文本的詮釋和運用方式亦多互異之處，這類「以詩證事」的做法主要多敘故事，其中引《詩》之部分文句以與故事參證。以《韓詩外傳》為例，袁長江即辨其非為解詩之義，而為用詩之義，即為明道說理而用之，並解析其引用詩作的類型，如「有些章節引詩，僅取其中一詞，不顧及其詩句的本來意義，如卷七第一章」，又如「多用引詩為喻的形式。引詩用作比喻，以加強自己的論據，這是荀子常用的方法。韓嬰也繼承了這一方法。如卷五第六章……」〔註56〕。

　　「以詩證事」的確可說是此類文本的主要詮釋原則〔註57〕，然而僅用此

〔註55〕陳澧：《東塾讀書記》（台北：廣文書局，1970年12月），頁168。
〔註56〕袁長江：〈說《韓詩外傳》〉，《中國韻文學刊》，1996年第1期，頁10～14。袁長江在此雖析論《韓詩外傳》的體例類型，卻未探究此一外傳體基本的文本性質何在，主要辨其為用詩而說理明道。
〔註57〕此為王世貞對《韓詩外傳》詮釋方法的概括，至今仍為眾多研究沿襲的主要

語來概括這種詮釋方法似未盡能顯出此類文本形構和意義生成的特質,比如在此一原則中,何者才被視爲取義的核心呢?亦即其意義生成的根源及主要條件何在?又這類「外傳體」與「內傳體」的內外之辨的基準何在?不明辨此中問題,我們很難進入古人和儒家的文本觀和詮釋法則合理性的由來。

以內傳體和外傳體的分辨而言,內傳體較接近我們現今以文本自身爲主要取義依據的觀點,文本自身之內爲意義生成的範限,故爲「內」,外傳體則逸出文本自身整體性的意義結構,轉爲與其他古事或載古事的文本相互觸發,而用詩文本(常爲局部)來解明另一文本,所以稱爲「外」,「外傳體」原本不意在對詩文本自身進行釋義,乃借詩文本來闡釋其他文本的意義,因而在此即以較工具性的方法來運用詩文本,可以切割詩作局部以取可和另一文本意義相發明之處,由此便可見「外傳體」和先秦時期引詩賦詩的近似,而確證此一用詩之法的淵源,更可知此爲中國傳統在不論創作、詮釋等形構文本時的基本觀點,可稱此一傳統文本觀爲「開放性文本觀」,顏崑陽先生研究先秦賦詩時注意到當時「開放性文本」現象,並指出:

> 在賦詩的社會文化行爲中,做爲溝通媒介的「詩文本」,由於使用者的態度而呈現出二種特徵:一是「詩無絕對固定之體,隨用而裁體」。「體」指其結構形式,雖已有被寫定之篇章,但在不同的「實存情境」中被挪用時,卻可隨用者之所需而剪裁。二是「詩無絕對固定之本義,隨用而衍義」。在寫定的文本中,其語言文字的訓解和內涵,雖有共識性的「基義」,但僅供參考,不做給定。其意義可以在「實存情境」中被挪用時,隨用者之所需而衍生。綜合這二個特徵,我們可以說它是「開放性文本」;從形式到涵義都向任何使用者「開放」。這與孟子所提出以詮釋作者本意爲目的,因而形成的「封閉性文本」顯有差別〔註58〕。

此種文本觀異於如今所習見的「封閉性文本觀」,後者將文本取義的根源置於原作者本意的探求而形成取義範圍的封閉性,於是顏崑陽先生指明一項重要結論,即「詩文本」在詮釋活動中,其自身意義並非詮釋的「終極標的」,

---

觀點。王世貞:《弇州山人四部稿》卷 112〈讀《韓詩外傳》〉(台北:偉文圖書,1976 年),頁 5273~5274。

〔註58〕 顏崑陽先生:〈論先秦「詩社會文化行爲」所展現的「詮釋範型」意義〉,《東華人文學報》第 8 期,2006,頁 82~83。本論文所說「開放性文本觀」與「封閉性文本觀」的概念義,皆本於此處所論析。

「終極標的」在於行為者的「隱性意向」,這時「詩文本」不過是理解過程中的「中介指引性符號」,在溝通雙方互為主體的理解過程裡,以其譬喻性質和功能為中介,提供「情境連類」的思維指向,而能解悟行為者的「隱性意向」〔註59〕。

以此為基礎,我們可更進一步探討這種先秦時期「開放性文本」的概念,在後世發展的遺形中,漢代這種「外傳體」所呈現的「開放性文本觀」除沿襲先秦不以原作者本意為取義核心的傳統外,更進一步的新發展在於以發言者(即行為者)語境所需來連結選取可以相互觸發對應的文本或知識資源,所重者在於這種「引譬連類」下意義觸發的機制及效用,以求取意義的豐富性及廣延性,這時所引譬的「詩文本」變為一種重要中介,使得不同情境得以相互連類而觸發衍生新義,並因之而產生衍生性文本,意即「詩文本」已不只是提供「情境連類」的思維指向,以解悟行為者的「隱性意向」而已,更成為新衍生文本所以衍生並轉出新義的必要中介,即此時「詩文本」已不是可有可無的修辭或裝飾性質,而是意義和情境得以轉換連結的重要關鍵;若將外傳體裡的「詩文本」刪除,則其將僅成一孤立自作的故事集錦而已,而不成所謂《詩》之「外傳」,這時做為經典的《詩》文本,其中介的機制和效用即在於衍生新義或連結他義以相互激發外傳作者欲強調的相關之義,成為《詩經》經典意義的另一種傳承形式,是故陳澧才會如此看重外傳體,固然因其由孔門論詩方法而來,但更因其後在文本及形式上的新發展確能產生另一種闡發和延續經典意義的效用〔註60〕。《毛詩》裡被視為混同詩、史的詮釋界限,就是在此一背景下所產生。

(二)「開放性文本觀」到「封閉性文本觀」的過渡——「引譬連類」下文本間意義之觸發和轉化

尤為重要的是,本為內傳體的《毛詩》尚且有部分援用外傳體的詮詩之例,陳澧已注意到此一現象,而指出其中〈素冠〉、〈小弁〉、〈巷伯〉、〈緜〉、〈行葦〉、〈定之方中〉等詩的詮解均有類《韓詩外傳》的外傳之體〔註61〕。其實若再深一層考察這種內外傳體部分方法原則的互用與借用行為,可以發

〔註59〕顏崑陽先生:〈論先秦「詩社會文化行為」所展現的「詮釋範型」意義〉,《東華人文學報》第 8 期,2006,頁 82～83。
〔註60〕關於外傳體研究本處僅及於本文論題範圍為限,餘皆不再細論。
〔註61〕陳澧:《東塾讀書記》,頁 167。

現更有趣的結論，一方面這證明《毛詩》這種詮釋形態有著「開放性文本觀」的文本觸發轉用遺形，另一方面《毛詩》自身內部亦有由「開放性文本觀」轉向「封閉性文本觀」的痕跡，以這些具外傳體詮釋形式的詩爲例，皆爲《毛傳》採取外傳體，但「鄭箋」卻全採內傳體，未用外傳體箋釋，如〈巷伯〉一詩中，《毛傳》在「哆兮侈兮，成是南箕」兩句，雖亦先以內傳體形式針對文本自身詞彙句義加以注解，然隨即因文本中「避嫌之不審」之義而有所觸發，開始長篇大論地繫引避男女有私之嫌的兩個事例，即顏叔子獨處于室而鄰婦趨至之事，與魯之男子獨處于室而鄰婦至之事；但此詩的「避嫌之不審」實無關男女有私之嫌，而是指文本作者被讒言所傷，自言其原因正爲未能詳審而避嫌；比較「鄭箋」所釋，則爲：「箕星哆然踵狹而舌廣，今讒人之因寺人之近嫌而成言其罪，猶因箕星之哆而又侈大之。〔註62〕」即鄭玄僅針對文本內部語彙和意義加以箋釋。

又如〈檜風〉〈素冠〉末章「庶見素韠兮，我心蘊結兮，聊與子如一兮」，《毛傳》即採外傳體進行詮釋，而說：

> 子夏三年之喪畢，見於夫子，援琴而絃，衎衎而樂，作而曰：「先王制禮，不敢不及也。」夫子曰：「君子也。」閔子騫三年之喪畢，見於夫子，援琴而絃，切切而哀，作而曰：「先王制禮，不敢過也。」夫子曰：「君子也。」子路曰：「敢問何謂也？」夫子曰：「子夏哀已盡，能引而致之於禮，故曰君子也；閔子哀未盡，能自割以禮，故曰君子也。夫三年之喪，賢者之所輕，不肖者之所勉。」〔註63〕

以上近似故事亦見於《淮南子‧繆稱篇》、《說苑‧修文》與《孔子家語‧六本》〔註64〕，可見《毛傳》於此所引之事應有所本，故依外傳體例援引以與〈素冠〉詩義相觸發，此處所釋之法猶如〈巷伯〉，且本章更僅以外傳體釋義，未有任何字詞章句訓詁和文本內部意義的直接說解，可知《毛傳》在此僅欲藉外傳體所引此一有關三年守喪之禮的事例，和其所詮解詩文本有關守喪以見有禮之人的意義相互觸發，故不依內傳體例，即不論原文本與詮釋文本間主旨之異，僅依喪禮以見其人一事爲喻，意義生成模式反而藉轉出文本

〔註62〕　《毛詩》，〈節南山之什‧巷伯〉，頁84。

〔註63〕　《毛詩》，頁52。

〔註64〕　相關文本非本研究論題，此處僅引相關文本一例略作補充，如：劉向撰，向宗魯校證：《說苑校證》（北京：中華書局，1987年），頁494。

之外以觸發新義。

然而「鄭箋」在此亦僅以內傳體釋之,而說「聊與子如一,且欲與之居處,觀其行也。」此一詩本義詮釋依「小序」之說而推衍,其釋例並未採外傳體例。

此可證較早完成的《毛傳》仍偶有沿襲先秦至漢代前期常見的「開放性文本觀」傳統,在自己原本採用的內傳體中仍不時因有所觸發,自然使用外傳體的形式;相對來說,東漢末的「鄭箋」卻在文本字詞訓詁嚴守內傳體形式不逾距,可見後起的「鄭箋」對文本語彙注解上宜圍繞所欲詮釋文本自身為主要詮釋範限,已有相當清楚的自覺,不再有因事觸發而轉述他事之體,此則更明確地呈現《毛詩》乃為由先秦「開放性文本觀」轉向後世「封閉性文本觀」為主的另一種文本遺形。至於「鄭箋」本身雖已在字詞訓詁時持守內傳體形式,卻仍保留〈毛傳〉的外傳體內容,不予置喙而視之平常,則知此種形式為漢代習見,鄭玄自己反是在各篇詩作主旨的詮釋上發揮不少「開放性文本觀」引譬連類的創意,沿著「小序」之跡,在詩文本和上古史料之間一一串連,從而觸發出詮釋者所欲強調的價值意義。

(三)不重原作者,以述作者本義闡明為主

由上述所論可知,先秦至漢代著述基本上不重原作者及原作者之意(亦可見緒論所論),《毛詩》在各個詩作的詮解大多不列作者,少數指明作者的詮詩之例,亦多只是為了詮釋意義時的需要而來,大約可分為三種類型,一、標出作者名,多述詩作相關具體史事中人物,如〈鄘風·柏舟〉之序為:「共姜自誓也,衛世子共伯蚤死,其妻守義,父母欲奪而嫁之,誓而弗許,故作是詩以絕之。〔註65〕」此處看似注明作者,其實主要在於詮釋詩之要義為共姜守義不嫁自誓一事,其意在史事之說明以呈現詩文本中之史跡,而非刻意先標注詩之作者;二、雖標作者之名,無具體史事及個人資料注解,如〈節南山之什·節南山〉之序「家父刺幽王也〔註66〕」,並注「家父」指作者的字,身分為周朝大夫,此詩註明作者之字,但作者未見於史書,此處亦無考索作者之意,只是為了注解「家父」一詞而略其意指;三、無作者名,此類詩為數最多;第三類尚可分為兩個次類,一為全未言及與作者相關之資料,二是僅為詮義所需而標明作者身分類別和位置;前者如《南有嘉魚之什》全部共十篇,均未說作者,直接闡

〔註65〕《毛詩》,〈鄘風·柏舟〉,頁 19。
〔註66〕《毛詩》,〈節南山之什·節南山〉,頁 75。

述詩義；後者則如《谷風之什》中的《無將大車》、《小明》兩篇其序分別為「大夫悔將小人也」及「大夫悔仕於亂世也」，雖指明作者為「大夫」，其實詮釋並未深究作者，只為指明詩作之義所涉及的對象和緣由〔註67〕。

上述類型解析可以看到其詮釋並不重視考究原作者為誰，即原作者一項並非詮釋意義的重要條件，後世對詩作文章理解詮釋總要先標示原作者的體例和習慣，《毛詩》則無，而直接釋詩文本之義，即非先透過作者的標定，以此為詮釋路徑來解讀文本的意義。這種不重原作者，不以原作者為意義形構重要條件的文本觀，對意義的生成和讀取有其不同於後世主要以個人作者為中心的觀點，雖可謂上古文本作者不傳，自無法標示，然其注釋方法和體例不以原作者為中心，注詩不重原作者為誰，亦不重原作者本意的詮釋觀點，則至為顯明〔註68〕，已充分呈現漢代詮釋至創作文本時的「開放性文本」觀點。

歸結而言，漢儒不重原作者本意此一觀點的形成緣由可分成兩個部分來談，一是「開放性文本觀」為主的詮釋視野中，詮釋核心往往不在於原作者本意，轉為述作者或使用文本者因應語境變化及需求而展開的衍生性詮釋，另一則可由「大序」之論觀之，「大序」在論詩的發生時雖含個人所作的觀點，然其重心卻導向個體普同性，而後更直接導向社會功能論談詩在社會群體層次的群體效用為主，則詩的意義詮釋核心自然脫離個人化的原作者本意，而由反映社會政治教化為意義形成的核心所在，如此自不會在意原作者是誰，因其釋義本不由原作者出發。

二、文本類型及學科畫分的半成熟階段——漢代史學的非獨立性與文本性質界分的模糊性

由「開放性文本觀」的角度來省思，《毛詩》詮釋模式並非孤例，另也可由性質相近的經、史關係糾結及分立的現象加以探究，經、史關係在傳統中國頗為糾葛不清的問題，周予同曾做過精要的梳理，因經、史關係就其歷史發展來看，兩漢以前，史學不是一門獨立的學科，而是隸屬於經；《漢書・藝文志》所分《六藝略》中就無「史」的一「略」，今視為中國編年體史書濫觴的《春秋》，

〔註67〕《毛詩》，頁88。
〔註68〕對照朱子《詩集傳》和五四以來詮釋《詩經》的主要模式每必先標示或設法窮究個人作者為誰，再求解讀詩文本意義的做法，漢人詮詩不以作者為中心的文本觀將更見其特殊性，詳見第三、四章。

僅列於《六藝略》中，連司馬遷《史記》也附屬於《六藝略・春秋類》，「所以兩漢以前，還是『史附於經』的階段，史學似無獨立地位。〔註69〕」此外，即令《春秋》一書在《禮記・經解》裡的定位亦與今視為史書有所不同，而說「屬辭比事，《春秋》教也。……屬辭比事而不亂，則深於《春秋》者也」，鄭玄注「屬辭比事」意為「屬，猶合也，《春秋》多記諸侯朝聘會同，有相接之辭、罪辯之事〔註70〕」，可見當時此書並非史書之義，是強調其政治外交上的言說辭令和比次罪辯之事等意義，而非視之為「史」。

由之可看到的不單是由學科發展分化的觀點，得出經史不分或史學於漢代尚無獨立地位等結論，而是在此一「史附於經」的階段裡，漢人建構的文本系統和其所以如此建構的觀點，與我們現今以為分屬不同學科而有不同文本類型和文本構成原則的一套文本系統大不相同，因而若以如今以為的史學原則和方法為準，史學在漢代雖大有進展，卻仍未完全成熟，於文本系統裡亦未取得獨立位階，班固著《漢書》的曲折經歷和險因私著史書而入獄之事〔註71〕，正反映史學在當時仍僅為官方記錄君王之載籍。

史學在此時仍是經學裡的一支，則其學術原則及方法自是不脫經學價值及觀點，事實上中國古代歷史觀始終與經學關係密切，周予同即指出史學雖自隋唐開始漸從經學中獨立出來，但直到宋元至明清時期才有「經等於史」的說法，史學才算真正能與經學平起平坐，即使如此，古代許多史學家多未曾放棄其經學研究，同時是史學家，甚至亦是文學家，這個現象讓當時編纂《辭海》的周予同等現代學者頗為困擾，因為古代學者「不像現代『分工』之細」。而且周予同注意到一個很重要的現象：

> 我國最早的目錄學書，是劉歆的《七略》（源於劉向《別錄》，《七略》為《漢書・藝文志》所據）。劉歆是古文經學派的開創者，此後史的研究，幾為古文經學派所操縱。遠的不說，就清代而言，很多經學家，從校訂經書而擴大到史籍和諸子，從解釋經義擴大到考究歷史、

〔註69〕 周予同著，朱維錚編：《周予同經學史論著選集》增訂版（上海：上海人民出版社，1996），頁 695。

〔註70〕 鄭玄注：《禮記鄭注》（台北：新興書局，1979 年 8 月），頁 172。

〔註71〕 《後漢書》〈班固傳〉載班固以為父班彪所續前史未詳而欲繼其志而修史，卻有人上告皇帝指班固私改國史，班固因而被繫補入獄，幸因弟班超代兄辯解著述之意，漢明帝讀其書後「甚奇之」，班固才得脫繫獄，並被任命續修之，《漢書》才真正成為所謂官方之國史。此事見范曄撰，李賢等注：《後漢書》（北京：中華書局，1965 年 5 月），頁 1333～1334。

地理、天文、曆法、典章制度。例如王鳴盛、錢大昕，是清代著名
的史學家，但也是經學中的「吳派」。「六經皆史」說是古文經學派
的理論，……〔註72〕

　　周予同的問題意識在於「如何不為經學學派所囿，正確地估價經、史關
係」，即想在新時代為古代學科劃分及其脈絡進行深入考掘，但在此我們要將
問題轉入文本觀的層次，通過周予同的觀察，不但可發現古今學科分類視野
不同、觀點不同，故其價值系統與方法亦有差異，而且史學及其方法多由經
學發展過程而轉出，常為了闡釋經學經義而發展，可以說是經學和史學雖為
不同學科，但在古人心中實都是為了闡述儒家之「道」而來，價值系統乃為
一致，古人相互借用不同學科方法的習慣即緣於此一共同目標〔註73〕，因而
我們可在《詩大序》裡看到儒道價值核心在「聖王原型」和「歷史原型」的
體現，其中聖人象徵了儒者的生命價值理想，又為了將現實問題納入考量，
從而引入「國史」觀點和正變現象區分等歷史觀點，即是這種不同學科方法，
亦是不同文本性質及其形構方法的相互挪用，以適應新語境中闡述「道」之
所在的需求；依此，則鄭玄身為東漢末年經學集大成之大家，對他來說，「身
兼數職」實屬理所當然，此一「理」所當然，於後世學科分化發展，至現代
甚而取消此「理」，儒道之價值系統不再是受到尊崇的基本價值，現代以降自
然更難理解由此而來的種種與今相異的文本詮釋和學科界分現象和觀點。

　　特別是中國歷史觀本有將「事實判斷」與「價值判斷」合一的獨特傳統
和特質，黃俊傑指出中國傳統史學深受儒學觀點影響，「中國史學家認為歷史
『事實』固然千變萬化，但在雜多的史實之中都潛藏著『道』，等待讀史者加
以解讀，而且歷史中的『道』是『一』而不是多，『一』是指歷史變化中所見
的具有本質意義而且是最重要的道德價值。〔註74〕」《毛詩》裡就可見因這一

〔註72〕周予同著，朱維錚編：《周予同經學史論著選集》增訂版（上海：上海人民出
　　　　版社，1996），頁696。

〔註73〕中國傳統文化思想常經、史不分的現象，源於中國古代歷史思維中喜以歷史
　　　　事實類比當前情境，並激發價值意識，此種比興思維方法與詩學詩教傳統密
　　　　切相關，在史學亦廣泛使用，形構成一種視「古」與「今」互為主體性的時
　　　　間觀。詳見黃俊傑：〈中國古代儒家歷史思維的方法及其運用〉，收入黃俊傑、
　　　　楊儒賓編：《中國古代思維方式探索》，頁1～34。

〔註74〕黃俊傑、古偉瀛：〈中國傳統史學與後現代主義的挑戰：以「事實」與「價值」
　　　　的關係為中心〉，收入黃俊傑編：《傳統中華文化與現代價值的激盪與交融》
　　　　（二），頁86。

傳統思維而使眾多周《詩》文本被視為潛藏著儒「道」某一特殊面向的雜多史跡史實，這種儒家之「道」的特殊面向要藉詩文本性質的史跡來解讀，即藉儒家所視詩的本質意義來闡發此一儒家之「道」的道德價值。

三、意義生成的基本思維方式──中國傳統整體一元論的詩詮釋

在此我們同樣要將「理」或「道」轉換至文本觀的層次加以思考，則這種「開放性文本觀」的奧妙之處即呼之欲出，此文本觀的奧妙在於取義結構的根本觀點源於傳統固有的「整體一元論」思維和其中的「聯繫性思維」，且由之導引其形構文本的方法及模式。

林毓生曾在研究近現代中國知識份子思維模式時，即曾指出這種緣自傳統的「一元論／整體論」思維，這種儒道兩家都具有的思維，將宇宙視為一個各部分之間及部分與整體間互有聯繫，而成一不可分割的有機整體，因而廿世紀中國知識份子的全盤反傳統思想的思維模式，實亦承此一整體論思想而來〔註75〕，可見此一深植中國知識份子心中的一元而整體的思維模式，其影響的深遠性。

劉長林在《中國系統思維》裡即由《易經》六十四卦所表現出的思想，而說此在中國古代學術中非僅為孤立現象，此一宇宙一體、天人合一的理論將人視為一個小宇宙，每個人都持有全宇宙的信息，中國古代的宇宙論、生物學、醫學、社會學、政治理論，都認為事物的部分涵納著關於整體的全部信息，通過觀察局部，完全能夠把握全體〔註76〕。黃俊傑在探討《傳統中國的思維方式及其價值觀》時，注意到這種「聯繫性思維」方式由於是「一個通貫思想體系

〔註75〕林毓生《五四時代的激烈反傳統思想與中國自由主義的前途》，收入林毓生：《思想與人物》（台北：聯經出版公司，1983年），頁139～196，其關於傳統整體一元論思維的論述主要見於頁150～171。林毓生著，穆善培譯：《中國意識的危機：五四時期激烈的反傳統主義》（增訂再版本），頁45～51。
其後楊國榮進行實證主義與中國近代哲學的關係研究時，亦注意到原本「西方科學的演變，確實主要以認知深化為內容，而這一過程同時又表現為一個不斷別除形而上學的過程，由此積累起來的，基本上是一種認知結構。」移植到中國後，「這種行為知識體系的科學」，在五四知識人引入後反而上升為普遍之「道」，這種異變楊國榮由價值信仰體系的新需求來說解，見楊國榮：《實證主義與中國近代哲學》（台北：五南，頁222～225）。在此我們可說林毓生早已指明的傳統一元論思維，正是造成此一現象的主要原因，因而從實證主義在中國這一重要文化變遷現象裡，最終反映出此一重大文化傳統思維的始終不變與根深柢固。
〔註76〕劉長林：《中國系統思維》（北京：中國社會科學出版社，1990年），頁72。

各層面的思維方式,從宇宙論到心性論到社會政治論,都可顯示『聯繫性思維方式』的傾向,其最主要的特質爲:一、宇宙間的事物都具有『同質性』,因此可以互相感應或類推。二、宇宙中的部分與部分之間,以及部分與全體間均爲有機而互相滲透交互影響的關係。」,並論及中國古代文學藝術觀中的情景交融或比興思維,都具體呈現中國人「聯繫性思維方式」的傳統〔註77〕。

這類研究成果提示的正是在傳統中國這種一元整體論的聯繫性思維下,學科雖有其分類,但都必歸於且統攝在一個整體的結構中,並以此一整體的核心價值做爲其統攝之源,是以學科及其方法的發展亦往往爲了闡發此一整體的核心價值而來,由此我們可更清楚理解前述的「外傳體」,在清代陳澧眼中最重要的即在於「與詩義相觸發」這一點上,即「外傳體」雖將詩文本視爲一工具性的意義來源,且其意指轉向詩文本的外部,但藉由這個「相觸發」的機制,使其詮釋不導向一種任意或散漫的斷章取義,而是能藉此一「相觸發」之機而更能突顯此一整體核心價值(在此爲儒家價值)的所在。

因此,才會出現《毛詩》雖爲「內傳體」,其中亦偶有「外傳體」的詮釋方法,而古人亦總強調「引譬連類」在思考和寫作上的重要〔註78〕,這都顯示傳統中國的聯繫性思維在因應具體語境需求時,常顯出其高度的靈活性及廣延性,以便轉用相關文本或知識資源,來豐富和突出所欲闡述的主要意義和價值,這才是陳澧所以如此看重此種方法之緣故,因爲這種方法能使文本之間或文本與思考間相互觸發,從而具有繫連經典文本義,又能轉出新文本的獨特效用。但《毛詩》畢竟仍屬「內傳體」,因而目的在聚焦於《詩》文本自身整體意義的詮釋上,所以可以由第二節所論其意義結構及脈絡看出,從個別詩作字詞的詳細訓解、單一詩作的主旨而至全體《詩》文本的共同意旨,都有其共同的統攝外,各個詩作的解義亦極詳盡,以求其自身可相互繫連而成一體現《詩》根本意旨的有機體,故鄭玄在《詩譜・序》篇末指明詩之大綱後,即言「舉一綱而萬目張,解一卷而眾篇明,於力則鮮,於思則寡」〔註79〕,此綱即爲鄭玄眼中詩文本必具的價值系統及理解價值的主要

〔註77〕黃俊傑:〈傳統中國的思維方式及其價值觀〉,收錄於黃俊傑編:《傳統中華文化與現代價值的激盪與調融(一)》(台北:喜瑪拉雅,2002年),頁5及頁8。
〔註78〕關於「引譬連類」現象相關研究,可見顏崑陽先生:〈論先秦「詩社會文化行爲」所展現的「詮釋範型」意義〉,《東華人文學報》第8期,頁82~83。鄭毓瑜:《引譬連類——文學研究的關鍵詞》(台北:聯經,2012年9月)。
〔註79〕鄭玄:〈詩譜序〉,收入《毛詩正義》,頁7。

方法，這可說是鄭玄自言本身詮釋《詩》的基本模式和方法的核心要旨，可證此種因整體一元觀所主導的聯繫性思維和方法在詩文本詮釋架構中的關鍵位置。

因而「小序」至「鄭箋」所完成的歷史譜系式的詩詮釋系統，所以借用歷史方法來詮釋詩作，亦導源於此一傳統思維模式，故以「史」來觸發詩文本特具的意旨，卻也相互發明詩、史共有的意旨，即儒家文化價值意識裡以「聖王」所形的王化之跡為核心的理想。在《毛詩》裡將〈周南〉、〈召南〉二地之「風」塑造為所謂「正經」，即是在「開放性文本觀」裡統攝全部《詩》文本欲強調的儒家價值核心，即傳統「整體一元論思維」中的「一元」，而由之繫連二〈南〉的個別詩作，使個別詩作的釋義都環繞此「一元」而進行詮釋，是以〈周南〉的各詩雖各有其自身意旨，卻同時都由后妃之德等不同的面向，連繫至反映周文王、武王等聖王之跡的具體呈現，反之，被視為變「風」、變「雅」的衰世之詩，則各依其國其地之屬，多反映衰世變局因王道不振而禮義廢弛、上至國政、下至風俗的敗壞，由此我們可看到正統論或正變觀其實正是由儒家聖王之道此「一元」價值意義裡衍生出的概念，其意正在突顯此「一元」即為「正」，而另用反面的「變」來加以對照，從而構組成一套明辨核心價值的詮釋概念和觀點，因而如本章第二節所述，衰世之詩則多諷刺，盛世之詩則多誦美，《毛詩》的詮釋價值原則大率如此，則個別詩作必由個人原作本意中轉出，進入反映王化之跡的意義層次，也就是脫離個人一己原意，折射出某種代表群體民心民情、或群體政治社會的時代問題，這些當然便與君王施政良窳加以連繫，因政教之明暗治亂，必與君王如何作為相關，如此意義的來源必然發生轉換，而此一輾轉繫連以曲折表義的能動之源，正是代表儒家核心價值的聖王之跡所體現的聖人價值，基於能藉詩文本呈現此一意義根源，才引入能呈現君王史跡的歷史方法，以求更明確地再現君王史跡裡的正與變。

然而在此必牽涉到如何轉換意義詮釋層次的重大問題，要能將個別詩文本意旨一一轉換到得以指出王化之跡的群體層次的意涵，在「小序」以迄「鄭箋」更須使此一轉換能貼合所欲再現的史事史跡，如此則非單純依靠價值層次上的意義召喚能竟全功，而必然要有語言層次上的轉換，才能導向意義層次的轉換；因此何以「大序」至「鄭箋」全必將「風刺誦美」視為詩文本最重要的取義原則，乃因這一取義原則除了價值意向的指明外，同時亦有其語言詮釋轉換上的功能性。

四、詮釋層次轉換——語境轉換法的廣泛運用與「言外之意」詮釋取向的產生

（一）風刺誦美在語言詮釋轉換上的功能

以〈陳風・月出〉之詩爲來說：

> 月出皎兮，佼人僚兮，舒窈糾兮，勞心悄兮。
>
> 月出皓兮，佼人懰兮，舒憂受兮，勞心慅兮。
>
> 月出照兮，佼人燎兮，舒夭紹兮，勞心慘兮〔註80〕。

純就文本字面而釋義，這只是一首很單純的個人抒情詩，在月光皎潔之夜裡，思念美人美好舒閒之容貌，而有憂思勞心的情思〔註81〕，「小序」卻跳脫此一意義脈絡，說此詩是「刺好色也，在位不好德而說美色焉。〔註82〕」我們可以看到依正變觀的價值判準，〈陳風〉既爲「變風」，即屬衰世，其詩自要反映衰世之況而多「刺」義，故「小序」在此首先指明此爲「刺」義，將詩義的指向轉換並予以指定，但詩本身字面上確實不見風刺之義，於是需要進一步彌合詮釋與文本語言間的空隙，而說「在位不好德而說美色焉」，於是這首詩的表義模式立即變成一種曲折以表義的模式，而顯得極盡委婉幽曲，在「小序」詮釋下，詩文本裡在月光下心懷美人而直抒情思的人被指爲「在位者」，即陳國之君王思求美人美色而有的情緒，詩人此時則化爲一旁觀者，旁觀君王思美色而不好德的場景，由於不能直言爲諫，只好極力刻化君王喜好美色的耽溺之景，以化爲風刺，而求君王能曉悟，這是心意的曲折幽微，也是語言的曲折幽微，而全來自語境上多層次的轉換，本來只是詩人自我獨自幽思的情境，被置換成文本裡有一隱一顯雙重情境的疊合，其所顯者是君王與其所懷未現身的美人，這只是表象的情思，卻非文本構義的主軸，主要意義反來自文本未提示而由詮釋者指明的隱身存在之詩人，其不得不隱

〔註80〕《毛詩》，頁 51。

〔註81〕 朱熹《詩集傳》即說：「此亦男女相悅而相念之辭」，五四後的現代版常見疏解多同之，如滕志賢釋爲「此是月下懷人之情詩」，又說「每章四句，皆以『月出』一句起興，抒寫月光皎潔；『佼人』二句，抒寫月下美人儀容之美；章末『勞心』一句，抒發思而不得之憂思。」均可反映此種直入文本以求義的取向，而異於《毛詩》。詳見朱熹：《詩集傳》，收入朱熹著，朱傑人編：《朱子全書》第一冊（上海：上海古籍，2002 年），頁 520。滕志賢注譯：《新譯詩經讀本》（台北：三民書局，2000 年），頁 378。

〔註82〕《毛詩》，頁 51。

身存在而觀看著文本中至今不悟之主人公的憂思愁緒,文本中隻字未提,反藉由詮釋者的暗指,而使詩人的存在方式和表意模式都透著不得不然的曲折隱微,則詩人所處的情境之難便因而更顯其危微之處,使整首詩的情意表達在情境層次雙重疊合下,層次更豐富,表意更幽深。

此類語境轉換以求語言詮釋層次轉換的詩例在《毛詩》中頗多,如〈齊風‧雞鳴〉亦然,原詩為:

> 雞既鳴矣,朝既盈矣。匪雞則鳴,蒼蠅之聲。
>
> 東方明矣,朝既昌矣。匪東方則明,月出之光。
>
> 蟲飛薨薨,甘與子同夢。會且歸矣,無庶予子憎。〔註83〕

文本字面義為卿大夫朝會前之雞鳴,以述夫人和大夫親愛而均能守禮,清代姚際恆、方玉潤之說多近於此種回歸文本的釋義模式,姚際恆說為「此詩謂賢妃作亦可,即謂賢大夫之妻作亦何不可。總之,警夫欲令早起,故終夜關心,乍寐乍覺,誤以蠅聲為雞聲,以月光為東方明,真情實境,寫來活現。〔註84〕」方玉潤近之,其異僅在解為正士夫之妻而已〔註85〕。但「小序」以「思賢妃也,哀公荒淫怠慢,故陳賢妃貞女,夙夜警戒,相成之道焉。〔註86〕」仍秉持風刺原則來詮釋,但為了彌補文本和詮釋之間的落差,則以「思」賢妃來加以連結其義,即詩中正面陳述君婦相成之道的內容,變為提醒主政之哀公要納賢妃,如詩中君婦親愛守禮,不誤朝政,在「小序」詮釋下,此詩轉為刺詩的關鍵,即在藉「思」的行為才能調合文本原義與風刺其上的詮釋原則。

然而「小序」此一「思」賢妃的詮釋方法中,詩文本自身僅有卿大夫之妻的賢惠警醒之語,無法直接示現「小序」欲依正變觀,解說〈齊風〉屬「變風」而為衰世,〈雞鳴〉一詩亦必反映亂世而有風刺王化之衰的本義,所以「小序」即先指明此詩為「思」賢妃義,意指此詩時世並無賢妃,因而才有懷思之意,則詩義的指向便能依其指定而轉換,能依於原詩文本,又能轉向詮釋者本意,於是後文可說哀公荒淫怠慢,才須藉詩文本以「陳賢妃貞女,夙夜警戒,相成之道焉」。

〔註83〕《毛詩》,頁36。
〔註84〕姚際恆:《詩經通論》(台北:育民出版社,1979年),頁116。
〔註85〕方玉潤:《詩經原始》(北京:中華書局,1986年),頁229。
〔註86〕《毛詩》,頁36。

　　然而此一詮釋下，此詩又成為曲折以表義的模式，因依其詮釋，顯非賢妃自作，而必依另一「他者」陳述此一思賢妃於雞鳴時體現警戒不逸欲的道理，則此一陳述者便成詩之作者，詩人為向君王陳述切勿耽於淫樂之理，又不能直諫，於是以賢妃於凌晨雞鳴時警醒又不失親愛的情思與意象，委婉表達其因不見賢妃而懷思賢妃之情。與〈陳風・月出〉相同的是，此一詩人亦是一旁觀者，但直接化為懷思今已不存的守禮賢妃，喻指其使君王能安治其國的理想情境，此種語境之轉化則為另一種懷思所致的幽微曲折。

　　在此我們不難看到中國詩裡始終有著強調幽深微渺的語言傳統其源初構成之契機，且以此觀之，這種幽渺詩語的形構之源亦非昔日所以為的多由「比興模式」而來〔註87〕，以〈陳風・月出〉而言，「月出皎兮」雖有所「興」，然所「興」者僅為文本中美人之美色而已，而無關此詩所以表意幽深的真正關鍵；又〈齊風・雞鳴〉一詩更無「興」體，而僅為賦寫懷思情境。因此，「比興模式」雖能因觸發而讓人事物間產生微妙的連繫，但不一定藉之即使意指變得幽深曲折，在此詩裡「興」的作用反而只有直抒言情，真正使語意幽微深刻的反倒是作者角色和語境的置換才得以形構，這應當可做為文學批評研究重新反思「比興」的一個起點。

　　劉立志將漢代《詩》學闡釋異於先秦《詩》學之處概括為三點：「一是由重視樂章義轉變為強調詩文義；二是偏重編《詩》義而非作者之本義；三是運用比興解詩，揭示詩篇之政治內涵。〔註88〕」第二點確為的論，如前文所論，《毛詩》不重原作者及原作者本意，其所重為詮釋者在儒家價值意識下與經典對話而由傳承和新變之中取得的意義；但第三點則有待商榷，在此我們可以看到詩文本政治意義的賦予不在於比興，至少不是《毛詩》體例所呈現的「興」義所致，而在於詩作者到語境的多重轉換。所以回歸詮釋模式進行整體思維脈絡的考察與辨析，較能更明確地掌握範型中的詮釋原則和方法。

〔註87〕　昔日研究多直接將這種情境連類或置換的方法均稱為「比興模式」，然而以《毛詩》所述「興」的內容究其一般方法特質，實與此處先置換人物，再連類新情境，而使原情境被置換的方法頗有不同，可見此一問題尚有諸多模糊未能究明之處，在此將這種詮釋模式稱為語境轉換法，而不稱為比興模式，以免造成混淆。

〔註88〕　關於音樂問題在漢代後已非《詩經》意義形成的要點，本處不再論之。劉立志指出，漢代《詩》學闡釋已由重樂章義轉變為強調詩文義。劉立志：《漢代詩經學史論》，頁63。

（二）輔助詮釋原則的補充應用——由思古到勸誘

由上述詩例，我們可以看到在許多個別詩作裡，很難直接用「風刺誦美」來詮釋，比如：〈陳風‧衡門〉的詩義若單由文本字面義觀之，較近於朱子所說的「此隱居自樂，而無求之詞。」〔註 89〕但《毛詩》所立的「風刺誦美」原則又不能直接貼合文義，因而首章「衡門之下，可以棲遲」，「鄭箋」即解為：「賢者不以衡門之淺陋，則不遊息於其下，以喻人君不可以國小，則不興治致政化。」而全詩亦轉換為「小序」說之「誘僖公也，願而無立志，故作是詩以誘掖其君也。〔註 90〕」在此可看到詮釋者為彌補文本與詮釋原則不能直接配合而進行的詮釋轉換，雖不能直以「風刺誦美」詮之，但「勸誘」亦可說是與風刺誦美相輔相成的詮釋方法，所以可先立於「誘」君主立志而為善政的詮釋基點，再開展出文本內容的陳國雖小，但賢者不以國小而棄之，則君王更不可因國小就不興王道教化〔註91〕。

其他如〈甫田之什〉裡的〈大田〉、〈瞻彼洛矣〉等詩，亦用「思」古來轉換原詩對應的語境，分別使原本田稼收穫而有的喜福和君王福祿之象等正面表義的詩作，變為懷思古代曾有之盛世情境，以對比暗指此盛世情景於今不存，此一詮釋模式一方面以「思」古來轉換作者和語境，詩作本為詩人直陳其喜福，化為詩人乃懷思古代盛世之景，而詩中所述是曾有之盛世景況，即此詩乃為詩人心中懷思古代盛世才有的景況，恰因如今生不逢時，才要思古以風刺君上之不仁，使己在此衰世受苦〔註 92〕；另一方面又使詩之意義經由古今語境轉換之曲折，亦讓詩義充滿幽深微渺之感，正如先前所論風刺誦美原則常採作者與語境轉換手法來調合詮釋與文本原義的差距，詮釋者如此做法原先意在貫徹詩文本必要展現風刺誦美之義而有的調適之舉，但隨著《毛傳》典範的樹立，中國詩的本質也發生改變，這種幽微曲折以表情達意雖經由詮釋而來，但字面原義外尚有的「言外之意」，才是古人認為值得推究的真意，因為此中有其所欲闡揚的價值懷抱，後世中國古詩的釋義常見這類曲折

〔註89〕 朱熹：《詩集傳》，收入朱熹著，朱傑人編：《朱子全書》第一冊，頁 517～518。然而朱子詮釋雖較近於原文本之義，但「隱居」之義於文本中實未確見，亦有推想之跡，這應與古代士人非仕即隱的存在情境有關，故「隱居」亦為中國古詩的重要主題之一，此處不詳論。

〔註90〕 《毛詩》，50。

〔註91〕 《毛詩》，頁 50。

〔註92〕 〈齊風‧雞鳴〉、〈甫田之什‧大田〉、〈甫田之什‧瞻彼洛矣〉三詩分別見於《毛詩》，頁 36、92、92～93。

轉換以求「本」義的常態性作法〔註93〕，源自《毛傳》的示範不言可喻。

五、以儒家價值為開放詮釋之範限和基準

透過具體的例證便不難知何以《毛詩正義》在歸結「風」、「雅」之義時，會說「『風』、『雅』之詩，止有論功頌德、刺過譏失之二事耳。〔註94〕」可知此一詮釋原則中，基本上必先以前述大的詮釋框架為主，個別作品成為呼應繫連至主要框架的局部，必須配合主架構的基本觀點和價值意義，才能成為闡述主要價值的一部分。因而此種詮釋模式雖有「開放性文本觀」可隨語境引入述作者的觀點並繫連其他文本或解釋，但主導詮釋的主要框架已被固定，除核心價值的固定外，隨此核心價值固定而有詮釋原則圍繞「風刺誦美」的固定，則文本詮釋意義也因而趨於固定，甚至可說是詩文本詮釋法則的基本趨向也因而固定，並成為中國古詩詮釋的基本法則之一，甚至成為中國古詩創作的一種重要原則。

《毛詩》雖頗有服膺「開放性文本觀」的作法而脫離原作者本意，與詩文本外的其他文本產生繫連並據此而進行詮釋，然而它畢竟不是先秦時期引詩賦詩式的開放文本，不是隨便斷章取義，亦非任意繫連其他文本，而有其開放的範限，其範限所形成的基準正在於前述的儒家文化價值意識裡的核心，即所有闡釋必須合於以聖王原型為核心的「王者之跡」，及呈現詩文本象徵君民上下交流的基本特質，此則為其不可移異、不可被其他價值或事物取代的核心價值，即中國傳統一元論思維的「一元」，開放的範限亦在於此，《毛詩》即便將詩作一一繫入歷史時空的座標及歷史史事，唯有此一核心價值不能開放或拋棄，而且此一核心價值恰為《毛詩》詮釋者所以立意費心形構一套詮釋體系的根本和基準。

由此我們可知，《毛詩》雖有「開放性文本觀」的遺形，但有其開放的範限而不可全然無據的與任何文本史料加以繫連，所以我們可以看到它與其他文本看似任意繫連的開放性之外，其所繫連的文本和歷史座標的建構均以周

〔註93〕 顏崑陽先生曾藉李商隱詩箋釋諸家的箋釋方法及現象深究其方法論之意義，並旁及杜詩、李賀詩等的特殊箋釋現象，指出這類箋釋方法背後的理論依據，在於「詩史」與「比興」的詩歌本質觀念，因而箋釋詩之本義時，亦以此為「本」，即「須能以主觀之情志關懷時代，諷論現實」，並「須能比物連類，含蓄委婉」。詳見顏崑陽先生著《李商隱詩箋釋方法論》第一章諸論部分。參見顏崑陽先生：《李商隱詩箋釋方法論》（台北：里仁，2005年），頁 1～27。

〔註94〕 《毛詩正義》，頁 3。

代歷史史料爲本，即建立自身詮釋的依據仍有其客觀性的要求，而不是全然主觀的比附穿鑿，若就此點而言，則三家詩詮詩模式亦頗爲近似，班固在《漢書·藝文志》裡說三家詩多本春秋史事，而非本義，可見詮詩時與詩作產生年代史事的繫連和因之產生詮釋者自身附加的詮釋觀點，在當時並非孤例，而是一種廣泛的解讀文本的觀點。

第四節　詩文本觀及其典範化——個人至群體、凡俗至神聖的交流互動象徵到「詩史」觀的衍生

雖然《毛詩》在詮釋詩文本時仍沿襲先秦時用詩的觀點及做法，而有「開放性文本觀」下運用文本的基本特徵，然而漢代在運用和形構文本上已有了新的轉向，我們將論述漢代詩文本觀應爲一種過渡型，即由先秦不重原作者的「開放性文本觀」過渡至唐代後漸著重原作者本意的「封閉性文本觀」之間的過渡形態。

不過漢代起詩文本的詮釋確實漸漸走向「封閉性文本觀」，在詩文本意義的詮釋上趨於固定化，亦即有了強調「本義」爲何的基本立場，此外，對詩文本的本質義加以明確界定，以與其他文本類型區分，其詮釋原則及方法都導致文本意義的固定，因而本節將論《毛詩》對詩、史分判的原則，另旁及詩、禮分判的原則，以見其劃分詩、史、禮等三種不同類型文本的基準，由之而論其對詩本質觀點的初步建構與漢代士人歷史存在環境的關連；最後再析論這種詩本質觀的建構和確立，在作者觀、詩本義等詩文本觀上的發展和其特性。

一、詩、史、禮分判到詩文本觀初步建構

（一）詩史分判——詩本質判定與詮釋優位

徐復觀曾說：「詩書的成立，其目的在由義理而來的教戒，並不在後世之所謂史。」這段話清楚指出《詩》、《書》的產生本與史有所區別，在其發生之初便已基本決定其文本性質的差異，徐復觀這段話另一項隱含的重要觀點在於後世對《詩》、《書》等經典的詮釋往往加入了史的成分，所以他緊接著才駁斥了章實齋的「六經皆史」說「歪曲了經之所以爲經的基本意義，把經的副次作用，代替了主要作用〔註95〕。」但此一論證主要目的在於闡明中

〔註95〕徐復觀：《中國經學史的基礎》（台北：學生書局，1982年5月），頁2～3。

國經學所以成立的目的和基礎，因而雖分辨了詩與史兩種不同文本在發生論上顯出的文本性質之異，也僅止於此，未能就《詩》、《書》等所以分屬不同經典類型之意義及文本觀等部分加以探討，然而藉由這段話已可引導我們延伸思考出兩個重大結論：一是中國古代經典的主要意義在於由價值意識引出的垂範教戒，二則是以史詮經乃是後起的做法與觀點，與經典原初生成的要義和性質並不相同。透過本章前三節的論述，可知徐復觀此一簡略判斷乃有其洞察古典典範性的精要之處。

　　接著我們要更進一層地探索「詩史合一」在詩文本內部層次的建構及轉折後，詩和史在古人眼中顯然仍未混同，而分爲兩類，則古人究竟如何分判？二者文本性質有何差異？此二類文本各自欲完成的效用何在？漢儒分判詩、史的界限除了意味古代學術分流的演進外，最重要的是藉此完成中國古代詩學傳統對詩之本質的基本界定。

　　《毛詩》詮釋模式裡歷史座標雖然重要，但終是作爲次要的詮釋原則，如第三節所論最優先的詮詩原則仍是「美刺」，最明顯的證據即是「小序」在各詩作詮釋時，必首先標明此詩若依「美刺」原則來判別，屬於其中何者，而後歷史性的史料史事才做爲補充性詮釋以強化「美刺」之緣由或背景，上一節裡已解說不少具體實例，這種詮釋方法所內含的觀點實具有對「何爲詩之本質」的基本判定，即便「小序」至「鄭箋」在歷史詮釋方法引入詩文本詮釋上大費心力，但他們仍未曾漏失「大序」提示詩之所以爲詩的基本判斷基準，亦即「誦美風刺」所代表的上下交流互動性，可以說他們爲了使這種上下交流互動性始終內含且明確地顯明於詩文本中，即讓詩文本可爲上下交流互動的具體象徵，從而引入歷史座標和史事，而使詩文本直接成爲曾經交流互動的象徵範型。

　　時至漢代，尤其漢武帝後君主權力高張，使漢代已不再能有此種君民上下交流互動的可能，於是由實際曾存在上下交通的理想象徵典型來證明聖人之道實行之必要，有其現實上的迫切性，《毛詩》所確立詩的這一性質顯然與史並不相同，首先史的任務及性質由周代起即主要爲官方記錄，徐復觀〈原史〉考察中國史官與歷史觀點的演化，說明中國之「史」源初爲記錄祭神之事和王者詔誥臣下的冊命，而後由宗教的對象漸演變到記錄與宗教無直接關連的重要政治活動，且天子的重要言行，皆由史加以記錄〔註96〕。史的角色雖有其秉筆直書

〔註96〕徐復觀：〈原史〉，收入徐復觀，《兩漢思想史》，頁136～141。

的理想性，但其立場起初即具有官方記錄的性質，意即史絕不能直接代表民情民意的聲音，而只能是一種間接的觀察記錄；「小序」至鄭玄即使引入歷史座標和史事，目的是爲了證明王者之跡的存在，但對個別《詩》文本最首要的意義詮釋仍落在風刺誦美代表民情民意的直接上達；因此自然與史的性質和來源不同而加以類分，漢儒雖多未由方法論的立場來細辨不同文本類型，但在論述不同文本類型的基本性質時對判斷類型的基準實有根本掌握。

徐復觀曾意識到詩在周代反映社會輿論的功能，觸及詩、史發生之論。〈原史〉一文以孟子之言而論孔子修《春秋》之意義時，引《孟子·滕文公下》「世衰道微，邪説暴行有作……孔子懼，作《春秋》。《春秋》，天子之事也。……孔子成《春秋》而亂臣賊子懼。」及《孟子·離婁下》「王者之迹息而《詩》亡，《詩》亡然後《春秋》作。……孔子曰，其義則丘竊取之矣。」兩段內容，由《詩》亡與作《春秋》的關係附帶論及二者的性質，徐復觀先以《國語·周語》邵公諫厲王之説「防民之口，甚於防川……是故爲川者決之使導，爲民者宣之使言。故天子聽政，使公卿至於列士獻詩，瞽獻曲，史獻書，師箴，瞍賦，矇誦，百工諫，庶人傳語，近臣盡規，親戚補察，瞽史教誨，耆艾修之，而後王斟酌焉，是以事行而不悖。〔註97〕」而論詩的首要性及詩對王者的教育上有重大意義，再引「大序」論「風」之義一段和「國史」之説相互參證，因而説：

> ……詩在當時是反映政治社會的輿論與眞實，即〈王制〉所説的「命太師陳詩以觀民風」，所以便成爲政治上的重大教育工具。此觀周公所作諸詩的用意，而更可明了。周室文武的遺風（迹）尚在時，詩還發生政治教育的作用，使王者能知民情而端刑賞。詩教既亡，統治者與被統治者之間失掉了溝通的橋樑，與風諫的作用，統治者因無所鑒戒而刑賞昏亂，被統治者因無所呼吁而備受荼毒……於是孔子作《春秋》，辨別是非，賞罰善惡，以史的審判，標示歷史發展的大方向。……〔註98〕

徐復觀所論其實已略觸及周代迄於先秦對詩的價值意義判定的問題，但

〔註97〕徐復觀：〈原史〉，收入徐復觀：《兩漢思想史》，頁136～141。《國語·周語》邵公諫厲王之説，詳見徐元誥撰：《國語集解》（北京：中華書局，2002年），頁11～12。

〔註98〕徐復觀：《兩漢思想史》（台北：學生書局，1985年）。

其意不在探求當時對詩文本的基本觀點，也未思考此一詩文本觀對中國詩文化和詩文本觀的影響，所以雖注意到詩在當時是反映社會的輿論和上下之間的溝通橋樑，主要仍僅及於詩成為政治教育工具的結論，事實上從這段論述中我們可更進一步發現幾個要點：一是周代至先秦時詩的價值意義即以上下交流的溝通象徵為主，此一詩文本的價值定位並非漢代建構，而是先秦以前即有的觀點；二為孟子所言「王者之迹息而《詩》亡，《詩》亡然後《春秋》作」裡對詩、史性質和作用有極關鍵的分判，如徐復觀所說詩文本不再能發揮上下溝通橋樑的作用時，即所謂《詩》亡，因而孔子才須作《春秋》，以進行史的審判，標明價值所在，可見中國歷史觀中以儒家為主的史之作用在於詩的功能喪失時，才有了必須藉歷史審判以使王者戒慎借鑒的必要，就儒家價值意識而言，詩文本更先於且重於歷史文本，無疑在於詩文本代表社會輿論和上下交流象徵等基本性質的界定，符合周代文化和儒家價值中以民為本的基本思想，故亦在古代經典中取得其首要位階。

　　既然《毛詩》仍嚴守詩、史分判之界，則其歷史建構在其詮釋模式究竟有何作用？在詩文本詮釋中所發揮的詮釋機制為何？前一節已提到中國傳統思維的整體一元論模式，由之則《毛詩》的詮釋模式也就更能一目瞭然，其中統攝所有詩文本詮釋的核心價值在於「聖王原型」裡政治社會和諧、君民上下交流的具現，所以代表民心民情的誦美風刺，必為《詩》文本詮釋裡的首要原則，「小序」至「鄭箋」雖不斷地引入歷史方法及思維，但畢竟仍屬副次詮釋地位，意即此套歷史思維方法的引入，目的是要詮釋其展現詩所能顯現的誦美風刺的功能和意義，因而鄭玄《詩譜序》中先論「何者論功頌德，所以將順其美，刺其過失，所以匡求其惡，各於其黨則為法者彰顯，為戒者著明」等詩文本的首要詮釋原則，而後才論周代王室世系正變之歷史，從而引入歷史譜系的建構，並在總結自身詮詩立譜的方法原則時說：「欲知源流清濁之所處，則循其上下而省之；欲知風化芳臭氣澤之所及，則傍行而觀之，此詩之大綱也，舉一綱而萬目張，解一卷而眾篇明，於力則鮮，於思則寡〔註99〕」，除可知其詮詩原則如前一節所論確實合於傳統整體一元論的做法，目的在於「知源流清濁之所處」，即是知王道盛衰治亂的根本原因，故引入歷史方法以省察之，即「循其上下而省之」；另一目的「欲知風化芳臭氣澤之所及」，則是指藉《詩》文本可知上以風化下的王者之跡為美為惡，

〔註99〕鄭玄：〈詩譜序〉，收入《毛詩正義》，頁7。

「傍行而觀之」則表明不是由官書君王之跡的官方歷史記錄來直接觀看,而是藉由詩文本所象徵之民心民情的誦美風刺而可察知王者之跡的善惡,此之謂「傍行」,因而《毛詩》雖借歷史方法來建構詮詩體系,在詩、史二者本質不同、功能不同的分判上,對其劃分之分際仍是守得相當精嚴,而非昔日所以為的任意混同詩、史。

至於常被垢病的不當比附史料史事等問題,這應與先秦傳統遺留的「開放性文本觀」有關,此問題只能說是「開放性文本觀」下欲藉史之相關文本觸發詩本義,對文本意義過度衍繹擴張,而不在意史料有其歷史客觀性界定所引致的現象,而不是一般所認為的任意混同詩、史,此應予以辨明。

(二)禮非主要詮詩原則

昔日研究常說漢儒以禮詮詩〔註100〕,但究竟是因古代乃以「禮」為主要文化社會秩序形成而無處不在,故釋詩時自然常言及禮制等,或是以「禮」為主要詮釋原則,藉之以釋詩文本,其中詮釋意義和層次應予辨明,才能明白漢儒究竟是詩、禮文本類型混同,或是「禮」僅為文本存在背景中必涉及的一般性文本詞義解釋。

其實《毛詩》在詩本質和詩本義的判定上有其嚴明之處,與「禮」的關係亦有分判,鄭玄即說:

> 詩者,弦歌諷喻之聲也。自書契之興,朴略尚質,面稱不為諂,目諫不為謗,君臣之接如朋友然,在於懇誠而已。斯道稍衰,姦偽以生,上下相犯。及其制禮,尊君卑臣,君道剛嚴,臣道柔順,於是箴諫者希,情志不通,故作詩者以誦其美而譏其過〔註101〕。

〔註100〕如張海晏,陳志信、劉毓慶、郭萬金等,詳見本章第二節注2。另有陳桐生:《禮化詩學──詩教理論的生成軌跡》(北京:學苑出版社,2009年3月)。該書將詩教視為詩的禮化,但未詳明禮化之義,而是以詩教理論探討為主。然「以禮詮詩」只是一現象描述,在詮詩時,「禮」對於詩文本意義生成須為主要構義條件,才具有探討之必要,否則古代皆為以「禮」為社會秩序和價值所在之世界,任何文本常涉及「禮」可謂理所當然,本文論旨不在此,故不析論。

〔註101〕《毛詩正義・詩譜序》引鄭玄《六藝論・論詩》及《論禮》,以疏解詩所以發生的緣由,然鄭玄此論已與「大序」詩的發生論的論述脈絡和側重要點已有所不同,起首即以「弦歌諷喻之聲」來定義詩之義,又對照上古素樸之世君臣懇誠和後世制禮後君臣上下疏離的關係,足見鄭玄詮釋經典時所對應的時代環境與問題已更形嚴酷,故開宗明義即取詩的諷喻之義。《毛詩正義》,頁4。

鄭玄認為上古之初的詩尚未有誦美諷喻之意指，因君臣如朋友而非上下階級關係，後代後才漸有之，而這與「制禮」後所生的上下情志不通有關，此處的「禮」已變為偏重「法」的性質，故不能如原本「禮」所應具的精神，即如徐復觀所說從宗法中的親親關係中規定出來，在周旋進退之間，還有一種感情流注於尊卑上下之間，以緩和政治中的壓制關係〔註102〕，此一「禮」應具的理想精神在鄭玄眼中已不存在，其所見制禮之後所生君尊臣卑、臣子未敢諍諫而上下情志不通之弊，恰須藉詩才能補救，則詩、禮的關係在鄭玄看來非但不是過去研究所以為的「以禮詮詩」、或「重禮而詮詩」等以「禮」為重要詮釋原則，其中關鍵反在於因制禮後，君臣情志不通，故須作詩以誦美譏過，是以作詩乃是因應制禮後的上下不能互通，所採取的彌補之道。是以其在《論禮》所說的「禮其初起，蓋與詩同時」的說法〔註103〕，雖與「大序」說詩的源起有所出入，但也適可見鄭玄說詩時所關注的詮釋焦點和視域已有改變，這恰可由漢代起士人面臨君主專制時代來臨的時代情境加以考察其緣由。

《毛詩》詮詩內容雖有不少與禮相關的內容，但多因禮乃為古代生活情境的主要部分，故常述及，而非刻意以「禮」做為一種詮釋方法來詮釋詩文本，以〈豳風‧七月〉為例，「小序」釋為「陳王業也，公遭變故，陳后稷先公風化之所由，致王業之艱難也。」此一詮釋明顯又是「詩史合一」的典型詮釋法，故非以「禮」為主要詮釋方向。箋釋中雖多言當時禮制，所傳注者僅為因應詩文本涉及當時禮制部分才解說其禮制內容，且多屬字詞訓詁層次的訓解，無關乎全詩本旨詮說，顯然仍依「小序」釋義觀點，而釋為「周公變者，管蔡流言，辟居東都。」並無刻意用「禮」的概念或觀點來詮釋詩之本義〔註104〕。

所以鄭玄觀點下，禮不單不可能是詮詩的主要原則，反而正因禮已失去其本有精神，而偏向嚴酷的禮法之義，因之更需要詩所蘊含藉風誦所能具有的上下交流性質，來使君臣之間因禮法關係過嚴且久已不能相通的現象能夠紓解，得以解決上下情志交流不通的問題，重覓彼此交流的管道，這管道在鄭玄眼中即是詩文本，此一觀點延續「大序」而來，更因漢代士人面對中央

〔註102〕徐復觀：《兩漢思想史》，頁59～60。
〔註103〕鄭玄《六藝論‧論禮》之說，見於《毛詩正義》，頁4。
〔註104〕《毛詩》，頁55～56。

集權君王攬大權於一身的制度與政治環境，言論舉措在當時禮法下處處掣肘，所以詩文本的本質及本義的判定均要對應於此一情境，彌補禮法過苛而上下不能合理互動的問題，如此則「禮」當然不可能是詮釋詩文本意義的主要原則，詩文本中關於禮的解釋，多半是附屬性質，古代社會本以禮為維護社會秩序之準，禮在生活中幾為無所不在，在強調典範作用的經典中出現更屬平常，然其在詩文本中並非意義生成的主要關鍵，應有所辨。

二、《詩》的典範作用與漢代士人存在困境的對應

前述析論可知《詩》在《毛詩》詮釋者的眼中，「古代輿論原型」才是詩文本意義生成最主要的部分，其中也含有詩文本所以與其他文本類型相區別的基本特質，特別重視相關特質和基本典型塑造的緣由除來自先秦詩之傳統外，亦與漢代政治社會所面臨的變局和存在困境有關。

《詩》在先秦時常被引為外交辭令和政治論述，以及被儒家推崇而用於政治、語言、教育等各方面，都已證明《詩》在先秦早有其經典位階，在漢代，隨著儒家在政治上取得主流的優勢，被儒家視為經典者亦多被眾士人列為必讀要籍，在接受史上取得優位，尤因漢代五經博士設立，使儒家經典透過政治制度上的落實而成為通向仕宦之途〔註105〕，《詩》做為中國古代經典的地位更加確立，然而漢代《詩》的典範性格雖有傳承自先秦者，經漢儒詮釋後的《詩》之典範作用實已另有其偏向，自三家詩起即有美刺的詮釋之法，至《毛詩》更將此法推至高峰，使誦美風刺轉為詮詩的首要原則，雖說周代已有所謂采詩陳詩以風其上的說法，但先秦時引詩賦詩等用詩之法顯示，先秦用詩詮詩對詩義的詮釋與使用處於一種多元紛呈而非固定的現象，直到漢代才出現這種以美刺為詩本義詮釋的主要偏向，並由之配合區辨正變的歷史觀及歷史方法，形構新的詮《詩》典範，此一取向實非偶然出現，而是漢儒因應時代變遷在傳承經典之餘，進行詮釋上的再創作，使古代經典原蘊蓄的意義能更適應當代需求而釋放並更形發展，這一詮釋取向與漢代愈趨君主專

〔註105〕徐復觀：《中國經學史的基礎》，頁 76。杜維明說五經博士的設置，即「以儒家倫理和文學標準為基礎的察舉制度的實施進一步增強儒家信仰的力量」，「一個由受儒家經典教育而成的讀書人組成的文官體系自然而然地出現了。從武帝時代起，儒家學說成了培養中國官員的重要工具」。杜維明：《道、學、政——論儒家知識分子》，頁 24。關於五經博士設置的過程和思想、政治體制間的關連，詳見侯外廬編：《中國思想通史》卷 2（北京：人民出版社，1957 ～），頁 331～363。

制的政治社會環境有關。

　　在此之前除秦代以外，封建體制和先秦歷史發展中，王權的力量未能高度擴張和集中，然至漢代後中央集權使君權為尊，臣民地位更形卑下，而使君臣之道、上下關係面臨嚴峻挑戰，邢義田說早在漢光武帝即對侍候皇帝的近臣加以廷杖，漢明帝更變本加厲，連九卿也在捶扑杖笞之列〔註106〕，無怪鄭玄論詩之興時，以詩為因應制禮而造成上下情志無法互通而有的彌補之道，可謂面臨為臣之道今非昔比之困境才有感而發。

　　鄭玄自己也難免於此一困局，《後漢書·鄭玄傳》裡述及鄭玄晚年境遇之身不由己，時值東漢末年群雄割據之亂世而不願出仕的鄭玄，終屢因各方政治勢力之極力要求，而不得不拖著老邁之軀而反覆於赴任與辭任的過程，最後因老病死於赴任之途中〔註107〕，當時士人即使老病亦不能免於上位者之強力驅使，漢代士人的境遇如徐復觀所說面臨因君權高張後的極大壓力由之可見〔註108〕。

　　因而《毛詩》所立的詮釋典範其實將兩種周代之《詩》曾有的典範意義刻意突顯，使《詩》的典範意義和作用更明確地朝此兩種向度偏移：

　　一、《詩》乃是一種上下交流管道，不是透過特定媒體中介形式，而直以詩文本兼具風誦和王化功能的語言文本形式為管道，此管道在周代仰賴王者采詩獻詩陳詩等制度以成立，在漢代則其制不再存在，只能將《詩》塑造為足以體現上下交流無礙的烏托邦範式，而以其經典性格發揮垂範後世之效。

　　二、《詩》中表現「國人」皆可刺之的歷史典範，可謂漢代士人心之所嚮者。春秋時代「國人」一詞並非今天泛指一般國民之通稱，而有其社會階層上的涵義，徐復觀曾研究春秋時「國人」之意指，以《左傳》、《國語》等史料為證，指出「國人」住在都邑和都邑近郊，相對於宗法貴族直接結構之外，

〔註106〕許倬雲說戰國時君臣關係如雇主與雇員的契約關係，孟子甚至視君臣間為一種互惠關係，而說：「君之視臣如犬馬，則臣視君如國人；君之視臣如土芥，則臣視君如寇讎。」見許倬雲著，鄒水杰譯：《中國古代社會史論：春秋戰國時期的社會流動》（桂林：廣西師範大學出版社，2006年），頁181～182。邢義田：〈中國皇帝制度的建立與發展〉，收入邢義田：《天下一家——皇帝、官僚與社會》（北京：中華書局，2011年1月），頁31～32；且就其所言，廷杖臣子之制自漢代起，隋唐均有，元明兩代更形專制，廷杖成為家常便飯，上下關係更不可能如先秦以前的狀況，而是分際更為嚴明。

〔註107〕《後漢書》卷三十五，〈張、曹、鄭列傳〉，頁1208～1211。

〔註108〕徐復觀，《兩漢思想史》，頁166～173，兩漢部分見頁96～119。

是由士、自由農民和工商業者三部分所組成，有類古希臘城邦的自由民，國人當時在政治上舉足輕重且有著能自由風刺、批評時政的能動性，春秋時代「國人」對現實政治社會能發揮主動性及影響力（包含風誦行為）在歷史上為實存史跡〔註109〕；許倬雲則直接將「國人」界定為諸侯國內的「他者」，相對此「他者」的「我體」，則是以西周王權及親緣權疊合的組織為基，所形構華夏諸侯網絡的禮教秩序，而「我人」與「他者」的界限漸因華夏秩序延伸，使「他者」漸收納於此文化圈內，其中最主要的即在於孔子代表的儒家所建構的普世倫理秩序。〔註110〕

此外，「國人」中的農民以及都邑之外的農民階層的社會地位，亦反映當時上下之間分限並不嚴，而仍能彼此情感交通，徐復觀研究《詩經》裡與農民生活有關諸詩，發現此時尚未形成階級意識和階級制度，而且由《詩經》文本中可見：

> 農夫與貴族共同習兵出獵（「二之日其同」），農夫可以「躋彼公堂」，這都是僅有生活上的差異，而尚未出現嚴格的階級制度的現象。……而周室的統治者，肯把此時農夫的辛苦，及上下生活與情感上的交流，在統治階層中，有計劃地反映出來，以作重大的政治教材，這更是一件非常有意義的事〔註111〕。

相對於漢代君主專制而人民不再能自由發表意見的政治社會環境和階級分際益加嚴明，《詩》中周代政治與社會制度的典型（王道）足為後世效法之理想典範，此即強調承自周代人文思想和儒家價值中，人民理應可用合理的風刺誦美語言來發表自身對國家社會治亂的看法和感受。

由此可知，昔日僅將《毛詩》詮釋視為「諫書」的看法尚不足以概括《毛詩》詮釋觀點的要義〔註112〕，把「風刺」單純等同「諷諫」，其實已偏離「風

〔註109〕徐復觀：《兩漢思想史》，頁20～24。
〔註110〕許倬雲：《我者與他者——中國歷史上的內外分際》（北京：三聯書店，2010年8月），頁16～21。
〔註111〕徐復觀：《兩漢思想史》，頁32。
〔註112〕顧頡剛說：「漢人因為要把三百五篇當諫書，所以只好把《詩經》說成刺詩。」參見顧頡剛：〈讀詩隨筆〉，收入顧頡剛編：《古史辨》第三冊（台北：藍燈，1993年），頁372。這種視《毛詩》的風刺等同於諷諫，且直把其書視作諫書的說法，早在孔穎達《毛詩正義》即已將「風刺」偏重以「諷諫」之義強調之，如本章第一節注所說，其將刺詩均視為人臣所作以諫君，便將風刺變為政治體制內臣下對君王的諷諫關係，而有諫書化之趨向；至今仍有眾多研究

刺」之說內含的多重意義和文本性質,「風刺」雖可有「諷諫」的面向,但不能只等同於此;一般的「勸諫」之意不過是見不正而以言語規勸使歸於正,屬於一種單向的對話而已,但「風刺」必連著「風化」才能取得其詮詩觀點所欲詮釋的意義——上下情志交流互動的具體示現,與此一示現所具有的政治社會理想價值,此處的「風刺誦美」連帶著一整套儒家價值理想下政治社會教化等層面的交流互動原則和理想範型,這個理想範型不是虛懸的價值空想或理念形式,而能透過詩文本本質和本義的判定,重新具體呈現此一理想價值在現實上的可行性,及促進社會交流具體實踐的法則;同時,儒家這套為實現聖王之治裡促使社會上下交流無礙的論述,亦使詩文本的性質產生特殊規範性,從而奠定中國古代對詩的基本觀點,即交流互動性內蘊於詩文本本身,且此一交流互動性不僅是個體間,更強調其與群體社會的互動,乃至最終與文化理想價值的根本繫連。

三、當代輿論到「古代輿論原型」的詩文本觀詮釋移位

(一)漢代《詩》詮釋對周代先秦詩文本觀的繼承與轉化

綜合前述討論,若將周《詩》的基本性質和《毛詩》詮釋所形構《詩》的特質分別歸納再行對照,則更容易發現兩者之間詩文本觀的繼承和轉變關係。

周《詩》的基本特質在於:一、詩文本主要以當代輿論為其定位,即藉采詩陳詩等制度實行,詩得以成為具有輿論性質的文本,詩文本即為上下直接交流溝通的平台。二、此時詩文本即預設一種具體交流行為,保存上下交流溝通的活力與意義,詩文本代表的上下交流行為得以不斷持續,此時詩文本的主要功能為直接交流,尤重能藉詩產生上下之間的交流關係。三、詩文本意義已由個人轉為群體情志的表達為主,原作者本意未必不存,但經采詩等制度,已被轉換其取義層次,做為群體情志的代表之一,以供君王正得失、美教化之用。四、詩文本的即時性,因原本作當時輿論之用,雖被史官或樂官加以蒐集保存,但其意義的產生主要不因歷史性的教戒借鑑,而是即時性的反映民情民意。

漢代《毛詩》詮釋的詩之特質則包括:一、詩文本的基本特質和典範義

均沿襲此說,如:張海晏即說其為「以詩為諫」。張海晏:〈詩經在漢代的教化功能——齊魯韓毛四家《詩》學合論〉,頁358~363。

在於做爲反映時政和風俗之良窳而存在，但《詩》亡之後，表示詩文本原做爲上下直接交流管道的功能已不存在，因而《詩》要在後世持續保有和發揮其本質義，僅能做爲往昔之鑑來發揮教戒的功能，這時的詩文本已失去代表直接民意和輿論的角色，周代曾有上下交流之義的《詩》文本已成歷史的陳跡，於今只能以一種「古代輿論原型」出現，即以昔日範式的垂鑑，間接對後世發揮教戒的功能，這就促成《毛詩》將《詩》文本引入歷史詮釋的主要根由，因爲《詩》文本代表的上下交流功能不存，卻想使此一重要意義得以永存或再生，則將《詩》文本的歷史脈絡尋繹彰顯，使王者之跡和價值所在也得以突顯，便成爲唯一選擇，如此才能將《詩》文本藉由歷史實存的證立而範型化，重新以經典之姿於後世復活，以上下交流的象徵意義取得其歷史生命的再生。

因而《毛詩》開展一種權變性的詮釋模式，一是引入歷史譜系於詩文本進行建構，唯有詩文本中出現歷史面向的指涉，才能使詩曾經代表當時輿論的意義得以確證，其次加以各詩均以誦美風刺爲主要詮釋原則，聖王示現的價值才得以再現，也因此《毛詩》的詮釋努力主要在於「古代輿論原型」的範式建構，這個範式必先以歷史座標於詩文本的建構爲前提，才終能進一步突顯詩文本原具可使上下交流的重大功能和意義，這才是《毛詩》所認知的詩本義和詩文本觀，所以《毛詩》即便引入歷史座標和史事史料，仍無違此一文本判定的根本原則，如第三節所論，其詮釋方法仍以美刺爲優先，即爲明證。

二、詩文本因承周《詩》源流發展而仍被預設爲情志交流行爲，但采詩等制不再，漢代所作詩文本自身的創作未必獲致上下情志交流之效，周《詩》文本代表的上下交流性和意義乃透過重新詮釋和典範化後才確立。

三、詩文本意義仍承接周代以來朝向代表民情之群體情志意義傾向，但在意義生成時產生歷史性詮釋的偏向，因其詮釋模式中歷史座標爲意義生成的必要條件之一。

四、詩文本的歷史化、時空固定化，因其意義的產生已不同於周詩輿論的即時性，主要必依詩文本時空固定化後而生歷史性的教戒借鑑，指明王權的神聖和正當性除承自於天命外，尙取決於與俗之互動交流，由之則進一步推衍出詩文本觀裡價值意義的取向，即聖俗二者雖各有分際，但非絕然二分，且恰因詩所代表的上下交流才能以俗顯聖。

　　因此《毛詩》承繼並轉化周代先秦的詩文本觀最重要的意義在於繼承周代至先秦傳統詩文本觀中的交流性質，且此種情志交流以群體政治社會爲主要意義構成面向，但《毛詩》保留此一詩文本性質的方法，卻異於上古傳統，轉爲塑造《詩》爲「古代輿論原型」，使之成爲典範，以明此種交流性質和價值的重要。即試圖透過經典詮釋，以漢代語境重新發掘周代《詩》文本意義，以求經典意義在當代新生命的轉化，這一轉化確實於古代政治社會持續發揮其影響力，中國歷史自秦漢以後多以君王專制體制爲主，君王和臣民的階級和分際趨於嚴明而疏離，君權高張下如何避免君王自專而漠視臣民，甚至社會失序等後果，便成爲歷代必須處理的難題，《毛詩》的典範性即在於承繼傳統周《詩》，卻能轉化其義以適應後世所需。

　　《毛詩》的詩文本觀在詩文本語言方面兼具承襲和發展，首先正如漢代諸多文本沿襲先秦的「開放性文本觀」，自身仍保有文本釋義的自由靈活與開放性，以因應新的語境所需，在這種觀點下文本得以保持不斷轉用、連結至其他語境或文本，使文本保有存在的活力和影響力，另一方面又因中國傳統整體一元論的觀點，使文本意義不致淪於任意，對根本意義（即核心價值所在）的掌握便是開放範限的所在，故一則所有意義及文本連結仍不離根本義，不可全然任意詮釋，而有較寬泛的合理性要求和基準；二則所有意義及文本連結均收攏於核心價值所在的根本義，則意味其「本」不變，不得開放或更替，而是在應用的層次上開放。

　　不過其自身詮釋雖有先秦傳統的開放文本性，其詮釋結果卻引致《詩》文本意義的固定化，主要因爲典範化過程進行的歷史化方法所致。若由外緣因素觀之，龔鵬程在研究中國傳統作者觀的演變過程中指出，漢朝經秦末大亂後，迫切的時代問題之一在於整理文獻，「這就涉及眞僞的鑒別以及作者的認定。……所以說漢代學術，有明顯尋找定本的氣息，也有濃厚的尋找作者的意圖。」，因而「原作、原意、原貌」即成一詮釋結構〔註113〕。這一說法除可說明漢代作者觀發生變化的緣由外，亦可說漢代文人尋找定本和形構作品原貌、原意的路向，成爲「開放性文本觀」轉向「封閉性文本觀」的契機。

〔註113〕龔鵬程：《文化符號學》，頁 23～24。本文藉之論漢代乃爲由神聖作者觀轉向世俗化作者觀的重要階段，並改變創作活動的意涵，然此處所論《詩經》詮釋方面，詮釋者立場和角色仍主要欲祖述神聖作者和經典的神聖意義，而不是詮釋者刻意求新立異的個人創作行爲。

最終《毛詩》形成自身既傳統又創新的詩文本觀及其詮釋視域，其特質在於：一、情志交流性，此種交流可以由個人至群體、上下交流，其極致則可由俗至聖，此為詩本義基本詮釋視域最主要的面向；二、意義價值取向在於由俗顯聖，從而使《詩》成為神聖典範文本，以達教戒垂鑒之效；此部分則以美刺為主要詮釋方法，為詩本義的價值面向之主要詮釋原則。即此一本義觀點由俗民、個人性出發，終必導向聖王、群體性意義層次；三、文本中神聖價值的來源在於儒家價值觀的「聖王原型」與「歷史原型」，此為意義的最終指向。四、歷史詮釋面向為詩本義構成的基礎之一，也成為詩本義的基本詮釋視域之一，其本義建立於王者之跡所反映的正變觀。五、綜合觀之，則《毛詩》詩本義的構成由美刺而生的上下情志交流義，與由之所反映王者之跡的正變價值等兩大詮釋主軸的疊合而生成。六、詮釋模式和觀點雖有源於先秦「開放性文本觀」，而漸轉向尋求固定本義的「封閉性文本觀」，故保有兩種文本觀之構義特徵，而為一種過渡型。七、詩本義常須由推求「言外之意」而得，因而後世常將詩文本文體的理想風格視為溫柔敦厚、含蓄蘊藉。為完成王者之跡的上下情志交流和歷史詮釋兩大面向，必須使詩文本與歷史詮釋文本之間合理繫連，為了詮釋合理性的建立常須將原作者與語境加以轉換，引致詩文本應推求其「言外之意」，詩的文體理想風格亦由之變為含蓄之美，此為因其詮釋典範性所造成的衍生性影響。

（二）詩本義觀——詩的烏托邦與群體、政教文化、以俗顯聖趨向

在這種詩本義的取義觀點下，可知中國極早在周代便使詩的本義脫離個人原作本義，轉向闡述群體的、政教文化的和反映聖俗交通下神聖價值的意旨，且以後者為意義生成的根本來源。

尤其在漢代詮《詩》發展至《毛詩》，其必證詩的本義首要在於能使上下交流互通，使《詩》一方面成為古代輿論的象徵範型，另一方面因輿論所對應者必為當時王者之行宜，王者既能藉詩觀自身得失，又能藉詩來教化百姓（是為詩的一體兩面），則其必然須以誦美諷刺為優先詮釋且為意義構成最必要的法則，不如此則不能表現民情民意藉詩得以上達之旨，王者之跡也就不能成立，政教文化理想價值面向也無以表述，詩的本義乃失其所「本」，是以《毛詩》必嚴守之，這才是《毛詩》所認定的詩本義，此套《詩本義》的意義生成系統一方面使詩成為儒者理想價值寄寓的烏托邦，另一方面由於烏托邦在詩文本中的形塑，喻示詩文本意義的生成必因之而發生種種調整、轉換和變化。

此一詩本義詮釋體系裡，仍要以俗顯聖的思維和詮釋意向確實說明中國傳統文化和價值取向的重大特質，由風刺誦美而反映時政風俗的意義取向，其中具有民情民意發抒及上達的合理性及規範性，即「大序」所說：「發乎情，民之性也，止乎禮義，先王之澤也。」人民作詩抒情乃天性所然，明示民情民意抒發的合理性，但也同時指出其規範性，作詩以抒情風刺都須合於禮義，因而以詩抒情或風刺等表現必須不逾儒家禮義的標準，才爲合理，即聖王之恩澤德政在於廣納民意民情，但民意抒發表達若逾越禮義規範，則無法符合正得失、美教化的功用和價值，如此則失去詩的應有意義而不可取。於此可看到近於現代言論自由的概念，不過二者仍不相同，現代人民言論自由建立在民主法治的價值基礎，以法律爲言論尺度的範限，但法律之內則爲任意而無特定價值取向，《毛詩》對詩文本意義的規範性仍屬於道德傾向上的合理性，且終收歸於王化之跡的概念中，即仍由普遍王權來加以規範。

四、詮詩新典範樹立——「詩史」觀初步形構

《毛詩》喻示著「詩史合一」詩文本詮釋架構合理性的完成，至少在接受史上其合理性被多數人廣泛接受，乃是事實，但經由前述探討後，可知理解所謂「詩史合一」不能單純套入我們現代所習見的詩學或史學觀點，而必須回歸中國文化傳統中詩和史的發展軌跡來理解，才能把握其要義。

因此理解「詩史合一」的要義在於：一、重點不在史的意義之呈現，而在藉史之跡以再現詩文本做爲王化之跡的價值意義，即藉實存性確立以突顯詩爲上下、天人情志交流的管道和具體象徵，能使上下、天人情志交流無礙，便能使儒家核心價值的「聖王原型」和「歷史原型」得以再現。因而詩文本成爲反映時政時世現況的具體象徵，後世「詩史」概念的提出，其意義核心仍不脫此一基本意涵〔註114〕。

〔註114〕 「詩史」在中國古典文學中爲一重要現象，但其概念義多不脫所謂反映現實、憂國憂民、國家興衰等意涵。相關研究極多，顏崑陽先生曾概括「詩史」概念，指出其名原爲對杜詩之特稱，以描述其詩能指陳時事而批判之的性質，「然後由對一人之特稱，而普遍化爲一種文學觀念，指涉以敘事的方式，紀錄事件，而又能透顯歷史意義和批判精神的詩歌創作型態」，詳見顏崑陽先生：《李商隱詩箋釋方法論》（台北：里仁書局，2005 年），頁 11。

另外龔鵬程亦有總論性之專著，詳見龔鵬程：《詩史本色與妙悟》（台北：學生書局，1986 年）。延伸至敘事上之研究則有蔡英俊：〈「詩史」概念再界定——兼論中國古典詩中「敘事」的問題〉，收入國科會人文處、林明德、黃文吉

二、對史的理解必須以中國歷史觀爲準，這套深受儒家思想影響的歷史觀，雖亦重史料客觀眞實性，但因價值核心始終圍繞於聖王原型代表的理想，故必承認普遍王權之重要，且關切王權的合理性，同時藉史鑑之義來發揮儒家理想價值，故「詩史合一」的「史」首重王者之跡的意涵。

然而我們也應注意到這一「詩史」觀點出現，導致詩文本性質及詮詩觀點的偏移，連帶使詩的意義詮釋方法和意向產生偏移，詩文本雖仍維持誦美風刺的本質義，但其本質義的顯明卻轉換成其他方式，不再是理想烏托邦裡由采詩、陳詩而後編詩以留當代上下交流的具體跡證，由《詩》這一具體的文本跡證來象徵此一本質義的存在，這在漢代君主專制及中央集權的政治歷史背景下，已失去得以延續此一制度的可能，因而漢儒的「詩史」觀點和方法的完成，意味士人爲使聖王與聖世在當代或後代成爲可能，進行的一種經典詮釋上的努力與轉化，經由「詩史」詮釋的轉化，詩文本的本質義只能由一種「歷史原型」的意義來加以再現，漢儒殫精竭慮將詩文本織入歷史時空的具體座標中，才能使如今難以存在的歷史烏托邦和其上下交流無礙而王道興盛的盛世氣象，得以用一種歷史借鑑的模式強化其實存性，更由之強調其教戒垂範的關鍵作用，以使「聖王之跡」所象徵的價值意識能以另一種詩史爲鑑的模式延續其生命，並藉此一文本再創作的過程使神聖價值所在的「聖王原型」和「歷史原型」，得以在當代找到其再現的依據與實踐的可能性。

「詩史」這一概念語彙在漢代雖未提出，但觀點實已於此初步建立，且隨《毛詩》典範化而常造成詩文本性質和文本觀的偏移，「大序」所傳承先秦以降的「上下互動交流象徵」的詩文本觀，開始偏向同時亦以史鑑而諷諫爲主的文本觀，即《毛詩》整體偏向以歷史體系和價值詮釋的完成，來詮釋詩文本誦美風刺的意涵，這時並非直接由詩文本自身來發出其誦美風刺的意義，而是必須以史爲中介，加入史料史事的繫屬，使詩文本必由史的視野來加以表意，這雖在「大序」已見其端倪，但未極端地偏向歷史性詮釋爲主軸之一的必要性，先秦時引詩賦詩所保有的詩文本於當代的交流互動性質可爲明證，春秋引詩賦詩等用詩行爲所反映的文本觀恰是不重文本的歷史性，不

總策劃：《臺灣學術新視野：中國文學之部（一）》（台北：五南圖書出版，頁1～21），2007 年 6 月。張暉、王冠懿針對前行研究有詳細的分類並概括說明，詳見張暉：《中國「詩史」傳統》（北京：三聯，2012 年）。王冠懿：《唐宋詩史說研究》，成功大學中國文學研究所碩士論文，2007 年 7 月。

固定文本存在的歷史時間，以便延續其交流互動性的做法，顏崑陽先生論文已詳細論證，其論點乃是由「詩之用」的社會功能論來啓發我們對詩文本在春秋時代所具的交流互動作用，在此我們更要強調的是，這種「詩之用」其實正是「詩之體」，也就是交流互動性質在中國的詩文本裡是一種本質性的存在，這種交流互動性終古之世都仍是中國詩文化構成的基本核心。

　　所以由此一詮詩體系的完成，且《詩》經典化而成中國古代文化的重要典範地位，加上《毛詩》在古代《詩經》接受史的主流地位，「詩史」已不單是一個詮釋《詩經》的特殊個案，而是此一特殊個案因能因應古代文化政治社會環境的需求，使其詮釋觀點和方法直接化爲理解詩文本的基本視野，「詩史」被後世視爲詩文本「本來具有」且「本應具有」的新本義，結合先秦至「大序」的詩文本交流互動之本質，中國詩文本觀及文化觀裡的兩大重要觀點便由之成形，而成爲中國古典文化的重要特色，這應是《毛詩》在繼承周代先秦詩學基礎上進行的再創新，並成爲中國古典詩學獨樹一幟的特質。

　　這一方法論上的變革，不單是在詩或史的文本層次上，甚且在整個傳統文化的經典詮釋都形成影響，比如後世常見的以「詩史」做爲文學批評的基準和觀點，甚至在文學創作亦常成爲創作準則，如唐代白居易、元稹的新樂府運動〔註115〕，至清代章學誠「六經皆史」的概念等，都可視爲是相關的產物。

　　《毛詩》詮釋詩作的模式還原其歷史文化成因後雖可理解其苦心及用心，也有不少正面效應。如使詩文本擔負政治社會功能，並得以寄寓理想價值，如古代言論自由合理性和規範性的確立、民意和政治變革的合理性關係、普遍王權合理性來源和民意的關係等，均依此一詮釋典範而得以成立，然而代價是必靠「詩史合一」才能如此彰顯，則勢必偏向史的詮釋建構，結果一則詩的個人性意義必然弱化，因其終極意義必指向反映當時群體社會情境，二爲在詩的本質中嫁接史的概念，則後世詩作詮釋觀點亦不免屢夾帶史的詮釋，「詩史合一」未必不好，但不能以史來詮解之詩也強以此法釋義，則不免以偏蓋全之弊，這也成爲後世攻訐最力之處。

　　總之，《毛詩》使《詩經》成爲「古代輿論原型」，藉經典詮釋使《詩》

〔註115〕　「詩史」對後世的影響已有不少研究，詳見詳見張暉、王冠懿的梳理，如前
　　　　　注。另外亦可見謝建忠：《《毛詩》及其經學闡釋對唐詩的影響研究》（成都：
　　　　　巴蜀書社，2007 年 12 月）。

文本於後世持續發揮其典範意義，昭戒後世，而藉著中國歷史原型觀總要追返神聖原點的渴望，作為詩文本源初典範的周《詩》範型，成為詩文本的理想範型，《毛詩》建構出詩的神聖範型和詩文本觀，垂示詩文本在周代人文和儒家價值意識導引下的發展方向——交流互通性的強調（尤重上下關係和群體情境中）、由俗顯聖、由個人轉入群體的價值取向、歷史性詮釋和王者之跡常成為詩文本構義的存在條件，詩文本觀亦因歷史性詮釋所需而使詩文本性質具有語言含蓄蘊藉的偏向，及因前者而在詮詩時常預設解讀「言外之意」的基本詮釋視野。

相對前代而言，《毛詩》代表的詮《詩》模式，表明自漢代起《詩》文本意義生成模式的重大轉折，先秦引詩賦詩斷章取義而轉用文本的種種用詩行為，開始形成一種探究詩本義的詮釋轉向，但非後世以回歸文本及推求原作者本意為主要取向的詩本義，此時詩本義的形構仍保有先秦意義生成模式的部分遺形，與詩相觸發而衍生新文本的外傳體，加上以文本為詮釋中心的內傳體，二種詮《詩》體式都在《毛詩》中出現，《毛詩》顯然以內傳體為主，但其與史相觸發以生成意義的面向，則近於外傳體之詩文本與他文本相觸發輾轉而生義的做法，可見《毛詩》詩本義詮釋中顯示文本意義生成觀點的歷史變遷和過渡之跡，並由「開放性文本觀」漸朝向「封閉性文本觀」發展。

第三章 《詩集傳》代表之宋代《詩經》詮釋模式及基本視域——聖俗感通歷程中道統化歷史化文本與個人化世俗化文本的雙向建構

第一節 神聖價值偏移——《詩》典範義重構與宋代政治文化的士人主體

討論朱子詮《詩》模式之前,我們可以就現今學者研究朱熹詮《詩》的共同論點來進入論題,以便更清楚現今相關研究上存在的疑難之處,進一步思考解決方法。

一、前言:疑古、去歷史化、個人化和文學化的現代朱熹建構及其問題

我們將發現前行研究結果裡最大的疑難即在朱子詮詩疑古、崇古同時並存,或文學、經學立場兼具的矛盾現象,這幾是所有研究的共同發現,卻未能清楚解明何以如此的問題,五四時期迄今皆如此。鄭振鐸在《古史辨》裡一方面批評朱熹「最大的壞處,便是因襲『毛詩序』的地方太多」,另一方面卻又引朱熹駁「詩序」以為不足信之觀點和辨「詩序」謬妄之證,由是大呼痛快,卻未究何以朱子疑「序」又遵「序」的緣故〔註1〕。

〔註 1〕鄭振鐸:〈讀毛詩序〉,收入顧頡剛編:《古史辨》第三冊,頁 386、389。

　　錢穆《朱子新學案》裡對朱子詮《詩》深有發見，然亦不能解此謎；其
先就朱子讀詩必下諷誦工夫，且亦不忽去注解的觀點，而判「此見朱子能以
文學家眼光讀詩」，「乃能以文學上之自得，而解脫了經學上的束縛」，然而朱
子說「雅」和「風」作者有雅俗不同，故有作品價值高低不同的分判，錢穆
便說其是「理學大師說詩中義理」，「缺乏文學修養，終是一偏陷〔註2〕」，經
錢穆所詮之朱子，則成爲一忽以文學說詩，忽以理學說詩中義理而不自覺的
自我矛盾形貌。

　　莫礪鋒《朱熹文學研究》則秉持欲回復朱熹文學家身分的立場，強調朱
子的文學貢獻，而說《詩集傳》「事實上是有史以來首次部分地恢復《詩經》
文學性質的著作，然而後代的理學家們仍把它當作純粹的經學著作看待」，有
趣的是又隨即提起完全對立的另一批判者之說加以對照，「而現代的《古史辨》
派學者則脫離歷史語境而苛求朱熹，指責《詩集傳》以經學眼光歪曲了《詩
經》的文學性質〔註3〕」；這表示作者已察覺朱子在後世理解中的矛盾形象，
可惜的是作者意不在探究何以朱子有如此看似矛盾形象之緣由，而先立定要
爲朱熹在文學上翻案的立場，欲證朱熹包括詮《詩》在內的文學成就對後世
文學的正面影響，於是問題始終未解。

　　以前行研究結果觀之，朱子究竟是疑古、擺脫傳統經學而將詩文本文學
化的激進派？還是保守泥古、以經學觀點解釋文學的封建文人？似乎皆可成
立，於是此一矛盾遂不可解。這兩種極端評價同時成立，卻無人能指出何以
有此矛盾之共存，猶似朱熹自身性格或思想自相矛盾使然，但事實果眞如此？
如此是否太過簡化或忽略朱熹詮釋《詩經》時的重要詮釋脈絡，以致不能理
解此義？意即五四以後，朱子詮詩觀點看似自相矛盾的此一現象〔註4〕，究竟
是朱子未發覺或未解決自身思想的矛盾所造成？還是現代文人理解時的另行
構作而成？簡而言之，這究竟是朱子個人的矛盾？抑或是現代學者自身的矛
盾？要解決此一朱子詮《詩》的公案，須重新並全面地檢視與細察朱子詮釋
的脈絡和模式，而非斷章取義式的理解其義，才能確切判斷，而不至曲解。

〔註2〕錢穆：《朱子新學案》（四）（台北：三民，1989），頁 59、65。
〔註3〕莫礪鋒：《朱熹文學研究》〈前言〉（南京：南京大學出版社，2000），頁 8～11。
〔註4〕值得注意的是，這一問題乃是五四以來才趨尖銳化的批判和質疑，於此之前
　　　即令對朱子有所質疑，至多是如姚際恆般攻朱子看似斥《小序》實亦依循《小
　　　序》的說法，可見此一問題意識的提出中，其「意識」爲何更應先予以深究，
　　　才能明白其何以如此提問的緣由與意義。此部分留待第四章說明。

　　要理解朱子詮《詩》體系除《詩集傳》外，另須究《詩序辨說》、《詩傳綱領》及《朱子語類》等論詩相關文本，才能知其全貌。欲確實理解朱子詮《詩》模式的要義，可先由《詩集傳・序》以見其端倪，其序全文如下：

　　或有問予曰：「詩何爲而作也？」予應之曰：「人生而靜，天之性也，感於物而動，性之欲也。夫既有欲矣，則不能無思。既有思矣，則不能無言。既有言矣，則言之所不能盡，而發於咨嗟詠歎之餘者，必有自然之音響節族而不能已焉。此詩之所以作也。」

　　曰：「然則其所以教者何也？」曰：「詩者，人心之感物而形於言之餘也。心之所感而有邪正，故言之所形有是非。惟聖人在上，則其所感者無不正，而其言皆足以爲教。其或感之之雜，而所發不能無可擇者，則上之人必思所以自反，而因有以勸懲之，是亦所以爲教也。昔周盛時，上自郊廟朝廷，而下達於鄉黨閭巷，其言粹然無不出於正者，聖人固已協之聲律，而用之鄉人，用之邦國，以化天下。至於列國之詩，則天子巡狩，亦必陳而觀之，以行黜陟之典。降自昭穆而後，寖以陵夷。至於東遷，而遂廢不講矣。孔子生於其時，既不得位，無以行帝王勸懲黜陟之政，於是特舉其籍而討論之，去其重複，正其紛亂，而其善之不足以爲法，惡之不足以爲戒者，則亦刊而去之，以從簡約，示久遠，使夫學者即是而有以考其得失，善者師之而惡者改焉。是以其政雖不足行於一時，而其教實被於萬世，是則詩之所以爲教者然也。」

　　曰：「然則『國風』『雅』『頌』之體，其不同若是，何也？」曰：「吾聞之，凡詩之所謂『風』者，多出於里巷歌謠之作，所謂男女相與詠歌，各言其情者也。惟〈周南〉、〈召南〉親被文王之化以成德，而人皆有以得其性情之正，故其發於言者，樂而不過於淫，哀而不及於傷，是以二篇獨爲『風』詩之正經。自〈邶〉而下，則其國之治亂不同，人之賢否亦異，其所感而發者，有邪正是非之不齊，而所謂先王之風者，於此焉變矣。若夫『雅』『頌』之篇，則皆成周之世，朝廷郊廟樂歌之辭，其語和而莊，其義寬而密，其作者往往聖人之徒，固所以爲萬師法程而不可易者也。至於『雅』之變者，亦皆一時賢人君子，閔時病俗之所爲，而聖人取之，其忠厚惻怛之心，陳善閉邪之意，尤非後世能言之士所能及之。此《詩》之爲經，所

以人事浹於天下，天道備於上，而無一理之不具也。」

曰：「然則其學之也當奈何？」曰：「本之二〈南〉以求其端，參之列國以盡其變，正之於『雅』以大其規，和之於『頌』以要其止，此學《詩》之大旨也。於是乎章句以綱之，訓詁以紀之，諷詠以昌之，涵濡以體之，察之性情隱微之間，審之言行樞機之始，則修身及家，平均天下之道，亦不待他求而得之於此矣。」問者唯唯而退，余時方輯《詩傳》，因悉次是語以冠其篇云。淳熙四年丁酉冬十月戊子，新安朱熹序〔註5〕。

　　全篇序文所以能成較全面觀察朱子詮《詩》的基點，在於序文總括性地將朱子詮《詩》的整體觀點分成四大基本向度加以說明：一、詩為何而作？二、詩所以為教者為何？三、「風」「雅」「頌」各體類分意義的辨明，四、學詩的具體途徑和方法。這四大向度除最後一項「大序」以至鄭玄在《毛詩》未予論述外，關切主題看似皆為儒家論《詩》的基本路數，其實不論內容形式均已產生極大變化。單以序文的書寫形式而言便大有學問，朱熹並未採取一般議論文章道貌岸然、邏輯嚴謹的基本形式，反而借用師生問答的問答體形式，來闡述自己認定的詮《詩》理論，一問一答直截了當，如陳志信所說有點出請益者與曉諭者間授受場域之義〔註6〕，不過我們還可更進一步發現，朱子如此書寫非僅為點出授受的存在語境而別出心裁，而是意欲彰顯其詮《詩》的幾個重大判斷，最首要的便是追返孔子以詩為教的傳統，孔子教詩詮詩之法和其觀點最主要呈現於《論語》，尤其是針對子貢、子夏等人對《詩》文本提問時所作回答更為膾炙人口〔註7〕，朱熹在此特意以問答體為個人詮《詩》力作之序，回歸孔子詩之教的存在場域，祖述其教詩詮詩的精神，其用心可見一斑，事實上對照朱子一生注疏、詮釋諸經典而作的序文，此篇序文的書寫形式別具一格，更顯其獨特和不尋常，這些獨特之處所意味的重大判斷容後再述，在此我們可由詩之作和詩之教兩大部分論述，便可證明朱子

〔註5〕朱熹著，朱傑人編：《朱子全書》第一冊，頁351。

〔註6〕陳志信：〈詩境想像、辭氣諷詠與性情涵濡——《詩集傳》展示的詩歌詮釋進路〉，《漢學研究》Vol.29 No.1（2011年3月），頁1～34。

〔註7〕孔子論詩用詩相關研究頗多，張亨《〈論語〉論詩》為較早注意孔子論詩本意不在文學批評研究，回歸原書整體脈絡來探究其義，又能兼顧文學批評之視野而論興、觀、群、怨之義。詳見張亨著：《思文之際論集：儒道思想的現代詮釋》（北京市：新星出版，2006），頁47～73。

欲由師生對答之體召喚原始儒家詮釋詩文本最根本的意義。〔註8〕

二、詩發生論：回歸個人情性感發爲原點

朱子首段論詩仍以詩的發生論切入主題，雖有類似「詩大序」的發生論，但其論述重點和「大序」「詩者，志之所之也」的一套論述頗有差異，首先「詩大序」雖也論及詩發生出於人之情志，但未詳說情志自身的特質，朱子則從性、欲、思、言等數個概念詳加推衍如何由人性發而爲詩的歷程，人之天性本爲靜，受外物影響有所感而動，則爲天性的欲求，由此一天生之性的欲求發動，則有思而有言，言不能盡而嗟歎詠歌，詩即由之而作，此處自有朱子理學所發展的形上學之跡，但置於我們關切的論題裡，重點不在於理學上抽象概念的引入，而在以下幾個要點：一、詩的發生由個人情性感發而來；二、詩的基本特質，以及其和語言的關係。

詩的發生因人天性之欲「感於物而動」，強調受外物引動而生之作，觀點本於《禮記‧樂記》，其意在說明天性欲求爲促動詩所以作的主要動因，如此則其論述詩之發生便產生極微妙的轉向，能發而爲詩的關鍵在於人之性，性又因受外物所動而感，而爲性之欲，有欲，其中自然有善惡之生，也就有善惡之別，則由詩發生之源即蘊含個體情性善惡區辨之可能。朱子《詩傳綱領》注解「詩大序」之「情動於中」之「情」，即說：「情者，性之感於物而動者也。喜、怒、哀、懼、愛、惡、欲，謂之七情」，對照本序文第三段釋「風」之義時說：「所謂男女相詠歌，各言其情者也。惟〈周南〉、〈召南〉，親被文王之化以成德，而人皆有以得其性情之正，故其發於言者，樂而不過於淫，哀而不及於傷」〔註9〕，可知朱子對性、情等概念義的用法多爲一致，情之義在朱子而言，是性受外物引動而感者，即所謂七情〔註10〕，其後才發而爲詩，

〔註8〕錢穆曾考據《詩集傳》序文成於淳熙四年丁酉，朱子之孫朱鑒《詩傳遺說》說：「《詩傳》舊序，乃丁酉歲用『小序』解經所作，後乃盡去『小序』」，認爲此序不爲今傳《詩集傳》作，但因此序「治經學文學史學理學於一鑪，此乃治經大綱宗所在。後人即以此序置《詩集傳》前，似亦無傷。」本論文以此序文可代表朱子詮詩基本理論觀點，原因在於朱子詮《詩》的本義及對詩文本的基本觀點早已成形，不因是否盡去「小序」而有別，本章將加以詳證。錢穆之說參見錢穆：《朱子新學案》（四）（台北：三民，1989），頁55。

〔註9〕朱熹：《詩傳綱領》，收入《朱子全書》第一冊，頁343。《詩集傳‧序》，收入朱熹：《朱子全書》第一冊，頁350～351。

〔註10〕劉述先研究朱子心、性、情的用法和三者關係引朱子之言「性是未動，情是已動，心包得已動未動。蓋心之未動則爲性，已動則爲情。所謂心統性情也。

所以朱子說詩的發生乃由個人情性感發而作。

其次，個人情性感而生者，其所發形式可分為二，一為言，即語言，二為所謂「言之所不能盡」者，便「發於咨嗟詠歎之餘者」，這才是詩，且因其發於自然，故「必有自然之音響節族而不能已焉」，因而第二段起首再次概括詩為「人心之感物而形於言之餘」，即詩文本所發之形式乃為「言之餘」，而不是言，此處隱含個人情性所感性質不同，所發出的形式也有其差別，依朱子之意，不論言或「言之餘」其發生之源同為個人情性，但有些能為語言所道盡而充分表意，有些則不是語言所能表達其意者，這才是「言之餘」表意的重心所在，雖然「詩大序」也說「言之不足，故嗟歎之，嗟歎之不足，故詠歌之」，卻未進一步申述言和詩歌本質的差異，《毛傳》亦未將此視為詩文本詮釋的重點，然而朱子在此其實藉詩之發生論埋下一個極少為人發見的重要伏筆，也是朱子詩文本觀最主要特色之一，我們將於第三至五節重新發掘此伏筆的深義。

三、詩之教〔註11〕——從感發到情性主體藉詩由俗趨聖

朱子論詩所以作的意涵要連著詩之教的面向觀之，才能取得主要意義。詩的發生在於人心之感物而形於「言之餘」，對照詩之作的論述來看，個人情性感發而為詩，詩卻不同於言，而是言之餘，且性質主要為自然之音響節族而猶有不盡者，則此處除「言之餘」的性質分辨外，其他均同於「詩大序」論法，由個體出發而強調人的普同性，人心感物而發雖為個體，但每一個體皆有之，故為人的普同性，因人心有此一普同性，才能成為儒者以之教化眾人的基礎，所以朱子才說「心之所感有邪正，故言之所形有是非。惟聖人在上，則其所感者無不正，而其言皆足以為教。〔註12〕」可知朱子詩的發生論

欲是情發出未底。心如水，性猶水之靜，情則水之流，欲則水之波瀾。」指出心佔樞紐主宰地位，「性即理，情欲則是氣機鼓盪的結果。心可以理御情，令喜怒哀樂之情發而中節。」以下論述相關詞語皆依此義，另外，朱子詮詩常說性情，但今「性情」一語多有一般性格之義，未免曲解，本論文均改以「情性」以代朱子「性情」之語，皆意指人心的形而上未動之性和形而下發而為已動之情。劉述先：《朱子哲學思想的發展與完成》（台北市：臺灣學生，1982），頁195～197。

〔註11〕 本文不採用一般所謂「詩教」一詞，而以「詩之教」說之，主要因「詩教」一語出於漢儒，且歷代各人用法及所指意涵常或有差異，為免概念義的混淆，此處稱「詩之教」者，為一中性詞而不帶價值意識之用法，意指詩的教化和教戒之意。

〔註12〕 前文已說朱子有「言」與「言之餘」之分，且詩屬「言之餘」，然此處又似以

裡將詩之作歸於人性之欲，確含有善惡價值分辨之意，人性嗜欲有善惡，心之所感自有邪正之別，發而爲言便有是非之辨，即是基於此一人心感發機制的普同性才能成立，依之則聖人自然能藉詩文本來教化眾人，聖人所以爲聖，因其所感者均爲正而不邪，是以發而爲言均足以教化他人，在此關於「詩之教」的首要意涵在於聖人與一般眾人藉詩文本所欲達成的關係，聖人雖爲人，卻因其已是所感者均爲正的境界，故異於常人而可教化他人，聖人所感發即成爲教化之基準，即便偶有所感紛雜的狀況，其發而爲言便會有所揀擇，因此在上位者必由此而知自省，才有得以藉詩而勸戒之意。

（一）聖王到聖人——道統與道學分立下的承變與發展

　　然而在上位者如何可因各個善惡不同個體感發的詩作，即可得以自省而得其勸戒之教？詩作本身善惡價值不一，聖人所感如何能與詩作結合而可產生教化之義？在上位者、聖人所感和詩作三者之間必須有其合理連結，這便涉及周代之詩的源流發展，亦即第二段後半部「昔周盛時，……是則詩之所以爲教者然也」的部分，所論即大大偏離「詩大序」所建構的詩之教的重心，而另立新說。

　　朱子在此雖仍以近於正變觀的論述區辨出理想價值典範之源在於「聖王原型」，「昔周盛之時，上自郊廟朝廷而下達於鄉黨閭巷，其言粹然無不出於正者」，說明周代盛世聖王情性爲正，其所爲所言便純粹而皆爲正，所作之詩即可直接教化天下，所以說「聖人固已協之聲律，而用之鄉人，用之邦國，以化天子。」而諸侯國之詩也在天子巡狩時必陳詩而觀，藉此行賞罰升降的典律，即「至於列國之詩，則天子巡狩，亦必陳而觀之，以行黜陟之典。」這部分較「詩大序」更進一步正式提出周代陳詩制度，以明藉詩觀民俗政教得失的史據，但大抵不脫「詩大序」的「聖王原型」觀點；接著說「降自昭穆而後，寢以陵夷。至於東遷，而遂廢不講矣。」昭王穆王周代漸衰，至平王東遷後，終廢陳詩之制而不講，也符合《毛詩》的正變觀。

　　然而自孔子一段相關論述起，不僅《毛詩》未提及，其論點更使《詩》的典範意義發生重大扭轉，先說孔子在當時「不得位」，無君王權位以施行帝王才能行的勸善懲惡並依之賞罰升降的政治措施，「於是特舉其籍而討論之，

　　言說詩，實則此處之「言」意指總括一般語言，「言之餘」則屬此一般語言中之一類特殊語言形態。「言」的意義分辨及用法大致如此，以下皆同。朱子以「言之餘」定位詩語言之性質乃有其深意，詳見第四節。

去其重複，正其紛亂，而其善之不足以爲法，惡之不足以爲戒者，則亦刊而去之，以從簡約，示久遠，使夫學者即是而有以考其得失，善者師之，而惡者改焉。」此段文字表面上僅說明孔子刪詩之舉及其教戒之意，以上古代表性典籍爲經典以爲教化戒鑒之意，此乃經學通例，並不特殊，孔子刪編詩之說歷來尚有眞實性爭議；然而朱子在此提出，則表示其不但相信孔子刪詩之說，更藉之發展出一套異於漢唐諸儒、且改變歷史文化詮釋觀點的重要詮釋論述〔註13〕，若連著前段周詩發展淵源而言，明指周《詩》最主要典範義在於源流之初的「聖王原型」，以象徵其文本理想價值之所在乃因聖王之教示現的德化之政，這亦是《毛詩》所詮最核心理想價值的所在，朱子也有所承襲；但此處孔子一出，則「聖王原型」不再是唯一理想價值的根源，而直指周室衰變廢詩不講而失其詩之教，即意味王者已不能承續聖王之道時，唯孔子刪編詩後而能使聖王以詩爲教的傳統得以承續，並能使先王藉周《詩》以觀政治教化得失等德政典範得以傳承。

　　此處藉詩的源流發展的重新梳理，使《詩》最核心的典範義不再只是「聖王原型」，而成爲「聖人原型」。王者不足以承繼聖王之統時，不具政權的聖人仍能承道統以行其教；「是以其政雖不足行於一時，而其教實被於萬世，是則詩之所以爲教者然也。〔註14〕」使上古聖王的理想價值仍能不斷傳承，並可被於後世；則《詩》的典範價值即在於聖人藉《詩》示現的意義和教化之價值。如此，則聖人不僅可與聖王比肩，甚且在後世的影響力和重要性似猶有過之。神聖的來源不再僅源自於聖王，更源自於孔子所代表的聖人；聖王亦只是聖人之一。王權在傳道的重要性被削弱，確能傳承道統者亦能稱聖；且神聖價值的傳承權柄不再僅限於王者血脈所構成的君王世系，能存養擴充以成聖的聖人亦能藉《詩》之教而使《詩》之理想價值推而廣之。神聖價值傳承變爲聖人血脈的傳承；這一血脈不依先天親族血緣而承續，能承道而修己成人以爲聖，即爲聖人之眞血脈。序文雖點到孔子爲止，實已隱含此義。這一說法已將道得以傳承的關竅重新改寫，不單顛覆漢儒之說，其重要性更在於因道勢分離，使宋儒欲尋求理想價值傳承之法而開展的新思維。這種頗有削弱君權（至少是文化價值

〔註13〕　朱熹雖亦曾疑聖人刪詩之說，但其立場爲「也只得就相傳上說去」，見《朱子語類》卷八十，頁2735。不過即便朱熹曾疑刪詩之說，並不表示即否定《詩經》經孔子之手編訂的說法，《詩集傳‧序》便明確地指出其基本上仍接受刪詩說，更認定孔子編《詩》以爲詩之教的說法。

〔註14〕　《詩集傳‧序》，頁351。

傳承之權）的觀點與宋代特有的政治文化密切相關。

此時再比較「詩大序」和朱子詮《詩》之史的觀點時，就能明確看出其中典範轉移的意義。「詩大序」論詩之教化義時，僅由詩為人之情志所發的普同性，便以此為基礎論君王可藉詩教化人民、人民能藉詩風刺君王使正得失而有教戒之功能，再論周《詩》這一性質所形成的「古代輿論原型」的典範義以為教化，此可說是「詩大序」詩之教雙向建構的核心意義與價值，然朱子不再依此「風化」與「風刺」雙向並行而生教化教戒的詮釋框架，而另起爐灶，其中最關鍵者即是孔子的正式出場；在《毛詩》的詮釋體系中，詮釋重心乃在於王者之跡正變的史之面向與誦美風刺的民情輿論面向，二者交織形構，典範的核心在於「聖王原型」，即聖王所示現的典範意義，孔子等聖人在詮釋模式中並無主要地位。故漢代至宋代詮《詩》典範的轉移的要義之一，便在於聖人意涵的改寫，而這又與士人主體的自覺產生關連。

（二）詩之歷史重詮──「聖王原型」到「聖人原型」的神聖價值偏移

宋代政治文化中，士大夫佔有相當重要的位置，甚且為後來歷代所難及。余英時指出，宋代士大夫在政治思維方式和行動風格均展現獨特的新面貌，「相形之下，不但前面的漢、唐為之遜色，後來的元、明、清也望塵莫及」，在政治思維上，宋代士大夫起始即要求重建一理想的人間秩序，「當時稱之為『三代之治』，無論他們是真心相信堯、舜、三代曾經出現過完美的秩序，還是借遠古為烏托邦，總之，由於對現狀的極端不滿，他們時時表現出徹底改造世界的衝動〔註 15〕」；行動風格上則可用朱熹名言「以天下興亡為己任」為基本特徵，重要的是：

> 它的涵義不但必須與文彥博所謂皇帝「與士大夫同治天下」，和程頤所謂「天下安危繫宰相」等等說法參互以求，而且與士大夫在當時權力結構中的客觀位置有密切關係。用現代觀念說，他們已隱然以政治主體自待，所以才能如此毫不遲疑地把建立秩序的重任放在自己的肩上。……這一主體意識普遍存在於宋代士大夫的「創造少數」之中，各種思想流派都莫能自外。從這個角度看，陸九淵的名言「宇宙內事，是己分內事；己分內事，是宇宙內事」（《象山先生全集》

─────────────

〔註15〕此部分三段引文均出自余英時：《朱熹的歷史世界：宋代士大夫政治文化的研究‧上冊》，〈上篇‧通論‧緒說〉頁 5～6。

卷二二〈雜說〉條）正是同一意識的一種表現〔註16〕。

這種宋代政治文化特殊性顯現的意義在於宋代士人政治主體性的高張，同樣面對君王專制的歷史情境，相對於宋儒的政治參與空間和主體性而言，漢儒確實望塵莫及，主要由於唐末五代長期戰亂和軍人橫行，「民間出現了對於文治的普遍要求，因而開啓了儒學復興的契機。〔註17〕」進一步而言，宋代士人政治主體性的提升，其前提必建立在肯定個人主體的能動性上，故宋儒詮《詩》的價值原點也要返回於個體之上，個人主體能動性才有發用的可能，藉《詩》以傳承聖人之道的責任和權利，才能順理成章地由王權之手轉至能承聖人之道的士人之手。

由之則序文所以要針對《詩》的價值典範構成歷程予以重論，便不難理解，此一《詩》的源流史論夾帶的是「道統」與「道學」分立的論述，「朱熹爲『道統』論的正式建立者和道學的集大成者」〔註18〕，此幾爲學界共識，但「道統」和「道學」在朱熹的分別中有何意義？余英時極詳細扼要地抓住朱子在《中庸》廿八章所注及《中庸章句序》中所言，辨析二者差異及重大意義，在此我們將《詩集傳‧序》論法與《中庸章句序》所論加以對照，可以發現朱子在《中庸》所論及其詮釋神聖之道的模式，與《詩集傳‧序》基本觀點並無二致，唯對道統之世系傳承詳予說明，從余英時論述可以發現，《中庸章句序》裡同樣先論上古聖神（即上古聖王）德、位兼備故能有資格「繼天立極」，傳授「道統」，「但周公以後內聖、外王不復合一，孔子只能開創『道學』以保存上古『道統』中的精義」，事實上我們若再看《大學章句序》於道之傳承源流的寫法，亦爲相同之論，可見此一「道統」、「道學」分判以重寫傳道之義的模式在朱子思想中頗爲一致。

余英時清楚地概括出此種傳道源流論述模式裡的關鍵意義，「即朱熹有意將『道統』與『道學』劃分爲兩個歷史階段：自『上古聖神』至周公是『道

〔註16〕 余英時：《朱熹的歷史世界：宋代士大夫政治文化的研究》上冊（北京：三聯書店，2004年），頁6。此處的「創造少數」意指湯因比（Arnold J. Toynbee）所說的"creative minority"，即士大夫雖爲社會結構中的少數，卻往往爲歷史文化的創造者，見同書，頁4。

〔註17〕 余英時：《朱熹的歷史世界：宋代士大夫政治文化的研究》上冊，頁6。

〔註18〕 此爲余英時概括學界一般看法。余英時：《朱熹的歷史世界：宋代士大夫政治文化的研究》上冊，頁6。陳榮捷在此前則強調朱子對在道統建構的貢獻主要是賦予其哲學的內容，陳榮捷：《朱學論集》（台北：臺灣學生，1988），頁17。

統』的時代,其最顯著的特徵為內聖與外王合而為一。在這個階段中,在位的『聖君賢相』既已將『道』付諸實行,則自然不需要另有一群人出來,專門講求『道學』了,周公以後,內聖與外王已分裂為二,歷史進入另一階段,這便是孔子開創『道學』的時代。宋代周、張、二程所直接承續的是孔子以下的『道學』,而不是上古聖王代代相傳的『道統』。」且在朱熹弟子及其他儒者持續發展傳述後,「道統」的傳承已轉變並公認為儒者特有的責任,能承道傳道的關鍵人物轉至士大夫身上,此一「道」尊於「勢」的觀點於「道統」論說的後續發展,乃有「道統」與「治統」之分及關係論述〔註19〕。

(三)《詩》典範義為個人主體藉《詩》修養以至天人合一

因此《詩集傳·序》的詮詩之「道」的傳承模式亦證明「道統」、「道學」分判以重詮歷史的用意之外,此重詮歷史的觀點已使詩文本觀發生重大轉變。由聖王至聖人的《詩》「道」傳承重詮後,直接轉向孔子刪編《詩》所示的經典教戒義,目的在於「使夫學者即是而有以考其得失,善者師之,而惡者改焉」,此處要義在於教化對象從君王轉向個人主體(學者)藉《詩》戒鑒以修養自身,由此可知,朱子眼中的詩其實和漢儒大有不同,詩的性質和功能於此已發生巨大的轉變,序文第二段詩之教的概念意涵產生變化,此即為詮《詩》典範轉移所以發生的關鍵機轉。

首先詩基於人皆有之的個人情性感發而來,故詩即代表個人情性所感的內容和形式,情性因個體不同故有正邪善惡之異,此時詩即可成為聖人教化他人的重要管道,個人若願修養自身也可效法聖人所感而去惡從善,則在修養過程中亦能隨之而由俗趨於聖;依此,則個體於詩文本的重要性大為增加,因個人被視為一具有能動性的「學者」,不再是《毛詩》裡個人具體性弱化而作為「民」或「士人」的群體形象〔註20〕,序文第三段論「風」、「雅」、「頌」

〔註19〕 關於「道統」、「道學」分判以重詮歷史及演變為「道統」與「治統」之分等論述,詳見余英時:《朱熹的歷史世界:宋代士大夫政治文化的研究》上冊,頁12～16。此處尚須補充的是,朱子的道統說和其弟子黃幹承朱子說而發展的道統說已略有不同,後世道統論多依後者,主要即是黃幹將朱子「道統」和「道學」合而為一以稱「道統」,使「道統」尊號屬於有德而無位的儒家聖賢。《朱熹的歷史世界:宋代士大夫政治文化的研究》上冊,頁16～17。

〔註20〕 《毛詩》中由個體至群體的辯證融合關係已於第二章詳論,《毛詩》將個體之詩轉向群體價值義的詮釋下,並非抹除個體情志,但個人主體性確非其核心意義所以生成之所在,詩本義必由個體轉向詩史層次的群體價值義進行詮釋,故與朱子詩本義重視個人主體性之觀點大為不同。

三體時，更具體地強化個人主體性及主體意識，乃是一可學詩以修養自身的「學者」，可為聖人之徒或賢人君子，即脫離本來世俗原欲主導之存在樣態，藉學《詩》由俗趨聖以轉化自身以歸於正。所以朱子在《論語集註》總括《詩》的意義為：「凡《詩》之言，善者可以感發人之善心，惡者可以懲創人之逸志，其用歸於使人得其情性之正而已。〔註21〕」

《詩集傳》〈魯頌・駉〉篇末傳注總結孔子「思無邪」說《詩》之義時，更明確地申明藉《詩》得以使個人主體修養歸正的經典義：

> 孔子曰：「《詩三百》，一言以蔽之，曰思無邪。」蓋《詩》之言美惡
> 不同，或勸或懲，皆有以使人得其情性之正。然其明白簡切，通于
> 上下，未有若此言者。故特稱之，以為可當三百篇之義，以其要為
> 不過乎此也。學者誠能深味其言，而審於念慮之間，必使無所思而
> 不出於正，則日用云為，莫非天理之流行矣。……〔註22〕

朱子祖述孔子以「思無邪」概括《詩》義之言，同時卻將「思無邪」的意涵轉向自己說解詩本義和詩文本觀的脈絡中進行詮釋，相對於邢昺《論語注疏》仍將孔子此言置於為政之道的意義層次上，更顯朱子此論與先前典範互異的特殊性。邢昺之疏仍將孔子「思無邪」之說置於「為政」的意義脈絡，意指為政應能去邪歸正，仍承續漢代「大序」對《詩》意義的闡釋〔註23〕，朱子卻已將孔子此話之意轉置於個人主體修養的層次，使孔子此語轉成個體修養義，提示讀《詩》意義價值即為使個人能藉詩轉化自身而為正。

接著強調「學者誠能深味其言，而審於念慮之間，必使無所思而不出於正，則日用云為，莫非天理之流行矣」，特指學習修養的個人主體真能深切體味詩之義，細察起心動念，便可使自身亦能「思無邪」，甚至此一落實於個體修養實踐的完成，可成「天理之流行」，即朱子思想裡「天人合一」理想價值

〔註21〕 朱熹，《論語集註》卷一，見《四書集註》（北京：中華書局，1983 年 10 月），頁 53。

〔註22〕 朱熹著，朱傑人編：《朱子全書》，頁 744。

〔註23〕 邢昺對孔子此說主要疏為「此章言為政之道在於去邪歸正，故舉《詩》要當一句以言之……《詩》雖有三百篇之多，可舉一句當盡其理也。《詩》之為體，論功頌德，止僻防邪，大抵皆歸於正，故此一句可以當之也。」其不僅解說詩用於政治層次之義，對詩之本體判定為論功頌德，止僻防邪，更可知其釋義觀點主要承漢唐詮《詩》典範的基本意涵。邢昺疏：《論語注疏》，收入中華書局編輯部編：《唐宋十三經》第四冊（北京：中華書局，1998 年 11 月），頁 13。

之完成，如此看來，《詩》在朱子思想裡的重要性不言可喻，因藉《詩》之陶養情性，不單可獲致個人主體之完成，更可由個人之完成而及於天理流行之理想境界，這種由個人修養而可貫通至契合天理以體現神聖的論述〔註 24〕，一方面置換詩文本的意義價值，發生個人之轉向；另一方面藉詩得以「天人合一」的意義因之改寫。在「大序」裡藉「頌」才能「天人合一」之說，仍示現唯君王才能溝通天人以至天人合一的意涵；朱子此論則以個人主體藉《詩》而為學修養出發，最終可因此一修養歷程的完成而至天理流行的「天人合一」之境，則天人合一之內涵已轉向「理」之層次，個人更可經修證後，直接體現天人合一之境，這自是中國思想以至詩學本體義的一大轉折。

　　此種將詩作為個人主體修養之用的做法，顯然不是今之所謂文學之詩僅以個人自我情思感發為主的個體性觀點，現代的文學之詩認可的是個體自我情思感發即具有正當性，此即為詩主要價值的所在，故絕非朱子所認可的詩之價值，一般將朱子詮《詩》視為文學性觀點以為詮釋的說法，大抵難以貼合朱子詮《詩》的觀點。所以朱子在《論語集註》裡又說：「《詩》以理情性〔註 25〕」，就是反覆強調《詩》能使人的情性轉化歸正之效。

　　如是觀之，朱子亦如孔子之用詩，只是其用詩之法已頗異於孔子，第二節後另有所論。不過此一做法使詩的意義價值生發原點重返個體性的取向，因肯定詩具有個人情性不同所生的善惡邪正不同面貌，詩的意義原點自然回到原作者本意的探求，然而因其自身在道德價值面向之不完足，故終必轉向聖人代表的理想價值面向，此部分朱子完成的是詩在個體修養過程的價值面向論述，也使詩的價值原點回歸一種個人主體間的互動關係，最終強調的是聖俗主體之間互動以求由俗趨聖的理想。

　　所以朱子重詮歷史以塑「聖人原型」和《詩》的歷史源流後，其效應首先在於《詩》的典範性亦由之重詮：

〔註 24〕朱子認為「天人合一」人人可得，黃俊傑指出，朱子論天人關係為：「『人』與『天』可以通過所謂『天理』（也就是所謂『當然之則』）而取得連繫，貫通為一，達到『天即人，人即天』的境界……天人貫通為一正是朱子主張孔子之『道』人人可得的理論基礎。」，並與司馬光的天人分途的思想對比，以顯朱子天人思想的特性。詳見黃俊傑：《孟學思想史論》卷二（台北：中研院文哲所，2006 年 12 月），頁 183～185。在此我們可看到司馬光之說即表現昔日傳統屬君王才可為「天人合一」的思想傳承。
〔註 25〕朱熹：《論語集註》卷四，見《四書集註》（北京：中華書局，1983 年 10 月），頁 97。

一、《詩》的典範性不再直接反映王者之跡，意味不再只以王者爲中心，而要先回歸個人情性感發爲原點，再轉向以《詩》所示現的聖人情性主體爲典範，同時展開個人情性主體的修養，如此則讀詩過程便是個人情性主體由俗趨聖的修證歷程，於是才有序文第四段的學詩之工夫論。

二、然而回歸個人情性爲價值生發原點，卻非回歸世俗化、自我式的情欲主體，後者強調的個人自我欲望的正當性，卻恰是朱熹以爲應去惡存善、詳加檢視而存養擴充的部分，即朱子不認爲此一天生本具自我欲望之情性即具價值正當性，所承認的是它的實存性，也認爲其中自有可轉惡爲善的能動性，但其中同樣亦有可能爲惡的面向，故朱子仍將價值正當性放在必無所不正的聖人情性主體上，因而雖重視個體性面向，卻絕非如現代性的詩學觀所欲回歸的世俗化個人主體，是以仍強調《詩》的教化之義，並由此發展出學詩的工夫論，此詳見第四節。

三、《詩》的典範價值雖不再只來自於「聖王原型」，但不代表被完全取消，「聖王原型」轉成「聖人原型」的一部分，聖王代表的典範價值仍在，且仍維持理想價值所寄寓之烏托邦形態，但此烏托邦欲在後世現實世界落實和再現，已不再由普遍王權主導，孔子代表的「聖人原型」預示傳道途徑不必再只寄託於王者，真能傳承神聖價值的聖人便能承接神聖價值之真血脈，則神聖之來源一分爲二，但二亦爲一，聖王與聖人同爲神聖之源是爲二，聖王亦屬聖人之一，此即涵括聖王與聖人之「聖人原型」，依此則神聖之源爲一。

四、換言之，詩的歷史重詮是要重構詩的理想價值和歷史價值，因而主導歷史發展方向的動能不再來自君王，而轉向個人主體，但此一個人主體不是世俗化的情欲主體，《詩》所擔負的任務便是化俗趨聖，以《詩》爲教戒，即以其中所蘊的聖人情性爲師，故朱子雖未排除俗民轉俗成聖的可能，但於此實以士人主體爲主。

五、欲使神聖血脈傳續不能無所本，重新發掘象徵「聖王原型」且寓有聖王之跡的經典意義，並使聖人本意再現，便成爲《詩》本義重詮的基礎，此時聖王以迄孔子的「聖人原型」成爲典範，尤以孔子爲主，既然道之行不假於政，亦能以教而行之萬世，則昔日圍繞王者之跡以說詩文本所具現的風刺和風化雙向互動以溝通情志之義，便不再爲價值或意義的核心，而以聖人本意之教戒爲主，此聖人本意之教戒由兩部分所構成，一爲原詩作所示現的

詩人或詩中主要人物之情性主體,另一爲聖王之跡與聖人刪編詩後賦予的教戒義,前者之價值在於王化之跡與個人情性交互作用下的個人情性感發彰顯,此一感發彰顯便可觀個人主體情性正邪,而有是非之判,此可說是孔子「詩可以觀」精神的承繼發展。

六、教戒的對象不再專指君王,因朱子對詩之教的根本重新定位於孔子以個人主體修養爲意義的原點,此一教戒對象自是指一切欲修養擴充個人道德主體的個人,此時若就存養擴充而言,則君王與人民爲一也,並無等差,所差者僅在於是否有其位而已,聖俗關係發生根本性的轉換,不再是《毛詩》裡以俗顯聖的取向,而成爲由俗趨聖,俗能修己以成聖的取向更爲明確,且已經由歷史的重詮而證成,聖俗間的落差可由個人主體修養擴充而逐漸縮小,且非是孔子般僅由個人生命存在歷程的示現,而是做爲一種理論性質的論述且公然提出。

值得注意的是,朱子由詩之作到詩之教的論述觀點除王化之跡外,幾乎全以個人情性主體的修養爲中心,而有強烈的個體性色彩,無怪乎五四以迄今不少研究皆曰朱子詮《詩》有所謂「文學性」,此種以個人情性主體化俗趨聖的觀點,是否意味朱子之論僅重內聖而不重外王?或另有他義?由此進入第二節討論。

第二節 觀詩即觀人的詮釋體系建構——道德修養分判做爲詩體、作品價值及作者觀的分類原則

前一節討論已知朱子將《詩》的典範義重詮爲以聖人之教爲核心,又承認詩之作的原點爲個人情性感發,但必要轉向聖人之教,從而完成《詩》可使人由俗趨聖的教化意義,那麼此價值觀落實於詩之類體和語言特質的掌握時,將產生怎樣的分類標準和原則?依於此種價值觀時,詩文本的語言特質何在?詩文本特質、文本價值判定和價值觀之間產生怎樣的交互作用?由之對詩本義的認定又發生怎樣的變化?朱子的詩本義以何爲「本」?其本義的構成條件和機制爲何?如此一套詩文本觀和本義觀對《詩經》詮釋及詩文本自身產生怎樣的意義和效應?其對後世詮釋《詩經》和詩文本觀造成的影響爲何?

尤其學詩的工夫論頗異於今人讀詩的態度和方法,對詩的特質另有所發

見，實乃詩學史裡極具原創性的論述，更隱含《詩集傳》中未詳加解明的另一種詩文本觀，但這仍需靠先充分理解《詩集傳》的詩文本觀和意義生成方式，才能進一步顯明此隱含之要義，因此第三至五節將探討《詩集傳》的意義構成模式和詮詩基本類型，說明道統化與個體化看似矛盾對立的兩端如何在《詩集傳》的詮釋模式裡共存，發掘此一共存與意義構成間的關係，再討論此書在朱子詮詩體系裡的位階和意義。本節將先討論朱子此種看似回到原作者本意，卻又同時強調聖人本意的基本詮《詩》觀點下，在作者觀和詩體類型分類上所產生的詮釋變化為何。

一、「風」「雅」「頌」詩體分類標準以個人情性為主

（一）語言形式作為分類的輔助原則

朱子釋「國風」最被今人所重視之義即在「多出於里巷歌謠之作，所謂男女相與詠歌，各言其情者也。」後人大多喜以論朱熹之開明而不泥古，或不泥於經學而為文學觀點發聲等論點說之，而肯定朱熹不似理學家道學家的拘泥道德之論，能注意人民之情的價值〔註26〕；不過若仔細觀序文此段整體文意，恐與這類論點頗有距離，朱熹為「國風」所作定義乃緣於兩個文本層次的辨析：一是文本類型的分類標準，二是此一類型標準的性質和價值；首先以文本類型分類標準而言，確有基於語言形式來進行分類的向度，證明朱子對語言形式在詩文本構義上的重視，《詩集傳》在語言形式和意義構成關係的重視表現在兩個詮釋方法上：一、詩體分類重視語言風格和聲氣音樂等語言形式和類型意義構成的關係；「風」為里巷歌謠，「雅」「頌」均為「朝廷郊廟樂歌之詞」，後者更在語言風格和語義性質上有所區辨，所謂「其語和而莊，其義寬而密」即是，在《詩集傳》中此類對語言性質等知識的說解不少，且相當明確。二、重視詩作各章賦、比、興等詩的形式作法的辨析，以辨其語言形構的性質和所謂「作詩之法度」。《毛詩》僅標「興」體，其餘則不加標示和說解，朱子則各章務求一一辨明其法，如〈秦風・駟驖〉三章分別標「賦也」〔註27〕，此一標示尚且是全書體例，各詩均依此模式而行。這些證明朱子在語言形式和性質上的認知相當深切，且以之做為詩體類型判斷的標準之一。

〔註26〕詳見本章第一節前言所論。
〔註27〕《朱子全書》第一冊，頁506～507。

　　然而其間尚有詮釋優位與主要、次要分類標準的問題，即朱熹在此是以何者做為主要分類標準，標準不同則類型的主要特質和意義均隨之而有所不同。首先，「詩大序」裡的「六義」，在《詩集傳·序》中只剩用以辨體的「三義」；「賦」、「比」、「興」則全未提及。此一作法已含有對詮詩主軸的分判，被刪除的另「三義」，雖亦重要，顯然未被視為詩文本的最主要構義原則，亦即攸關詩之敘述和修辭性質的語言形式原則，在此並非詮釋構成的主軸。我們可舉「興」義的詮釋為例，並對照《毛詩》的詮釋加以思考，即不難察知其間差異和朱子的詮釋觀點。

　　「興」的問題雖已有多人研究，但我們在此僅要鎖定與上述問題意識有關的「興」義分判，因而《詩集傳》和《毛詩》裡「興」與詩的主旨之關連性為何，才是考察的重點，「興」在《毛詩》裡雖為詮釋特色之一，卻非詮釋主軸；「興」的語言形式義在《詩集傳》裡亦如此，雖在語言形式知識的詮釋上更為仔細深入，但放在各詩作裡，「興」只是各章起首語境的形塑和意義轉換的語言機制，未必與詩主旨有關連，第三節將予詳論。另外，朱子雖將賦、比、興視為詩的基本作法而列入釋義體例之一，然而多僅標示分辨為何法而已，且未注明和主旨構成的關連，《詩集傳》對於〈魏風〉的〈葛屨〉詮解為：

　　（第一章）興也。……魏地陿隘，其俗儉嗇而褊急，故以葛屨履霜起興，而刺其使女縫裳，又使治其要襋而遂服之也。此詩疑即縫裳之女所作。

　　（第二章）賦也。……其人如此，若無有可刺矣，所以刺之者，以其褊迫急促，如前章之云耳。〔註28〕

　　此處詮解首尾兩章分別標為「興」及「賦」，而後即為字詞訓詁，再接以上引之詩本義詮釋。然而就其詮釋內容明確可知，此「興」、「賦」純為語言形式上的分類標注，與其後所指以葛屨履霜起興，而刺其使女縫裳等詩本義內容無密切關連，即第一章中起興只是作詩的作法，詩本旨的風刺之義主要非由「興」而構成，這類例子《詩集傳》中極多。可知就詩本義的構成而言，此三法確實不被朱子列為意義構成的主軸。

　　現今研究「六義」多皆視之為語言形式的分類，且研究朱子對「風」「雅」「頌」之詮解時，亦均以語言形式為標準論朱子對「六義」說的貢獻〔註29〕；

〔註28〕《朱子全書》第一冊，頁491。
〔註29〕何定生：《詩經今論》（台北：商務印書館，1973年），頁222～235。黃忠慎：

──107──

然則何以朱子卻獨將「風」「雅」「頌」等三種詩體類型視爲詮釋重點而特別提出並說明？序文此一表述意味朱子認爲詩體類型和詩文本意義、價值密切相關，且可做爲詩文本詮釋的主要原則之一，何以如此？這時必須回到序文整段意義形成的脈絡來詳究，才能理解朱子詮釋詩文本時爲何要辨體，又將詩體置於何種位階。

（二）正變觀與詮釋主軸偏移——由王化之跡到賢否之跡

在此段中，朱子透過兩個向度來詮釋「風」「雅」「頌」詩體類型的分類意義，一是詩的正變觀與詩體類型的關係，二是藉由正變觀中所含的作者觀，說明作者性質導致詩體類型的差別和類分。

朱子沿用漢儒正變觀的概念來區辨詩體類型〔註30〕，正變概念的內涵卻發生重大改變，不過正變概念既有重大變異，何以朱子不另立新說，仍要沿用正變之說以論詩體類型？且被置於序文特加論述中，可見其在詩文本詮釋裡被列爲重要詮釋原則之一，詳究其正變觀內涵，實於基本觀點頗有承襲漢儒之處，一爲以正變概念對舉，以示民情所反映王化治亂之跡，二則以〈二南〉爲正經，寄寓儒者理想價值，正經之外即爲「變」；由此我們可注意到一重大要點，朱子雖將詩之作和教均回返於個人主體爲原點，仍未取消王化之跡在詩文本意義和價值的重要性。

以其「風」的定義而言，「風」詩的發生在於其男女相與咏歌而發爲里巷歌謠之作，其此類詩作發生的原點在於男女各言其情的俗世性質，朱熹承認詩作發生的俗世面向，及必有此一俗世性的意義，但儒者論詩，必不止於此種俗世意義之層次，而是要指出《詩》所以爲教的意義價值，此時即承續漢儒正變觀的價值分判觀點，以論詩足以反映王化之跡的意義面向，即必有儒家理想價值寄寓的「聖王原型」存在，「風」之正經因親被文王之化，人民皆能受此聖王之風化而得性情之正，所以所作之詩雖男女之情，可皆如孔子所言「樂而不淫，哀而不傷」，爲《詩經》價值所在的代表，故爲正經，其他十

《朱子《詩經》學新探》（台北：五南，2002），頁141～144。

〔註30〕 朱熹對正變以說詩雖有疑，但實仍多沿用此一概念語而加以轉化，由其對正變觀的承變用法來看，將王化之跡以正變二概念加以區分，有助於突顯儒家理想價值所在，因而漢宋儒觀點和論述脈絡雖不同，但對儒家理想價值皆寓於「聖王原型」，由之認定具現的聖王之跡爲「正」，此一價值核心乃爲兩代論述的共同點，亦可說終古之世儒者的共同點，因而正變觀的概念區分仍易於被沿用。

三「國風」則因各國治亂狀況不同，反映於詩中的情形亦隨之不同，由此可知，詩中的「王化之跡」詮釋面向不可取消，固然因詩的源流發展之初必涉及采詩陳詩和編詩而導致的意義詮釋面向轉換，使詩的主要意義指向被視爲特具民間性質的「王化之跡」，且更因由之而其中必有聖王之跡，而能證「聖王原型」、聖人本意等儒家理想價值的存在，在本節後半將再論此觀點轉出的其他重要意涵。

《詩集傳》在〈王風〉之〈中谷有蓷〉末章即強調詩文本具有代表民意的「王化之跡」的面向：

> 范氏曰：世治則室家相保者，上之所養也。世亂則室家相棄者，上
> 之所殘也。……故讀詩者，於一物失所而知王政之惡，一女見棄，
> 而知人民之困，周之政荒民散，而將無以爲國，於此可見矣。〔註31〕

朱子在此特別指出讀詩可以由詩中所言一物失其所，即可知王政衰惡所致；詩中女子被拋棄，並非僅置於個人抒情幽歡面向，也不僅是閨怨詩的意義層次，而由一女被棄，轉而可知人民於亂世之困苦，因之朱子於此申明讀詩仍有此一反映民意的「王化之跡」面向，才說此詩之女凶年饑饉被棄，反映的意義在於「周之政荒民散，而將無以爲國」；朱子指明詩中女子即原作者，說此詩是「婦人覽物起興，而自述其悲歎之辭也。〔註32〕」雖明確指出詩作源於世俗個體，但詩中女子個人悲苦之情所指向的主要意義被置於「王化之跡」的社會群體面向來思考，這的確顯示朱子仍有部分承襲《毛詩》「詩史合一」以見民情輿論和王政興衰交互關係的儒家詩學觀點。

朱子看似承襲《毛詩》「詩史合一」觀點，實則「詩史合一」雖在《毛詩》完成其方法學的意義和詮釋模式，但如第二章所論，其觀點源起則先秦儒家已有此種觀詩即觀王化之跡的近似觀點，如孟子所說「王者之迹息而《詩》亡，《詩》亡然後《春秋》作」即是。因此《詩集傳》〈王風〉〈揚之水〉篇末傳注即引申侯與犬戎攻宗周而弒幽王之史事，以論平王之過，但朱子在此不是僅依史而論贊之，而是藉此〈揚之水〉一詩戍守者怨思之作反映民情民意，而論：

> 今平王不能行其威令於天下，無以保其母家，乃勞天下之民，遠爲
> 諸侯戍守，故周人之戍申者，又以非其職而怨思焉，則其衰懦微弱，
> 而得罪於民，又可見矣。嗚呼！詩亡而後《春秋》作，其不以此也

〔註31〕《朱子全書》第一冊，頁 465。
〔註32〕《朱子全書》第一冊，頁 465。

哉！〔註33〕

此處朱子直接引用且上承孟子觀點，論詩文本得以反映民情民意以溝通上下及觀王政王化，而具有如史一般借鑒之意涵，可知此種觀詩以觀「王化之跡」的做法，其源並不止於《毛詩》，乃可溯及周詩之制和先秦儒家詩文本觀，而可見儒家詩學因其「聖王原型」和「歷史原型」的基本思維所形構詩文本觀的基本特質。

然而朱子在「變風」之論裡顯然與《毛詩》不同，由於朱子肯定詩作發生乃由個人之情性，所以其論亦非《毛詩》由「大序」至「鄭箋」所形構之正變價值二元對立觀點出發〔註34〕，而可避免解釋個別詩作易產生的非美即刺的化約性詮釋，朱子詮詩的路徑和方法仍要求要回歸詩作發生的原點，即原作者個人所感所發之內容，如此則可知其人賢否不同，即個人道德修養之異，所發所感自有邪正與是非之別，也就是詩的意義生成在於原作者個人情性所感所發而為言，但其情性之正邪因個人之道德修為而有別，所發之言自有邪正之別，但這邪正之別亦來自於外在環境之影響，即君上之政、王者之化皆對人民個體產生影響，君王之政化為正，則民正，反之則民亦易為邪，此為朱子詮詩系統中所保留的王化之跡面向。

但在此朱子彰顯出個體的能動性，即由個人主體出發，賢者於衰變亂世之中，亦能本於聖人之道而感發其言為正，所以朱子才說「變風」之意義價值並非因其國為衰變即全為衰變刺虐之跡，而要由個體賢肖與否來一一分別衰微之世裡感發為言的正邪，以斷其是非價值，可知正變觀在朱子詮詩的方法中雖亦為價值分判的主要詮釋框架，其詮釋方法卻大為轉化，《毛詩》裡正變觀與其價值是立基於王者之跡而論其對俗民之化所生的必然影響，故君王之政教言行是一切興衰治亂的關鍵，也對人民風俗善惡造成最主要影響，但朱熹《詩集傳》的詮詩體系裡，雖仍承認君王政治教化的重要性，尤其在《詩》源初所作所編的部分，周代盛世君主編詩用詩以化天下，但於「變風」以降則其制其化不行，朱子便舉出孔子編刪周《詩》以行其教戒之意，則君王政

〔註33〕《朱子全書》第一冊，頁 464。

〔註34〕《毛詩》「詩大序」中僅說「變風」、「變雅」，雖隱含與聖王之跡的對比，卻未相對提出「正」的概念，至鄭玄〈詩譜序〉始提出「正經」之說，朱子在此所用「正經」一詞，即沿用鄭玄之說。正變觀形構的討論詳見第二章第一節論「大序」正變分判部分，和第二節正變觀、歷史譜系為詮釋主軸的深層建構部分。

治教化雖爲重要，卻已非道德教化之唯一根源，道德教化的核心在朱子論述
下由聖王轉爲聖人，在《毛詩》裡的教化之義僅來自「上以風化下，下以風
刺上」而成的王化之義，主要意義圍繞君王以行；《詩集傳》裡的教化不再是
由君王之政所直接產生的政治上的教化意義，而是除了君王爲政所生之教化
義外，更強調聖人藉詩所行言教，而對所有爲學之個體產生道德修養上的教
化之義，即聖人本意。

　　此一正變觀實由根本處移易正變所以分判的基準，正變之分不再僅基於
王化治亂興衰之跡，「變」之概念雖有「其國之治亂不同」的王化之跡義，主
要卻意在強調人之賢否不同而所感發「有邪正是非之不齊」，故「變」所以爲
變之意義，重點不再是《毛詩》強調的王化治亂，而在於人於王化治亂之中，
個人亦能有其能動性，關鍵在於個人賢與不賢之分，若爲賢者，個人主體願
體察聖人本意而修養自身，有其不俗而趨聖者，故能自主而不趨附流俗，不
受外力如王化衰變影響，不賢或修養不足者則易於隨波逐流，自易受王化興
衰影響所及，衰亂惡世亦隨俗而行，所感發爲言便有正邪是非之不齊，因而
「變」已非全爲不正之義，而是即便處於衰亂之世，個人主體修養可以決定
其作爲之正邪價值，不受外力所動，個人主體性在此更被強調其重要性和能
動性，「變」的主要意義成爲個人在時世衰變中的賢否之辨，即主體情性正邪
之辨，所以朱子看似承襲漢儒正變觀的說法，實已徹底置換觀點之靈魂，轉
出所處時代及自身思考創發之新意。

　　以〈邶風〉之〈簡兮〉而言，《詩集傳》釋首章「簡兮簡兮，方將萬舞，
日之方中，在前上處」，即說此詩及此章本義在於：

　　　賢者不得志而仕於伶官，有輕世肆志之心焉，故其言如此，若自譽
　　　而實自嘲也。〔註35〕

　　可見朱子在此將〈簡兮〉作者視爲仕於伶官的賢者，因其賢卻不得志，
所以玩世不恭而自嘲以抒其情；相對於《毛詩》所釋「刺不用賢也，衛之賢
者，仕於伶官，皆可以承事王者也」，《毛詩》所重在於「變風」必強調的風
刺之意，故未言明作者，其本旨說爲諷刺衛之君王不用賢，所以「鄭箋」箋
釋第三章「左手執籥，右手秉翟，赫如渥赭，公言錫爵」，亦說「碩人容色，
赫然如厚傅丹，君徒賜其一爵而已，不知其賢而進用之〔註36〕」，也是本於「小

〔註35〕《朱子全書》第一冊，頁434。
〔註36〕《毛詩》〈簡兮〉相關引文皆見於《毛詩》，頁16。

序」諷刺衛君不用賢，而申說其不知賢，以顯此詩風刺王者和衰世之意。

朱子所釋此詩本義看似雖亦類似《毛詩》指為衛君不用賢之意，然而其詮說詩本義的重心卻完全改異，不僅不說此詩為風刺之意，且將重點置於作詩者，即此一不得志的賢者，詳細詮說其在時世之變中，因個人境遇不順遂而顯其性格行止特異之質，且在朱子詮釋形塑下，原作者由起初不得志的自我解嘲、玩世不恭之心，到最終懷思先王昔日美盛之世，極簡要而細膩地盡顯作者情志的微妙變化。此一賢者表現的個人主體在衰世中既有其不得志之際遇，由之突出此一賢者情性不尋常之質，藉詩中種種自譽自嘲的情緒抒發之語而可得見，但朱子對此一不怎麼符合情性之正的賢者，其實有著同情的理解，所以在篇末即引張子之說而概括本詩作者感發所現之意：

> 為祿仕而抱關擊柝，則猶恭其職也；為伶官則雜於侏儒俳優之間，不恭甚矣；其得謂之賢者，雖其迹如此，而其中固有以過人，又能卷而懷之，是亦可以為賢矣。東方朔似之〔註37〕。

這一詮釋指明〈簡兮〉作者所處的尷尬境遇，猶如俳優之伶官對出仕之人而言，本為不受尊重而不堪為之職，但其仍被張子、朱子視為賢者，即是由其情性感發行跡之中，見出其過人之處，又能見其不得不然之委屈，且終亦不忘其理想之志，所以仍可歸之於賢。不過朱子最終以漢代東方朔來比喻此賢者特殊之質，可見其觀詩體察出此賢者情性之特殊性，近似東方朔言詞敏捷、詼諧多智等特質，且東方朔起初出仕時亦曾不被重用，而其俸祿猶等同侏儒之輩〔註38〕，是以將〈簡兮〉作者比為東方朔類型的士人，即雖機鋒百出，諧謔滑稽，實亦胸懷大志，欲展理想抱負，由之展現士人主體之能動性。

這種個人主體能動性於衰世中仍能有所作為，才是朱子所強調的「變」義，由此可知，正變觀雖有其政治教化之面向，卻不因之而必然如五四以降現代研究常認為的教條或單一化之意。

因此《詩序辨說》朱子才評價「小序」對〈簡兮〉之說為：「此『序』略得詩意，而詞不足以達之。〔註39〕」其緣由正在於「小序」雖說及此詩有衛

〔註37〕《朱子全書》第一冊，頁435。

〔註38〕朱子此一以東方朔喻〈簡兮〉作者的聯想，其來有自，《漢書‧東方朔傳》記載東方朔早年未獲重用時，其俸同於侏儒之輩，故以其智而藉侏儒以諷上不能重用如己之良臣，其事詳見《漢書‧東方朔傳》，班固撰，顏師古注：《漢書》第九冊（北京：中華書局，1962），頁2842～2843。

〔註39〕《朱子全書》第一冊，頁363。

君不用賢之意,卻仍將詩旨轉向風刺君上,朱子則認為應由原詩作者之意直接見此詩作者所抒情志之跡,以見其雖賢能而於亂世不得志,僅能仕於伶官此種卑下之職,而有種種輕世肆志之心態,意即詮釋重點在於士人主體在衰世而勉為其難之窘境,雖偶有輕世不恭,終則見其懷思盛世君王之情志,故「變風」之「變」在朱子詮釋之下,即因個人主體修養賢否之不同,而有多種不同的樣貌和意義,以《詩集傳》所釋〈簡兮〉作者而言,此一賢者不被見用又不得展其志,反被用於僅能雜於俳優間的伶官,不見用為大人,反猶如小丑,情何以堪,故有自譽又自嘲等種種玩世不恭之舉,亦是人情之常,然而此一輕世之賢者並不只作情緒發洩式的冷嘲熱諷之語,而仍在末章歎曰「云誰之思,西方美人,彼美人兮,西方之人兮」,朱子即釋此「西方美人」為:「託言以指西周之盛王,如〈離騷〉亦以美人目其君也,又曰西方之人者,歎其遠而不得見之辭也〔註40〕」,如此一來,此玩世不恭之賢者終顯出其不忘理想價值之情志,則此一賢士藉詩所現情志之跡便成雖處於衰世流俗之中,受君輕賤而不免於今之處境多所嘲諷之語,但仍不忘謹守其職而猶思先王之盛,足見其在亂世中猶勉力自持,偶有自我解嘲、玩世不恭,終不忘其志的賢者形象,因而在朱子詮詩之下,正變觀「變」之要義已根本改異,在個人主體能動性被強調下,賢者士人的情志之義亦非單一僵固,或社會階層義的模糊群體形象,其意義雖仍轉向道德修養和政治情境等面向,但個別詩文本所現的個人情志在《詩集傳》的詮釋下,便常能顯現不同個體情志感發之曲折和豐富性,此亦為朱子詮《詩》典範的特質,即強調個人主體能動性而能顯出詩作或詩之作者的多元性,使個人情志在詩文本中能展現多元性。

據此再比較《毛詩》和《詩集傳》對〈簡兮〉的詮釋,二者對正變概念落實於具體文本詮釋時,詮釋觀點乃至詩本義便有重大的差異:一、二者雖皆均指涉衛君不用賢之意,此義在《毛詩》所釋詩本義中為意義核心所在,但在《詩集傳》中已非主要意義,而僅被視為詮釋背景而已;二、造成主要意義偏移的主因在於朱子正變觀中的王化正變之跡雖被保留,但已非意義唯一來源,正與變的相對概念義已轉為個人主體情性正邪賢否為主,王化之跡已成為輔助的詮釋背景義。

由之可見現代研究常見說法中不少有待商榷之處,現代不少研究均認為朱子實多承襲「小序」之說,李家樹〈漢宋詩說異同比較〉便將《毛詩》和

〔註40〕《朱子全書》第一冊,頁 435。

《詩集傳》對〈簡兮〉詮釋比較後視為大同小異，歸類為二者「所說略異而根本相同，或《集傳》從「序」而《序辨》（《詩序辨說》）稍作疑問但無關宏旨〔註41〕」者，然而經由上述重新以意義生成之重心為基準，重新辨證後可知，《詩集傳》看似有沿襲「小序」之意，實則早將之轉為詮釋背景而已，詩文本的意義重心已整體偏向士人個體情志感發之跡，仔細詮釋簡中曲折，而不再是《毛詩》必因衰世而以風刺王化衰亂之義為主，詩中賢者僅是反映王化之衰的輔助角色。

以此觀之，則李家樹進行漢宋詮《詩》異同比較時，其比較基準大抵未能注意詩本義詮釋主軸與意義核心的變化，是以在其研究結果下，「國風」之詩漢宋二典範竟有約七成的相似度〔註42〕；不過由前述辨析可知，看似雷同之意，其根本意義核心往往大不相同，漢宋詮《詩》典範之異同應以詩本義構義主軸為比較基準，才確能掌握二者關鍵義之差別，瞭解典範轉移的主要意義，加上該文所謂漢宋詮《詩》比較其實僅針對「國風」之詩而已，若加上「雅」、「頌」，以朱子對後二者的定義，漢宋詮釋的差距將更大〔註43〕。以〈王風〉〈君子于役〉而言，李家樹亦歸其為漢宋二典範詮釋乃「大致相同」「大同小異」者〔註44〕，然細究二者之說，漢宋二典範對此詩本義詮釋卻差異極大，二者所說詩本義及第一章義分別如下：

《毛詩》：刺平王也。君子行役無期度，大夫思其危難以風焉。（第一章）箋云：……君子往行役，我不知其反期，何時當來至哉？思之甚。

《詩集傳》：大夫久役於外，其室家思而賦之曰：君子行役，不知其反還之期，且今亦何所至哉？雞則棲于塒矣，日則夕矣，牛羊則下來矣，是則畜產出入，尚有旦暮之節，而行役之君子，乃無休息之時，使我如何而不思也哉！〔註45〕

〔註41〕李家樹：〈漢宋詩說異同比較〉，頁 53；該文收入李家樹：《《詩經》的歷史公案》（台北市：大安，1990 年），頁 39～82。該文主要以詩之政治教化義為基準來判別異同，此一基準較為寬泛，故較難以見古代詮《詩》典範轉移之主要意涵。

〔註42〕李家樹：〈漢宋詩說異同比較〉，頁 77～82。

〔註43〕朱子視「雅」、「頌」作者多為聖人之徒，與《毛詩》頗有不同，詳見後文。

〔註44〕李家樹：〈漢宋詩說異同比較〉，頁 54 及 58。

〔註45〕《毛詩》，頁 28。《朱子全書》第一冊，頁 462。

　　漢宋二典範雖都認爲此詩均含君子行役無期而思念之意，但若僅據此相同部分而說二者詮釋大同小異，即未察典範轉移主要意義之變異。「小序」同樣循「詩史合一」及「變風」多刺義的慣例，而標君王世次且詮解風刺平王乃爲主要意旨，雖說君子行役之詩，但君子行役之意必要轉向反映王化衰變的社會群體義，所以「小序」認爲此詩作者爲大夫，因其見此君子行役無期度，故思君子之危難而風刺王者（指平王）。

　　朱子卻不以爲然，先釋此詩作者爲行役者之婦，詩中君子雖爲大夫，主要之義卻不在此，重點轉爲「婦人目其夫之辭〔註46〕」，所以此詩在《詩集傳》詮釋下，不過是一婦人因其丈夫行役已久未返而抒其思君之情的詩作罷了，因無關個人主體修養，故朱子僅簡說而已。

　　於是朱子《詩序辨說》才評「小序」對〈君子于役〉之說爲誤：「此國人行役，而室家念之之辭。「序」說誤矣，其曰『刺平王』，亦未有考。〔註47〕」不論《詩集傳》或《詩序辨說》，對《毛詩》正變觀之「變」義已有根本變異，故不認爲此詩有風刺王化之意，且回歸文本則詩中亦未得考見平王之時世，因而僅單純由詩文本作者（行役者之妻）思念其夫來詮釋詩本義，則其詮詩主要意義層次僅在個人感發抒情爲主的思婦詩而已，並未關涉王政王化的社會群體意義面向，即《毛詩》藉此詩本義以反映王政王化衰變之跡，朱子則絕全無此意，且以《毛詩》此種詮釋模式爲謬，因而二者於〈君子行役〉詩本義之詮釋不僅不能說大同小異，反而應是大異小同，君子行役而思君，僅是意義局部，但由誰而發，最終意義轉向何種層次，才應是判讀漢宋兩大典範差異的基準。

　　依此觀之，正因二者詩文本觀和詩本義形成上的重大差異，漢宋二典範不太可能是前行研究所論的高度近似，二者意義差異和差距實比昔日研究大得多，在此不再細論。

　　依此便可總結朱子正變觀所論詩的基本價值意義，一、詩仍被視爲王化之跡，並依道德價值區分正變，但詮釋重心已不再置於王化實存史跡，而轉至個人主體情性感發爲詩，由詩以斷其情性正邪之辨。二、沿襲詩代表民情之說，然其民情不再是民情輿論之義，而是人民情性之義，以符合其詮詩價值之所在。三、不論「正風」、「變風」，雖繫於王化之跡，但均必轉向藉詩而分判個人情性

〔註46〕《朱子全書》第一冊，頁462。
〔註47〕《朱子全書》第一冊，頁368～369。

爲原點，即王化治亂不必然影響人之情性，端視人自身之情性修養而定，強調個體的能動性可爲價值之抉擇與踐履。四、如此則正、變概念區分的用意不在證王化治亂興衰的價值區辨，轉爲區分人在王化之跡中的個人情性修養程度，即依各詩文本以辨其中不同個人情性之正邪是非。五、正變觀的價值意義取向轉變爲個人主體情性感發與王化之跡的互動關係，且以觀前者爲主，是以「變」之重點不在王化治亂，而在正邪是非之「不齊」，意在強調處於亂世中的個人主體仍可有其自主性，因而正變觀的價值義由王化之跡正變分判，轉爲賢否之跡與王化之跡疊合而成。

此處再次證明先前所論朱子認爲道統之傳和道所以行之主體可與王權、政權脫勾，轉於確能傳道行道的個人主體的價值意識，這套價值觀置於詩文本時，亦改變詩所以爲詩的根本觀點，除了正變觀的歷史和詩的價值詮釋發生根本改變外，作者觀亦發生重大變化。

二、觀詩即觀人的詩體分類基準與作品價值區辨

（一）「變雅」價值高於「變風」——「國風」的世俗性質

正變觀既於詩體類型論述中提出，正變觀與詩體的分類自有密切關係，此處朱子對「變風」、「變雅」的分辨頗異於《毛詩》，關乎「變」的意義來源層次不同，在辨別詩體類型上尤有深意，《毛詩》雖區辨「變風」「變雅」爲二，實則意義詮釋原則頗爲近似，均強調王化衰變之跡的「變」義，而多釋爲怨刺之詩。朱子眼中「變風」、「變雅」意義價值卻差距頗大，「變風」的類型義除在於〈二南〉之外的其他「國風」已不同於聖王之風，不能直接具現神聖之跡，更重要的類型義在「人之賢否亦異，其所感而發者，有邪正是非之不齊」，即前文所言在衰變之世裡個人主體之辨，但「風」的性質是里巷歌謠，俗民所作，因而個人賢否不同，感發正邪亦不同；「變雅」的論述卻另成一格，除「雅」「頌」隸屬朝廷郊廟樂歌，朱子歸納其語言風格和意義爲和而莊、寬而密，又言作者「亦皆一時賢人君子，閔時病俗之所爲，而聖人取之，其忠厚惻怛之心，陳善閉邪之意，尤非後世能言之士所能及之」，則「變雅」在朱子眼中雖爲「變」，其詩作卻均是「變」中之「正」，即雖在亂世仍能秉持「陳善閉邪」的價值原則而爲，故所感發爲言皆爲「正」，才能被聖人取而做爲正面價值之教戒範本，如此之論則「變雅」之價值顯然多在「變風」之上，因「變風」向有正邪不齊的狀況。這種辨別詩體的基準明顯與朱子認定

的作者性質有關，正變觀僅做爲輔助的分類原則。

（二）「詩可以觀」的第一詮釋向度——觀詩即觀人品格

由序文對「國風」的釋義來看，朱子明白指出此乃民歌俗樂之質，其內容多男女相與詠歌，自言其情，一方面承認此類詩體的世俗性質，另一方面則意味詩的原作者多爲俗民，意指其世俗存在性質。

若回溯詩之作和詩之教的論述並觀，朱子此說可謂理所當然，詩之作出於個人情性感發，又要觀其個人主體情性之價值，因而個人主體性已予以強調，自應回歸文本推究其原作者，在此以世俗化的「世俗性作者觀」詮詩的取向即相當明確，看似與現代的作者觀無甚差異，其實朱子尚有後話且更值得推敲，先說「惟〈周南〉〈召南〉親被文王之化以成德，而人皆有以得其性情之正」，「是以二篇獨爲「風」詩之正經」，又說其他諸「風」在王化治亂不同下，各人因賢否不同，感發邪正不齊，此則意指此類詩之俗民作者受王化治亂影響和個人修養之質不同，感發爲詩便有正邪之別。

如此我們明確可知，朱子由承認個人主體情性感發爲作詩之原點，再論情性感發爲詩可反映個人主體修養的成果，則讀詩便是讀解作者其人之情性修養的狀態，在此姑稱之爲「品格」，如此朱子「詩可以觀」的第一個詮釋向度便建立在觀詩即爲觀人品格，意即讀詩不在今日習見的情感抒發或情意欣賞，而是欲藉詩以觀人，如前一節所論〈簡兮〉一詩體現出衰世中賢者玩世不恭又不失其志的情性，藉詩之觀人所得，再觀己修養之正邪得失，後者即是以聖人情性典範爲判斷標準，且此觀詩尚可推於社會群體面向，若觀一國眾詩反映人人情性感發多爲正，則自是君王自身爲正故能致此，《詩集傳》〈召南〉篇末總論〈召南〉眾詩則說：

> 愚按：〈鵲巢〉至〈采蘋〉，言夫人、大夫妻以見當時國君、大夫被文王之化，而能脩身以正其家也。〈甘棠〉以下，又見由方伯能布文王之化，而國君能脩之家以及其國也。其辭雖無及於文王者，然文王明德新民之功，至是而其所施者溥矣。抑所謂其民皥皥而不知爲之者與？唯〈何彼穠矣〉之詩，爲不可曉，當闕所疑耳。〈周南〉〈召南〉二國凡二十五篇，先儒以爲「正風」，今姑從之。……〔註48〕

此即朱子觀〈召南〉一國之詩反映眾人情性幾皆爲正，而能觀知文王之

〔註48〕《朱子全書》第一冊，頁 420。

化廣被所及故能使人心為正,甚且由之觀其中被文王之化的不同類型,此種詮釋方法不採《毛詩》多先由個人之詩即直指王政王化意義面向,而必先究個人情性感發邪正之跡,再觀促使其如此的王化面向,且未必均強調王化之意,多視文本自身而定,所以觀詩以先觀人品格,再依情況斷其是否可由之觀王化治亂的群體面向,才是朱子觀詩的主要詮釋向度。

反之,若觀一國之詩反映人人情性感發多為淫邪不正,則君王教化必有失,才使人民風俗敗壞,所以朱子說:

> ……若「變風」,又多是淫亂之詩,故班固言「男女相與歌詠,以言其傷」是也。聖人存此,亦以見上失其教,則民欲動情勝,其弊至此,故曰「詩可以觀」〔註49〕。

這便是「詩可以觀」由觀個人品格而至可觀社會風俗的群體面向,可知朱子自發生論起即刻意建立一套以分判個人情性為中心的詮詩體系,以求藉聖人教戒義為基準,建立其詮詩模式,如此則詩文本即成為一個個的個體所具現的情性感發之跡,但此情性感發之跡不是現今強調的個體自我之義,而必轉向其在王化之跡和聖人本意層次上以觀其跡之價值,朱熹自言此即「詩可以觀」,此論的確源於孔子「詩可以觀」之說,不過朱子的構想已遠超出此觀點的原始意涵,特別是將詩文本視為作者主體情性感發之跡,以觀作者情性修養之賢否聖俗,已是一諸多新面向的開展。但另一由此延伸的類型則是觀原詩作者於詩中主要敘寫之人物,如〈豳風‧破斧〉一詩,朱子即注以「從軍之士以前篇周公勞己之勤,故言此以答其意。」依此強調:

> 今觀此詩,固足以見周公之心大公至正,天下信其無有一毫自愛之私,抑又有以見當是之時,雖被堅執銳之人,亦皆能以周公之心為心,而不自為一身一家之計,蓋亦莫非聖人之徒也。學者於此熟玩而有得焉,則其心正大,而天地之情可見矣。〔註50〕

由此則知觀本詩時,所觀之重心不在作者,而在透過作者所書寫的周公之品格,且是藉由此一從軍之士的感發而間接示現。朱子在此更強調觀詩若能熟玩而有得,能使自身修養亦得如周公所示現的聖賢之心一般正大光明,甚至因之可見天地之情,乃是提升自身品格修養的極高境界,可見朱子觀詩之「觀」絕非一般的看或讀,而是深入體味及品鑒人格之意。由此我們即知

〔註49〕《朱子語類》卷八十,頁2737。
〔註50〕《朱子全書》第一冊,頁538。

觀作者品格之外，尚可觀作者所敘寫詩中人物的品格。

　　朱子「詩可以觀」的詮釋觀點建立在觀個人情性以考見個人至社會風俗正邪、君王教化的得失，此處還可請朱子最得意弟子亦為其女婿的黃幹之說做個旁證。朱子對《論語》孔子「詩可以觀」之說僅簡要注以「考見得失〔註 51〕」一語，未細說所考為何，弟子黃幹深承朱子之教，其《論語纂疏》便詳說：「興觀群怨皆指學詩者而言，觀則似指詩而言，謂可考詩人之得失也。然以為觀己得失亦可通。下文既有多識為此以識為彼，則此觀為觀己，然後四語皆一意也〔註 52〕。」張亨認為黃幹此說「糊塗」，因「黃氏把『考見得失』誤解成考見『詩人』之得失」，不合《論語》原意，故為不合理〔註 53〕。然而若將《論語》原意擱置一旁，黃幹之說其實深得朱子觀詩之意，將朱子藉觀詩人情性感發邪正而觀其得失，由之亦可省察自身，觀己之得失，與《詩集傳》序文裡「風」「雅」「頌」三體以說觀詩即可觀人情性之意完全相同，此亦證朱子詮《詩》的基本價值和詮釋方法與個人修養義密切相關。

（三）「詩可以觀」的第二詮釋向度：觀人品格即可觀其作品價值及語言風格

　　對照其後對「雅」「頌」性質和作者的定義，朱子詩體分類的用意便更顯而易見：一、「雅」「頌」使用語境在朝廷郊廟之正式場合，不是世俗之樂；二、語言風格平和莊重，意義寬闊縝密，故無「國風」（〈二南〉除外）表述其情的哀樂過於淫傷之弊；三、「其作者往往聖人之徒，固所以為萬世法程而不可易者」，此句概括之觀點甚為重大，「雅」「頌」作者被視作聖人之徒，自是受聖人之教，欲傳聖人之道，因而說其感發為詩即為萬世法程而不可移易，即是以其為價值標準之意。

　　由於現代《詩經》研究多以語言形式義來論「六義」，且認為此一分類標準和觀點才屬合理，因而對朱子此段言論也僅肯定語言形式分類義部分的論述，而對詩體分類的辨體意涵不以為然。黃忠慎說此段話承襲鄭樵觀點，「而作了更完密的發揮。不過，其語其義云云，並不適用於〈小雅〉，謂作者為聖人之徒恐怕也未必屬實，但詩之作者本無法考求，朱子又很有技巧地在聖人

〔註 51〕朱熹：《論語集註》卷九，見《四書集註》，頁 178。
〔註 52〕《論語纂疏》卷九，頁 13。收入趙順孫：《四書纂疏》（台北：世界書局，1986）。
〔註 53〕張亨著：《思文之際論集：儒道思想的現代詮釋》（北京市：新星出版，2006），頁 61。

之前加上『往往』二字，如此吾人也不必費心加以辨駁了」。更說後世許多學者均接受《詩經》是依照樂調來分類〔註54〕。這便是只肯定其語言形式上的辨體論說，卻否定朱子詩體分類辨體中依作者聖俗性質所做的分判。

　　然而朱子在此段話確有詩體分辨即作者主體聖俗分辨的意涵，朱子不只一次提到此一觀點：

> ……伊川有《詩解》數篇，說到〈小雅〉以後極好。蓋是王公大人好生地做，都是識道理人言語，故它裡面說得儘有道理，好子細看。
> 非如「國風」或出於婦人小夫之口，但可觀其大概也。（頁2756）

本章第一節前言已提及錢穆對朱子此段話頗不以為然之論，顯見朱子此處詩體分辨確有依作者主體聖俗以分辨之義，原因自源於個人情性感發如何，其發而為詩自是如何的觀點。

　　由以上要點可知，朱子對詩體分類並用以詮詩的要義在於雅俗之判，不過此處的「雅」不是一般文雅之義，亦不似「詩大序」的「雅者，正也」，由此導向「王政所由廢興也」的政治意義面向；朱子定義之「雅」轉而指此類作者常具的情性感發特質，此一雅俗之判有兩大基本面向，一是語言上的雅俗，故有平和莊重及哀樂淫傷之辨，二是語言上的雅俗差異源自作者個人情性正邪之差異，乃至有俗民和傳道之士人之別，所以作者亦有雅俗之辨。這可說是朱子詩體類型分類標準最關鍵之處。

　　雖說朱子此一詩體分類義有部分承自鄭樵所說：「風土之音曰『風』，朝廷之音曰『雅』，宗廟之音曰『頌』」，然而更可說承自鄭樵《六經奧論》卷三〈風雅頌辨〉：

> 「風」者出於土風，大概小夫賤隸、婦人女子之言。其意雖遠，其言淺近重複，故謂之「風」；「雅」出於朝廷士大夫，其言純厚典則，其體抑揚頓挫，非復小夫賤隸、婦人女子能道者，故曰「雅」；頌者，初無諷誦，唯以鋪張勳德而已，其辭嚴，其聲有節，不敢瑣語褻言，以示有所尊，故曰頌。〔註55〕

後者顯示鄭樵已有依作者性質辨體分類之意，這些皆顯示二人辨體分類

〔註54〕黃忠慎：《朱子《詩經》學新探》（台北：五南，2002），頁141～142及頁141注62。

〔註55〕鄭樵，《通志》（台北：世界書局，1986）。鄭樵《六經奧論》卷三〈風雅頌辨〉（台北：台灣商務，1983）。

時未將語言形式和作者特質加以切分，反是將二者密切連結而同為分類標準，即肯定人之言語和其人之質乃屬相關，故語言文本類型和作者特質之類型自應相關。然而朱子之論在此一基礎上更形發展的不是語言形式上的意義，而是作者之質的類型分辨義上開展出觀詩人情性修養之義，將詩體的語言形式和作者主體聖俗賢否的類型加以連繫，此即觀詩即觀人品格的觀點在詩體分類上的落實與發展，因而「風」「雅」「頌」詩體分類，在朱子而言即是分辨作者主體情性聖俗賢否的類別，這是朱子「詩可以觀」的觀點在詩體語言形式上所發展出特有的詮釋向度。

　　此一詩體雅正世俗分判尚有作品價值意義分判之意，作者有聖賢與俗民之別，詩作價值自有趨聖與趨俗之判，因此朱子才會視「變雅」價值較「變風」為高，這類觀點在《朱子語類》亦反覆出現，「『風』多出於在下之人，『雅』乃士夫所作。『雅』雖有刺，而其辭莊重，與『風』異」，及「大抵『國風』是民庶所作，『雅』是朝廷之詩，『頌』是宗廟之詩」〔註56〕等等，明示朱子以作者雅俗來判詩之雅俗的分類和詮釋觀點。

　　因而透過朱子對詩體類型的論述，我們可以重新理解兩大詮釋上的基本問題，一為《詩集傳》對詩體類型分判的基準和詩文本意義的主要詮釋方向，另一則是其作者觀。在詩體類型分判的基準雖先以音樂語言之體製之別來進行分類，實則在音樂語言的體製分別中已含作者雅俗之分，即作者之雅俗不同，其感發為詩之體便有不同，此一分判詩體基準實由其詮詩的價值觀而來，依此則《詩集傳》對各詩體類型的詮釋亦有取義方向上的分別，「風」除「正風」外，多為俗民七情六欲感發而作，其餘二體因是士大夫之作，多賢人君子、聖人之徒等能修養情性的傳道者，其詩雖亦言其情，但此情不止於俗世之欲之情，而在於秉聖人之道而感發，故在詩體類型分判同時，大體上已完成詩作價值取向的分判，此種藉詩體類型分判以明作品價值，且價值基準主要基於道德價值的分類做法，過去常被誤解成朱子既承認詩的民間歌謠性質，即表示承認其價值上的正當性，所謂重視民歌或民間之情的價值等說法極多〔註57〕，然而就朱子在序文中特加提示的詩體分類詮釋的標準與意義而

〔註56〕此二則皆見於《朱子語類》，頁2736。
〔註57〕此類研究極多，如張宏生：〈朱熹《詩集傳》的特色及其貢獻〉，收入林慶彰編：《中國經學史論文選集》下冊（台北市：文史哲，1993），頁246～256。其說朱子《詩集傳》的貢獻在於「對《詩經》民歌特色的體認」，更說朱子能看到早期民間文學形象，「朱熹的這一發現，其意義又不僅在於衝破了傳統的

言，朱子僅承認部分詩作（多屬「變風」）的世俗性存在面向，且並不以之爲價值所在，適巧與現今常見的研究觀點相反，朱子認爲這部分俗民所作之詩因其世俗性格，顯見作者多爲未修養自身而僅止於世俗性存在的個體，所感發爲詩常不合於聖人之道，然聖人所以取之，多出於「惡者改之」的教戒之義，因此證明朱子雖承認世俗性作者之實存，卻不以爲此實存具有充分的價值合理性，具有價值合理性的詩作典範除了〈二南〉，便是作者身分多士夫賢者的「雅」「頌」。

所以朱子詩體分判的主要基準乃爲詩人品格修養不同程度而分，是以其說：「讀《詩》須得他『六義』之體，如「風」「雅」「頌」則是詩人之格〔註58〕。」朱子這一判定，便親自說明詩體分類即是詩人品格分類的詮釋要義，亦表明觀詩即觀人品格的詩體分類觀點。這種詩體分判方式的主要基準確不在語言音樂等文本形式，而在符合道德理想價值的程度，且必回歸於作者個人主體情性之質做爲判斷基礎，所以這套分辨詩體的文本分類模式不同於現今多以文本語言形式的特質爲標準，而是以人的價值類別爲基準，焦點乃要返回個人主體情性性質的分判，朱子對詩的作者觀亦有一套頗異於今的特殊觀點。

在此可補充討論的是，朱子此論看似頗有只重視菁英的色彩，也引起不少批判或爭議，但宋儒論個人主體體道傳道之責任時多類似此種菁英論的說法，將責任寄託於士人，但非由社會階級身分觀點來貶抑俗民，而是分辨道德存養實踐的可能性而有此論，但絕未否認俗民可以轉爲士人的可能，即不排除俗民經修養工夫亦可自我轉化的可能。余英時對此已有詳論〔註59〕。

三、祖述聖人之道與個人主體創作的聖俗過渡型作者觀

由此而言，詩體類型分判在朱子詮詩體系裡具有關鍵位置，正在於其非單指語言形式的分類，乃在於人（作者）之主體情性價值的分判，後者才是朱子身爲一代大儒，欲追返孔子詩之教所眞正關切的主題，意即在意義生成的過程中，作者情性特質較文本語言形式更具優先性和重要性，因此朱子的作者觀更有其值得探討之處。

綜括先前所論，朱子的作者觀則具「世俗性作者觀」和「神聖性作者觀」

聖賢立言之說，而且，也爲研究上古文學作出了巨大貢獻」。
〔註58〕《朱子語類》，頁2771。
〔註59〕余英時：《朱熹的歷史世界：宋代士大夫政治文化的研究》上冊，頁166～170。
余英時：《宋明理學與政治文化》（長春市：吉林出版集團，2008），頁6。

兩種面向，並由此發展出詩本義的兩種詮釋類型〔註60〕。「世俗性作者觀」本以個人化、世俗化的作者取向爲其特質，且文本意義的構成便圍繞原作者爲中心，因這種文本觀本以肯定作者創造之功爲基本觀點，故意義形成亦在於依從作者解釋或作者本意爲核心〔註61〕。「風」的原作者爲俗民，故其詩本義由「世俗性作者觀」來看，原應是俗民感發內容爲意義之本，然而由詩之教至詩之體的論述中，朱子的作者觀並非單純「世俗性作者觀」，朱子的詮詩體系裡始終強調藉詩以判個人情性正邪價值的基本目的，判斷標準則在於通過孔子刪編《詩》作所形構的聖人本意，此時詩作的作者便已發生重大區分和層次轉換，詩文本的原作者爲作者的第一層，爲原先形構詩文本的原作者，由此構成第一層詩本義，此本義之生成即由「世俗性作者觀」爲主，依原作者本意爲核心；然而編刪詩的聖人以其價值標準將詩文本重新選擇編輯，便使文本意義的生成轉向第二層次的詩本義，此層次的詩本義所「本」者自是聖人編選行爲中透顯出的聖人之道，意義生成關鍵當在「神聖性作者觀」，因文本爲聖人所編作，意義詮釋自當祖述聖人本意，才能從中領受聖人之言教，讀詩者、詮詩者藉此參與作品即爲參與神聖，使朱子詩之教的價值意義得以完成。

不過朱子第一層詩本義裡的作者觀雖如上所說採「世俗性作者觀」來定位作者，並進行釋義，卻不能僅以「世俗性作者觀」的概念來概括，其中尚可分爲兩種次類型，「風」詩作者爲世俗性個體，以「世俗性作者觀」詮釋其義並無問題，值得細究的是「雅」「頌」作者，依朱熹定義則其介於俗聖之間的情性特質卻非世俗化自我，其所作自非世俗化意義取向，龔鵬程說其類屬於「神聖性作者觀」，「『神聖性作者觀』之中的述者，其實就是參與作品、不敢自居於作者的作者〔註62〕」，然而這一說法顯然難與朱子的用法相合，我們

〔註60〕相關論述詳見第五節。

〔註61〕兩種作者觀的基本概念分別，詳見第一章第二節之說明。但龔鵬程乃將「神聖性作者觀」與「所有權作者觀」相對，在此則以「世俗性作者觀」與「神聖性作者觀」對舉，因「所有權作者觀」雖和「神聖性作者觀」相對，但僅爲「世俗性作者觀」的其中之一，即視作品歸屬於個人創作者所有；然「世俗性作者觀」不僅於此，尚包含如民間歌謠等集體創作性質，但作品所有權歸屬不明者，如朱子所說「國風」可能即具此一性質，即作者不明，作品所有權歸屬不明，但其世俗性質甚明確者皆然。故「世俗性作者觀」主要強調相對於祖述神聖、參與神聖的「神聖性作者觀」，而以承認創作者個人性、世俗性存在性質，而可爲創作之作者觀。

〔註62〕龔鵬程：《文化符號學》，頁19。此處僅由朱子詮釋詩體類型的作者觀點出發，略加說明關於述者性質可能應更深入予以探討其中不同的類別義，即有些固

可先以一具體實例加以證明，朱熹的作者觀在聖、雅、俗有其細膩區分，並有特殊意義。朱熹一向自視爲程頤的私淑弟子，且一再推崇其說而目爲興復道學之大儒〔註 63〕，卻對程頤詮《詩》時的作者觀不敢苟同而在教學生時加以批駁：

> 詩有是當時朝廷作者，「雅」「頌」是也。若「國風」乃採詩者採之民間，以見四方民情之美惡，〈二南〉亦是採民言而被樂章爾。程先生必要說是周公作以教人，不知是如何？某不敢從。……〔註64〕。

對照程頤視〈二南〉作者爲周公之說來看，朱熹作者觀的特殊性便更爲鮮明，程頤的觀點確爲「神聖性作者觀」，必將創作之源歸於聖人，才說〈二南〉詩之作者爲周公，以此說〈二南〉爲聖人之言直接施予的教戒義，朱熹雖推尊程頤之學，但不能認同凡神聖文本皆屬聖人所作的觀點，這時我們即可明白朱子序文首段詩之作主題論述的深刻性，其提出詩之所以「作」出於個人主體的觀點，實已大異於「詩大序」至鄭玄的觀點，在《毛詩》一系中，對詩之產生的相關詮釋少言作者之定位，但朱熹在詮詩時必先推求該詩作者的身分、性別等性質，以能確切藉詩文本具現的作者事跡，即觀此作者情性感發之跡，而觀其個人情性正邪之質。

此外，朱熹特別強調《詩》之作者與文本類型皆有雅、俗之別，此處觀點亦同；循理而言，以「世俗性作者觀」來詮釋「雅」「頌」這類作品，自然不能顯現此類「朝廷作者」的特質，朱子當然視寫作「雅」「頌」的這些傳道者爲具創作主體之作者，作品意義雖源於傳道，卻經由傳道者個人主體的再創作而成，可見絕非爲「神聖性作者觀」，但這些傳道者的感發常又確有祖述聖人之道、傳承神聖價值等參與神聖的行爲，那麼又該如何界定這種類型的作者觀？

爲龔鵬程所言的視經典爲純以祖述立場參與神聖，不以爲是個人之作，這自是「神聖性作者觀」，但另一種尤其此處舉例的朱子，清楚地表示不以爲然而開展另一型「述作者」觀點，其有祖述聖道又含有個人主體創作的雙重面向，特別在宋代以後的詮釋經典立場上發生轉向，這種「述作者」往往是中國古代文人發揮個人對理想價值的體悟，乃發而爲文時所體現的作者典型，可謂中國文人傳統一大重要面向，必須加以重視而細究。

〔註63〕 朱子對程頤之推尊而私淑之，在其作品中時可見之，朱子《大學章句·序》即云：「於是河南程氏兩夫子出，而有以接孟氏之傳。……雖以熹之不敏，亦幸私淑而與有聞焉」，即爲明證。朱子《大學章句·序》，收入朱熹撰：《四書集註》（北京：中華書局，1983 年 10 月），頁 2。

〔註64〕 《朱子語類》卷八十，頁 2737。

此時我們若再回顧前一節朱子重詮歷史的論述觀點，就能豁然曉悟何以朱子如此重視這類作者，且對之評價甚高，在後王不能承繼聖王之「道統」的歷史大勢中，聖王之道唯有靠真能傳續此一神聖價值的聖人和聖人之徒乃能繼之，所以能承續者不依政權之位，而依教育教化而使聖人之道能續存於天下，此之謂「道學」，朱子所立由「道統」承傳轉至「道學」傳續的系譜裡，孔、孟所立的「道學」後有顏回、曾子所繼，卻因「天理不明而人欲熾」，一度不傳而異端起，直到宋代，「有濂溪先生者作，然後天理明而道學之傳復續」，再有二程子，而朱熹亦有此傳續「道學」當仁不讓的抱負〔註65〕，此一歷程中為理想價值寧可不趨附王權之勢，唯志於傳道的悲願，乃是此類傳道儒者的共同之處，由此則「雅」「頌」作者多被朱熹引為同道中人，自不足為奇。

如此觀之，這種類型作者觀較神聖和世俗兩端的兩種作者觀更具有特殊性，雖可簡單說之為一過渡型，但此一聖俗過渡型作者觀裡，反而對何謂「作」的意義，及作者情性、道德理想價值與作品價值的關係等問題做出另一層次的思索，而有其深刻之處，尤以古代儒家為主的社會價值系統而言，這類「特殊」作者為數眾多，此種作者觀與聖俗二端的作者觀相較，似更能顯明所謂中國文人傳統形成的特質，中國文人傳統主要面向之一，便在儒者之作於祖述聖道同時，亦在作品中展現個人主體踐履聖道之跡的主體性，從而呈現其個人情性感發為言的風格〔註66〕；由此我們可以稱這一聖俗過渡型作者觀為「儒者主體型作者觀」，並為之界定幾個重要特點：

一、此一「儒者主體型作者觀」可視為「道學」論述觀點在作者觀裡的反映，此種作者觀對創作之源的認定實由兩大基本面向所構成——個人主體和聖人主體，先是肯定原作者感發為創作根源之一，承認作者創作主體對作品意義構成的重要性，依之藉詩以觀個人主體情性的用意才有其合理性，因而以「世俗性作者觀」來詮釋此類詩作之本義；其次為對作品價值意義面向的規範性，原作者於詩作中必要祖述聖人之道才能被視為具有創作的價值，必藉參與神聖，此創作行為和成果才取得價值意義。所以朱子才會一方面以「世俗性作者觀」來詮釋「雅」「頌」作品的意義，但在以原作者為詮釋中心

〔註65〕 余英時：《朱熹的歷史世界：宋代士大夫政治文化的研究》上冊，頁14～15。
〔註66〕 關於中國文人傳統之論，詳見龔鵬程：《文化符號學》，第一章〈中國文人傳統之形成：論作者〉。

時，又必引入原作者祖述聖人之道的理想價值意義，其意義生成方式為「世俗性作者觀」的以原作者之「我」為中心，但在價值義上又必由原作者之言而祖述聖人之理想價值。

二、文本意義詮釋模式有其特殊性，作品雖有個人情性之質，卻非「我」所能概括，而是「我」（個人主體）與「神聖」（聖人主體）交涉，並置於王化過程（王化之跡）的座標上，才取得其完整意義，這一文本意義詮釋模式主要所透顯的是經典與讀經者主體交融的過程，藉《詩》使讀經者個人主體情性與聖人主體情性間產生「超時間〔註67〕」的交流互動，然而卻多非與聖人主體直接交流，而常須先經過與文本作者具現的典型性個人主體進行互動，才能間接與聖人交流。三、這類傳承聖人之道，又能在體道過程具現個人主體特質的作者典型，為中國文人傳統的主要典型之一。

因此朱子此一詩體分類等於作者品格分類的詮釋模式有其特殊性，在《詩》詮釋典範轉移和《詩》接受史上觀之，尤見其特出，因「雅」「頌」作者取得此種存在定位並非起初即如此，至少《毛詩》便未以「作者」視之，在漢儒詮釋中，「雅」「頌」分類基準只在分辨王政廢興和君王功成告天等文本功能性的意涵，其中雖有不少被釋為大夫刺上之詩，大夫在詩文本詮釋裡卻未具創作主體的位置，詩文本雖是大夫所作，意義卻必轉向「詩史合一」取向所意指的王化之跡，文本意義不以大夫為中心而加以釋義。

四、語言文本與作者存在的一體觀

因此，朱子詮詩的作者觀總括來說雖似以「世俗性作者觀」為主，似有世俗化的取向，實則因其對詩文本價值認定在於藉個人主體情性感發以分判主體修養程度而斷其價值，如是則非全為「世俗性作者觀」，而是承認以世俗化作者為原點，但要求作者自我的轉化以趨聖，隨此作者修進歷程中的主體修養程度不同，情性感發之邪正有異，發而為言時便隨此修養程度俗聖邪正不同，所作亦有價值是非、言語雅俗之別，此作者觀乃是「神聖作者觀」至「世俗化作者

〔註67〕 「超時間」的意義詳見第二章第二節，黃俊傑指出，中國傳統文化裡，生命意義與價值在於領悟和學習歷史上曾存在的道德典範，並將這些典範接引召喚至人們所生存的時代，因而中國文化中的「時間」概念寓涵某種「超時間」的基點，其究極目的在將典律範型落實於當代時空中。黃俊傑：〈中國傳統歷史思想中的時間概念及現代啟示〉，收入黃俊傑編：《傳統中華文化與現代價值的激盪與交融》（二），頁 3～27。

觀」間的過渡型態,「神聖作者觀」中一切原創所作均爲聖人,常人僅爲祖述聖人之言;「世俗化作者觀」僅以個體自我爲中心,以之爲創作之源,朱子藉由「雅」「頌」及〈二南〉之論所主張的作者觀則既強調個人主體之能動性,但此一能動性並非自我之盲動或妄動,必須在聖人之意的規範下取得其正當性,如是則作者和作品價值亦在於以神聖作者及神聖經典爲典範參照,依其由俗趨聖歷程中情性修養正邪程度之辨,作者和作品依此而有聖俗有別。

　　此種作者觀和文本觀裡,語言形式在意義形成中非爲關鍵,因其主要被視爲作者自身主體的延伸而已,顯現中國文化傳統中,語言和文本主要均以作者主體爲主的基本觀點,朱子「詩可以觀」詮釋裡有著語言文本與作者存在乃爲一體的基本觀點,因此一方面詩本義原則上即詩人本意〔註68〕,另一方面詩文本即可代表個人主體情性在特定境遇裡的具體呈現,從而使語言和文本多作爲一種據以臧否人物的基本依據,如是標準則近於孔子作《春秋》的褒貶人物和太史公《史記》人物論贊,即強調據人之主體正邪以爲價值的分判。這種以詩文本做爲觀人之情性樣態並分判其人價值的重要依據,雖可說是祖述孔子「詩可以觀」的論詩觀點,實已在朱熹詮釋體系的發展下取得新的面貌,由詩所觀者不僅是王化民情風俗良窳,更落實於猶如品格鑒別的具體行爲〔註69〕,見賢思齊,見不賢而內自省,成爲觀察他人以反省自我的方法,亦成爲一套可用以具體詮詩的原則及方法,更體現一種異於前人的詩文本觀,讀詩者和作詩者藉詩文本進行一種主體情性感知體會的互動交流,

〔註68〕　此指詩之作的原點爲詩人,故詩之本義原爲詩人本意,聖人編詩教詩之跡可視爲再創作的一環,則其再創作而形構的詩本義,即爲詩人本意疊合聖人本意而成,後有詳論,不論如何,此類文本觀均以個人主體爲文本構義核心。

〔註69〕　朱子觀詩即觀人品格的觀點,其實可與蔣年豐論儒家有觀聖賢氣象的傳統相參照,蔣年豐指出孔孟和宋儒皆有不少觀聖賢氣象之論說和描述,宋儒講學中甚且獨有一門「觀聖賢氣象」,「這種學問的內在根據是聖人之天資才性所展現的姿態,在成德之學中,爲道德精神所化所潤,轉而爲聖人之氣象,不復是原始之風姿或神采」。這一說法便知觀聖賢氣象至觀個人品格以爲修養,爲朱子等宋儒習用之觀點,我們在此強調的不只是觀聖賢氣象以自我修養的向度,而是此「觀」建立在道德修養,卻延伸落實在文本觀和語言文本的運用。蔣年豐:《文本與實踐(一):儒家思想的當代詮釋》(台北市:桂冠,2000),頁2～7。不過蔣年豐又說品鑒人格氣象與詩教的比興表現有關聯,其說引朱自清《詩言志辨》之論而延伸,但其論將品鑒(或曰「觀」)與「興」乃至「言外之意」的內容簡化隨即加以繫連關係,故此一論似不能成立,見同書,頁8。此處不再詳論。

且須依此一歷程的完成，即完成對作詩者主體情性正邪的分辨並進行價值是非的分判，以反求諸己而成教戒之義，據此領會聖人情性及其價值的意涵，則這種主體情性間交流體察至分判而為踐履準則的過程顯非一般閱讀的認知行為，這便涉及下一節學詩工夫論的討論。

準此，我們可以確知，朱熹詮詩時雖注意到文體、語言性質和形式間的關連，且在語言形式對意義構成的關係上深入研討，多所發展，然而這一文體和文本類型的分判基準最主要仍必歸於王化之跡與個人主體情性正邪價值之交互關係，王化之跡裡的「聖王原型」仍為理想價值所在，但在《詩集傳》裡僅存〈周南〉為此烏托邦的具體象徵，其餘則依其情性價值屬性分判為兩大類型，一為正，少數為聖人所作，多數為賢人君子之作，二為不正，多衰亂之世趨附流俗而為惡者，循此思維再深一層言之，文體和文本類型所以區分必關乎個人主體情性分判，文體和文本類型分類的主要目的在於臧否作者以求理想價值之彰顯，作者情性正邪與其語言雅俗有直接關連，其語言雅俗的類分便是作者情性正邪價值的類分，這才是其眼中文體和文本類型性質所體現的價值意義，如此觀之，在這種作者觀和文本觀下，文體和文本類型的分類標準、構成條件及文本價值，必關乎主體道德價值分判，且成為文體和文本類型構成的必要基礎。所以朱子才說：

> 詩者志之所之，在心為志，發言為詩。然則詩豈復有工拙哉！亦視其志之所向者高下如何耳。是以古之君子德足以求，其志必出於高明純一之地，其於詩固不學而能之〔註70〕。

詩之形式工拙乃出於其志所趨之高下，即能否以聖人為範而師之，若個人主體情性能善加修養趨聖，所感發之志意必定高明純粹，發而為詩自為佳作，則不學亦能作好詩，這段話恰可為我們所歸納結論的一個明證，詩的語言形式由個人修養感發志意的高下而分，詩的形式和價值都可由個人主體修養程度來加以分判和分類，甚至成為創作的根本，語言形式和語言知識在詩創作中並非最重要的構成條件，這種作者觀與詩文本觀的特質和影響，第五節再詳加析論。

《詩集傳·序》論詩之體的最後有一段極重要的說法，在解說「雅」、「頌」體類與不同詩體之價值義後，朱子總結而說：「此《詩》之為經，所以人事

〔註70〕朱熹：〈答楊宋卿〉，收入《朱子文集》第三冊，卷三九，見《朱子全書》第二十三冊，頁 1728。

浹於下，天道備於上，而無一理之不具也。」朱子於詩體分類義解明後，卻以天人合一境界作結，明示朱子眼中《詩》做為儒家經典，自必符合儒家天人合一的終極理想價值，是以如第二節所論《詩》成為得以達成天人合一理想之境的文本類型，故而在此朱子說解詩體分類義後即以此義總結，更示現朱子詩體分類絕非僅說語言形式之義，必要與其論詩之作與詩之教的意涵合而觀之，則詩體分類便體現為聖賢感發之跡的類別，這種文本類型區辨即有助於學者藉讀詩而身心修煉時，得區分並選擇聖俗文本，以決定其讀解的方式。

第三節　非語言層的詩本義體察：諷詠涵濡到藉詩以「觀」、以「興」的身心修煉工夫

透過前兩節所論已知朱子將詩之作與教皆回歸於個人主體情性感發化俗轉聖為主要價值，且詩文本乃為觀人情性以價值分判而為個人修養的重要依據，但個人情性要如何才能轉化為聖人情性？以聖人所示正邪情性為範型，再體察聖人本意的過程是如何？前一節已言此必非一般認知過程，則如何得以致之？個人情性透過詩而理解的聖人本意，其性質和其他文本類型有何不同？簡言之，所有儒家經典均強調所謂教戒垂鑒之意，詩文本和其他文本類型教戒垂鑒的意義、方式或性質有何不同？朱子以《詩》為教和以《四書》為教所教者雖同為聖人本意，但必有其性質之異而有所分，否則毋須區分文本類型，因此我們仍必須回到「何以必是詩」的問題原點來加以思索和區辨，才能明白朱子詩文本觀的特質，瞭解朱子詮詩模式基本構成的緣由，以辨明意義生成的脈絡。

前文討論已知朱子詩之作、教、體等相關論述，均是導向將詩文本做為個人主體情性之延伸，此一延伸乃以一種特殊文本形式表出，即是詩文本，故可藉詩以觀人之情性之異，由之而依聖人理想價值為準加以分判，即為朱子建構的「詩可以觀」，但理論上如是，實際要如何藉詩以觀人？此「觀」必先成立，才有價值判斷和成立的可能。朱子對於如何「觀」詩以「觀」人，發展出一套獨具特色的讀詩詮詩的方法體系，因其必導向儒者價值於現實實踐的具體行為，故不以方法學稱之，而稱為工夫論〔註71〕，此一學詩工夫論

〔註71〕黃俊傑對工夫一詞的界說很精要地說明「工夫」的特殊性，「所謂『工夫』，

裡涉及閱讀理解、詮釋乃至可能超出詮釋學範圍的種種感知模式，大異於現代詩學詩論的基本範疇，但昔日研究多未予注意，尤值得加以深究探索。這些論說集中於《詩集傳》序文末段部分：

> 本之二〈南〉以求其端，參之列國以盡其變，正之於「雅」以大其規，和之於「頌」以要其止，此學《詩》之大旨也。於是乎章句以綱之，訓詁以紀之，諷詠以昌之，涵濡以體之，察之性情隱微之間，審之言行樞機之始，則修身及家，平均天下之道，亦不待他求而得之於此矣〔註72〕。

朱子在《詩集傳》序文末段特別言及學詩觀人之法，前半段指明「學詩之大旨」，說明學詩最主要的價值意義所在及如何理解體會此一價值體系的構成，後半段則析論學詩步驟、解讀方法及其所導向的價值歸趨。前半段清楚總結我們前一節討論的觀點，即詩體類型分類最主要基於價值意義的區辨，並藉此體會各詩體類型指涉的不同教戒意涵，做爲個人理解理想價值所在和用以修養自身情性的基礎，因而由「本之〈二南〉以求其端」，說明〈周南〉〈召南〉爲價值之本，由其中聖王之化的實跡可推求理想價值示現之端緒〔註73〕，再「參之列國以盡其變」，參照諸國「變風」，可以明個人與王化之跡交互作用下的個人情性賢否之別，「正之於『雅』以大其規」，因「雅」本多體現作者情性爲正，故習「雅」可藉理會其中雅正之質，明規準且使之宏大，「和之於『頌』以要其止」則因「頌」體沖和莊重，「『大序』所謂『美盛德之形容，以其成功告於神明者也』〔註74〕」，由之示現止於至善、天人合一的理想境界。

一、學詩基礎工夫——語言層的詩本義理解

序文末段後半總括學詩工夫歷程雖僅短短數句，其中觸及學詩讀詩種種

就是指這種道心在具體情境中的展開過程，而不是一種客觀而抽象的推理過程，因此，嚴格地說，古代儒家並沒有提出一套作爲方法論意義的「工夫論」。古代儒家強調人要隨時隨地自我提升，在這種『工夫』實踐完成之後，才會有對這種『工夫』境界的體認和描述。」黃俊傑：《東亞儒學史的新視野》（台北：喜瑪拉雅基金會：2001 年），頁 412。

〔註72〕 朱熹著，朱傑人編：《朱子全書》第一冊，頁 351。

〔註73〕 此處之「端」亦可釋爲正，即直接指理想價值所在，然此處仍先以端緒之義釋之，主要因朱子視詩文爲緣事而發，再由此事感發以現「正」之一端，相關說明詳見第四節〈關雎〉釋義。

〔註74〕 《詩集傳》釋〈頌〉之義大體依「詩大序」而說，唯補釋爲郊廟樂歌，以明作者和使用語境與其他詩體之別。見《詩集傳》，頁 722。

方法中理解感知模式的變化，尤有朱子爲學論詩的獨到之處，更使其詩本義與詩文本觀展現極爲深邃且層次豐富的內涵。即便如此，朱子之學一向強調下學上達、爲學不可躐等的立場〔註75〕，詩文本章句訓詁等文字意義解讀自被視爲基本功，而爲綱紀法度。

所以《詩集傳》詮詩體例中亦自字詞訓詁而至章句解釋均詳加考索，如釋〈王風‧葛藟〉第一章，除逐句標示某字反切讀音外，意義說解部分則先辨其起首寫法爲「興也」，再釋其中須加注的字詞：「綿綿，長而不絕之貌。岸上曰『滸』」，字詞訓解後才進入全詩主旨的概說：「世衰民散，有去其鄉里家族，而流離失所者，作此詩以自歎。」全詩主旨之後便說解詩作第一章之義：「言綿綿葛藟，則在河之滸矣，今乃終遠兄弟，而謂他人爲己父。己雖謂彼爲父，而彼亦不我顧，則其窮也甚矣。」其後次章說解方式，唯除去全詩主旨部分，其他說解順序均如前〔註76〕，足見朱子對語言文字基本意義的講究，字詞章句訓解部分且佔《詩集傳》詩文本詮釋的絕大篇幅，亦可知朱子視此爲讀詩詮詩的基礎。

朱子詮詩的基本體例均爲如此，過去研究常喜說漢宋之學的分別在於漢學重文字章句訓詁，宋學重義理〔註77〕，然若就二者詮釋《詩》文本的體例而言，其實並無太大差異。

朱子對章句訓詁極爲重視，且視爲不可或缺的詮釋基礎，有其重要緣由。朱子《詩集傳》和《詩序辨說》多處均批駁「詩序」解讀詩本義之謬和其詮釋法之誤，「大雅」〈行葦〉一詩爲例，詳說語言層詩本義的讀解方法：

此詩章句本甚分明，但以說者不知比興之體，音韻之節，遂不復得
全詩之本意，而碎讀之，逐句自生意義，不暇尋繹血脈，照管前後。
但見「勿踐」「行葦」，便謂「仁及草木」。但見「戚戚兄弟」，便謂

〔註75〕 朱子之學講究下學上達之爲學次第，乃學界公論，余英時即說朱子論道體和道學時之說解次序恰好逆反，即因論價值次序與學習次序有所不同，在學習時不可以虛玄以談道體。余英時：《朱熹的歷史世界：宋代士大夫政治文化的研究》上冊，頁11。

〔註76〕 《詩集傳》，《朱子全書》第一冊，頁466～467。

〔註77〕 周予同認爲漢儒起拘於訓詁文字，使儒學移爲經學，「於是訓詁之學興，思辨之途塞」，而宋儒則非此，所以「宋代經學之衰落在此，宋代哲學之勃興亦在此。總之，訓詁學之反動，實宋學產生之消極的有力的因素也。」周予同，《朱熹》，收入周予同著，朱維錚編，《周予同經學史論著選集》（增訂版）（上海：上海人民出版社：1996年7月），頁113。

「親睦九族」。但見「黃考台背」，便謂「養老」。但見「以祈黃考」，
便謂「乞言」。但見「介爾景福」，便謂「成其福祿」。隨文生義，無
復倫理。諸「序」之中，此失之尤甚，覽者詳之〔註78〕。

《詩集傳》該詩篇末亦特別解說《毛傳》和「鄭箋」分章的差異和章句
結構之誤，而以己說正之〔註79〕。

朱子於此指明語言層解義基礎未完成，則詩本義的理解便易導向錯誤，
先強調不可斷章取義的詮釋原則，即見其回歸文本的取向；其次，則注意到
整體語言結構與意義脈絡形構的關係，故說「尋繹血脈，照管前後」。

可是朱子學詩詮詩卻不止於文字章句之解，而是由文字章句的文義基本
訓解為基礎，以行後面四個步驟的學詩工夫，最終「則脩身及家，平均天下
之道，其亦不待他求而得之於此矣」，意即學詩工夫雖是由讀詩學詩轉至個人
自身情性修養等內聖工夫，但此一工夫歷程的完成終要轉至外王的層次；這
本是儒家價值意識的終極目標，能修身為始，推及家庭、天下之理得以成立，
除倫理次序逐步擴大推進的意義外，儒家經典詮釋中本就蘊含此套內聖外王
一體的價值論述，在以下展現的方法論看似多為內聖工夫，實亦同為通往外
王價值的工夫，內聖工夫乃為外王價值的內化和踐履而準備，此為朱子學的
要義，並且亦追求「道」在現實政治上的實踐，余英時已詳加論述〔註80〕。

二、學詩進階工夫——非語言層的詩本義體察到藉詩以「興」的身心修煉

然而此一學詩工夫步驟既如此重要，且關乎平均天下之道等外王層次的
理想價值完成，《詩集傳》中自應對此詳加說解，可是由我們適才所見其基本
詮釋體例，大多篇幅反而常在文字章句訓解，乃至全詩主旨的基本說明，究
竟何以還要求「諷詠以昌之，涵濡以體之，察之性情隱微之間，審之言行樞
機之始」？且藉之才能轉向外王價值層次的完成？但通觀全書，對這四種工
夫卻不再細加申說，反多以前述體例為主要詮釋模式，朱子這番工夫論莫非

〔註78〕《詩序辨說》，《朱子全書》第一冊，頁 392。
〔註79〕《詩集傳》，《朱子全書》第一冊，頁 680。
〔註80〕昔日研究多認為朱子之學偏向內聖，因其學重視個人主體修養工夫而多所著
　　　　墨，然余英時已指出，包含朱熹在內的南宋理學家仍以政治主體自居，且追
　　　　求「道」在政治上的實踐，在政治上亦求有實際之作為，也就是外王向度的
　　　　具體實踐。詳見余英時：《朱熹的歷史世界：宋代士大夫政治文化的研究》下
　　　　冊（北京：三聯書店，2004 年 8 月），頁 400～401。

僅是冠冕堂皇的空論？若不是，又該如何理解此一現象？學詩工夫論的「諷詠涵濡」只是一般的反覆誦讀而已？一般常見的反覆誦讀、死背硬記，顯然不必定能導向其後「詩可以觀」的關鍵工夫——體察詩作作者情性隱微之處，詳審情性感發為語言行為的關鍵機轉，朱子此論似大有學問，但在《詩集傳》的詮釋形式下，這部分的工夫反倒隱而未顯；最重要的是這一工夫論若不能論說詳明，「詩可以觀」的價值則難以證成，個人主體僅依理性認知而能效法聖人主體，即轉化自身情性，也許可備一說，但由俗轉聖的內在機轉往往不在理性層次，朱子自有體會，否則不必在此提後續的工夫步驟，然而答案又在何處？

（一）「觀」的層次——主要解悟原則不在語言層次

這時朱子教詩的歷程和說法便能給予我們不少提示，《詩集傳》看似未解的學詩工夫論，在《朱子語類》裡反有大量詳解，朱子教學生學詩時的方法和說法都由具體的教詩案例一一呈現，其中論如何讀詩學詩的工夫頗多，最值得關注者即為對語言和解悟的關係所進行的探討。

投入多年心血才完成《詩集傳》的朱子，卻告訴我們：讀詩學詩的要義不在於語言層次的理解，亦不是由語言表述「道」或相關義理，應在「通悟」，他說：

> 詩中頭項多，一項是音韻，一項是訓詁名件，一項是文體。若逐一根究，然後討得些道理，則殊不濟事，須是通悟者方看得。〔註81〕（頁2754）

先說由語言層讀詩的基本類別，卻立刻指出由語言層途徑入詩並無大用，窮究詩文本語言層之理並不能使人確實理解體會詩義，而必須「通悟」才能有所得，這是對推求詩本義要領的基本提示，詩本義要靠語言和語言知識來推求，卻不能止於語言層的理解。因而有學生問《詩》叶韻之義，朱子卻說：「只要音韻相叶，好吟哦諷誦，易見道理，亦無甚要緊。今且要將七分工夫理會義理，三二分工夫理會這般去處。若只管留心此處，而於《詩》之義卻見不得，亦何益也？」（頁2751）朱子認為聲韻亦有一套學問，但只要達到能知曉如何吟誦即可，窮究於聲韻之學，卻不能解詩之本義，此為本末倒

〔註81〕《朱子語類》（四），收入朱傑人編：《朱子全書》第十七冊，頁2754。以下徵引《朱子語類》關於解詩學詩等內容頗多，唯在此標示出版資料，其他條列資料亦同此書，故僅標示頁碼，不再附注。

置。上述說法可知，朱子在語言和本義取得之間並未直接畫上等號，此一觀點顯然觸及語言與真實的問題，這一觀點延續先秦儒家語言觀對語言與真實之間裂隙的體察，了解語言具有虛妄之質，從而反思語言與真實、語言與本義之間的關係〔註82〕。

不過相對於先秦儒家對語言的反思，朱子語言觀的特殊及進一步發展之處在於直接面對語言自身，而後仍回歸個人主體身心修煉以求突破語言的限制，即對語言自身特質的效用與限制直接加以省察，於是真實與否的問題不在於使用語言者態度誠偽的問題，而是察覺語言自身在表意上的限制，態度真誠的讀者同樣可能無法理解語言所欲傳達的真實，意味朱子發現失真的問題焦點不僅在於人，更在於語言自身性質，使再現真實的語言與真實之間產生差距，但朱子解決語言理解問題的方式，又無意在語言系統針對其有限性進行調整或變革，而將解決問題焦點置放在個人主體來思考，意即通過身心修煉，人可望突破語言自身的限制，體證真實。這種特殊的語言省察工夫，使朱子在經典詮釋和解義過程中，對如何透過語言詮釋解得經典真義的問題做出更深切的省察和工夫論層次的發展，尤其藉由詩本義的探索和詩文本自身的特質，朱子對語言乃至如何由語言感知真實等問題，有更深切的省思和工夫論體系的發展。

〔註82〕 先秦儒家語言觀大抵有兩大路徑值得關注，其中一派是荀子走向強調語言的社會性，對語言與實在的裂隙問題，提出一種理想語言的構想，即調整語言自身，使其成為一種理性認知的語言。此方面研究詳見張亨：〈先秦思想中兩種對語言的省察〉，收入張亨：《思文之際論集：儒道思想的現代詮釋》（北京：新星出版，2006 年），頁 20。在針對語言自身進行調整變革的思考路徑外，另一反思路徑強調「誠」與「立誠」工夫，其意在關注「真實」，藉之減少或除去意識對認知理解的干擾，回復自然認知狀態，以求真實，而人之意識所以形成認知真實的干擾，便在於語言，語言使人類之思維不以現實為限，而可自由捏塑反實事之情狀，從而干擾真實之示現，因而語言與意識狀態如何可朝真實進行調整和修養便成為先秦儒者思索關切的議題，而有《周易・乾卦・文言傳》中所提「修辭立其誠」的說法。相關討論可見梅廣：〈釋「修辭立其誠」：原始儒家的天道觀與語言觀——兼論宋儒的章句學〉，《台大文史哲學報》，第五十五期（2001 年 11 月），頁 217～238。蔡英俊：〈「修辭立其誠」：論先秦儒家的語用觀——兼論語言活動與道德實踐真偽的問題〉，收入鄭毓瑜編：《中國文學研究的新趨向——自然、審美與比較研究》（台北：台灣大學出版中心，2005 年 9 月），頁 82～139。
我們可說後面此一路數便是將解決問題的焦點回歸個人主體，由自身修煉工夫來解決語言與真實的問題，朱子的語言觀較近於此，可視為此一路徑的再發展，但其反思層次和解決方式都較前行儒者來得更為深廣，此不詳論。

1、語言理解常見謬誤之一：詩文本性質與其他文本類型的混淆

對於語言知解造成詩本義解義的常見謬誤，朱子曾由以下向度來說明：

> 聖人有法度之言，如《春秋》、《書》、《禮》是也，一字皆有理。如《詩》亦要逐字將理去讀，便都礙了。（頁2754）

> 聖人有法度之言，如《春秋》、《書》與《周禮》，字較實。《詩》無理會，只是看大意。若要將《序》去讀，便都礙了。（頁2754）

在此朱子反覆申說強調《詩》和其他聖人言教類型的差異，《詩》文本和《春秋》、《書》、《禮》等文本類型雖同為聖人所教之文本，卻有重要差別，其他文本均是聖人「法度之言」，字較實，且字字皆有理，唯獨《詩》文本不是「法度之言」，且不能逐字以理解讀，若以理去解，反是「礙」而不能真正解得詩之本義。此一分判至關重要處不僅在文本類型的分判，更在朱熹分判文本類型時對文本性質的解析，以及依文本性質決定的解義工夫；依此而說，詩文本不是聖人直接言說，因詩文本多不是聖人直接之作，亦不是聖人直接論說神聖價值之理的言說，所以文本性質不是說道說理性質的「法度之言」，自不能以「理」去解，以「理」去解便是不明詩文本自身所以作的特質，對於解讀詩文本之義，自然是理解方式的謬誤，反倒造成解讀詩義的障礙，失去詩文本表意的特質。

朱子此說再次指出詩文本理解不能僅止於語言層，須由語言追溯至語言何以發生的歷程，才是理解要領之所在，發言者何以發言和針對何者而發言，在發言方式及語言文本形式上都構成關鍵，即理解語言亦須找到適當進路。是以在語言層的理解時亦要留意語言文本自身的類型特質，不同類型特質意味其意義理解方法有所差異，此一分辨已跨越字句訓詁解義的層次，進入文本自身特質所決定意義向度之分辨，由此可知，朱子充分感知詩文本不在究理說理的基本特質，回溯其對詩發生論的基本觀點即知，詩以個人情性感發做為基本文本性質的定位，便表明詩文本和說理論理性質的文本大不相同；重要的是，朱子對於文本類型、文本性質的掌握和分辨外，更進一步用之以推究詩的解義原則和方法，因而由詩的性質本異於其他法度之言，指出不循詩之本質而以「理」推求其義的方法錯誤，這顯示朱子詮釋詩文本時具有一種高度的語言自覺及對語言文本性質和知識掌握的精確性，由此朱子提示的解義原則再推進一層，文本性質即決定其解讀意義的原則和工夫乃成為朱子詮解詩文本時基本詮釋觀點。

所以朱子注解《論語‧述而》「子所雅言,《詩》、《書》、執禮,皆雅言也」時,即強調:

> 《詩》以理情性,《書》以道政事,禮以謹節文,皆切於日用之實,
> 故常言之。禮獨言執者,以人所執守而言,非徒誦說而已也〔註83〕。

這段注語再次證明朱子對語言的自覺,而對不同經典文本類型的不同效用加以分判,這也表示傳統中國經典詮釋以通經致用為主要取向的判斷固然確當,然而我們尚應細加考究古人在其中對不同語言文本性質的體認和辨析,常含有認識論的性質,而非籠統隨意而用,其不同文本之「用」裡,自有其可如此之用的「理」。朱子在此先分辨《詩》、《書》文本類型不同,其效用亦不同,執禮亦有其自身之效用,且依「執禮」一詞以強調前二者與禮之差別,主要在於禮不能僅以言語誦說而已,其性質最主要在於執守所示現的實踐意涵。此即說明朱子在儒者「通經致用」的大原則下,對語言文本和經典性質的細密分辨,如此不同經典之「用」才能在正確地理解和使用方式下得其實效。這不僅在朱子如此,如第二章所論,漢儒亦已對不同文本類型之效用有所分判,可知古人對語言文本性質及其理亦多有辨說,但常夾雜於實用或道德論述之間,故多隱而難辨而已。

2、語言理解常見謬誤之二:先入之見的障蔽到「詩序」問題

朱子對於語言自身容易造成的知解障礙體會頗深,尤其對所謂先入之見形成的理解障礙多加論說,更常引自身讀《詩》解《詩》的經驗來分享親身經驗,其說頗多涉及詮釋的前見問題:

> ……「『變風』中固多好詩,雖其間有沒意思者,然亦須得其命辭遣
> 意處,方可觀。後人便自做個道理解說,於其造意下語處,元不及
> 究。……」(頁 2758)

朱子於此意在分辨「變風」好詩與無深意之詩,但對「變風」中未具深意之詩仍主張必先從基礎做起,依舊必須先解其語言文字的意指,才能有適當基礎去「觀」詩的本義,後人多以自身觀點去強解詩義,反而忽視文本自身語言意義的構成而未加詳解,自然失其本義。因自身原有知見等前見而造成理解障礙的言論,在朱子著述中極多,特別是此種理解障礙不僅造成自身理解錯誤,更易未加辨明其中問題而轉相襲取錯誤的見解,而不明此種錯誤

〔註83〕 朱熹:《論語集註》卷四,見《四書集註》(北京:中華書局,1983 年 10 月),
頁 97。

理解模式所構成的理解陷阱，其在《詩序辨說》序文中即說明所以著書逐條論說「詩序」得失，便因其「則已有不得詩人之本意，而肆爲妄說者矣，況沿襲云云之誤哉」，「詩序」文字形成的弊害更在「及至毛公引以入經，乃不綴篇後，而超冠篇端；不爲注文，而直作經字，不爲疑辭，而遂爲決辭」，朱子說原本「詩序」應自成一編，則其自成另一說，尚不致亂，但其後重編入經文之內，甚且置於原文本之前，反成爲經典本身的一部分，而失其原本注解文本的性質，其弊則在「故此『序』者遂若詩人先所命題，而詩文反爲因『序』以作。於是讀者轉相尊信，無敢擬議。至於有所不通，則必爲之委曲遷就，穿鑿而附合之。」

　　朱子此論中包含幾個重大要點：一、「詩序」本身有不得詩人本意而自說見解者，這種見解已轉相沿襲而使人不能解《詩》的本義；二、此種錯誤解義的根源在於「以注亂經」，後人錯誤的編排模式使注文變爲經文，且反客爲主，置於經文之前，使人讀解時將本應爲注解的「詩序」，視爲是經文本身，而能表述經文自身的意義，將二手詮釋文本混入原文本的錯誤，是詩本義不彰的重要緣由；三、二手詮釋被讀者接受相信爲詩本義，則「序」反而成爲詩人作詩前先有的命題，詩文本身反而變成因此命題而作，如此則本末倒置，其效應更在使讀者不能就原義讀解其義，即令「序」和原文本之間意義不通，也扭曲原文本以遷就「序」義，穿鑿附合「序」義，反失詩文本之本義。即如「大序」亦有此弊，所以說：「『大序』亦有未盡。如『發乎情，止乎禮義』，又只是說正《詩》，『變風』何嘗止乎禮義？」（頁2743）指出「變風」之詩發乎情卻未必止於禮義，故「大序」詮釋也有曲解錯謬之處，因此對這種先入之見的語言理解障蔽，朱子的對應之道是：「《詩》、《書》序，當開在後面。」（頁2745），又說：「《詩》本易明，只被前面『序』作梗，『序』出於漢儒，反亂《詩》本意。且只將四字成句底詩讀，卻自分曉。見作《詩集傳》，待取《詩》令編排放前面，驅逐過，後面自作一處。」（頁2745）

　　在此朱子指出詩義本不難解，皆因「詩序」此類二手詮釋作梗，其解決方案便是注解詮釋之說皆應編排於經文之後，以免亂詩本義，連自身詮解之作都一視同仁，這已表示朱子推求詩本義時必先回歸原文本，直由文本自身以解義，意義理解應先以文本自身爲主，二手詮釋注解乃爲次要，不能混淆。

（二）「詩可以興」——「興」的兩種層次與詩本義推究

　　朱子論「興」的意涵所涉頗廣，其中部分意涵尚與詩本義的推求關連密

切，但昔日研究多偏向語言形式觀點來探討其內涵，後雖有少數研究另闢研究方向，然多未充分說解朱子「興」義的要義及特殊性〔註84〕，其實朱子論「興」之義遠不止此，可分為語言形式面向和非語言形式面向兩大層次來加以說解。

1、「興」的語言形式面向與語言詮釋的詩本義

朱子解詩在語言方面有極強的自覺，由其在「興」的語言形式層的說解，可知朱子對語言形式的觀察和語言知識的學養均極深，因而至今仍為學界釋「興」時常沿用的說法，《詩集傳》釋「興」為「先言他物以引起所詠之詞也」，也就是《詩傳綱領》所說「托物興辭」之意〔註85〕，在《朱子語類》更有語言形式的分類說解：

> ……蓋所謂六義者，「風」、「雅」、「頌」乃是樂章之腔調，如言仲呂調、大石調、越調之類。至「比」、「興」、「賦」，又別。直指其名，直敘其事者，「賦」也；本要言其事，而虛用兩句釣起，因而接續去

〔註84〕 昔日以語言形式義論朱子之「興」的研究極多，如裴普賢於〈詩經興義的歷史發展〉中論朱子之「興」，均全引其「六義」之「興」的相關說法，而僅討論朱子「興」的語言形式義及作用。該文收入裴普賢，《詩經研讀指導》，頁212～233。

其實關於「興」義的研究已有新的研究路向和開展，如顏崑陽先生在〈從「言位意差」論先秦至六朝「興」義的演變〉一文，已指出先秦至六朝「興」義的演變主要為：「先秦時期的『興』義，指的是『讀者感發志意』；東漢時期，『興』轉變為結合『作者本意』與『語言符碼』的『託喻』之義；六朝時期，『興』又轉變為『作者感物起情』與『作品興象』之義。」即藉「興」概念義的歷史演變和特質，明示「興」絕非僅語言形式之意；但因探討年代而未及朱子之「興」。參見顏崑陽先生：〈從「言意位差」論先秦至六朝「興」義的演變〉，《清華學報》新28卷第2期，頁143～172（1998年）。

另外，鄔其昌注意到「諷誦涵泳」有其方法歷程性，但因從美學詮釋觀點來說朱子之「興」為一種美學詮釋的方式，即由其美學研究框架所限，「興」僅成為審美範疇下的產物，「諷誦涵泳」也變成審美方法而已。基本上儒學的審美面向並非不能探討，但審美顯非儒學的第一要義，若先以美學詮釋而論，在朱子「興」義根本論述未完成前，即易流於西方或現代美學框架下的意義。該文內容可見鄔其昌：〈論朱熹「諷誦涵泳」的心理流程——朱熹詩經詮釋學美學詮釋方式研究之一〉，《湖北大學學報（哲學社會科學版）》第32卷第6期（2005年），頁645～649。

〔註85〕 《詩集傳》，見《朱子全書》第一冊，頁402。《詩傳綱領》，見《朱子全書》第一冊，頁344。朱子在兩書之中對「六義」均有語言形式義的說解，更有異於前人的用法，如「興而比」、「賦而興」等兼用二義的詮釋作法，但因此部分非屬朱子詮詩的主軸，故不細論。

者,「興」也;引物爲況者,「比」也。立此六義,非特使人知其聲音之所當,又欲使歌者知作詩之法度也。(頁 2737)

這不僅由語言和音樂形式觀點來解析六義,更說明六義在語言和音樂形式上的原理和作用,並依此而分成音樂形式和詩語言形構法則等兩大類別,已能從語言形式上明確掌握六義基本特質,另外又有「比意雖切而卻淺,興意雖闊而味長」(頁 2740)之說,注意到不同體製造成意義深淺不同的特質,由語言形式觀點詮釋「六義」確爲朱子釋「六義」的基本面向之一。

且朱子還能體察「興」在語言形式上的不同構成,而能加以區別類分:

問:「《詩傳》說六義,以『托物興辭』爲興,與舊說不同。」曰:「覺舊說費力,失本指。如興體不一,或借眼前物事說將起,或別自將一物說起,大抵只是將三四句引起,如唐時尚有此等詩體。如『青青河畔草』,『青青水中蒲』,皆是別借此物,興起其辭,非必有感有見於此物也。有將物之無,興起自家之所有;將物之有,興起自家之所無。前輩都理會這個不分明,如何說得詩本指!……」(頁 2741)

「六義」說異於前人之見,朱子對此有很強的方法論自覺,能清楚辨明自身異於前人說法之處,其一即在語言形式及方法的詳細辨明,因而舉「興」爲例,先說「興體不一」,指明「興」尚有不同類型用法,分爲兩類:一爲「有將物之無,興起自家之所有」,此類「興」所托之物與其後所興自身之感無直接相關,故爲無義;二爲「將物之有,興起自家之所無」,所托之物與其後所興自身之感有意義上的連接;此一語言形式分類義朱子在解說〈關雎〉時亦有類似說法:「興,起也,引物以起吾意。如雎鳩摯而有別之物,荇菜是潔淨和柔之物,引此起興,猶不甚遠。其他亦有全不相類,只借它物而起吾意者,雖皆是「興」,與〈關雎〉又略不同也。」(頁 2773)〈關雎〉之「興」爲第二類有意義關連之托物興辭,但其他也有所托之物和所興之意全不相類而無關者。

《詩集傳》注釋相關詩文本時亦有說解,如〈召南·小星〉第一章「嘒彼小星,三五在東。肅肅宵征,夙夜在公。寔命不同。」,朱子以「興」釋之,並說解所以爲「興」的語言形構歷程:「南國夫人承后妃之化,能不妒忌以惠其下,故其眾妾美之如此。蓋眾妾進御於君,不敢當夕,見星而往,見星而還,故因所見以起興。其於義無所取,特取「在東」「在公」兩字之相應耳〔註86〕」,此

─────────────────

〔註86〕 《詩集傳》,見《朱子全書》第一冊,頁 417。

處小星和眾妾進御於君而往返之行並無直接意義關連，只因在星夜行進，見小星而另興妾身所感；不過朱子對語言形式的敏銳觀察不僅於此，更指出因藉以興之物和所興之感間缺乏連結，故此詩此章即第二句及第四句有聲韻和字詞結構相對應，藉此不由意義，但由聲律可形成前後較緊密的連結關係。朱子在此將「興」的語言形式所以形構的歷程，及所托之物與所感的連繫關係的類型和性質都予以細密的考察和分析，對語言形式和知識上的功力可見一斑。

然而朱子釋「興」不止於此，且不認為這類語言層次的「興」義是詩本義的價值所在：

> 讀詩之法，且如「白華菅兮，白茅束兮。之子之遠，俾我獨兮」，蓋言白華與茅尚能相依，而我與子乃相去如此之遠，何哉？又如「倬彼雲漢，為章于天。周王壽考，遐不作人」，只是說雲漢怎地于天，周王壽考，豈不能作人也？上兩句皆是引起下面說，略有些意思傍著，不須深求，只此讀過便得。（頁 2755）

前引詩句出於〈小雅〉中〈白華〉，朱子釋為「比」，後引詩句則出於〈大雅〉〈棫樸〉，其釋為「興」，但不論何者，都被視為「不須深求，只此讀過便得」。

《詩集傳》對〈棫樸〉的傳注便極簡略地釋為「興也」，亦未詳究此「興」有何深意，前述所引該詩第三章傳注內容除標「興」體，便僅解字詞訓詁之義〔註87〕。此一態度明示朱子對「興」的語言層義和運用方法雖詳加推究，卻不以為這部分有必要加以深求，理解「興」的方法得以說解詩句之意即可，不必深究。「興」在語言文學方面的作用，顯然無關乎朱子詩本義詮釋的關鍵。但朱子其實視「興」為詩本義構成的關鍵，只是此時的「興」便不在語言層次的意指，而轉入極富神祕意味的非語言層的面向。

2、「興」的非語言形式面向——個人主體向道德價值感發興起到感知層次的轉換

因此朱子說：「所謂『詩可以興』者，使人興起有所感發，有所懲創。『可以觀』者，見一時之習俗如此，所以聖人存之不盡刪去，便盡見當時風俗嫩惡，非謂皆賢人所作耳」（頁 2765），我們可看到此處的「興」和前述語言形式面向的意義和用法大為不同，而意指價值層面的意義與行動，但詩如何可

〔註87〕《朱子全書》第一冊，頁 662。

以使人興起有所感發，乃至有戒鑒的價值判斷轉而能加以踐履？所謂「興起」意指什麼？如何可以產生此種具特定價值導向的「興起」？「興起」本身何以造成如此改變？尤其此種「興」被朱子視為詩文本意義價值之關鍵，與前一語言形式層的「興」在價值取捨上極為不同，何以如此？其非語言形式存在何種特質而可以被朱子視為如此至關重要？

朱子論「興」的第二層次義和詩文本的關係涉及面向頗為深廣，以下內容大抵均超出先前所言「興」的內涵和運用層次：

> 看《詩》，不要死殺看了，見得無所不包。今人看《詩》，無興底意
> 思。（頁 2756）

這意味常人讀《詩》，總是將詩義讀死而僵滯，應要能見出其無所不包的意蘊，隨即說今人讀《詩》無「興」的意思，朱子於此特別強調《詩》文本意義有其靈活且廣大豐富的特質，並立即將此特質與「興」加以連繫，表示詩之本義與本質的體察必有藉於「興」才能見得，此處「興」的意指明顯不與語言形式義的「興」相同，如前述探討結果可知，語言形式義的「興」必可推出其固定的操作歷程，因而語義固定而明確，這裡卻脫出此種模式，反而要求人讀詩時要注意詩文本意蘊見其活絡而無所不包，顯然此處詩文本的意義層次不在於因語義固定化而易流於僵固的語言層，且這一看來似更深切的詩本義層次，必與另一層次的「興」產生關連。

錢穆曾極敏銳地注意到朱子論「興」的用意，認為「朱子治詩，主要在求能興，能感發人，此即文學功能也〔註88〕」，以上述所引文本觀之，錢穆論朱子治詩目的且對「興」主要意在感發人之判斷等，均極為準確，然而其隨即將之又繫屬於文學功能，但何以斷「興」為文學功能，將之劃分於經學之外，則未細說，並由之即稱讚朱子言「興」之語言形式義，與經學家多不談此義有別〔註89〕。可是「興」之語言形式義何以即能感發人？此一感發的層次與意義何在？何以感發人即為文學功能，卻不能屬經學功能？則未被解明。因而我們在此應先區辨朱子論「興」的語言形式義與價值義，再觀察此二層次義的相互關係與其基本關連所在，才能究明此一仍模糊糾結的議題。

既說讀詩必要興起，才算究得詩之價值根本及真正意義，那麼詩之價值根本及真正本義又與「興」有何具體關連？朱子說：

〔註88〕 錢穆：《朱子新學案》（四）（台北：三民，1989），頁 63。
〔註89〕 錢穆：《朱子新學案》（四）（台北：三民，1989），頁 63～65。

讀《詩》便長人一格。如今人讀《詩》，何緣會長一格？詩之興，最不緊要，然興起人意處，正在興。會得詩人之興，便有一格長。「豐水有芑，武王豈不仕？」蓋豐水且有芑，武王豈不有事乎？此亦興之一體，不必更注解。如龜山說〈關雎〉處意亦好，然終是說死了，如此便詩眼不活。（頁 2757）

這段話論及幾項要點：一、讀《詩》能使人提升，詩的「興」最爲重要，因其能使人興起，若能體會到詩人之「興」，便能使自身向上提升一層；二、今人讀《詩》之方式無法使自身成長，因其不能體會詩人之「興」，則自身亦無法興起；三、「興」的體會不在於語言的注解，語言義的「興」能基本解明即可，因而所引〈大雅・文王之聲〉詩句的「興」義，僅略加提示語義的形成，此在《詩集傳》亦有類似解說〔註 90〕，並指明不必在語言形式的「興」義上大費工夫，只由此入手去解義，詩義便說死，詩之主要意義便不能活絡。

第一點所論乃爲《詩》之根本價值和詩之教所以能成立的關鍵，故需予以深究。讀《詩》即可使人「長一格」，此語源自程頤之說「學者不可不看《詩》，看《詩》便使人長一格〔註 91〕」，可知此說之義乃由之而來，「長人一格」自是強調《詩》能使人有所提升，這不是一般的提升，而是程子說詩所強調的價值意涵：「其發於誠感之深，至於不知手之舞，足之蹈，故其入於人心亦深。古之人，幼而聞歌誦之聲，長而識美刺之意，故人之學，由詩而興。後世老師宿儒，尚不知詩之義，後學豈能興起乎？」又說：「興於詩者，吟詠情性，涵暢道德之中而歆動之，有『吾與點也』之氣象〔註 92〕。」如此則詩能「長人一格」的意涵，便不是提升而已，且明確指向前兩節已論及詩文本能轉化個體情性的特質，由吟詠情性而能藉聖人情性所感而轉化自身情性，自能使自身有所提升，因而詩能「長人一格」的意涵在於吟詠詩人或聖人情性中，體會其摯誠所感，察情性正邪而觀，使自身情性不再是世俗的本能愛欲層次，從而轉化提升向涵養道德的層次而行。

朱子自身亦有類似說法：「事有得失，詩因其實而諷詠之，使人有所創艾興起。至其和平怨怒之極，又足以達於陰陽之氣，而致祥召災。蓋其出於自

〔註 90〕《詩集傳》，見《朱子全書》第一冊，頁 673。
〔註 91〕《詩傳綱領》中引用諸多大儒之語以說《詩》之要義，曾引程頤此說，詳見《朱子全書》第一冊，頁 349。
〔註 92〕《朱子全書》第一冊，頁 349。

然,不假人力,是以入人深而見功速,非他教之所及也。〔註 93〕」因而詩文本得以轉化提升個人主體情性,開啟其向道德修養的方向邁進,其中有濃厚道德啟蒙之用意,且此唯藉《詩》而易於達成,主要因詩文本「出於自然、不假人力」乃真誠感發之特質,才能易入於人心使人從情性感通體察中接受其教,是以功效最速,朱子更特別指明此即為其他經典和教法不能企及之處,其中所蘊含的詩本質義及文本觀將於第四節詳論,在此我們已確知詩文本因其發生之出於情性自然的本質,宋儒藉之而將詩文本轉向另一「用詩」層次,即做為主體道德啟蒙和情性轉化之用,且「興」即由情性所感之面向來觸動個人主體發生道德轉化與提升的契機。

此「興」即已直接承續孔、孟「詩可以興」用詩為教之義,蔣年豐稱之為「興」的精神現象,意指藉詩而能使仁德興發的精神現象,此「興」必向仁善之價值意向而興起奮發,不過蔣年豐研究主要在於詮釋學的面向,由孟子「詩興」強調「人是在心靈的語言紋跡之中培養本身的而不是直接默悟心靈本體」,意即「人的內省活動總含帶著一個不可免除的解釋學的面相」〔註94〕。然而由朱子「詩可以興」的發展脈絡觀之,朱子雖亦非主張直接默悟心靈本體,但其內省活動亦不僅止於詮釋學面向,而是要求由語言詮釋轉向非語言解悟的內省歷程,其內省活動除了詮釋學面向,更包含近於宗教現象學或宗教心理學的意識轉化以求解悟之向度。

因此如何開啟此最為難得的入「道」之機,便是我們可進一步思索的問題,尤因其非隨己意即可發生此一觸發和轉化,所以第二點才提及今人不能體會詩人之「興」,自身亦因之不能「興」的問題,反向對照出「興」之不循語言注解詮釋所得的面向,這就突顯出另一連串更重大的問題:一、要產生這種具有價值啟蒙、同時觸發價值踐履的「興」,必須體會詩人之「興」,詩人之「興」的關鍵義若不能從語言去理解,又應如何才能體會呢?二、體會詩人之「興」後,如何即可轉成讀詩者個人主體朝向道德實踐的「興」?即「興」的機轉如何發生?此一機轉既不在語言層上發生,則在怎樣的向度上

〔註93〕《朱子全書》第一冊,頁 343。
〔註94〕蔣年豐:〈孟學思想「興的精神現象學」之下的解釋學側面〉,頁 217~220。其「仁心自興」、「仁心即興」的觀點承馬浮、張亨之觀點而更加發展,其說另可見其〈從「興」的觀點論孟子的詩教思想〉,頁 177~202。以上文章均收入蔣年豐:《文本與實踐——儒家思想的當代詮釋》(台北:桂冠,2000 年 8月)。

發生？三、由此，我們面對本章論述以來的最大難題：這種不在語言層上的詩本義究竟如何表述其意義？語言無法窮盡其義而不能真切表述，那還能用什麼表述？我們又如何掌握這種不能言詮的意義？

第四節　學詩讀詩工夫論的體系建構——語言層理解轉化至非語言層解悟的內聖修煉工夫與詩本義的雙重義

一、能「興」與意識轉換的解悟工夫：諷詠涵濡以觀的身心修煉

要能「興」才算真解悟，也才是真解得詩本義，朱子由此點明意義解悟的真工夫所在：

> 學者當「興於詩」。須先去了「小序」，只將本文熟讀玩味，仍不可先看諸家注解。看得久之，自然認得此詩是說個甚事。……（頁 2759）

> 《詩》，如今恁地注解了，自是分曉，易理會。但須是沉潛諷誦，玩味義理，咀嚼滋味，方有所益。若只草草看過，一部詩只三兩日可了。但不得滋味，也記不得，全不濟事。古人說「詩可以興」，須是讀了有興起處，方是讀《詩》。若不能興起，便不是讀《詩》。（頁 2760）

> ……問：「《詩》雖是吟詠，使人自有興起，固不專在文辭。然亦須是篇篇句句理會著實，見得古人所以作詩之意，方始於吟詠上有得。」
> 曰：「固是。若不得其真實，吟詠個甚麼？然古人已多不曉其意，如《左傳》所載歌詩，多與本意元不相關。」（頁 2741）

以上之說皆反覆申述真能解悟詩之究竟義的關鍵處，其共同點在於：一、點明「諷詠涵濡」才是詩文本解義的真工夫所在，由此觀之，《詩集傳》序文僅列為工夫歷程之一而點到為止的工夫，才是工夫關鍵之所在，包括熟讀玩味、吟詠諷誦、沉潛諷誦、咀嚼滋味等皆指其方法內涵；二、「諷詠涵濡」才能得詩之真實義，才能因詩而「興」，若讀詩不能興起，即非真讀詩，非解得讀詩之要義與價值所在；三、指出「諷詠涵濡」在詩本義解悟中的解義優位，詩之注解反在其次。四、對詩的注解在解義過程中的基本定位看似有兩種說法，上述第一則引文說「諷詠涵濡」在學詩工夫歷程裡最為優先，甚至不可

先看各家注解,「只將本文熟讀玩味」,久而久之,自然能解得其義;上述第三則引文卻認為詩之注解仍有基礎理解的功能,可由之先基本理解詩人作詩之意,從而使人「諷詠涵濡」時得以據具體意義取向以體會詩人之「興」所在,意即不先依語言注解將詩的語言層之意義落實,「諷詠涵濡」所得之義亦有限,這看似矛盾的說法裡,若由第二則觀之,則能明白朱子之意在強調注解之於詩文本僅有語言層的基礎解義的效能,所以依注解易於理解詩的基礎意涵,不過僅止於此便不能究竟詩之真義,不能於自身有益,語言層的理解雖快,但這種理解只是草草看過,不能產生詩之「興」的效用,有時先讀諸家注解反易先吸收注解者的觀點,先入為主,反為有害。

詩之真義在於使自身得以興起,「諷詠涵濡」乃是觸動此一個人主體情性得以發生轉化的關鍵雖得解明,但「諷詠涵濡」如何便能解得詩文本真義?「諷詠涵濡」的過程裡發生了什麼可以轉換的契機?我們自小即知熟讀背誦的重要性,卻也都明白不是所有熟讀背誦都能導致轉化的效果,甚且可說大多數的熟讀背誦往往只流於死讀書,背了一大堆文字,卻不能使自身因文本之義發生存在轉化的效益。因而怎樣才能避免流於死背,產生可以發生真正轉化的「諷詠涵濡」?

朱子當然並非空洞立說的泛泛之輩,對於「諷詠涵濡」亦有認識論層次的解析:

> 讀詩正在於吟詠諷誦,觀其委曲折旋之意,如吾自作此詩,自然足
> 以感發善心。今公讀《詩》,只是將己意去包籠他,如做時文相似。
> 中間委曲周旋之意,盡不曾理會得,濟得甚事?若如此看,只一日
> 便可看盡,何用逐日只睡得數章,而又不曾透徹耶?且如人入城郭,
> 須是逐街坊里巷,屋廬臺榭,車馬人物,一一看過,方是。今公等
> 只是外面望見城是如此,便說我都知得了。如〈鄭〉詩雖淫亂,然
> 〈出其東門〉一詩,卻如此好。〈女曰雞鳴〉一詩意思亦好,讀之,
> 真個有不知手之舞之足之蹈者。(頁 2759)

讀《詩》不能止於文本語言層之知解,便隨意先立己意來硬套於詩文本上,吟詠諷誦在反覆深究的過程裡深觀詩人情性委曲周折處,才足以感發善心;朱子以入城而觀為喻,未入城郭,卻只在城外看城之樣貌,所見之偏狹障蔽自與整個城之所有絕不相類,以喻語言層的一般理解,不能窮盡詩文本所含詩人情性感發的曲折隱微之處,且常去之甚遠。另舉〈鄭〉詩兩首朱子

認爲非淫詩的詩作爲例，說解自身眞得解悟詩之眞義時的樣態。

《詩集傳》釋〈出其東門〉一詩爲作者見淫奔之女雖美卻不存於己心，此女「不如己之室家，雖貧且陋，而聊可自樂也」，朱子更於傳注中感嘆：「是時淫風大行，而其間乃有如此之人，亦可謂能自好而不爲習俗所移矣。羞惡之心，人皆有之，豈不信哉！〔註95〕」朱子依自身所立的詮釋方向來深入觀照作者在外境險惡下的心境與由此心所感發爲詩之機，此即詩人之「興」，因其感發乃爲道德面向的感發興起，由此，則引發朱子以羞惡之心來概括自身體會到的詩人情性之正，故朱子即由此詩而起興，藉涵泳解得此詩眞義，觸發自身道德價值上的體認而興起價值踐履之意，即體認不論自己或他人情性感發亦當有羞惡之心，且不爲世俗所移；此即眞能涵泳而有所起興，朱子便節引「大序」所言「不知手之舞之足之蹈者」，來形容此種得觸發自身情性於道德修養面向的啓悟狀態。

經此一朱子由詩而興的具體歷程說解，我們終於明白何以《詩集傳》序文初始即將詩文本定義爲「言之餘」，即詩之本質乃屬非語言層之知解，亦非語言所能直指者；換言之，如今朱子和本論文雖詳加推究「諷誦涵泳」到個人之「興」的關係歷程，閱讀本段文字雖能理解此關係歷程的基本變化，但終不能盡朱子所體證感興的眞義，此眞義乃是朱子體驗所證之義，我們不能僅由此即能全知其起興全豹，若亦欲因詩起興，便須親身依此工夫所說而行。凡此種種，均充分體現出一種具有身心修煉意味的工夫意涵。

朱漢民注意到朱子強調立足於「文獻——語言」方面的詮釋方法來理解經典文本，以求能體會經典中的「道」，但此方面對朱子僅屬「第二義」，唯「實踐——體驗」方面的詮釋途徑與方法才是「第一義」，而此兩種詮釋方法必須同時運用，缺一不可，才能解得經典眞義〔註96〕。彭國翔則說朱子將經典詮釋活動本身作爲身心修煉的工夫，因經典的神聖性，可以使經典詮釋成爲與聖人心心相印的實踐法門，「作爲身心修煉活動的經典詮釋活動既有遷善改過之功，又具有身心治療的意義和效果」，因此讀書對朱子不僅具有一套認識論意義上的詮釋意義，更具有一種價値實踐的宗教學意涵〔註97〕。這些研

〔註95〕《朱子全書》第一冊，頁479。
〔註96〕朱漢民、肖永民著：《宋代《四書》學與理學》（北京：中華書局，2009年），頁254～255。
〔註97〕彭國翔：《儒家傳統：宗教與人文主義之間》（北京市：北京大學出版社，2007年），頁55。

究都提示我們朱子對語言與解義的層次，絕不在一般語言認知的意義理解而已，更重要的是由語言、解義如何能進入價值實踐和真理（「道」）層次的體證修煉工夫，因而朱子對《詩》的詮釋和解義的重心自然在工夫論層次的探討。

然而上述研究雖均注意朱子經典詮釋活動之性質不同於一般理解詮釋，但其中仍有不少問題待解，首先應辨明，朱漢民所謂「『實踐——體驗』的詮釋方法」其實已不能以「詮釋」概念來概括之，原因正在彭國翔指出的宗教性意涵，意即此一方法已不在以語言為主要依據的詮釋學研究的範疇內，而常是一種以體證為主，而非語言可以表述的意識狀態，此為這種非語言之義所以難作表述的緣由，故宗教常視之為「無法言詮」者，那麼朱子最重視的「第一義」又該如何解得？彭國翔雖指明朱子經典詮釋活動的身心修煉義，但其問題意識不在探索朱子如何解得「第一義」之問題，故未加論述。

既然朱子詮釋經典意義，終是為了究得非語言層的「第一義」，而不在語言詮釋層的「第二義」，「第一義」偏又無法由語言詮釋即可解得，此即語言與真實之間存在裂隙的問題，朱子既不認同陸象山一派唯重視直接以心印心的直觀證悟工夫，仍必強調語言做為理解的基礎，則語言層的「第二義」又要如何才能過渡至非語言層的「第一義」便是最大的問題，畢竟這一過渡絕非隨意可至，朱子對此實有分辨與解說，且恰是藉由詩文本及詩語言的特殊性，從而注意語言理解意識與非語言解悟意識之間如何得以發生轉換，乃至設法形成一套意識轉換以求解悟真義（「第一義」）的工夫論體系，並賦予其認識論層次的說解和理論意義的開展，此一論題不僅對詩本義如何解得與詮釋至為關鍵，亦能顯示朱子語言觀之特質，及其語言觀落實於詮《詩》和詮釋經典方法之間的關連性，尤其在中國傳統文化思維不甚重視認識論意義之說解，而多本體論的論述傳統中，朱子對解義歷程的認識論開展尤有其重要意義，因此我們將對此進行較深入的探討。

經由工夫論乃為求進入解悟意識的說明，在此可以先總結朱子「詩可以興」的意涵和「興」的雙重性意義，朱子論「興」雖有感發興起之非語言層之「興」與「六義」之語言層之「興」等兩重不同層次的意義，卻多未將二者加以特意區分，雖易造成理解上的困難和曲解，但不難推想朱子如此做的原因與此二種「興」的基本性質相同有關，「興」雖有兩種不同意義和作用，但其基本特質都在於「轉化」，「六義」的「興」在朱子詮釋時亦均解出其「託

物興辭」中,「借彼一物以引起此事」,「物」與「事」之質本為不同,卻能由「物」轉化至「事」而生成意義,朱子雖未明言,實已體認到其中多有異質語境轉化的機制;「興於詩」和「詩可以興」之「興」更是強調一種道德生命的轉化,即生命朝向真實真理(「道」)層次的轉化,乃是由昔日未「興」以前生命未知真實真理而混濁蒙昧的生命樣態,跨越翻轉至另一可向「道」而行的生命狀態,此必是一異質的轉化,而「興」恰是意指此一所以能產生異質轉化的觸發之機,故「興」所以重要便在於其象徵由俗趨聖轉換發生的原點,此轉換原點必涉及主體道德層次的轉化,開啟進入另一層次或與先前狀態不同的另一樣態,故「轉化」且是異質的轉化,即為朱子所釋兩種「興」的共同義,而尤以「第一義」的「興」更為重要。

二、起興前的虛待準備意識至起興解悟意識的跨越翻轉

反覆諷誦涵泳,雖能增加與文本密集接觸,但何以能因之即由詩文本的語言層轉換至非語言層之義,此一機轉仍為不明,朱子詮詩之功力正在於對此關鍵機轉有深刻體證,並進行認識論的說解。

(一)「候」得詩人本意與「以意逆志」——虛待而能動的準備起興意識

朱子在一次回答學生疑難時,對機轉之關竅有極精要的解析。學生欲請問讀《詩》之法,因曾向他人求教,遵循對方所提示的張橫渠「置心平易」之說而誦味《詩》作,「固有個涵泳情性底道理,然終不能有所啟發。」因而問朱子:

> 「……程子謂:『興於詩,便知有著力處。』今讀之,止見其善可為法,惡可為戒而已,不知其他如何著力?」曰:「善可為法,惡可為戒,不特《詩》也,他書皆然。古人獨以為『興於詩』者,《詩》便有感發人底意思。今讀之無所感發者,正是被諸儒解殺了,死著詩義,興起人善意不得。……今欲觀《詩》,不若且置「小序」及舊說,只將元詩虛心熟讀,徐徐玩味。候仿佛見個詩人本意,卻從此推尋將去,方有感發。如人拾得一個無題目詩,再三熟看,亦須辨得出來。若被舊說一局局定,便看不出。今雖說不用舊說,終被他先入在內,不期依舊從它去。……於是盡滌舊說,《詩》意方活。」……。(頁 2757~2758)

　　此段話藉著一個重要的提問，朱子的回答分判了詩本質到「興於詩」的關鍵機轉等重大問題。首先此學生由自身讀《詩經》體驗注意到即便反覆誦詠詩作，也能理解些涵泳情性的道理，卻仍難以使自身產生價值意向轉換的興起之意，其依此法讀詩，僅能止於見「善可爲法，惡可爲戒」的教戒之義而已，所以問該如何才可「著力」，此一「著力」意味著得以投注心力工夫而觸發轉變的關鍵，學生之不解正顯示反覆諷誦常不能導致起興的讀詩問題與常態。

　　朱子的回答蘊含的層次極爲豐富，卻相當明晰。一則分判學生目前所讀解詩文本的層次，僅在於教戒義，而教戒義爲所有儒家經典共具之經典義，並非詩文本特有之義，這一論說明示的第一要點是詩文本有其獨具的本質和特殊價值意涵，非其他經典所有，第二要點即指出讀詩僅得教戒義，乃爲不足，不得詩所獨具的究竟義，即不能取得詩文本之眞正價值。

　　二則進一步申說詩文本獨具之重要本質與價值正在於可以「興」，使人能「興於詩」，且詩的特質在於能使人感發興起善意，即前文所指出的開啓道德價值面向的正向提升與轉化，此爲朱子對詩本質的根本界定和詩文本核心價值的說明。

　　三則由反例說明讀《詩》不能感發的緣由，在於許多儒者詮釋解說不得詩之要領，反而扼殺讀詩者興起之機，因詩義的死亡，自不能使人興起而向善，此爲前見或他見在理解或解悟時易造成的障蔽。

　　四則終於展開說解所以能「興」之機轉，指出若眞要能「觀」詩之眞義，應先將易造成解義障蔽的「小序」和各種舊說見解全擱置不理，「只將元詩虛心熟讀，徐徐玩味，候仿佛見個詩人本意，卻從此推尋將去，方有感發」，此一方法第一要點在於先回歸原文本，以求直入詩之原文而解義，避開先入之見或其他前見之干擾，第二要點便涉及一種特殊意識狀態的說解，此一特殊意識主要特質在於虛而待之，不僅須拋棄前見而虛心，同時更須「候」，才能見得詩人本意，這個「候」字至爲關鍵，也就是意識狀態的非主動性，可是非主動卻不是被動呆滯的狀態，因爲除了虛心反覆誦讀，還須徐徐玩味，因此這一「諷詠涵濡」必保持的特殊意識狀態其重大特質即在於虛心而待，卻不失其能動性，因而虛心而徐徐玩味下的這一「候」字正意味著一種處於準備的能動狀態。

　　這個「候」字的重要性，朱子在解說孟子「故說詩者，不以文害辭，不

以辭害志；以意逆志，是謂得之」時，亦同樣反覆申說，且說解得更加詳細而易明：

> 以意逆志，此句最好。『逆』是前去追迎之意，蓋是將自家意思去前面等候詩人之志來。又曰：謂如等人來相似。今日等不來，明日又等，須是等得來，方自然相合。不似而今人，便將意去捉志也。
>
> 董仁叔問「以意逆志」。曰：「此是教人讀書之法：自家虛心在這裏，看他書道理如何來，自家便迎接將來。而今人讀書，都是去捉他，不是逆志。」
>
> 董仁叔問「以意逆志」。曰：「是以自家意去張等他。譬如有一客來，自家去迎他。他來，則接之；不來，則已。若必去捉他來，則不可。」
>
> 〔註98〕

由是我們終能懂得朱子所說讀詩工夫乃至讀書工夫的關竅所在，以及「以意逆志」在朱子之說裡最重要的意義何在，此「候」字實為關鍵，朱子強調「以意逆志」非主動以己意去捉取詩人之志，釋「逆」為前去迎接、等候，此時的準備意識狀態就如等人一般，不是去捉人，等人便要有今日等不到，明日又等的耐心，務必等到作者之志與自身意識自然相合的狀態，但此一等候又非被動，必須上前去迎接等候，等人迎客時必先有想要等待迎接對方之意向，否則等候與迎接之意便不成立，即必保持能動清醒的狀態，對方來時才能接得而不至錯過。林維杰釋朱子「以意逆志」此類說法時，注意到等候、迎接之意的重要，但解為「虛心」，說為一種「態度」〔註99〕；其實朱子此處已不止於一般讀書態度的說明，而在針對真能解得第一義的準備意識，十分詳盡精細地以語言設法描述其特質和狀態，具有認識論層次的解析意義，歸結其要義便是「虛待而能動」。

由此特殊意識所完成的準備工夫因而有三大基本要訣：一、必不斷保持與詩文本接觸，以求增加個人主體被觸動之契機，且其在接觸詩文本同時必須徐徐玩味其意涵，不可喪失意識的能動性，被動呆滯則無感，不能領受詩人之意；二、另須保持不起己見或他見，維持虛以待之的意識狀態，即非主

〔註98〕 以上三則皆見於《朱子語類》卷五十八。另於朱子所注《孟子集注》亦可見同一釋義，詳見《四書集注》，頁306～307。

〔註99〕 林維杰：《朱熹與經典詮釋》（上海市：華東師範大學出版社，2012），頁72～75。

動以自身觀點或感覺抓取硬套詩文本而扭曲詩義，而是在意識保持能動性的
狀態下，虛而等待詩人本意之示現，再由此推尋詩人所以「興」之機和其所
「興」之意，此時我們便恍然大悟何以《詩集傳》序文工夫次第最後兩項爲
「察之情性隱微之間，審之言行樞機之始」，此話正是提示讀詩者在「諷詠以
昌之，涵濡以體之」的「諷詠涵濡」工夫之中，必要能體察詩人之「興」的
所在，以辨其感發中情性隱微變化之處，才能審知其感發起興且化爲詩之語
言和行爲的具體契機，此即「樞機之始」，意指詩人所「興」之機，由與詩人
起興契機的體會與感通，亦能由此得到啓示而明詩所以「興」的根本，開啓
自身感發興起之契機，這當然都必須在道德體察涵養面向上進行，因而必有
其固定的意義和價值取向，而不是隨意散漫的感興。

　　此一準備意識明顯意在儘量跳脫語言和理性爲主的日常意識狀態，而這
正是「諷詠涵濡」工夫的關竅所在，「諷誦」與「涵濡」爲一體兩面，「諷誦」
的目的不在背誦記憶，在於設法增加解悟之機，因此欲解悟的眞義無法以語
言表述企及，背誦而能記憶，僅是尋求解悟之必經歷程，因增加與文本接觸
較可望在強化體驗中增加轉化之機而已，所以與死背硬記時被動僵滯、毫無
準備的意識大不相同，後者失去「準備」的意識工夫，只是守株待兔，必無
所得。然而虛待的準備意識畢竟尚未轉化，虛待的準備意識如何進入解悟意
識而生解悟眞義的契機？解悟意識又是什麼？朱子在此直接對進入解悟意識
狀態進行認識論層次的深切說明：

> 讀《詩》之法，只是熟讀涵味，自然和氣從胸中流出，其妙處不可
> 得而言。不待安排措置，務自立說，只憑平讀著，意思自足。須是
> 打疊得這心光蕩蕩地，不立一個字，只管虛心讀他，少間推來推去，
> 自然推出那個道理。所以說「以此洗心」，便是以這道理盡出那心裡
> 物事，渾然都是道理。上蔡曰：「學《詩》，須先識得六義體面，而
> 諷味以得之。」此是讀《詩》之要法。看來書只是要讀，讀得熟時，
> 道理自見，切忌先自布置立說。（頁 2760）

　　這段話中朱子探討出幾個重大解悟眞義的關鍵：一、先說明「諷詠涵濡」
工夫最終達到轉化階段的意識狀態，即解悟意識的現象和特質說解；二、對
於準備工夫的意識特質和虛待以究義的現象歷程加以解說；三、點出虛待而
保持能動的準備意識要跨越到解悟意識時的關鍵和原理；四、引宋儒謝良佐
之語，說明「六義」做爲「諷詠涵濡」等進階解義工夫的必要基礎，即說明

語言層的操作、理解乃爲詩文本解義的基礎工夫，未能理解「六義」，即未理解文本語言層的意義，即不具進階工夫的條件。五、總結讀《詩》要法在於必要採取讀解行動，且至諷詠熟讀之境，眞義自然浮現，且過程中最忌先以自身觀點來主導理解。後三項前文已加以討論說明，重點在於前三項，尤其由虛待而能動的準備意識跨入解悟意識的關鍵，及解悟意識的基本狀態特質，因涉及如何解悟詩文本之究竟義而最爲重要。

（二）「以此洗心」——非語言解悟意識轉化

朱子在此對解悟意識的現象特質有頗爲精要的描述：「自然和氣從胸中流出，其妙處不可得而言」，其概括的特質顯示出以下幾大要點：一、此意識現象特質爲「自然和氣」，表示已非日常意識中常見的混亂躁動現象，而翻轉進入自然平和之意識現象；二、意識轉換並非唯心論之層次，而體現一種身心修煉歷程出現突破轉化後的身心意識狀態，所以爲「自然和氣從胸中流出」，意識不僅在於心，身體亦有所感，自然平和之質藉由身體具體變化而體證，胸懷一股自然平和之氣泊泊流出，身體氣感流動現象爲「諷詠涵濡」工夫有成，得以領受聖賢之「興」意，體證聖賢感發之眞義，故受其感而轉化自身身體之感，此即朱子體會的「聖俗通感」的現象特質，意味身心修煉境界提升與轉化；三、此一提升轉化基本上體現身心狀態的異質翻轉，由日常意識的混亂躁動轉換至日常意識難以出現的自然平和身心現象，則其意識狀態之變不是同質的位移，而是異質的翻轉，所以可說解悟意識，因其非爲由語言機制而可思維及理解的日常意識範圍，故爲異質，並說「其妙處不可得而言」。

進入解悟意識前的準備意識特質，此處亦有更明晰地說明：

一、「不待安排措置，務自立說，只恁平讀著，意思自足。須是打疊得這心光蕩蕩地，不立一個字，只管虛心讀他，少間推來推去，自然推出那個道理」。此爲前文已指出的「諷詠涵濡」工夫產生虛待能動意識之基本特質，首先在於必須去除前見，使意識進入準備意識的現象即是「打疊得這心光蕩蕩地，不立一個字」，強調必要排除語言和語言主導的日常意識的干擾，「諷詠涵濡」工夫才爲有用；其次則解釋徐徐玩味的基本現象，在於「少間推來推去」，不是隨己之觀點意見而推究，而是如前文所論「候仿佛見個詩人本意，卻從此推尋將去」，先要虛而待詩人本意的召喚，得召喚而開始領受其本意時，才能就召喚所受之感再循跡推究，且是「少間」，指出非必要則不可主動推求，否則離開虛待狀態，便易流於個人欲求主動發出的意見觀感。

二、「以此洗心」即「諷詠涵濡」的基本原理,「便是以這道理盡出那心裡物事,渾然都是道理」。要先能「以此洗心」,才能以心印心,進入另一主體情性所感之前,先要由其感發的「言之餘」(詩文本語言)為中介,設法由語言中介裡透出文本作者主體情性所感的痕跡,讓其不斷滲入自身意識中,才能由原作者主體所感之道理充分傳入讀解者自身的身心意識,必觸發引出自身主體意識本具的道德之性,達成聖俗感通的目的,以聖人情性無不正之感來召喚感動自身,使學詩者發生意識之轉化,形成「興」的感發興起現象,由之發生「有為者亦若是」的價值踐履行動。

朱子此處隱然觸及語言本身表意基本限制及其親身體悟的可能解決之道,此一突破語言表意基本限制的解決方法乃由轉化人之意識狀態入手,即語言及語言所形構的文本雖有其不可變之限制,但表意和理解的主體在於人,因而由主體的意識狀態加以轉化和突破才是解決之根本,不論詩文本與詩本義的關係,或書(一般文本)與道理(或道)的關係,要能解得透徹必先讀得熟稔之解悟工夫歷程中,隱含著一種隱而難見的意識翻轉之突破點,此一突破點不是理性意識或感性覺知等日常意識所能控制,乃需意識的特殊準備工夫以轉變日常意識的狀態,並避免日常意識狀態裡常見的語言理解之問題和前見觀點的干擾,才能產生一種如如不動的意識狀態,在此既非主動、亦非被動的意識狀態下,個人才能成為一種能解亦能受的主體,此時的解義已不在語言理解詮釋的意義範圍內,因主體之意識狀態已脫離語言主宰的理性意識範圍,尋求一種被另一主體召喚或觸動的可能之機,此一突破點何時出現雖不被保證,但沒有此一工夫歷程則幾不可能產生突破轉化,也就不可能有解悟的機會。

由此我們可確知朱子非語言層的解義歷程實已進入宗教現象學或宗教心理學的範疇,進入猶如宗教體證修煉工夫裡意識轉化的議題〔註100〕,在朱子眼中,此為解得詩文本第一義的必要轉化,有解悟才有詩本義之究竟義。

〔註100〕如宗教心理學重要著作《宗教經驗之種種》即有專論,威廉・詹姆斯透過諸
多宗教聖徒、皈依者和修行者的傳記和自傳資料等特殊而強烈的宗教經驗,
來探索密契經驗中的密契意識(mystical consciousness),即此處所稱解悟意
識,依其發現此種意識乃屬「閾下意識」(subliminal)的領域,意即不在人
類日常意識狀態中,密契意識中的四大特性:不可言說、知悟性(洞見、啟
示的感知狀態)、頃現性和被動性(指自己意志似中止而被更高力量握住的知
覺),朱子論解《詩》過程之解悟意識實亦多呈現如是特質。威廉・詹姆斯:
《宗教經驗之種種》(台北:立緒,2001),頁 283,458〜460,579〜580。

　　因此，由虛待能動的準備意識到解悟意識的解義機制之開展，朱子細膩而扼要地解說詩文本解義進入解悟階段時，主體之間相互感通的關係狀態爲何，此刻，能動、主動者非在於己，乃在於文本的非語言層，在朱子而言則主要說詩人本意（部分由詩人本意裡反映詩文本所述聖人所體現的行止意義），即詩人（或聖人）本有的感發意向與意義，詩人所感才是主動召喚的主體，由之發生主體通感而能解義，解義層次在於不能言說的「感」，即感知狀態的特殊性而不能以言說盡之。

（三）「興」的價值選擇性──世俗淫邪詩作不能感發起興

　　然而並非所有《詩》文本均值得如此費力以求解悟而「興」，朱子的「詩可以興」和其「詩可以觀」的論述觀點皆有價值選擇的取向，朱子的「興」自也有選擇性，故其認爲值得尋索而能「興」的詩文本亦有所限：

> ……大聲曰：「公前日方看〈節南山〉，如何恁地快！恁地不得！而今人看文字，敏得一揭開便曉，但於意味卻不曾得。便只看時，也只是恁地。但百遍自是強五十遍時，二百遍自是強一百遍時。「題彼脊令，載飛載鳴。……無忝爾所生。」這個看時，也只是恁地，但裡面意思卻有說不得底。解不得底意思，卻在說不得底裡面。」……
>
> （卷八十，頁 2761）
>
> 看詩，且看他大意。如〈衛〉諸詩，其中有說時事者，固當細考。如〈鄭〉之淫亂底詩，苦苦搜求他，有甚意思？一日看五六篇可也。
>
> （卷八十，頁 2755）

　　將兩段話加以對照，朱子「詩可以興」的選擇性和其價值取向便十分明晰，本章第二節我們已指出朱子詩體類型分類主要具有分判作者主體修養程度的性質，而有聖賢或俗民之別，此處更可見朱子對〈小雅·節南山〉等〈小雅〉之詩和〈鄭〉詩兩種類型詩作解讀方式上的差別待遇，解讀前者時，學生讀得太快，反被朱子大聲訓戒不得貪多求速，朱子要求學生讀〈小雅〉這類詩作要能深得其意味，不能像常人看文字，只一讀過就以爲了解，其實只從語言文字上一般理解並不能究得眞義，因而必定要數百遍地以「諷詠涵濡」的工夫來深求，並舉詩例說明光看語言文字一般意義，似乎不過爾爾，但此詩中卻有「說不得底」，即語言無法充分表述者，並強調「解不得底意思，卻在說不得底裡面」，這詩中有一種無法理解而得的重要意義，就在無法用

語言文字表述者裡面，此即前文已論詩的非語言層的究竟義。

　　但對於〈鄭〉風這類朱子視爲淫詩的類型，朱子多判其爲情性之邪，因而不須刻意考求其具體實事等狀況或以爲另有深意，從解讀淫詩之方法中不單可以看到朱子對詩體類型的分類和價值判斷，更能知其因淫詩代表個人主體情性放逸不正，故僅有戒意而無深意，沒有所謂詩人之「興」，更不可能由之觸發讀詩者之「興」，自不必細加推求，「且看他大意」，便是知其戒義所在即可，故一次讀多首便可，毋須大費工夫。前後所論兩種解讀方法截然不同，這正是朱子「詩可以興」和「詩可以觀」的價值取向所導致對不同詩文本應有不同解讀工夫的基本觀點，其緣於儒者讀解經典主要目的即在以聖化俗、由俗趨聖的價值取向，僅將個人主體停滯於世俗價值，甚或耽溺於本能欲望而不加省察者（如朱子貶斥的淫詩），自被排除在可以使人感發起興的詩文本之外，此種「興」的價值選擇性在詩體類型上的反映亦爲一重要特質。

三、解悟意識及語言理解的關連與區辨

　　雖然朱子如此強調詩文本有另一層非語言的究竟義，但朱子學的特質絕非唯心式的解悟，仍要求必先有語言理解之基礎：

> ……須是讀熟了，文義都曉得了，涵泳讀取百來遍，方見得那好處，那好處方出，方見得精怪。見公每日說得來乾燥，元來不曾熟讀。若讀到精熟時，意思自說不得。……如人相見，纔見了，便散去，都不曾交一談，如此何益？所以意思都不生，與自家都不相入，都恁地乾燥。這個貪多不得。……而今只是貪多，……恁地不成讀書，此便是大不敬！（此句屬聲說。）須是殺了那走作底心，方可讀書。」
> （頁 2761）

先得語言層的理解基礎，再涵泳百遍，才能由解讀工夫見得「好處」，能入詩文本解得詩人本意，能究其眞義，故說「精怪」，此亦是對眞義特質的描述。而後便再論熟讀之重要，又說「若讀到精熟時，意思自說不得」，可見朱子再三重申由語言層過渡到非語言層意義的工夫次第，與《詩集傳》序文精要提示的學詩工夫次第一致，可知朱子此套詩文本解義的工夫論仍須以語言爲基，「大凡讀書，先曉得文義了，只是常常熟讀。如看《詩》，不須得著意去裡面訓解，但只平平地涵泳自好。」（頁 2761）不僅讀詩，凡讀書亦強調要先理解語言意義後，再熟讀涵泳以深解其意，此時就不必刻意鑽研文本訓解的問題，而應以「諷

詠涵濡」工夫爲重，進入解悟眞義的階段，但仍不可跨越語言理解而求解悟。由此來看，朱子深知不論理解或是感通，多須透過語言和文本，因爲目前爲止，最爲明確有效且可傳之久遠的表述和解義方式，人類仍只有語言。

朱子詮詩不只涉及語言層到非語言層的過渡轉化歷程，更有趣的是，朱子尚論及解悟非語言層眞義後，重新回歸文本進行理解時，對語言脈絡的理解亦會隨解悟而改變：

> ……「讀詩全在諷詠得熟，則六義將自分明。須使篇篇有個下落，始得。且如子善向看《易傳》，往往畢竟不曾熟。如此，則何緣會浹洽？橫渠云：『書須成誦，精思多在夜中或靜坐得之。不記，則思不起。』今學者看文字，若記不得，則何緣貫通？」……（頁 2761～2762）

剛才分明朱子才說先解明「六義」，再行「諷詠涵濡」，爲何此處又顛倒而論？朱子其實另有所指：

> 讀《詩》，且只將做今人做底詩看。或每日令人誦讀，卻從旁聽之。其詁有未通者，略檢注解看，卻時時誦其本文，便見其語脈所在。……（頁 2756）

這段說解便指明，「六義」等語言層的知解仍爲基礎，因而若誦讀體味而解義時，仍覺語言文字義有其未通，依然須檢索注解以理解，但只要「略檢」，而非於其中窮究，等到熟誦詩文本得深入其意，「便見其語脈所在」，此話意指兩個解義轉化的層次：一、解義先由語言層理解爲先，建立基礎，再進入誦讀涵泳的進階工夫，但進階工夫歷程仍發現語言層的基礎理解有不及處，仍應回頭查看以確實理解語言意義；二、進階工夫得以發生轉化時，便見文本解義語脈之所在，意味語言層理解時所理解文本語脈乃爲一事，但經「諷詠涵濡」工夫後所見文本語脈又爲另一回事，意識和解義層次已發生轉化，是以解讀文本模式亦發生轉變。

此論指出發生解悟轉化後，讀者對語言文本的理解模式亦有所改變，轉化前後對語言脈絡的解讀並不一致，此一發現有兩大重要意義，一爲朱子注意到語言文本看似固定，實有其不固定的特質，因而解悟意識雖多需語言理解之助才易發生，反之則語言解義亦由解悟意識之生而產生語言解讀模式的轉化；對解悟意識和語言理解模式的關連性有所覺，且能對語言和文本自身限制和其效用發展出具有理論性質的認識論解析，而非僅中國文化思想傳統

中常見的本體論層次論述，可謂朱子語言觀的一大特色，相對於其他文本類型，這一語言觀朱子在詩文本解義過程中更爲強調，更可見朱子所體察的詩文本本質和詩文本觀。

二爲「詩可以觀」的層次將隨此一解讀語脈的變異而生轉變，即「觀」的模式產生質變，跨入解悟意識後，解義模式發生改變，乃重新理解語言脈絡，解讀體會詩人本意和聖人本意亦有層次之不同，所「觀」詩人情性和聖人情性其價值意義也有深淺之別，此則解悟而能興起後，「詩可以觀」層次的改變，朱子自身詮《詩》歷程可以爲證，其自言早年曾作《詩集解》時仍常採「小序」觀點，後來解悟後便盡棄之，而另作《詩集傳》〔註101〕，可知朱子寫《詩集傳》時所理解的詩文本脈絡和《詩集解》所理解的語脈自不相同，故構義亦不同。

因此朱子對解《詩》注經一事，才有不可輕易注經的態度，面對諸多學者紛紛注解《詩經》的現象，便自言自身注解《詩》之過程，乃先經歷熟記數十家注解之說，起初不敢斷其是非，熟讀已久，才能細判而斷是非，然而：

> 公而今只是見已前人解《詩》，便也要注解，更不問道理。只認捉著，便據自家意思說，於己無益，於經有害，濟得甚事？凡先儒解經，雖未知道，然其盡一生之力，縱未說得七八分，也有三四分。且須熟讀詳究，以審其是非而爲吾之益。今公纔看著便妄生去取，肆以己意，是發明個甚麼道理？公且說，人之讀書，是要將作甚麼用？所貴乎讀書者，是要理會這個道理，以反之於身，爲我之益而已。(頁2767)

看到學生隨便就想跟隨眾人風潮而注解《詩經》，朱子對於此種隨便就想注解經典的態度大不以爲然而加以訓戒，朱子此處所論實涉及幾大層次：一、解悟轉化前後所識得「道理」不同，即解得的意義不同，此即前文所說解悟轉化前後所見語言脈絡不同，故不能隨意注經，因爲未解悟前所見語脈和所理解的意義，並不究竟，不見眞實道理，反易「妄生去取，肆以己意」，只以一己觀點硬套入經典中，自不能審其是非，所斷亦將有偏誤；二、依一己任意而未解悟的讀解之見而想注釋經典，不能發明經典所蘊的深意和道理，反而「於己無益，於經有害」；三、所以「於己無益，於經有害」在於不能體察爲何讀書之理，朱子認爲讀書之用乃在理會經典所含的理想價值（道理），並

〔註101〕《朱子全書》第十七冊，頁2758。

讓此一理想價值能「以反之於身，爲我之益」，藉由解讀經典所指出的理想價值和意義，尚須回歸自身去體證實踐，使自己眞能體證經典所指的眞義，轉化自我，才是於己有益。

如此，我們可以看到朱子對解悟轉化與理解語言文本意義脈絡關係的論述觀點，更可見儒者視注解經典即爲參與神聖的基本態度，未能解悟轉化前便妄自立說，即是未能體證神聖價值，這般妄加揣測臆說的結果自不能參與神聖而得益，反而使神聖價值意義在文本解讀中受到扭曲，而令人不能解得眞義，在此可以得見近於「神聖性作者觀」裡作者與述者的基本關係，因此《詩集傳》對朱子而言，實爲以詮釋經典《詩經》而參與神聖價值的價值踐履行動，並欲藉此使更多人能解得《詩經》眞義、能參與神聖而得益，此即朱子效法孔子以詩而行教化的典範行爲，而欲由經典重新詮釋來重新發現聖人教詩之意，則此一重詮《詩經》的行動便是「詩之教」的具體實踐。

四、詩的雙重本義、詩本質之微婉自然到「言外之意」的詩文本觀

綜上所述，我們可知朱子詮《詩》所指的詩本義實有兩種層次——語言理解之詩本義和非語言解悟之詩本義，其各自所指的感知狀態和意義層次有所不同，亦有價值的差別。

（一）雙重詩本義——語言層第二義與非語言層第一義

朱子對詩本義構成的基本觀點可再由一例加以補充，朱子學生曾對《詩集傳》分別「六義」尚有未備之處提出疑惑，朱子卻說：「不必又只管滯卻許多，且看詩意義如何。古人一篇詩，必有一篇意思，且要理會得這個（頁2740）」，可知朱子認爲「六義」雖重要，僅依「六義」卻未能解得詩本義，在此我們可以分辨朱子所說詩本義有兩種類型，一即是語言理解之詩本義，包含字詞章句訓詁至「六義」等語言形式義，乃至由詩旨解說所固定的原作者本意（詩人本意），由語言加以詮釋標定其義，故有其固定意指。

詩本義另一類型則爲非語言解悟之本義，此義才是第一義，因爲詩人本意雖可由語言固定作者基本意向，卻難體會其眞實所感，此「感」的解得才是詩本義的第一義。由此可知何以《詩集傳》序文起首，朱子對詩文本之基本定位爲「言之餘」，而不是「言」，正因其早已體悟到詩文本語言和意義構成的基本特質並非一般語言性質，詩文本雖仍不得不經由「言」的形式來加以呈現，但其欲藉「言」而示現的「情性所感」及衍生的種種內容，皆因其

非語言所能固定而有其動態性，所以似言而非言，而說「言之餘」，清楚表示朱子對詩文本性質的充分體察，則朱子非語言層的詩本義具有以下特質：

一、非固定（所謂「說不得底、解不得底」），因能悟與所悟者及解悟之歷程與意義皆非語言可以直接或充分表述，即不在語言邏輯可規範的範圍內，且因這神聖狀態或解悟意識的表述通常呈現一種語言無法固定的非理性秩序的活絡靈動現象，故詩本義之第一義可謂非固定。

二、但此第一義有固定之價值意義取向，仍指向儒家文化價值意識，並藉此工夫欲完成道德生命的不斷提升，即儒家「聖人原型」為詩本義所欲呈現最終的價值趨向，為究竟義的主要取向，但這一取向終僅能以語言暫行標定，卻不等於語言所表述和詮釋，朱子對此身心修證工夫與語言間的連繫和斷裂處，顯然體證極深，而能從認識論上推展如何親身參與或趨近神聖的種種歷程，故其關於神聖狀態或解悟意識等描述極其深刻，朱熹在此展現的不只是知識理解或一般性的意義詮釋，最重要的是具體示範儒者對其儒家理想價值的信仰與宗教性面向的體證修煉工夫，才能在自身修養親證工夫造詣極深下，開展出另一導向身心修煉、親身實踐且以聖化俗的詩本義解悟的新面向，且有極強的方法論意識和知識性質，亦兼具儒者道德生命修養實踐的基本面向，理論與實踐面向都有高度的發展，朱子詩學能在接受史上取得典範地位，並非浪得虛名，亦非一般理學家或文學家之定位分判所能概括，其內涵的豐富性實超出一般想像。

此一體證神聖歷程所示現充滿靈動鮮活的詩本義之動態詮釋面向，亦可視為中國詩學傳統的重要特質。如「諷詠涵濡」的工夫論體系成為後世讀經教育的主要方法等，並非這類方法或模式過去未曾出現〔註102〕，而是到了朱子，才將之提升到方法論的高度，發展出實踐方法和理論兼具的完整體系，然而其體系中所具認識論層次的工夫論意涵，至今在應用層次上似未被善加理解，是以讀經或讀誦教育仍多流於光練死背硬記，而忽視「諷詠涵濡」工夫裡實蘊含經由「涵濡」以調節意識再力求轉化的向度。

三、值得注意的是，這一新面向如朱子所言，可以用語言逼近之，卻不

〔註102〕宋儒對「諷詠涵濡」之功與工夫以至藉詩而求感動興起之意，常極為注重且多有發展，張載、謝良佐及二程子論詩時皆有此類論述，朱子在《詩傳綱領》中即節錄以上諸儒之說，再予闡釋補充，可見朱子學詩工夫論亦吸收不少前儒觀點。《詩傳綱領》，見《朱子全書》第一冊，頁348～349。

可能用語言充分解釋之，非固定且由通感解得的意義乃是所謂詩人之感或聖人之感，故此「感」所構成之義亦如「感」之難以語言加以固定的特質，故此義必呈現一種動態變化的歷程狀態，而具有神祕玄妙的意味，使詩文本成為本具「言外之意」的文本類型。

（二）詩本質之微婉自然到「言外之意」的衍生

此處要再次回到一個根本問題：「何以必是詩？」朱子特別強調「興於詩」且發展出一套「興」的認識論層次的身心修證體系，以強調藉詩觸發朝向證悟道德理想價值真義之機，且此一觸發之機至為重要，然而何以必是詩文本才能當此重任？其他聖人言教經典文本何以未被強調與「興」的關連，而唯獨藉詩文本才能開啟此一觸發之機？這便要回到詩本質判定的問題，前面已討論朱子對詩文本和其他經典文本類型不同處，在於詩不是「理」，《書》、《春秋》等文本「字較實」、「一字皆有理」，詩因其質迥異於其他文本類型，故不能同樣以逐字窮理之法去解讀，應順其本質特性才能解得其義，所以解讀之法首重諷詠涵濡，而不在語言層的理解窮究，詩的本質特性除了前文已論的感通性質外，通過「興」的轉化機制的討論，可以明白朱子對詩本質另有體察，且以之做為用詩於教的基礎，藉《論語集註》裡對孔子「思無邪」的一段詮釋可以將此一用詩於教的脈絡乃至詩本質的判定予以總結：

> ……凡《詩》之言，善者可以感發人之善心，惡者可以懲創人之逸志，其用歸於使人得其情性之正而已。然其言微婉，且或各因一事而發，求其直指全體，則未有若此之明且盡者。故夫子言《詩》三百篇，而惟此一言足以盡蓋其義，其示人之意亦深切矣〔註103〕。

其說之脈絡參照前述所論，可梳理為以下要點：

一、不只於其他經典文本皆共有的教戒義，尚有感發人之善心的作用，重點即在其非一般語言之「言」，而為「言之餘」的特質，故能藉此與聖人之感相通，使自身受其感動而自身情性亦能去邪歸正、轉俗趨聖，因而「感通」才是詩文本獨有的特質。

二、因詩文本原為感發而作，其質為「感」，不是「理」，所以其本質在

〔註103〕朱熹，《論語集註》卷一，見《四書集註》（北京：中華書局，1983 年 10 月），頁 54。

於「感」難以捉摸的動態性，不得不以語言來表述時，其語言特質則為「微婉」，意指此「感」（詩本義所在）並非透過一般語言理解直接可得，因而要「諷詠涵濡」工夫以突破語言知解之限，進入詩文本原蘊蓄之「感」，求其詩人本意或聖人本意。

三、既然詩語言其質為微婉，則必衍生詩文本「言外之意」的觀點，即詩本質使詩本義必不在「言」的一般理解上，而必由「言」轉入「言外之意」的解悟，才算是完成詩文本解義歷程而得其義。

四、詩文本多緣於「一事」而發，其質本不為說理，而是「緣事而發」，然而朱子之所以重視詩，不僅在此，是要求由這一「緣事而發」能「直指全體」，此一「直指全體」便是要指向孔子「思無邪」之說，朱子用詩為教的脈絡便由之導向最終的理想價值，即「思無邪」所意味的「使人得其情性之正」的價值意義所在，「且或各因一事而發，求其直指全體」，在此我們再次看到第二章所論中國文化傳統思維中聯繫性思維和整體一元論的思維模式〔註104〕，詩文本原為一事感發而其意僅為此一所緣之事，但經朱子用詩為教後，詩文本原義經用詩解詩歷程的轉化後，必要繫連至「全體」所意指的一元之義，此一元即為儒家以詩為教的理想價值所在——思無邪，故朱子說詩必要指向此一最終價值義，因使人情性歸正，才是朱子用詩的價值所在。

五、因此，要轉向此一元之價值義「思無邪」，必得要藉詩文本起興以向此價值而行，所以能「興」者，則由詩文本獨具的「感通」、「微婉」等本質，因而能因詩所蘊蓄之「感」自然為之觸動，得以開啟朝向「思無邪」這一理想價值努力踐履的機制，此即為朝向價值理想而行的觸動原點，故為起興，由此「何以必是詩」的疑問也就有了答案，唯詩文本具有「感通」、「微婉」等本質，故能使主體之間發生感通，藉以能使主體因詩感興而觸動其使自身情性為正之機，這意味著儒者用詩必不是機械性、工具性的「用」，而是著眼於詩原具本質和個人主體修養的關連性，即對詩語言文本類型的掌握，以求個人主體感動興起，朝向情性修養而行，此即「詩可以興」在朱子詮《詩》體系裡的要義，而此一「興」必緣於詩文本，且唯詩文本可以當此自然使人

〔註104〕朱子此種思維模式尚表現於〈關雎〉一詩的詮釋，「讀〈關雎〉之詩，便使人有齊莊中正意思，所以冠于三百篇：與《禮》首言『毋不敬』，《書》首言『欽明文思』，皆同。」，這種以關鍵之一語概括全書脈絡的做法，便是整體一元論思維模式的具現。語出《朱子語類》，收入《朱子全書》第十七冊，頁2771。

感動興起以向理想價值而起行的大任。

　　藉此以詮《詩》的論述，朱子從語言問題的反思，其實使對詩的「言外之意」概念衍生出新的內涵，在此一觀點下，（一）詩所具「言外之意」的特質建立於「感」的無法言詮和不明晰性，詩所具「言外之意」的解得，便是作者與讀者主體之間感通而得；（二）此一感通行為須藉詩文本這種可「感」之語言為中介，所以解詩本義之究竟義不在於詩語言義的解得，而是藉詩語言推溯其中原蘊蓄之感；（三）依此，詩本質必為微婉且含蓄蘊藉，但朱子尚另強調詩原具自然平易之質，這便與《毛詩》對詩語言本質觀點不同，因《毛詩》所衍生的「言外之意」觀點乃因刻意轉化語境而生，朱子反對此種刻意轉換語境而生的穿鑿比附而不採毛鄭觀點，但在朱子將詩文本界定為自然入心、感而能通的語言觀點下，詩本具「言外之意」的本質和觀點得以延續及強化；（四）如是由感通而說詩的「言外之意」的詩文本觀，反而近似「知音說」藉音樂以通感的觀點〔註105〕，但較「知音說」有更深廣的認識論體系的開展。

五、《詩集傳》僅為基礎教本──傳注體的解義限制

　　解義歷程既有語言層和非語言層的殊異，朱子《詩集傳》意義生成的模式當然無法自外於語言，亦必受語言文本自身特性之限，因而朱子雖費盡多年心血，屢加改訂才注解完成此書，然對自注的《詩集傳》在解義上所具效用和限制，亦有自覺：

> 問：「看《詩》如何？」曰：「方看得〈關雎〉一篇，未有疑處。」
> 曰：「未要去討疑處，只熟看。某注得訓詁字字分明，便卻玩索涵泳，
> 方有所得。若便要立議論，往往裡面曲折，其實未曉，只鶻突見得，
> 便自虛說耳，恐不濟事。此是《三百篇》之首，可更熟看。」（頁
> 2762）

　　朱子關心學生讀《詩》的學習情況，學生回答未見可疑之處，朱子卻說「未要去討疑處，只熟看」，可見朱熹注《詩集傳》之意本不在刻意疑古，現代研究中總喜以此義來概括《詩集傳》注解的特色，實則朱子自言其意不在

〔註105〕「知音說」的討論詳見蔡英俊：〈知音說探源：試論中國文學批評的基本理念〉，收入呂正惠、蔡英俊主編：《中國文學批評・第一集》（台北：學生書局，1992）。顏崑陽先生則對「知音」在文學批評上的效用詳加解析，詳見顏崑陽先生：〈《文心雕龍》「知音」觀念析論〉，收入顏崑陽先生：《六朝文學觀念叢論》（臺北市：正中書局，1993 年 02 月）。

此，反而強調面對《詩》文本不要刻意去找可疑或有異議之處，因為此舉即意在自立議論，然急著自立己說，反而在彷彿見得、其實未見的狀況下，成為虛妄無用之說，應先熟讀以曉內中曲折，方為解義正途；更自言自己所注《詩集傳》訓詁意義雖為字字分明，但必要「諷詠涵濡」工夫，才能解得眞義，表示朱熹深明自己煞費心血而注解的《詩集傳》雖在語言理解層次上能有助益，但解悟究竟之義仍不是光讀《詩集傳》此種傳注體文本便能解得，仍有個人自身解悟原典文本的工夫歷程才可解得。

因此朱子學生看《詩》只看《集傳》，全不看古注，便被朱子糾正。更有意思的是，另有學生先泛看諸家《詩》說，朱子提示學生，自己注有《集傳》，但後來學生只讀《集傳》，朱子卻說不可（頁 2762）。一方面固可說朱子是為了問學求實而鼓勵學生研讀時應能轉益多師，另一方面亦由《詩集傳》和眾多注疏仍必因語言文本自身所限，而不能僅以之理解《詩經》自身的究竟義，所以朱子才有如下激進的說法：

> 或問《詩》。曰：「《詩》幾年埋沒，被某取得出來做。公門看得恁地搭滯，看十年，仍舊死了那一部《詩》。今若有會讀書底人看某《詩傳》，有不活絡處都塗了方好。而今《詩傳》只堪減，不堪添。」（頁 2766）

朱子先說《詩》義長年被埋沒，為重新考掘詩本義而注解《詩集傳》，只是學生們依然拘泥於詩的語言或注解義，即使讀十年，「仍舊死了那一部《詩》」，詩本義仍不能解得，經典便是死亡；末了竟說若有會讀書者看《詩集傳》發現朱子注解經文意義有不活絡處，都塗掉才好，更說自己的《詩集傳》內容只應減，不應再增加。

對於自身力作卻毫不留情地自言即使塗消減少內容亦可，委實罕見，這看似激進的論調其實反覆強調個人讀書不可泥於語言層之理解，尤要回歸經典原文和原義，以求解悟眞義，其他包含《詩集傳》的各家注疏之作，都只能視為詮釋經典的一家之言，不免有一己之見或未能解活詩文本原義者，故當以解得經典本義為優先，其他傳注之作其解釋若不能復活經典本義，塗改削減自是應當，一則顯示朱子詮《詩》務求回歸經典文本的基本態度，唯回歸文本才能解得文本本義；二則對經典文本和傳注文本之間進行價值和解義順位之分判，傳注文本乃為詮解經典，經典才是價值所在，但傳注文本之詮釋可能有不足處，此時解義自應先依經典文本為主，撇棄傳注文本的錯謬不

足處，才能切實以復經典原義，也才能追復聖人本意。所以朱子面對《詩序》存廢爭議時，表明自身注解《詩》的基本依據時才說：「某解《詩》，多不依他「序」。縱解得不好，也不過只是得罪於作「序」之人。只依「序」解，而不考本詩上下文意，則得罪於聖賢也。」（頁2767），便清楚表明回歸經典文本以詮義的基本原則，此才是解得聖人本意的根本之道，「《詩傳》只得如此說，不容更著語，工夫卻在讀者。」（頁2767）《詩集傳》亦只能是傳注文本之質，要由之體悟聖人本意，工夫仍在讀者主體解悟歷程的完成。

綜上而知，朱子深知《詩》文本解義需傳注文本之助，以求語言層的基本理解，卻不能止於此，否則反滯於語言義而僵化，造成詩義死亡，不得詩究竟之義，則不能體察聖人本意，亦不得知《詩》經典價值之所在。朱子心中的《詩集傳》亦只是語言傳注體的產物，不能取代「興於詩」的工夫，故傳注文本只應減，不應增加，即強調應將工夫心力置於回歸《詩》文本，解悟其真正價值意義之所在，不可捨本逐末。

由此一觀點重新出發，我們對《詩集傳》詮釋的基本原則和詮釋類型，當有一番異於往昔的新理解。在此可以〈周南‧關雎〉為代表，重新考察《詩集傳》解義的層次何在，〈關雎〉為《詩》之首，朱子最為重視而格外詳加詮釋〔註106〕，為顯明《詩集傳》釋〈關雎〉的詮釋特質，在此除去各章前半部字詞訓詁不提，其他關於全詩和各章詩旨的部分均列於下，以便討論：

（第一章）興者，先言他物以引起所詠之詞也。周之文王生有聖德，又得聖女姒氏以為之配，宮中之人於其始至，見其有幽閒貞靜之德，故作是詩。言彼關關然之雎鳩，則相與和鳴於河洲之上矣。此窈窕之淑女，則豈非君子之善匹乎？言其相與和樂而恭敬，亦若雎鳩之情，摯而有別也。後凡言興者，其文意皆放此云。漢、康衡曰：「窈窕淑女，君子好仇」，言能致其貞淑，不貳其操，情欲之感無介乎容

〔註106〕朱熹認為〈關雎〉「蓋謂「國風」篇章之始，亦風化之所由始也。」，且順「詩序」「〈周南〉〈召南〉正始之道，王化之基」之說，更進一步申論：「王者之道，始於家，終於天下，而〈二南〉正家之事也。王者之化，必至於法度彰，禮樂著，〈雅〉〈頌〉之聲作，然後可以言成。然無其始則亦何所因而立哉。基者，堂宇之所因而立者也。程子曰：『有〈關雎〉、〈麟趾〉之意，然後可以行《周官》之法度。』其為是歟？」詳見《詩序辨說》，收入《朱子全書》第一冊，頁355～356。此便是將〈關雎〉視為修身、齊家以迄平天下中的齊家之始，故最為重要，故在朱子詮《詩》各論中均反覆強調其重要，幾可謂《詩》之首要。

儀。宴私之意不形乎動靜。夫然後可以配至尊而爲宗廟主。此綱紀之首，王教之端也。」可謂善説《詩》矣。

（第二章）此章本其未得而言。彼參差之荇菜，則當左右無方以流之矣。此窈窕之淑女，則當寤寐不忘以求之矣。蓋此人此德，世不常有，求之不得，則無以配君子而成其內治之美，故其憂思之深，不能自已，至於如此也。

（第三章）此章據今始得而言。彼參差之荇菜，既得之，則當采擇而亨芼之矣。此窈窕之淑女，既得之，則當親愛而娛樂之矣。蓋此人此德，世不常有，幸而得之，則有以配君子而成內治，故其喜樂尊奉之意，不能自已，又如此云。

（篇末總論）孔子曰：「〈關雎〉樂而不淫，哀而不傷。」愚謂此言爲此詩者，得其性情之正，聲氣之和也。蓋德如雎鳩，摯而有別，則后妃性情之正固可以見其一端矣。至於寤寐反側，琴瑟鐘鼓，極其哀樂而皆不過其則焉，則詩人性情之正又可以見其全體也。獨其聲氣之和有不可得而聞者，雖若可恨，然學者姑即其詞而玩其理以養心焉，則亦可以得學《詩》之本矣。康衡曰：「妃匹之際，生民之始，萬福之原。婚姻之禮正，然後品物遂而天命全。孔子論《詩》以〈關雎〉爲始。言太上者民之父母，后夫人之行，不侔乎天地，則無以奉神靈之統，而理萬物之宜。自上世以來，三代興廢，未有不由此者也〔註107〕。

《詩集傳》說〈關雎〉的模式大抵可分二部分而論，一是「興」義的說明，二是解說詩旨的意義層次和方式。「興」義的說解部分只是點到爲止，解說的要點看似反在語言形式之義，即「先言他物以引起所詠之詞也」，其後僅簡要說明由雎鳩和鳴以說窈窕淑女爲君子之佳偶，即君子淑女亦如雎鳩和樂恭敬、摯而有別之情，這一詮釋方式不單未強調「詩可以興」的非語言義，連「興」的語言義亦簡要帶過，並未詳釋，僅由說明「興」的語言形式義，略言其由物（河洲雎鳩和鳴）所興之情理（雎鳩之情和樂恭敬、不相狎亂），第一章末再引康衡之論，因其能將淑女（指文王之妻大姒）之情的要義和所以可配君王之理，乃至此詩爲法度之首、王教之發端等道理清楚點明，故朱

〔註107〕《詩集傳》，收入《朱子全書》第一冊，頁403～404。

子說其爲善於說《詩》。

第一章因詮釋「興」義和所「興」之情理而稍詳，二、三章則僅順其詩句文句義而說，惟略補充二、三章有未得和已得之狀態和時間順序之別，故分別有求之不得而憂思不已與幸而得之故喜樂尊奉等義。

篇末總論引孔子之說而提出朱子自身觀點，才進入較深層之意義詮釋，此段詮釋涵括幾個要點：一、此詩要義在於能得情性之正、聲氣之和，二、所以能如此之由，其一在於后妃之德如雎鳩恭敬有別，后妃情性之正便能由之見出端倪，另又由寤寐反側、琴瑟鐘鼓等狀，可知極此哀樂之情，卻能所發皆中節，可見詩人情性之正，又可由之觀全體皆爲正，即所引康衡「妃匹之際，生民之始，萬福之原」的說法，因上位者爲民之父母，能配以有德之佳侶，婚姻合禮而正，才能合於天命以達天人合一，使人民和萬物各適其位，所以才說理想的三代之治其興廢亦皆由此，強調〈關雎〉所含之理與理想價值所寓的重要性。

第一要點強調此詩能觀情性之正、聲氣之和，即解讀此詩的關鍵義在於觀此詩體現情性之正的情性典範，和因情性典範之正而感發爲言的聲氣之和，此義即第三節已論說「詩可以觀」觀聖人情性典範之義，惟因聲氣之和部分有上古音樂已失而不能知其全貌，所以朱子才說「雖可恨，然學者姑即其詞而玩其理以養心焉，則亦可以得學《詩》之本矣」，意即觀詩主要在於體會情性之正和聲氣之和兩大層次，然而聲氣之和因音樂之失而不能盡得其妙，所以觀詩要點便在於就其詩句而體會情性之正的層次爲主，由之「玩其理以養心焉」，玩味其中之理而存養自身心性，才是觀《詩》目的和學《詩》根本。

第二要點由本詩構義的兩個基本向度，說解觀詩的具體觀法，一在於由「德如雎鳩，摯而有別」，故可觀后妃情性之正亦如是，然而此只就一現象而見后妃情性，故所見只是「一端」，而非全貌；二在於「寤寐反側，琴瑟鐘鼓」的行爲表現，可觀詩人極盡哀樂之情卻能不逾距而合於中，詩人情性之正便可由此觀知，又透過詩人之眼和情性之正，而知后妃能有此德，「蓋本於文王之躬化。故內則后妃有〈關雎〉之行，外則群臣有〈二南〉之美，與之相成〔註108〕」，此即能觀知文王內治外政皆美，而以之化天下之民，便知文王之聖，則爲觀「全體」之義。

〔註108〕《詩序辨說》，收入《朱子全書》第一冊，頁355。朱子在此引曾氏之言而肯定其「庶幾得之」，表示此論可以得〈關雎〉之本義。

　　如此觀詩之法的特質，在於抓取語義脈絡構成之要，而後一層一層推究詩人所言人物的情性，以及藉詩作感發之情而體現的詩人自身情性，並指出此情性之價值所在，僅以區區數言，朱子便藉〈關雎〉的語言脈絡義簡明扼要地總結出「觀」詩之法和可「觀」之理。然而〈關雎〉之義於朱子眼中畢竟不止於此，《朱子語類》說解〈關雎〉便又闡釋出《詩集傳》此處未加詳說的另一種意義：

> 〈關雎〉一詩，文理深奧，如〈乾〉、〈坤〉卦一般，只可熟讀詳味，不可說。至如〈葛覃〉、〈卷耳〉，其言迫切，主於一事，便不如此了。……（頁2771）

　　此處朱子又提示〈關雎〉有「不可說」的面向，只能以「諷詠涵濡」工夫以致之，更以《易》之〈乾〉、〈坤〉兩卦比喻，說其「文理深奧」，如此說來〈關雎〉的意義便轉進《詩集傳》所未詮釋出的一種充滿玄妙神祕的層次，但這深奧又不可說之義，朱子其實並未只以「諷詠涵濡」工夫帶過，而曾以語言詮釋設法逼現此一究竟真義；朱子某次和學生談論他人所說〈關雎〉之義時，學生概述此人之說後，朱子言此說無異於鄭玄，乃進一步說：「某看來，恁地說也得。只是覺得偏主一事，無正大之意。〈關雎〉如《易》之〈乾〉、〈坤〉意思，如何得恁地無方際！如下面諸篇，卻多就一事說。這只反覆形容后妃之德，而不可指說道甚麼是德。只恁地渾淪說，這便見后妃德盛難言處〔註109〕。」

　　依朱子以語言設法逼現的究竟義部分，有兩大要義：

　　一為〈關雎〉之於《詩》，猶如〈乾〉、〈坤〉卦之於《易》，為全書綱領所在，且《易》之道在於乾坤陰陽相生相合以成宇宙萬物變化之理，〈乾〉、〈坤〉自為《易》義構成發展之原點，故《易》之道至廣至大而難言，〈關雎〉亦如前引《詩集傳》和《詩序辨說》所言君王后妃婚配之禮正而德配天地，推知文王及其家之正使上可通於天而合天命，下可安其民而理萬物，便體現《易》之乾坤陰陽相合而化為正，能安宇宙萬物之理，亦如〈乾〉、〈坤〉卦在《易》中的始源及根本位置，由〈關雎〉而見文王之化所以起始之原點，在於必先正其家，得有德之后妃便為齊家之原點，故〈關雎〉在《詩》中便有《詩》所以教的本源和根本位階，即因此詩被視為一切詩之教意義生成的發源。因

而說此詩之意義廣大深遠即在於此;此說亦再次顯現前文所說的整體一元論和聯繫性思維的詮釋模式。

二為藉〈周南〉其他各篇來對比,以顯現雖同屬文王之化,〈關雎〉大異於他詩之特質所在。其特異之質其一在於其他各詩多只就「一事」說,〈關雎〉不是特指某一事,而是體現后妃之德,如朱子說〈葛覃〉之義為「后妃既成絺綌,而賦其事」,又說〈卷耳〉為「后妃以君子不在而思念之,故賦此詩」,一是由后妃以葛織布製服之事以現其能勤儉之德,一是由后妃思念君子之事以說其貞靜專一,這便是朱子所謂他詩僅就一事而說之義,對比出〈關雎〉非僅就單一事件來說事件之情理,而是由宮中之人作詩吟詠文王和后妃之婚配之正,體現內治外政均美而德化天下,可觀詩人和后妃情性之正,亦可推觀文王之化美盛廣大,可直接具現「聖王原型」之神聖價值,此為朱子所以如此推重之因。這即是朱子要我們注意此詩和〈周南〉其他之詩有其涵蓋面廣全狹偏之異,由之來體會〈關雎〉至廣至大之真義。

此第二要義在於從語言層出發,指出語言表述之特質,設法由此表述特質來突顯究竟真義的特質。朱子先指出此詩「只反覆形容后妃之德,而不可指說道甚麼是德」,先指出語言表述特質在於反覆由憂思或喜樂之行為具體表現后妃德行世所罕見而欲得之,藉之形容后妃之德,故其詩語言表述特質不在直指其德,換言之,此德亦非可直接指稱而得見,所以「只恁地渾淪說,這便見后妃德盛難言處」,這種「渾淪」性質的詩語言表述之法便表現出此難以語言直指之盛德,但亦因其只能如此渾淪地說對此德的感知,「不可指說」和「渾淪」便是此感不能以語言盡現的基本性質,也就是此詩究竟義之所在。

朱熹分別以《詩》文本外的另一近似性質的文本(《易》之〈乾〉、〈坤〉卦義),和《詩》文本內同類屬卻性質有異的其他詩文本(〈周南〉其他詩作),設法由〈關雎〉文本一外一內對比以逼現此詩真義的特殊性質,朱子此一論詩究竟本義之法實則體現以下重要意義:一、解悟之本義雖難以語言詮釋盡得,且應以「諷詠涵濡」工夫體證解悟之,但仍可用語言儘量設法逼顯其存在;二、縱使此一逼顯出的存在只能現出究竟本義的部分面向或性質,但朱子顯然以為這種認識論的開展以明其究竟本義存在的歷程極為重要,故常以此法詮釋說解,而不是停留在本體論的虛玄性質的表述,這是朱子之學在其詮《詩》上的體現和發展。

最後一點也是最重要的是，《詩集傳》的相關詮釋與之參照比較，《詩集傳》雖也點明要深加體會之處，但受於傳注體和語言形式的限制，大多點到即止，且多半只能強調本詩的義理面向，語言層詮釋難以深述的「感發」之「感」，則多未涉及，不似《朱子語類》中教《詩》之時將如何企及此情性之「感」的解悟歷程盡量展開並詳加推究，由此我們可確知，朱子對《詩集傳》的基本定位在於：一、字詞章句訓詁義至「六義」的究明；二、詩旨的重新詮釋，即詩人本意的重新推究；三、用意在於使學者能掌握語言層的詩本義後，明白需體會涵泳的價值所在和固定其體證之意義方向，完成「諷詠涵濡」工夫前應有的理解基礎，以便由之能有進階工夫開展；三、依此，則《詩集傳》主要是詮釋《詩》的第二義，而非第一義。依此而言，《詩集傳》在朱子的詮《詩》體系裡乃是做為基礎教本的性質，而不是由之直接具現解《詩》的究竟本義和身心修證工夫，這是我們理解朱子詮《詩》諸內容時，應要加以辨明之處。

在此我們可明白關於解悟究竟義的提示方式本難免的語言障礙，和傳注體於此方面的根本限制外，尚可看到古代儒家文本觀中，作與述作基本區別的創作觀下，經典詮釋的基本目的不以個人創見為主要詮釋寫作觀點，而以闡發體證聖人之作中的意義價值為主，故《詩集傳》亦不以朱子個人所體證解悟之「感」為主，而先求語言層理解基礎的完成，及詩人本意至聖人本意的《詩》之價值意義取向的固定，使讀者解義時有固定意義取向可遵循；此一寫作觀點亦可視為「神聖作者觀」發展的一種遺形。

第五節　朱子詮詩觀的典範化——聖俗感通、以聖化俗的身心修證原型及「言外之意」觀衍生的意義轉化

第三節已知詩本義依能解得究竟與否的層次而有雙重義，因而《詩集傳》亦因語言文本和傳注體本身的限制，只能視作解《詩》的橋樑和基礎理解用的教本，朱子自身亦深有所覺，基於此種意識下進行《詩》文本的詮釋，《詩集傳》的詮釋特質何在？依前文所論其詮釋體例而觀，此書詮釋上仍保留傳注體的基本形式，並無特殊，朱子又本自言此書為「傳」，原本著書的意旨自是在傳注文本形式下進行，體例尚不能盡顯其詮釋特質所在；《詩集傳》要由其兩大基本詮釋類型入手，真正特出之處便可因之而現。

一、《詩集傳》兩大基本詮釋類型與文本意義形構的兩種觀點

　　《詩集傳》詮詩的兩大基本詮釋類型可由其詮釋最具代表性，亦引發後世爭議不休的兩大極端文本〈二南〉和〈鄭風〉為例先行探討，此二者分別可代表朱子詮《詩》時兩種性質互異的基本詮釋模式。

（一）以聖化俗詮釋模式——「封閉性文本觀」轉向「開放性文本觀」之融合

　　〈周南〉和〈召南〉在《詩集傳》中乃理想價值寄寓所在，此義已有眾多研究論之甚詳〔註110〕，不再具論，朱子注釋〈周南〉之義的結論即引「詩序」:「〈關雎〉〈麟趾〉之化，王者之風，故繫之周公。南，言化自北而南也。〈鵲巢〉〈騶虞〉之德，諸侯之風也。先王之所以教，故繫之召公」的說法，並強調「斯言得之矣」，正因〈二南〉被朱子視為文王之化的表徵，因而我們可說此即「聖王原型」在詩文本中的具體示現，這一意義上而言，朱子詮釋方向基本上承襲《毛詩》，此義亦已有不少研究論說，陳志信便指出朱子詮釋〈二南〉時，先在時空定位上原封不動地承接文王盛德風化天下的毛、鄭詩說，亦在單篇詩旨詮釋上「刻意勾連諸詩篇與文王自家的緊密關聯」，並舉〈關雎〉、〈卷耳〉為例，證明朱子將毛鄭所說關於賢淑后妃之作為，直接與文王和文王之妻太姒畫上等號；而且在文王之化廣而深遠的詮釋面向上，「朱熹除踵毛鄭足印，於〈周南〉、〈召南〉整組詩歌的詩旨判定，大抵重新拷貝一份文王德行廣被宇宙的框架輪廓外，在細部詩旨闡述上，亦不忘時點名文王、太姒，以極力牽引〈二南〉諸詩與文王聖德間密切關係」〔註111〕，都已明確表明朱子詮〈二南〉的基本詮釋觀點和方法，和「小序」、「鄭箋」大同小異。

1、比附連類——承襲「詩史」觀點強化道統詮釋

　　不過這「小異」雖為異，卻更耐人尋味，朱子對「小序」僅以「后妃之德」釋〈關雎〉之義頗不以為然，原因卻是「但其詩雖若專美大姒，而實以

〔註110〕陳志信:〈理想世界的形塑與經典詮釋的形式——以朱熹《詩集傳》對〈二南〉的詮釋為例〉，《漢學研究》21卷1期（2003年6月），頁295。姜龍翔:論朱子《詩集傳》對二〈南〉修齊治平之道的開展〉，《清華中文學報》No.7（2012／06），頁61～105。

〔註111〕陳志信:〈理想世界的形塑與經典詮釋的形式——以朱熹《詩集傳》對〈二南〉的詮釋為例〉，頁295～296。很早即比較漢宋兩大詮《詩》典範詩旨異同的則為李家樹，已指出漢宋頗多相似之處，〈二南〉亦然。李家樹:《詩經的歷史公案》（台北市:大安），1990，頁52。

深見文王之德。「序」者徒見其詞，而不察其意，遂壹以后妃爲主，而不復知有文王，是固已失之矣。至於化行國中，三分天下，亦皆以爲后妃之所致，則是禮義征伐皆出於婦人之手，而文王者徒擁虛器以爲寄生之君也，其失甚矣〔註112〕」，朱子並非如現代詮《詩》觀點反對「小序」未將〈關雎〉至〈二南〉之詩釋爲俗民的抒情歌謠，反是指責「小序」之說不夠正統，〈二南〉看似多稱美后妃，實必由之可觀其於文王之德化，才能有后妃夫人之德，以此強調神聖價值之源必在聖王，以及聖王德化必有其由身及家、由內而外的倫理次序，絕不可相亂，此爲〈二南〉本義，「小序」不能詮釋出理想價值「聖王原型」所在，便是失其「本」。

　　這不只反映出本章第一節所論朱子的道統觀點，以下將神聖象徵的〈二南〉和世俗化代表的〈鄭風〉對舉，便能明顯看出朱子詮釋二者時，詩文本意義生成的模式頗有不同，且更意味聖俗主體在文本具現的詮釋模式截然不同，意即聖人代表的神聖主體和俗民所現的世俗主體相關之詩文本，分別有不同的構義模式，這其實涉及文本構義基本觀點差異的問題。

　　示現神聖價值和「聖王原型」的〈二南〉，如前所述，朱子極力繫連〈二南〉之詩和文王之化的關連，〈二南〉所有詩文本都必與文王之化有關，可是這部分最大的詮釋難題實和第二章已討論過的問題相同，《毛詩》欲證王化之跡的實存，而做種種彌合詩文本與詮釋之間裂隙的詮釋轉化，朱熹在此一點上實即沿襲《毛詩》的基本路數，且更有甚之，〈卷耳〉在《詩集傳》中，被朱子釋爲「后妃以君子不在而思念之，故賦此詩」，且君子即是文王，朱子在《詩序辨說》中惟獨肯定「詩序」說此詩爲「后妃之志」一語爲是，其他關於輔佐君子求賢審官和內有進賢之志等詩義詮釋，全被朱子斥爲「餘皆傅會之鑿說〔註113〕」，更一一辨其謬誤，然而《詩集傳》詮釋仍將詩文本未能確定身分的詩人直說爲「后妃」，於是採卷耳歷程中「嗟我懷人，寘彼周行」，成爲后妃「託言」採卷耳時心念文王，憂思至深而不能再採，便置於道旁，其後各章登高山涉險阻的種種馬疲僕病景象，在朱子詮釋中亦均由實轉虛，成了「託言」，全詩所有採卷耳歷程成爲后妃之想像，惟有憂思懷人之情爲實，此一詮釋便把原詩看似僅爲藉採耳登山等歷程書寫懷人憂思之詩，轉爲后妃貞靜專一以事文王之德。

〔註112〕《詩序辨說》，收入《朱子全書》第一冊，頁355。
〔註113〕《詩序辨說》，收入《朱子全書》第一冊，頁357。

更重要的是，朱子在詩末更添一說，以為「豈當文王朝會征伐之時，羑里拘幽之日而作歟」，認為可能是文王征伐而被幽囚之時后妃憂思而作，朱子雖亦自言「然不可考矣」〔註114〕，但朱子畢竟明確有將史事和詩文本繫連比附之意，且就此詩而言，朱子的比附較漢儒猶有過之，更為具體且意圖指實，意在將此詩文本設法賦予文王創業惟艱的歷史想像，完全體現出「開放性文本觀」的具體構義特徵。〈周南‧汝墳〉之末，朱子又以同一方法詮釋全詩本義為「是時文王三分天下有其二，而率商之叛國以事紂，故〈汝墳〉之人猶以文王之命供紂之役……〔註115〕」，亦是比附史事，藉引譬連類之法以求文本的轉用與意義的再生。

朱子詮《詩》多在事關「聖王原型」和神聖價值的具體示現上，才採用「開放性文本觀」來形構其詮釋，表示唯有理想價值意義所在才有如此文本之用，在此我們可看到「開放性文本觀」構義時不同於「封閉性文本觀」的具體效用，在於文本轉換其構義層次，以繫連傳遞神聖價值義的做法，使神聖價值義的意義層次產生具體轉化，其構義特徵可由以下幾點說明：

一、詩文本之原義並非構義要點，而以轉換的語境為主要意義構成之所在，在本詩中，文王之化代表的「聖王原型」與「歷史原型」便是必須藉詩文本轉換構義以表現的核心意義。

二、文王之化代表的「聖王原型」與「歷史原型」並非以語言直接指稱或說理詮釋而得，必藉詩文本象徵聖王風化使其民皆能得情性之正的完美範型，輾轉示現此一聖王風化在個人情性轉化上的重要範型和意義，因而以詩文本反映王化之跡實存的「詩史」觀點，勢必成為主要詮釋觀點及模式，朱子於此亦不能自免於比附史事之嫌，但如第二章所論，此乃因中國歷史觀將「事實判斷」與「價值判斷」合一的傳統，不能簡單斷之為單純的隨意穿鑿，而應先正視此詮釋觀點、方法以至神聖價值導出的特殊性。

三、這種不直稱直述神聖價值，必輾轉以示現之的做法，效用在於文本輾轉構義時，藉多首詩文本示現情性之真純，以突出聖王風化入民之廣大深遠，使人之情性一一轉化成善之義，相較於直接歌功頌德，更能示現神聖價值存在之真實與效用，且更能體會聖王之化入人之感而感動人心的深刻意涵，此即詩文本感化、感通本質的具現。

〔註114〕《詩集傳》，收入《朱子全書》第一冊，頁405～406。
〔註115〕《詩集傳》，收入《朱子全書》第一冊，頁410。

四、此時詩文本的意義構成由兩個層次的轉換而得，第一層次爲原作者本意（詩人本意），詩人示現其生活中的情性感發，第二層次必轉向「聖王原型」和「歷史原型」價值義的表出，此部分才是文本關鍵義所在，然而此關鍵義若不依第一層次義輾轉呈現，則聖王風化之跡不能成立，文本關鍵義裡的聖王風化的感動人心義便不能成立，此即爲「開放性文本觀」在構義上的特徵與效用。

因此文王之化以至聖人之化被視爲一種必要之文本核心意義和文本所以形構的根本，此爲「開放性文本觀」的範限，亦爲「開放性文本觀」中聯繫性思維裡的一元（核心），故爲〈二南〉的基本語境和價值意義形構的基本取向，各詩作者雖有其創作之能動性而因各自不同之境遇事件，有其感發不同，但必不脫文王之化的意義取向，即承認詩人本意的存在，而後則必轉向「聖王原型」的聖人本意，其構義原則其實即是第二章所說王化之跡的證成，就此點而言，朱子與《毛詩》並無不同，亦即必先證文王之化爲歷史之實跡，且《詩》文本即能具現此一聖王之跡，《詩》做爲儒家經典的經典意義才能成立，否則《詩》不必爲五經之一，因而這必是古代所有儒者的共識，故朱子於此必不駁漢儒，反而多沿其說而僅略辨細節，其因在此。

2、先觀作者本意，再觀價值本義的融合觀

然而朱子與漢儒證王化之跡的模式雖類似，其所證王化之跡的性質畢竟不同，這便涉及詩文本觀的基本差異，朱子所證王化之跡乃必回歸文本作者情性之感發爲原點，也就是詩文本可爲觀人情性之感以至觀人情性修養的依據，《毛詩》則將詩文本直接作爲興論之用，則〈二南〉王化之跡在兩個詮《詩》典範裡便有不同典範意義面向的示現，《毛詩》呈現的是詩文本作爲興論稱頌聖王之化盛美的跡證，朱子呈現的是詩文本作爲俗民或后妃宮人在聖王之化裡受薰陶而感發之美，而能由詩觀作者情性之美，所以能如此之由，即聖王之化盛美而致人皆得其情性之正，即《詩集傳》序文所謂「親被文王之化以成德，而人皆有以得其性情之正」，故發而爲言（詩）便哀樂皆中節而不逾矩，在此我們便可辨知兩大詮《詩》典範在理想價值義的構義觀點和模式上的相近，但在詩文本觀則有觀點的根本歧異，故而詮釋重心和原則便大不相同。

我們亦可注意到朱子詮釋所謂神聖價值文本時，必先回歸原作者以推求詩人本意的詮釋方法，便是封閉性文本觀的詮釋觀點，意即朱子釋〈二南〉雖意在使〈二南〉反映出「聖王原型」和「歷史原型」等理想價值，故以「開

放性文本觀」觀點來形構詩本義之核心價值義，但〈二南〉各詩的詩本義又必先立於「封閉性文本觀」的觀點，先形構其原作者本意，才轉向第二層次的構義，因而朱子在詮釋〈二南〉意義時，展現出文本意義構成觀點的變遷，而使其詮釋產生一種複雜而多層次的構義形態，詩文本意義生成的模式呈現一種既封閉於文本內部構義，又開放與文本外部相關文本和語境互連，從而輾轉構成最終之詩本義。透過漢宋兩大詮《詩》範型的文本構義觀點變遷，我們大抵可知中國古代傳統對意義生成不僅限於文本內部，而欲向文本外部求其廣泛轉用連結其義，而使文本和所欲強調的文本意義得以藉輾轉連結而更顯其意義和思維上的豐富性和廣延性，是以漢代以後雖漸朝「封閉性文本觀」發展，但在古代此種「開放性文本觀」仍屬常見，由兩大詮《詩》典範均在神聖意義詮釋時皆依此以構義的模式觀之，幽渺難見、崇高神聖等意義的表述與突顯，便特別須以「開放性文本觀」為文本主要構義觀點，更能適切地加以呈現其深意。

（二）世俗主體的文本詮釋模式——「封閉性文本觀」取向

《詩集傳》詮詩的另一基本類型在於詮釋以〈鄭風〉為代表的世俗主體情性感發之詩，除少數詩作外，均被朱子視為淫亂之聲的代表，是以其構義模式又有所不同：

〈鄭風・狡童〉：

（第一章）此亦淫女見絕而戲其人之詞。言悅己者眾，子雖見絕，未至於使我不能餐也。

（第二章及篇末皆無詩旨詮釋）

〈鄭風・風雨〉：

（第一章）淫奔之女，言當此之時，見其所期之人而心悅也。

（第二章）言積思之病，至此而愈也。

（第三章及篇末皆無詩旨詮釋）〔註116〕

〈鄭風〉構義模式明顯同於現代我們習見的「封閉性文本觀」，即以作者為中心，以構成文本意義，朱子都回歸文本推求作者為淫奔之女，詮釋詩中所具現的淫女言行，雖與現代詮《詩》的「封閉性文本觀」相同，但其最終

〔註116〕以上二詩詮釋分別見於《詩集傳》，收入《朱子全書》第一冊，頁 476、478。

意義指向卻大不相同，由〈鄭風〉篇末的總結可見出此最終意義指向：

> 〈鄭〉、〈衛〉之樂，皆爲淫聲。然以《詩》考之，〈衛詩〉三十有九，
> 而淫奔之詩才四之一。〈鄭詩〉二十有一，而淫奔之詩已不翅七之五。
> 〈衛〉猶爲男悅女之詞，而〈鄭〉皆爲女惑男之語。衛人猶多刺譏
> 懲創之意，而〈鄭〉人幾於蕩然無復羞愧悔悟之萌。是則〈鄭〉聲
> 淫，有甚於〈衛〉矣。故夫子論爲邦，獨以〈鄭〉聲爲戒，而不及
> 〈衛〉，蓋舉重而言，固有次第也。詩可以觀，豈不信哉〔註117〕！

　　在此朱子將其視爲淫聲的〈鄭〉、〈衛〉之詩加以對比，強調〈鄭風〉之
淫最甚，因而說孔子「鄭聲淫」的說法，未言及〈衛風〉之淫，便是特別要
眾人以最爲淫亂的〈鄭〉聲爲戒，表示二者有情性淫邪程度之別，由此再強
調由詩可以觀人情性和王化之跡對人情性之影響的基本論點。所以朱子儒家
價值意識和經典意識必使其詮〈鄭〉詩之義不止於原作者本意，而必再轉向
聖人本意的層次，即孔子編《詩》而有戒鑒面向之義，即《詩集傳》序文中
「惡者改焉」的意義，朱子對學生也常說解此意義構成之要點何在，指出〈鄭〉
詩的〈狡童〉、〈將仲子〉等「這個只似而今閑潑曲子〔註118〕」，此即由「封閉
性文本觀」來推究其文本性質，其實不只〈鄭〉〈衛〉二風，朱子視「變風」
多爲淫亂之詩，「聖人存此，亦以見上失其教，則民欲動情勝，其弊至此，故
曰：『詩可以觀』也〔註119〕」，所以朱子詮釋「變風」「變雅」的詩本義雖由原
作者個人情性爲構義原點，但終必轉向聖人編詩後的第二層次詩本義，即聖
人以之爲戒的價值判斷義。

　　然而五四迄今何以對朱子青眼有加，以之爲疑古或文學詮釋的先驅者，
亦可由上述所引詩文詮釋得知，《詩集傳》在「變風」「變雅」個別詩作詮釋
時往往如上述引文所示，僅簡明提及原作者本意的第一層次詩本義，其欲強
調第二層次的聖人本意僅於各「風」篇末才加提示，是以此種詮釋模式若讀
者僅斷章取義地截取某詩而進行理解，便會以爲朱子是能擺脫道學、經學色
彩而能以文學觀點詮釋詩作〔註120〕，以《詩集傳》〈狡童〉、〈風雨〉二詩之
詮釋爲例，不僅未如《毛詩》般指實歷史時世背景或繫連史事史料，更未於

〔註117〕《詩集傳》，收入《朱子全書》第一冊，頁481。
〔註118〕《朱子語類》卷八十，收入《朱子全書》第十七冊，頁2742。
〔註119〕《朱子語類》卷八十，收入《朱子全書》第十七冊，頁2737。
〔註120〕同本章第一節前言之注。

各詩詮釋內容指明其教戒之義，難怪五四以降不少學者喜以朱子爲疑古代表，即在於此種傳注體體例務求簡明扼要所易造成的誤解，實則要確切理解朱子詮釋各詩的價值義，必要同時細考其序文以及各篇首尾的總結性詮釋，才能得知聖人本意面向的存在乃爲詮釋之優位。經此考察，可知朱子實從未脫離其儒家文本觀立場，經學、文學的類分在其詮《詩》觀點中並不存在，雖有文本觀點的變化，其基本詮釋觀點從未離開儒家經典價值義的闡釋。

二、歷史化與去歷史化並存的機轉——詩可以王化之跡與個人情性並觀

（一）觀風化之跡——外王價值義詮釋

至此，我們終能明白何以朱子詮《詩》道統化、歷史化和世俗化、個人化並存的緣由，兩者並存融合的機制即在於聖人本意，在《毛詩》裡聖人本意並非構義的基礎，《詩》的經典義和教戒義在於興論原型和王化之跡正變而形成的意義，然而在《詩集傳》裡，聖人本意成爲各詩最終的意義指向，第一節已論藉孔子編《詩》教《詩》而使《詩》由個人情性感發轉向聖人所示情性典範的教化意義，此爲朱子所認定《詩》的典範價值和意義所在，但由《詩》所欲彰顯的聖人本意不在於單一意義面向，聖人所選編的《詩》文本範型，一則做爲一種可觀知個人情性正邪的基本範型，而可明價值是非所在，二則這些範型義的構成卻不僅在個人自我，乃在於觀人情性之餘，可知形成此人情性正邪的兩個重要構成原因：一爲風化之跡，另一則爲個人主體修養與否。

前者所以爲風化之跡，而不說王化之跡，在於朱子雖重王化之跡對個人主體情性的影響，如〈二南〉詮釋便強調此二「國風」可觀百姓情性皆正，其源爲深受文王教化而得美善，則觀詩即觀文王教化之跡，亦觀文王之化的美善，同時得觀聖王情性之正，此時王化之跡對個體有關鍵影響，即朱子說「風」之義爲：「以其被於上之化以有言，而其言又足以感人」，前句說明王化對個體的影響，此爲上對下，後句便說人可藉情性感發爲詩而感動他人，亦能感動上位者而使其正得失，此時詩文本仍近於「大序」觀點，有其上下交流溝通之義，但重心卻不在對王政王化予以美刺的正反意見反映，而轉至感動之「感」，由個人之感得以自然入他人之感，因而朱子釋「風」「雅」已不止於王化之跡，而有個人情性感發而可入於他者主體的意涵，此即詩可以

「觀」的基礎，因為此「觀」之行動其重點不在於一般觀看或對客體的鑒賞，而在使他人之感入於己心的觀照玩味，由此才能由詩引發讀者主體的感發興起或戒愼警懼等主體轉化，如此詩之教的重心變為主體間情性相互感通，而能以聖化俗，則教化之行不必待於王者，情性能為正的聖人賢者亦可當之，而成移風易俗的另一種來源和力量，此所以是風化之跡在詩文本的呈現，所以朱子所言風化，雖包含王化之跡的意涵，已不限於王化之跡，而有社會賢達亦可行風化的意義。

（二）觀個人情性——內聖修養歷程的情性範型詮釋

另一方面觀詩作者之個人情性，即是觀其個人修養與否，此為個人情性所以形成的另一向度，且為朱子格外強調，所以第二節所論「雅」「頌」作者和作品價值地位極受朱子重視，且在「變風」之上，即在於此類作者能修養自身，甚至得以在亂世仍能不改其陳善閉邪之志，如此則風化雖可為影響個人情性形成的重要條件，卻未必為主要條件，個人若能修養自身情性為正，雖外境之變亦不可動搖之，此為朱子重視個人能動性意義的另一展現，詩文本所示現個人感發的要義不在於個人自我抒情或欲望伸展的層次，乃在個人主體能道德修養與否，透過個人感發而得以充分彰顯。

因而朱子所謂聖人本意，即《詩》應具之本義，便有兩大意義向度，一則指向觀個人情性感發之正邪，即觀個人情性正邪，以判其道德修養與否而明其價值之是非，為個人化、世俗化取向生成之義，在《詩集傳》傳注體例下常呈現只詮詩人之意，看似去歷史化的詮釋樣貌，實則藉其世俗化意義以取其戒義；二則觀風化之跡，主要含王化之跡與主體間相互感化之跡的雙重意涵，為歷史化、道統化取向之義，看似轉向群體的、歷史的意義面向，實則個人與群體社會至歷史現勢間呈現一種相互連結的動態變化歷程，個人若能存養擴充自身道德，亦能轉化群體社會和歷史。由此則知，朱子《詩集傳》及其他詮《詩》論述所形成的意義構成體系，在個人／群體、去歷史化／歷史化以至俗／聖之間都不是二元對立的關係，意義的生成取決於個人主體修養及行動踐履，個人所為又必與其所在歷史社會和理想價值產生互動關連；詩文本成為聖人留下的正邪情性範型，這些情性範型展現個人主體面對個人本能欲望乃至家國社會責任和現勢等存在問題時，個人情性感發具現情性修養的種種樣態，便能證主體能動性、能動之方向與意義，從而形成價值之判斷，這才是詩文本由主體情性感通所導向的主要意義。

因此依朱子的詮釋模式，我們可以進一步說朱子詮《詩》看似疑古，有時甚至似有去歷史化的趨向，實則朱子詮《詩》從未脫離文本歷史化的詮義面向，只是其強調觀個人情性感發為構義原點，因而產生以詩人本意為主的簡明詮釋模式，易於使讀者曲解其義，且因必先以個人情性為原點，重視個人主體性，這又與五四以降的現代《詩經》詮釋個人主義化的詮釋取向近似，現代《詩經》研究雖亦批駁朱子，但顯然較對待漢儒友善得多，其中與現代以後《詩經》詮釋走向去歷史化和個人化的詮釋取向有關，而這兩大取向在朱熹《詩集傳》中都可找到部分概念的影子。

事實上，朱熹詮《詩》的個人化取向並不等於現代觀點的個人主義，甚至可說二者相去甚遠，本章討論已可見朱子重視個人主體，意在使個人主體能擔負更多群體責任，故而強調個人修身養性工夫之重要，此即為內聖外王之實踐基礎，在此一意義上，朱子詮《詩》裡個人主體與社會群體的關係更為密切，《毛詩》裡人民做為一種群體形象而以詩美刺王政，美刺行為僅為對王化興衰治亂的被動反應，人在群體和歷史中的能動性極低，不能改變時世治亂，一切都是王化興衰所致，能動主體主要仍繫於君王，然而朱子詮《詩》裡的個人主體能動性提升，即令不能以政治途徑使王政王化趨善，亦要在社會中以詩之教化來轉化自身和他人，而能有興善戒失、移風易俗等社會教化之功能，此種必與群體社會價值有關，且積極擔負社會責任的個人主體性的證立不僅在詮《詩》時如此，亦是朱子學的基本觀點，這一觀點已有眾多研究詳述〔註121〕，此處不再細論，而是辨明朱子詮《詩》的個人化觀點和其中個體性意義的詮釋，與今之個人主義觀點詮釋不同，且這種個人化詮釋，最終仍必迴向聖人本意的詮釋觀點來形成其意義。

三、詩文本為儒者內聖外王價值於俗世實踐的具體實跡

由此我們可觸及另一朱子詮《詩》的重要意義，即由風化之跡與個人主體感發之跡的參照關係，可證詩文本的價值義——聖人本意裡的內聖與外王

〔註121〕儒家的個人或自我不是獨立於社會之外的自主實體，不認為自我經常與社會發生衝突。儒家的自我探索或個人修養，杜維明說其中無所謂唯我論或自我中心，「儒家的自我處在關係網路的中心，不是孤立的單一實體，在成長過程中不可避免要遇見其他的自我。儒家的修身不採取獨自追尋自身內在崇高的方式，而是使自我參加到諸多生命之流的滙聚之中，從而充實自我。」杜維明：《道、學、政——論儒家知識分子》，頁 32、39。

面向本爲互連共存,《詩》文本中同時保有此兩大面向,不僅非如五四至今多數學者以爲的突兀無理〔註122〕,反是全然符合儒家基本價值意識的自然明證,這亦反映現代以降往往習於僅由現代文化視域來觀看古代文本所易於構成的問題。

因此,朱子詮《詩》的基本詮釋模式其實反映出儒者在俗世中欲完成其內聖外王理想價值的渴望,及其價值實現可能性的具體證成,儒者均常藉經典詮釋以證成其理想價值在現實中實踐的可能及必要,此爲漢、宋儒者皆然之特質,亦可說是古代儒者共同之思維模式,但朱子詮《詩》裡由作品俗世面向的證成出發(〈二南〉除外後的十三「國風」),推究辨析詩作裡內蘊的原作者主體(或原作者於詩中主要敍寫之人物)情性正邪,判其價值是非,卻是藉「風」「雅」「頌」詩體類型義的重詮,導向作者和詩中人物個人主體修養的聖俗、賢否分判,大體上將詩體類型與詩人品格畫上等號,如此詩文本便具現爲個人主體內聖外王工夫修證歷程之實跡,俗世者多無修證儒家理想價值之志,其感發之詩自爲俗世現狀的常有狀態,亦是儒者要戒愼處理的課題,故需以戒義詮釋。

「雅」之作者多爲士人,其詩自易體現儒者於俗世中不改其志的內聖工夫之所成,亦有關切時世治亂或直接參與政事,以求踐履儒道等外王之作爲,故爲朱子詮《詩》模式中內聖外王意義建構的基礎,因而我們可見朱子無論在《詩集傳》序文或個別詩作詮釋中,都對「雅」「頌」諸作特別看重,尤以代表士人之作的「雅」更受重視,正因「雅」的作者更能直接體現士人儒者實踐儒家理想價值的努力之跡,即儒者實踐內聖外王工夫歷程的具體而個別的實際例證,此更爲朱子詮《詩》基本詮釋模式裡的顯著特質,也是朱子將其所重視的儒者身心修證之價值義和實踐義,直接轉化爲詮釋詩文本的觀點,使《詩》的典範義不只在於表面所說的聖人本意,不只〈二南〉所間接示現聖王之跡可爲詩之「正經」,「雅」得以釋爲「正」,有其作者人格價值之依據,爲聖人之徒則亦爲典範,因而《詩》於此具有另一新典範義,即「雅」「頌」作者以感發之詩作,具現在俗世中努以求內聖外王、去俗轉聖的種種實跡,此爲朱子《詩》典範義所開展的新面向。

〔註122〕五四以降對朱子詮《詩》的批判常在於肯定朱子詮詩的個人性、俗世性,卻非難其「封建性」、道統性,且以二者爲矛盾之存在,此類說法詳見第一節之引述。

四、詩文本詮釋原則——回歸文本、觀個人情性及轉向聖人本意的價值分判

綜上所析，朱子詮《詩》的基本詮釋原則便能總結為回歸文本、觀個人情性及轉向聖人本意的價值分判。

朱子詮《詩》重點轉歸個人情性涵養的正邪分判，因而不再需要如《毛詩》以「美刺」為主要詮釋原則來突出王化之跡的意涵，朱子所以屢駁「小序」之說，正在於二者價值系統和詩文本觀差異引致詮釋重心和詮釋方法轉化，「小序」至鄭玄千百方計欲使詩文本轉換為王化之跡的「古代輿論原型」，故「詩史合一」必依「美刺」原則才能詮釋出民情輿論之義，但也不免因之而生明顯扭曲文本之義以牽合詮釋原則的現象。在朱子詮釋下，此一問題便較不明顯。

朱子論詩所以必要回歸文本，有兩個向度的緣由，一為詩的意義價值已轉回個人主體情性感發的價值判斷為基礎，故多不必直接證王化之跡於詩文本的實存性，而是要辨析個人主體情性在道德價值上的分判，詩文本為個人情性感發而為言，便被朱子視為可直接由之判斷作者情性修養程度的直接依據，加以經典自身本有神聖價值之面向，故作者主體之聖俗、賢否便可由詩文本來推知分判，此時回歸文本自身便成為必然及優先的詮釋原則；二為因作者觀與文本觀的轉變，宋代時已多朝向世俗性作者為主的「世俗性作者觀」為主，朱子詮詩必先推求作者特質，且在神聖經典中亦承認世俗性作者的存在，都證明其面對一般文本的主要觀點已非「神聖性作者觀」，也非「開放性文本觀」的構義模式，而轉向以世俗作者為文本創作者，並以之為構義核心的「封閉性文本觀」，此種文本觀構義乃在文本內部，必須回歸文本究得其義，因而回歸文本成為《詩集傳》主要詮釋原則，文本觀點轉變的文化向度和詩本質義變化，皆是回歸文本所以成為詮釋原則的主要成因。

回歸文本以觀詩人本意和詩人情性，是以朱子詮詩體例必先推求原作者，不知其名，卻往往必由文本內容設法還原推想原作者的身分、性別、社會階層等性質特徵，如此才有詩可以觀的理解基礎。

觀個人情性乃為符合詮詩的價值目的，藉詩以觀在群體社會動態變化中個人主體情性的正邪樣態，詩為個人所作，原為個人遇事感發之跡，故其詮釋原點在個人存在之跡，據此判斷其道德修養的程度，判斷正邪而編詩教戒，由之轉向第二層意義即聖人本意，第二層意義起漸有轉趨群體的意義取

向，因在朱子詮詩體系中，詩文本價值在於以觀個人情性道德價值，用以教戒爲學者，則詩之教的對象亦在個人，其價值體系的根本在於個人主體修證之完成，才能如《大學》之道所示逐步向外推至家庭、國家、天下，因而詩的意義原點必在個人，但個人在群體社會網絡中必有際遇而有感思和作爲，個人情性的感發必與身處的群體社會發生關連，且詩之教其價值意義原不離「聖人原型」、「歷史原型」等群體價值，如此必可觀群體面向的意義層次，以求個人藉詩以「興」，產生親身解悟實踐此一理想價值的行爲，但此一觀法中必先以個人爲中心，因修證之主體必爲個人，由之以探求其與群體世界的連繫情狀，故朱子詮詩體系的群體義以個體爲基礎，而不止於個體自我，乃由個體出發以觀其與群體世界的關連和其中個體言行所反映出的個人情性修養狀態，而構成詩的價值意義。

所以回歸文本自身，以觀個人情性，爲意義詮釋原點，再轉向聖人本意的價值判斷，由之朱子詮《詩》的意義座標乃得以構成。

五、朱子詮《詩》一隱一顯之詩本義與詩文本觀

由朱子詮《詩》體系探討，我們終可以理解何以《詩集傳》序文以詩之作、教、體、學四大面向來詮《詩》，正因在朱子眼中，《詩》仍是做爲神聖經典，必與讀者生命意義價值體證發生互動關係，是以總結其詩文本觀，主要是由「詩可以觀」至「詩可以興」所形構的詮釋觀點，所形構一整套藉詩之解悟以完成價值行動的身心修煉歷程，其中特質可歸結爲以下要點：

1、「詩可以觀」的詮釋和詩本義構成觀點：

一、承認詩之作有其世俗性與個人性面向，個人情性爲詩文本構義原點，雖非最終價值意義之歸趨，實已重返個人主體爲基點之思考，此一意義亦回返孔子用詩以教化主體情性的觀點，可謂重返聖人本意，回溯孔子詩之教的精神的具體行動。

二、詩文本最終價值義的構成在於由孔子編詩教詩所賦予《詩》文本的聖人本意，聖人本意乃透過《詩》文本間接示現，而非聖人直接言教，其中包含觀風化之跡和觀個人情性兩大意義面向，此爲「詩可以觀」的基本意義，亦是《詩》典範義之所在，如此《詩》典範義的重心重新回返個人情性修養的個人主體修證義面向，《詩》則是個人主體情性修養時與聖感通以求轉化自身的範本，體現的是正邪不同的情性範型，而可爲教戒或感動興起之義。

三、詩文本詮釋原則主要為回歸文本、觀個人情性及轉向聖人本意的價值分判。

四、詩本質為個人情性自然感發，因而一方面詩文本語言特質為自然平易，另一方面詩語言是「言之餘」，其文本性質不同於一般語言，此為詩文本異於其他經典文本類型的關鍵特質，朱子著眼於此種獨特的文本特質能自然感動人心，經由詩之教的用詩，使詩文本成為能與聖人感通，或與其他主體感通的管道，因而詩文本成為由聖轉俗、由俗趨聖的平台。

五、讀詩解詩乃是主體感通的歷程，不是隨意解讀，而是要體察聖人本意的身心修煉工夫，目的在於經由感通，以詩而觀、以詩而興，能使主體情性轉化為正，且化為具體言行之實踐，因此「通感」成為詩文本最主要的特質。

六、將詩文本視為身心修煉重要的一環，但不是視詩文本為工具，詩之用便為詩之體，意即朱子用詩以做為個人主體身心修煉體證聖人本意的橋樑，其中便有聖人語言本義和聖人非語言本義之別，不論語言或非語言之詩本義，都圍繞著身心修證之旨而推究及詮釋，如此則意義理解及解悟的過程，即是奔向價值踐履行動的歷程。

七、詩本義的生成分為語言詮詩和非語言解詩兩個層次，分別為詩的第二義與第一義，第一義才是朱子以為詩本義的究竟義，《詩集傳》的定位主要在於詮釋第二義。但二者關係並非斷裂不互涉，反是必先語言詮詩略得基礎理解，再轉入非語言解詩，其能轉換的關鍵即在「諷詠涵濡」的讀解修煉工夫。

八、非語言解詩的意義已不在語言詮釋所及的意義上，而進入無法言詮的意識場域，亦進入宗教現象學探索的意義層次，於朱子詮詩體系而言，此究竟義的基本性質為情性之感。

九、詩體類型分類即是作者人格類型分類，雖亦有語言形式分類的意義，但並非朱子詮釋重心，其詮釋重心在於藉詩體類型區分，以觀作者情性修養正邪賢否的類型，此為朱子「詩可以觀」的詮釋觀點在文本實踐和文本類型觀的落實，亦證明其詩體類型分類基準和方法的視野與現代不同，現代多由語言體製為分類基準為主，體製未必與文本構義有關，但朱子詩體分類多關乎文本意義的形成，此為其詩體分類的特色。

十、個別詩文本價值意義因主體情性修養程度而有不同，如此則有詩的

境界價值意義探討之可能，此爲漢儒詮《詩》體系所未及，依此，除〈二南〉之外，朱子因「雅」「頌」等士人作者於詩中體現的個人修養意義，而有「雅」「頌」之作的價值高於「風」詩的作品價值分判，其詩作價值意義判斷基準以主體情性修養之正邪是非爲主。

十一、作者主體聖俗賢否不同，朱子對詩文本構義的模式和觀點亦不同，〈二南〉之詩仍被視爲「聖王原型」和「歷史原型」的象徵，此爲《詩》所以爲典範的根本價值，故無可動搖而保留，此部分基本上仍沿《毛詩》觀點，而須以王化之跡詮詩，故必比附史事史實，引譬連類而以「開放性文本觀」進行構義。世俗性之詩和作者則多以「封閉性文本觀」爲構義觀點，以作者本意爲文本意義構成的核心。

十二、詩文本意義生成因孔子編詩而使意義分兩階段構成，第一階段爲原作者本意，第二階段爲聖人本意，爲聖人編詩所生教戒義，詩本義構成必先理解原作者本意，再轉向聖人本意以能爲價值判斷。

十三、作者觀亦因之而爲多重性作者，詩文本作者除原作者外，聖人（孔子）亦爲《詩》之作者，由此詩本義形構亦有多重性。

2、「詩可以興」的詮釋——意義解悟即開啟價值踐履行動

一、「諷詠涵濡」的讀解工夫除熟記誦讀外，更須同時進行反覆體味文本，以求轉化意識爲非日常意識的解悟意識，由於此工夫目的本不在理解語言或知識，乃在修證體悟聖賢之感，故得以解悟的一瞬，即是與聖賢得以通感的一刻，受其感化而能感動，興起朝理想價值而進之言行，此一瞬便是「興」。此爲「詩可以興」的主要內涵。

二、「興」成爲詩本義解義歷程的最終和最主要目的，意在藉詩的感發之質，由解詩歷程建立作者與讀者主體之感的互通交流，從而使雙方因詩文本產生彼此感通觸發的機轉，此機轉出現時，即是讀者感發興起向生命情性轉化爲善的起點，此乃因《詩》早已轉爲儒家經典，必爲闡釋儒家理想價值義，因而「興」亦必爲朝向此固定意義方向而展開實踐的行動。

三、作者與讀者兩端於解義歷程的關係是以作者爲主動，作者才是主要召喚意義、傳遞意義者，讀者要保持虛待而能動之意識，以期被作者召喚而解得其義。

四、詩之「興」在儒學教化體系的獨特性及「興」義的宋代發展：藉詩起興（「興於詩」）表示詩文本可爲聖俗主體相互感通的中介，體現詩文本在

儒家經典義的特殊性質及獨具效用，即做爲個人主體的身心修煉中奔向理想價值實踐的起點，此即「興」義在朱子詮《詩》的新發展，此「興」義含有語言和非語言的雙重性及動態性。

其他尚有因以上詮《詩》模式而衍生的相關詮釋問題，如：

一、「詩史」意涵發生轉化，核心概念由反映王化之跡轉向反映聖俗賢否之跡，且「史」不再是意義生成的主軸，除聖王之跡的「歷史原型」外，「史」在朱子詮《詩》體系仍屬次要。

二、朱子此種回歸文本，並以個人化、世俗化爲詮詩原點的基本取向，畢竟使詩文本走向個人化、世俗化的詮釋方向，《詩經》詮釋俗世化的趨向不待五四諸人，於《詩集傳》時便已十分明確地開展確立。

三、淫詩說的爭議便可視爲此一世俗化、個人化詮釋趨向所衍生的問題，呈現世俗化取向和儒家理想價值之間的價值衝突，此一價值衝突落實於詩文本之作者觀和文本價值觀時，便於聖俗兩端各自產生爲其價值辯護的詮釋觀點。朱子承認男女情欲感發而爲詩的創作存在，已確立創作可由個人主體爲之的基本觀點，但必以聖人本意爲基準，依創作主體在創作中示現的品性判斷其價值，男女情欲不能符合「樂而不淫，哀而不傷」的價值標準時，即屬淫詩，此與儒家價值觀對情欲問題的思考觀點有關，不能流於簡單的是非判斷，故不細論。

3、朱子解《詩》模式與詩「言外之意」概念的承襲和轉化

朱子的詩文本觀尚有一衍生性的重要觀點，便是對詩文本「言外之意」概念的轉化。

朱子對語言和文本自身特質的深刻解悟，乃至思索體察語言文本與感知狀態的關連和斷裂，實將意義理解的層次開拓並提升至一個極高境地，在朱子的理解體系中，語言和文本仍爲必要，但意義的理解已區分爲兩個層次，一是語言層的意義理解和詮釋，此爲《詩集傳》的主要詮釋層次和定位，二是非語言層的意義和解悟；人的感知模式與意識狀態乃爲多元，表述亦然，故在理解時途徑和做法亦應隨其表述本質而有所調整，此兩大層次間有其關連，但亦有彼此不能相互取代之處，從而使詩文本的解義過程變爲一種對「言外之意」的體會，詩文本的意義重點不只在於語言層的意義，更在於非語言層意義的解悟，也就是主體感通。

如此則此「言外之意」的詩文本觀具有三大重要意涵：一、此觀點使詩

文本亦成為一必有「言外之意」的文本，且必應解得其「言外之意」才是真正的讀詩；二、此「言外之意」得自於主體感通歷程，由於感通之不可捉摸，使詩文本成為具有神祕玄妙的性質，而亦可說其含蓄蘊藉之質，依之而言，朱子的詩文本觀極近於「知音說」的解義脈絡，但「知音說」僅為單純之主體感通示現，朱子詩文本觀則發展出以心印心、以心洗心等「言外之意」解義脈絡和工夫體系，而有認識論層次的高度發展；三、詩文本「言外之意」概念內涵發生轉化，《毛詩》詮釋模式雖有「言外之意」詮詩觀點的衍生，但此觀點來自詮釋時的語境轉化所致；朱子詮《詩》而生的「言外之意」觀點則不源於此，乃因對語言性質和限制的體察，而有語言和非語言的區辨，此即朱子詮詩衍生出轉化昔日「言外之意」概念內涵，而使詩文本解義成為可透入語言以求通感解義的體會歷程，此「言外之意」又因感通之難以固定其義，故永在一動態而非固定的意義發展歷程，從而使「言外之意」概念更顯意義之生動和豐富性。以上即朱子詮《詩》而衍生「言外之意」觀點轉化的重要面向。

最後我們可回到本章第一節《詩集傳》序文寫作的場景，再次思考朱子何以獨用此種師生對話體來示現讀解《詩》的要領時，便可明白此一因詩而展開問答的場景，其實不只意在儒者師生間循循指引、傳道解惑的存在對話意涵，更重要是藉序文之體隱喻的深意，詳究其隱喻之義便不難解明朱子詮《詩》基本闡釋視域所在：一、朱子書寫其他經典的序文時，均直接說理論道〔註123〕，唯獨詮《詩》的《詩集傳》不採直接論理模式，改以師生現場因詩問答對話之體，實為藉序文之體以示現因詩辨體之意，此一辨體最主要目的在於突顯唯詩文本所獨具的特質——主體間相感以求通感的歷程；二、此一歷程亦如解詩之歷程，因師生間一問一答的主體對話更能表現朱子詮《詩》最終目的，即藉詩展開聖（賢）俗主體感通以使個人情性歸正，故唯此師生對話體可彰顯其中與詩本質類似的感通交流性和修煉體證義；朱子詮詩的基本觀點雖與漢儒不同，但詩文本的互動交流性則為二者均共同體認的詩本質。三、師生對話能喻指朱子用詩的基本立場在於追返孔子以詩為教的傳統，

〔註123〕朱子為其他儒家重要經典所寫序文，如《大學章句》、《中庸章句》等等，皆採說理論述之書寫模式，可見朱子著述之嚴謹，其為文寫作，即為其平素論說觀點的基本實踐行動，本章第二節已析論朱子分判聖人之言的文本類型，朱子為文時亦依此分判聖人之言的類型特質，從而以不同模式書寫不同性質的經典序文，來體現該經典本具的文本性質和要義。

以《詩》做爲個人修養之用，而非《毛詩》以社會集體價値爲主的用詩，指明詩之教的對象重新返回個人主體爲主，不再是「大序」裡強調人之普同性及君民上下社會階層共性，而無個體性的個人，而是強調其主體性而可爲修養之個人。四、教化且是一種自然感通爲本質的教化，在詩文本意義形成中具有關鍵位置，此一意義形構觀點強調個人主體之重要，但同時個人主體更須明瞭自身之不足及自身與社會網絡的關係，由此承擔個人責任亦即社會責任，故必須展開與經典與聖人之感間的主體對話，才能自然受感動而轉化自身趨善，詩便是要做爲一種自然感通之教，感發個人主體去俗趨聖以爲價值踐履，詮詩解詩的基本視域亦在此。

第四章 五四時期代表之現代《詩經》詮釋模式及基本視域——文學自覺、上古俗民烏托邦到傳統原型觀的變形再現

　　《詩經》詮釋進入現代後，一時似乎出現百家爭鳴的狀況，現代箋釋傳注類的著作雖亦不少，然而最主要集中在兩大基本類型，即現代學術研究觀點對詩本義和詩文本觀的重構，以及白話翻譯《詩經》的大量出現〔註1〕，然而此一百家爭鳴的現況裡，其實有著共同的趨向，首先，《詩經》表面上仍是經典，但只是名義上如此，即做為中國文學這門學科裡的始源之作而存在，而不是關乎生命存在意義價值的所謂經典，因此各式各樣、百家爭鳴的《詩經》詮釋著作多只是文學研究者關起門來的對話，《詩經》與《詩經》詮釋失去其「經」的存在意涵，不再與現代人或現代知識人之存在發生必然關連，經典意義與經典詮釋發生本質上的改變。其次，上述紛紛出現的《詩經》現代詮釋諸作在其詮釋觀點和意義構成模式上呈現高度的類同性和一致性。

〔註1〕　趙沛霖對二十世紀《詩經》研究史的走向概括為二十世紀「文化」思潮主導
　　　　下的學術研究新視野，說明《詩經》在文化研究相關視野上的學術研究路向，
　　　　以及此一視野下《詩經》文本意義詮釋的基本變化，全書章節雖繁，但依其
　　　　所見，再置於詩本義與詩文本觀形構的層次思考，便可概括為如上兩大類型。
　　　　詳見趙沛霖：《現代學術文化思潮與詩經研究：二十世紀詩經研究史》〈緒論〉
　　　　（北京：學苑出版社，2006年7月），頁22～23。

第一節　肅清傳統「經學」詮釋，以文學和上古史料重構意義

要瞭解這兩大《詩經》現代詮釋上的重要現象，必須回到五四時期的新文化運動來加以思考，其中最關鍵的轉折即在於古史辨運動裡對《詩經》詮釋的重構，甚至可說在此一運動率先對傳統《詩經》詮釋開了第一槍以後，雖引發論戰，然基本上卻集結更多同道中人加入重詮《詩經》的行列，從此便改變了《詩經》的命運，且開啓五四迄今對《詩經》的基本詮釋方向，依此義則可將古史辨《詩經》詮釋視爲現代《詩經》詮釋的範型，因而在此將以古史辨運動重構的《詩經》詮釋爲主〔註2〕，探討此一現代詮釋範型如何構成和其所產生的影響。

一、上古詩歷史源流重詮——疑古、反傳統觀點形構

古史辨運動詮《詩》雖成範型，但如第一章所述，尚未有眞正詮釋典範之作出現，僅是詮釋方向和模式上的確立和承襲，然而古史辨學派對《詩》之詮釋多爲零散之作，少有系統性論述和專著，所以我們將先由顧頡剛〈《詩經》在春秋戰國間的地位〉一文爲基點，再進行相關論著文獻之延伸討論，顧頡剛此文不長，卻是當時爲文重詮《詩經》者中較早提出的系統性論述，代表古史辨運動詮《詩》範型裡詮釋基本觀點的提出和雛型建構，現代詮《詩》範型中基本觀點和詮釋模式已由此可見端的，因此以之爲瞭解古史辨學派的詮《詩》範型的重要始點。

顧頡剛此文看似頗爲繁多，其實觀點和基本模式皆很簡要。題名雖爲〈論《詩經》在春秋戰國間的地位〉，但此文最初發表時所用的原題——〈《詩經》的厄運與幸運〉，顯然更貼合作者論述的旨趣，因爲顧頡剛在此文章前言初始特別用一個形象生動的比喻，來喻指《詩經》在歷史詮釋中所經歷的厄運與幸運，他以蔓草葛藤和古碑爲喻，喻指《詩經》這座有價值的古碑在傳統詮《詩》典範編織的蔓草葛藤遮蔽下，使現代人無法見碑上文字，於是「想立刻把這些糾纏不清的藤蘿都斬除了去。但這些藤蘿已經經過了很久的歲月，想要斬除牠，眞是費事的很。等到斬除的工作做完了，這座

〔註2〕古史辨運動重構《詩經》詮釋範型的最主要文本即爲《古史辨》第三冊，本論文將以此書相關論述文本爲中心進行討論。顧頡剛編：《古史辨》第三冊（臺北市：藍燈文化，1993）。

碑的真面目就透露出來了」，因而自言寫作此文目的便是要斬除這些傳統詮釋之亂，「把戰國以來對於《詩經》的亂說都肅清了〔註3〕」，這段比喻之論置於篇首，強烈明示其反傳統的態度，唯有除去傳統之說才能回復真實，才能重新找到價值，但他所指價值是什麼呢？既然傳統詮釋全都錯謬，怎樣詮釋才是正確？

前言首段便明確地指明《詩經》「可以算做中國所有的書籍中最有價值的」，原因在於「我們要找春秋時人以至西周時人的作品，只有牠是比較的最完全，而且最可靠。我們要研究文學和史學，都離不掉牠。而經過了二三千年，本質還沒有損壞，這是何等可喜的事！我們承受了這份遺產，又應該何等的寶貴地！〔註4〕」首段文字看似平淺，其實已將《詩經》的價值和文本主要性質總結完畢，先說明《詩經》價值在於其史料性質，因其史料內容最為可信，本質未受損壞，所以是寶貴的遺產；再說其文本性質為文學，因而第二段開頭便說「《詩經》是一部文學書」，這兩點才是《詩經》的基本性質和價值所在。

經此說明，《詩經》在古史辨學派乃至現代詮《詩》範型裡的文本觀和本質義便已確立兩大基本觀點，其一是《詩經》可做為一種古史材料，有古史考掘真實的價值，其二是文學文本的性質定位，指其原初文本產生的基本性質，而且經由《詩經》文本觀和本質的兩大特質的重新修正和確立，顧頡剛說《詩經》才得以擺脫長久以來被曲解的「厄運」，「有真相大明於世的希望的『幸運』〔註5〕」。

不難發現，此一開宗明義的論述裡有著極強的學科範圍和文本性質的自覺和分判，這種詮《詩》觀點和徑路便與傳統詮《詩》典範大不相同，前兩大詮《詩》典範在主要序文中詮釋《詩》的價值和意義時，從未如此清楚地以學科意識進行分類，更未曾以研究史料的立場來思考《詩經》價值，這已可知古今詮《詩》範型對《詩》的典範意義已有極大的認知差距，傳統詮《詩》典範裡必先論及以詩為教和儒家理想價值的觀點，不僅未被提及，反被列為遮蔽史實的障礙物而應予以掃除，掃除之後，《詩經》的兩大「真正」價值才能重現於世。因而顧頡剛自言為文基本動機，「最早是感受漢儒《詩》學的刺

〔註3〕 顧頡剛編：《古史辨》第三冊，頁309～310。
〔註4〕 顧頡剛編：《古史辨》第三冊，頁309。
〔註5〕 顧頡剛編：《古史辨》第三冊，頁310。

戟，覺得這種的附會委實要不得。後來看到宋儒《詩》學，覺得裡邊也有危險，我久想做一篇文字，說明《詩經》在歷來儒者手裡玩弄，好久蒙著真相」，這便是要先掃除前兩大詮《詩》典範以見真實，不再盲從而能掃除傳統危害便是此文最主要目的。

揭示反傳統詮釋的態度後，作者詳述自身的研究方法和史料揀選的解釋，這種秉於學術研究和知識論色彩的論述態度，不僅異於傳統典範用詩所導向的個人主體修養或群體社會價值，而一再強調《詩經》研究與詮釋的知識論向度，即表現出現代詮《詩》典範的另一大特質——知識論的形構和學術研究導向。

有趣的是作者提到這一披荊斬棘工作的難處，「便是取材的膽怯」，「因為除了《詩經》以外，凡要取來證成《詩經》的差不多沒有一部書籍完全可靠」，而後舉《尚書》、《左傳》、《國語》以至《儀禮》、《禮記》等古籍，一一證明其不可靠的理由，若非所謂真偽夾雜之作，就是原作者著述時已不忠實，再不就是寫作年代已是春秋、戰國，甚至漢代作品，在史料客觀真實性上便有疑慮，但他的研究方法是「不取牠的記事而專取牠的背景」，使歷史當時的社會真實狀況得以浮現而不失真〔註6〕。

這種不得不取材卻不免質疑史料的態度，和對史料客觀真實性的辨偽考訂，反映了作者、亦是古史辨運動相關學者的基本詮釋態度：一是疑古，二是歷史觀的改異，這尚涉及史學方法以及歷史價值論述的重構。最終則強調自己為文「只是給求真的慾望所逼迫，希望洗刷出《詩經》的真相」，看似客套話的內容，卻表現出當時知識人求真以為理想的熱忱，這一點我們更不能忽視，因為這股熱忱才是真正動搖而使古今詮釋典範轉移的主要動能。

二、現代詮《詩》觀——文學文本與上古史料的詮釋定位

由此文前言，我們已可概括顧頡剛以至古史辨運動學者的基本詮釋觀點，令人驚奇的是，這一篇短小而淺明的幾個觀點至今仍不斷地被眾人沿用，而成為現代詮《詩》範型裡的構成要點：一、詩文本觀、詩的文本性質和價值定位：《詩經》是文學文本，其價值在於文學面向外，尚可做為古史研究的上古可信史料。二、反傳統詮《詩》典範的反傳統立場，傳統詮《詩》的價

〔註6〕顧頡剛編：《古史辨》第三冊，頁311。

值意識、思維模式以至詮釋方法幾全爲謬誤，全應加以掃除。三、知識論形構取向和學科意識、界限分明。四、疑古的基本態度確立，除《詩經》外，其他早期古籍多不可信，原因後文將論及。五、歷史觀的改變和重詮。

由於文章前言已將基本觀點揭示，文章主要內容便更易理解，顧頡剛透過五個向度來討論《詩經》的「厄運」與「幸運」：一、傳說中的詩人與詩本事；二、周代人的用詩；三、孔子對于詩樂的態度；四、戰國時的詩樂；五、孟子說《詩》。

第一部分論說的重點較其標題來得更多，且涉及極重要的詩文本基本定位和辨體問題，這一爲詩文本性質把脈辨體的論述，起首便明確提出：

> 古人比現代人歡喜唱歌。現在的智識階級發抒情感，做的是詩詞，寫在紙上，只讀不唱；非智識階級發抒情感，唱的是山歌，很少寫在紙上，也沒有人注意。古人不是這樣：智識階級做的是詩，非智識階級做的也是詩；非智識階級做的詩可以唱，智識階級做的詩也可以唱。所以古人唱在口裡的歌詩，一定比現在人多。那時的音樂又很普及，所唱的歌詩，入樂的自然不少。這三百多篇的《詩經》就是入樂的詩的一部總集〔註7〕。

此一論述的主要觀點雖在最末一句，然而我們必須更仔細地觀察其最後觀點得以形成的意義脈絡，才能確實把握其論述的要義與要點。《詩經》在現代被視爲詩這種特定文學類型的總集，這一觀點所以建構的核心便在此處所揭櫫的「樂歌」，這一分判看似理所當然，實則其論述脈絡所涉的諸多概念和觀點，又延伸建構出更龐大的論述和價值觀。在此詩的起源論述被改換了面貌，傳統詮《詩》典範必由詩之發生論轉向以詩爲教的社會功能和社會價值論述，顧頡剛則直接由文本類型入手，以文學史和文化史的觀點談論詩的源流問題，這一論述角度標明其與古人詮釋視野的差異，詩值得被討論和詮釋的價值在於前言已主張過的文學和文化面向，文章詮《詩》觀點的論述自以此爲核心，但這裡更耐人尋味的是其論述架構和脈絡的形成方式，我們可將其提舉出來以觀察其中奧妙，其一是古今對比，其二是非智識階級與智識階級的對比，其三是有樂可歌之詩與無樂不可歌之詩的對比，這三組相互對比的概念便是作者論述的基本框架，其實即爲

〔註7〕顧頡剛編：《古史辨》第三冊，頁312。

顧頡剛以至古史辨運動詮詩的基本座標,故不可不留意,在這三組相互對
比概念的交互連結下古史辨詮《詩》基本雛型的確立已然不遠。這部分將
於第二、三節加以細究。

在此我們應注意的是依此文結論展開的兩大觀點的討論,一是疑古立場
下疑古詮《詩》傳統之歷史建構論述;二是《詩經》即古樂歌謠的論述提出
與價值觀。

三、《詩經》即古樂歌謠的論述提出及價值預設

依此,我們便可將眼光轉向此一價值觀和文化意識下所重構的詮《詩》
範型內部,考察古史辨運動如何改造《詩經》的基本樣貌,如何使現今人們
對《詩經》的理解和定位變成一部文學遺產式的經典?而其如此塑造《詩經》
的主要用意為何?

顧頡剛此文對《詩經》詮釋所做的幾個重大結論,已可看出其文本觀中
的基本價值預設,即立於西方進化論和實證史學的立場來論斷和重構傳統,
因而其論述方法在於兩大要點:一、詩的文本性質定位:《詩經》等於古樂,
二、古樂與新聲的對立二分。

依其說,《詩經》等於古樂,上古詩即有音樂而可歌,故詩等於詩歌。顧
頡剛既已將《詩經》性質定位為文學,且要與其所謂經學劃清界線,自需為
詩文本重構其本質,於是在此先將詩文本性質定位為古樂。

另外,此處所謂樂歌與徒歌二分的雅俗分判,看似簡略而不顯眼,後來
顧頡剛卻在這個二元對立概念基礎上,將之變為詩文本主要詮釋原則之一。
其目的在為其方法和價值觀鋪路,也就是藉詮釋方法轉向音樂體製和上古文
化論述導向,從而易於導入價值論和文化史的實證論,而能證其民主、自由
的現代價值。

於是該文中古樂即成過時廢棄不用之物,唯儒者守舊才抱殘守缺,實則
儒家亦已不懂古樂。其重新詮釋孔子正樂一事,則僅視之為音樂形式古今變
遷所致,詩樂與禮的關係反被刻意忽略,因而孔子正樂的意義只在於一種古
樂摻雜新樂之說,又說〈樂記〉社會功能論的觀點謬誤,〈樂記〉此論又被「大
序」引用,才形成一連串錯解,顧頡剛對「詩序」觀點的不滿依此已可見〔註
8〕。

─────────────

〔註 8〕顧頡剛編:《古史辨》第三冊,頁 349~358。

在其眼中，儒家此一守舊現象裡包含更大的錯誤觀點，乃是價值觀點之誤，此誤始於孔子，是以先詮釋孔子說詩，以證其謬，顧頡剛說這種用詩之法和觀點同於春秋時人之用詩，重實用，但無甚意義。新聲才是進步，何必擁抱已死的古樂。「但他們無論如何把詩篇亂用，卻不預備在詩上推考古人的歷史，又不希望推考作詩的人的事實。正如現在一般人看演戲，只為了酬賓、酬神和自己的行樂，並不想依據了戲中的事去論古代，也不想推考編戲的人是誰。」因而他說所幸現今仍得以科學方法溯源流別、重詮歷史，由此論春秋用詩之誤，但未傷損《詩經》的真相〔註9〕。

　　意指《詩》雖經古代傳統濫用，所幸今仍能以新的科學方法實證而追復其真相。追究孔子、孟子用詩在方法和意識上的根源，欲針對其思維和方法之誤，因而在結論裡強調當時大家沒有歷史的智識來研究，「所以結果只造成了許多附會〔註10〕」。

　　此一說法無疑採取實證史學觀的視野，推考古人歷史和作詩人之史實，才是真正求真實的做法，才是推究詩本義的唯一途徑。所以古人用詩，就是濫用，不能見真實，詩的本義自然被掩蓋，但所幸只是掩蓋，而上古詩文本畢竟得以保留，於是便可用科學方法推求真實、推求本義，使一切得以復明，而其科學方法就是實證史學的方法，其真實便是實際歷史事件和作者的推證，意即歷史上之實存，才是價值之實存。這一觀點乃是古史辨學者反覆申說的要點，在其所說之詩的歷史下，古代詮《詩》典範所立的代表一整個傳統主流文化（儒家與王權的共構）刻意塑造的謊言系統，這個謊言系統乃是上位者對下位者的壓抑和控制。

　　而後顧頡剛「《詩經》即古樂」的相關論述，最主要的就是徒歌和樂歌二分論的提出。若依其所說，此二分論的分類標準在於音樂問題，即分類的基準在於其所說徒歌是「隨口唱歌，沒有音樂的輔助」，又無記錄，因而多數無法流傳久遠，但：

> 《詩經》中一半是這類的歌，給人隨口唱出來的；樂工聽了，替牠
> 們各各的製了譜，使得變成『樂歌』，可以複奏，才會傳到各處去，
> 成為一時的詩歌。假使當時沒有被樂工采去，不久也就自然的消滅

〔註 9〕顧頡剛編：《古史辨》第三冊，頁345。
〔註10〕顧頡剛編：《古史辨》第三冊，頁367。

了〔註11〕。

　　然而我們不難察覺此種論述的問題，依此論，徒歌所唱無譜，固是沒錯，但無譜不代表無樂，樂的構成乃是樂調，樂工之譜樂可爲忠實之記錄，亦可如其所說加油添醋而爲複奏的樂歌，但不能依此即把徒歌指爲是無樂而可歌，樂歌即有樂而可歌。

　　再者音樂和文字間的關係未必密切，意即如其所言，古典詩多不可歌，其詩的韻律效果源自文字語言的聲律所形構，所以古典詩必究格律，以強化其音樂性。音樂則是宮調或音符等旋律的構成，以此觀之，文字聲律和音樂旋律二者未必有直接關係，以今之歌曲而言，文字和音樂多爲二事，互不相涉，歌詞句尾雖常用簡單叶韻或近似叶韻之法，以求聲音上的節奏韻律，但其他多數詞句全未講究平仄，原因即在一般歌曲的音樂性主要來自音樂旋律的調節，而不在於文字語言的聲律控制。

　　依此，則顧頡剛將《詩經》本質視爲古樂，且由之辨詩體構成的觀點便出現問題，一、古樂未能流傳，則其性質不可得，難以由其性質做體類上的區分；二、因此，此種定義與詩本質定位未能注意、亦未能說明聲律和音樂上的關係，二者關係是相互密切關連，或是可以如今之歌曲僅以音樂旋律爲主，顧頡剛均未加以分辨說明，但這卻是在其詮釋觀點和本質定位下必定要優先處理的問題，否則依此所做《詩經》辨體和分類便難以成立。我們可由顧頡剛自身所舉的例子和論述，觀察此一《詩》文本觀所導致的詮釋矛盾與難題，而這一矛盾與難題最主要便反映在古史辨運動和文學革命運動者最關切也最想證成的歌謠問題上。

　　所以實際上顧頡剛的分類基準並不是他所強調的古樂，因爲古樂之音樂旋律不可得，不得據以區分音樂體製和風格之類別，最終所據仍是文字語言，也就是不自覺地以由其反對且批駁的觀點出發，即是詩本義的探究來分類，他曾批評孔孟說《詩》不過是「一二儒者極力擁護古樂詩，卻只會講古詩的意義，不會講古樂的聲律〔註12〕」，然而顧頡剛最終無法按其所期望的以古樂分類，仍舊自相矛盾地以自己所反對的詩本義爲主要分類基準，用以判斷詩體類別，其在詩體分類及判斷標準仍回歸詩文字文本所呈現的意旨，並以題材作爲分類標準；因而這種在研究方法上不能自覺的矛盾與問題，便使其詩

〔註11〕顧頡剛編：《古史辨》第三冊，頁314。
〔註12〕顧頡剛編：《古史辨》第三冊，頁366～367。

體分類同時產生矛盾和乖謬，此部分將於第二、三節詳加討論。

第二節　去歷史化與再歷史化的詩本義詮釋與「俗民歷史原型」塑造

除顧頡剛的疑古論述裡對傳統《詩經》詮釋史的重構外，其他亦皆循此模式，如鄭振鐸〈讀毛詩序〉論其認為《詩經》研究的困難時，便是如顧頡剛一般的模式和觀點，將歷來漢、宋兩大典範及至清代之說加以重詮，凡合於古史辨所定位之詩本質和文本觀者，則讚賞之，反之則貶斥之。

一、去歷史化——抹除王化之跡、政治教化及中國歷史觀

陳槃在駁〈二南〉與文王之化無關的論述時，同樣又再重述一次，除歷數其後各代儒者之要說，大致不脫顧頡剛由傳統反傳統的論述，即例舉宋儒鄭樵、朱熹，以迄清代姚際恆、崔述、方玉潤、魏源、龔橙等清儒之詩說，由其中異於漢儒、且合於現代立論者，便著加肯定，如陳槃認為上述清儒「比較朱熹稍勝一籌。既敢於說『離經叛道』的話，打破前人附會，專在詩的本義上立論，所謂『以文論文，就事論事，未嘗有前人之見存焉』（《讀風偶識》）者便是」。然而若儒者詮釋「聖王原型」或聖人本意的相關意義面向，即被嚴厲批判〔註13〕。

因此這整套論述中最主要即務必先除去土化之跡，便能順便去除政治教化面向，也根除此一面向所必連結的價值觀（儒家理想價值論述），因其認為儒家與王權一體，可謂王權之幫凶，故去王權以求民主、科學、富強的到來，同時必去除儒家之價值意識，王汎森已辨明此一價值觀與古史辨運動思維的密切關連〔註14〕，然而最重要的是最終便連中國歷史觀亦一併抹除，這種急於擺脫歷史傳統和傳統史學觀點，藉以重詮歷史的做法，其中反覆申說的歷史焦慮感油然可見。

胡適則另由《詩經》研究進化史建構，透過西方進化史觀的視野來說解

〔註13〕鄭振鐸〈讀毛詩序〉及陳槃〈〈周〉〈召〉二南與文王之化〉等文，收入顧頡剛編：《古史辨》第三冊，頁382～402、424～438。此處陳槃說法引文見於該文，頁425。

〔註14〕王汎森：《古史辨運動的興起：一個思想史的分析》（台北：允晨，1987年），頁18～21。

傳統詩文本詮釋研究都是附會；然而對於實際詮釋《詩經》作品，胡適卻用完全不同於進化史的觀點來說解，不但不以上古詩作爲迂腐守舊，反因《詩經》作品最古，而說爲「普遍眞摯」。此中最大問題即在於：何以《詩經》詮釋研究史裡愈古愈是迂腐附會，愈無價值？相反地，詩文本作於上古歷史源頭，卻被視爲情感普遍眞摯而有價值的詩作？〔註 15〕。顯然這種歷史的焦慮與矛盾的觀點中，具有一套特殊的歷史價值觀，以此進行價值重構。

既要重構新價值，〈二南〉之化的歷史消解，便成爲古史辨裡一個價值重判的必要論述。陳槃〈〈周〉〈召〉二南與文王之化〉開宗明義說道：

> 從來研究《詩經》的人，都中了西漢三家四家的經生的遺毒，只顧在發揮酸腐的話。〈二南〉二十五篇本是民間文藝，（後被樂師收入樂章）也被他們把什麼「文王之德」一類垂訓後世的觀念酸化了！〔註 16〕

陳槃於此和顧頡剛的論述模式完全相同，皆意在借不同於漢儒毛、鄭之說的後代古人異說，行反叛《毛詩》觀點之論述，首要關鍵不在於他們說了什麼，而在於「敢於說『離經叛道』的話」，這幾是古史辨諸人共同的論述模式，引古人之異說，反古人之正統詮釋觀點，然而其中奧妙在於他們全都是斷章取義地引證，如朱熹說「風」詩之義便被他們截爲兩段，「凡詩之所謂風者，多出于里巷歌謠之作，所謂男女相與詠歌，各言其情者也。」便被摘錄而指爲所謂進步的詮釋，但朱熹又說〈二南〉爲俗民得文王之化而性情皆得正，且獨爲「風」詩之正經一段，就立刻被劃歸「這便與『序』、『傳』、『箋』、『疏』的愚笨見解爲『一丘之貉』了〔註 17〕」，這便顯示他們無意進入古人言說的意義脈絡去觀其意義所以形構之全貌，而急於以自身的觀點和概念來切分古人之說而爲己立論所用，其目的在於由古典傳統中尋索現代化思想得以建構的基礎，因而現代化思想才是詮釋主體，古典傳統只是證成現代化思想正當性的基本材料。

從此處來看，凡可歸於文本體類之語言形式義的部分，因合於古史辨運動者欲建構知識論體系的價值目的，所以便加以肯定，但古人連著詩體分類

〔註 15〕胡適：〈談談詩經〉：收入顧頡剛編：《古史辨》第三冊，頁 578～579、584～585。
〔註 16〕顧頡剛編：《古史辨》第三冊，頁 424。
〔註 17〕顧頡剛編：《古史辨》第三冊，頁 425。

而說的儒家價值原型和系統，因屬他們本欲反對去除的面向，所以嚴加批駁，這便見出其面對中國歷史文化傳統的基本態度，即無法全面進入古人價值思維進行整體的考察，亦不能平心靜氣地思考和中國古代傳統的對話關係，傳統對他們僅成為一批客觀的史料，可以為其立論觀點和價值意識提供工具性的史料意義〔註18〕。

　　當然在此一去歷史化的詩文本詮釋下，《詩經》詮釋傳統在價值體系上發生重大裂變，「文王之化」至少自漢代以後即持續被視為中國詮釋傳統的理想價值核心，自此卻失去其歷史文化價值的舞台，於是圍繞著此核心價值而產生的眾多傳統詩文本詮釋框架亦隨之搖搖欲墜，多被視為不合時宜，合於時宜者，自是要符合現代新文化價值，於是不僅西方詩學乃至文化價值體系長驅直入，皆視為可直接套用於中國傳統文本史料而為具體之新詮釋框架，因而第三、四節中我們便可看到包含詩體分類、詮釋方法等皆因依於西方學術和文化價值意識，從而重新發展《詩經》意義建構的現代框架。

二、再歷史化──「俗民原型」化俗為聖的歷史重詮與烏托邦價值重構

　　有破就要有立，陳槃為重構〈二南〉價值開始即提出民間文藝為基礎。他先說「南」之義不是文王化行自北而南的傳統誤解，而應是「南國」採輯的，所以順便稱為「南」，即「南方之樂曰南」。接著即將二十多篇詩文本「清理一下，分成下列各組，每一組為一類」，他的分類結果共有五類，即戀歌、社會文學、勞工之歌、應用的文學等，最後一類即「似是稱頌人家的」詩文本，由此即一一細論詩文本的民間性即俗民性格和詩本義的俗民取向。

　　早在陳槃為文全面性批判〈二南〉之前七年，俞平伯便採類似的題材分類法來詮說〈二南〉部分文本，差別僅在其乃以隨筆札記形式分別對四篇文本進行重詮，但二人的詮釋方法和觀點系出同源，皆用題材分類法，以俗民作者和俗民歌謠以說〈二南〉即民俗之歌〔註19〕。

（一）俗民文化史為中心的神話型烏托邦及現代新歷史原點的寄寓

　　在此種詮釋方法和詩本義導向下，其特質之一便是因具體史跡史事之淡化，少有時世背景的建構，因無法實證所致。此點顧頡剛已有言，且以為不

〔註18〕顧頡剛編：《古史辨》第三冊，頁425。
〔註19〕顧頡剛編：《古史辨》第三冊，頁454～472。

需在意〔註20〕。

特質之二便在於「歷史原型」的沿襲、再造與孤懸，由於前述具體史跡史事淡化處理之方法，加上對歷代詮《詩》傳統的基本否定，此一「俗民歷史原型」遂爲一孤懸於歷史原點的理想價值原型，此原型並不經由歷代文人與之對話所形成，因古史辨運動者反傳統的基本態度，已排除接收歷代詮釋所形成意義傳統的可能，因而此原型成爲一凝聚抽象的共時性結構，乃是現代中國新歷史可以跳越歷代歷史之不堪，直接回歸追返的價值實存的源頭。

「俗民原型」的塑造，我們可以看到其中同樣因於傳統思維中源流史觀的沿襲與再造，這一「俗民歷史原型」裡尤值得注意的便是其神聖性、理想性的俗民形象塑造，「俗民原型觀」的神聖來源則是前述俗民集體形象的特質塑造，上古之民必爲天眞爛漫、質樸直率、自由自在的集體形象，其實正是古史辨運動者所欲形塑的理想價值所在，而這一寄寓理想價值於詩文本的論述，便可與西方現代性裡的自由民主意識加以勾連，由此古史辨運動者竟使古代傳統思維屢欲追返的「三代之治」於現代再現，只是置換其價值論述爲西方文化價值觀，但追溯的思維中不僅斷除中國歷史傳統源流之跡，亦未及西方歷史文化所以如此發展的史跡，而是猶如神話傳統般地形構出歷史源頭裡的烏托邦，古史辨運動諸人形塑「俗民歷史原型」的烏托邦形象及特質時，其思維和方法皆與傳統兩大詮《詩》典範並無二致，只是把「三代之治」所象徵神聖之源由堯舜禹湯文武等聖王，轉成俗民爲尊的理想價值而已。

此一原型觀的現代化身，只是以俗爲聖，實則傳統整體一元論裡所建構的源始即神聖的原型觀，仍被加以沿用，且如古人一般，廣泛地運用到政治社會文化各層面的思考之中，「俗民原型」因而成爲新歷史文化裡的要角，這在其後的現實主義文學論述以至文化大革命裡俗民文學至上的文學論述裡〔註21〕，都不難發現此一「俗民原型」反覆再現之跡。

〔註20〕 顧頡剛編：《古史辨》第三冊，頁 319～320。

〔註21〕 龔鵬程早已指出現代文學史論述裡習見一種俗民爲一切文學創作源頭的弔詭性論述，又說「劉大杰與胡適、馮沅君、陸侃如、薛礪若等人一樣，都有種奇怪的傾向，認爲凡愈接近原始民間的文學，價值便愈高」，我們在此要進一步說明的是此類俗民文學優位論的背後，正是「俗民原型」此一原型觀的反覆再現。詳見龔鵬程：《傳統‧現代‧未來——五四後文化的省思》，頁 279～280。文化大革命文學相關論述如《中國當代文學史教程》〈文化大革命時期的文學〉即提到革命運動改造和利用民間文化傳統的問題，詳見陳思和主編：《中國當代文學史教程》（上海：復旦大學出版，1999 年 9 月），頁 167。

　　源於傳統思維卻反向論述的原型觀裡，同樣以歷史溯源為論證基礎，但皆不以歷史實然之實證為目的，而均由歷史應然之證立為歷史論述的出發點，故不論傳統或現代詮《詩》範型裡的歷史思維和文化思維的根基實則未有移異，理想的烏托邦必在上古，上古已完成理想價值的基本構成並曾實現，於今卻已失落敗壞，故必有待現時之人的追溯，以求於今追復此理想烏托邦中理想價值的再現，依此而言，古史辨運動學者看似多反儒家意識及觀點，骨子裡卻不折不扣地完全繼承其歷史文化的思維模式，不過部分價值層置換為西方價值而已，然而西方文化價值如民主、科學等由怎樣的脈絡得以構成，以及西方史學歷史論證觀點的基礎何在，古史辨運動學者並未在意，而多以之為普世價值標準；再者，民主觀點中的「民」是否能等同於新文化運動裡想像的「俗民」，亦是一大問號，依顧頡剛所論的「俗民」，其構成多是下層階級，而與士人官紳等上層智識階級形成對立，沒有中間地帶，但西方民主觀念中，中產階級才是民主構成的要角，西方民主制度的社會階級關係並不建立在上下對立的基礎上，否則階級的對立反將造成民主難以和平長存的問題，這類問題在此難以一一細表，在此要強調的是古史辨等新文化運動者的思維裡與傳統不自覺地糾結，卻又亟欲擺脫時的思維困境，以及此一思維困境反映在其詩文本詮釋的諸多面向，並對詩本義和詩文本觀造成價值意義上的諸多影響，且至今這類觀點仍支配多數現代《詩經》詮釋論著，而仍為主要的詮釋觀點。

　　不過原型觀的傳統思維模式雖仍深切導引五四學者的基本思維，促使《詩經》重詮重構的動能確實來自中國進入現代化的歷史情境，因而西方現代文化做為一種強勢文化隨著船堅炮利的侵略而來時，西方現代文化和學術成為當時席捲一切的顯學，亦是新理想價值之所在，使西方諸多重要的現代性文化意識及特質移植到現代中國知識人的詮釋意識，因此現代性最明顯的幾個特質如世俗化、身體性、欲望化等文化意識和傾向，皆直接移入五四文人的詮釋意識中，使其在整理國故，詮釋傳統文本時，亦不忘直接挪用之，將之套用於古典文本之中，其中尤以現代性中最主要特質的世俗化取向，在《詩經》文本詮釋時表現的最為明顯。

（二）詩為俗民之跡——樸直天真、自由自在的俗民集體形象塑造及俗民集體化的價值導向

陳槃釋〈漢廣〉時，就將之釋為浪漫式的抒情詩，他說：

> 遊女不可求，漢廣不可泳，細玩全篇之意，似是極言男子思女之苦，
> 與「渺渺兮予懷，望美人兮天一方」、「牽牛織女遙相望，我獨何辜
> 限河梁」的浪漫式的抒情詩無甚分別。大概詩人先約好了他的愛人
> 在某處幽會，她竟因事不來，或者竟另嫁別家郎去了。詩人觸景感
> 懷，故成此篇〔註22〕。

在此先不討論其何以將三首意義看來不全相近的詩加以比附，重點在於其所強調的浪漫抒情形象在詩文本詮釋做為一種主要的原則，更重要的是另行加以白話，針對詩文本未涉及之後續情節進行猜想，此部分的詮釋要點全在突出俗民女子之愛情故事裡的單純自由而予人浪漫抒情的形象；更有甚者，其後另引了原是古史辨諸人肯定的崔述之說，卻批之為「很無道理」，原因即在崔述的體會與之恰好相反，認為女子處於閨中才是正道，隨便四處而遊，「其俗固已蔽矣」，這些話當然惹惱了陳槃，因其一心想藉〈漢廣〉詩本義之詮釋，以證成俗民天真爛漫、無視眾人的浪漫直率形象。

這種詮釋原則不僅存在於陳槃消解〈二南〉之化，以立〈二南〉民俗意象與民俗詩本義的整個論述裡，即便說古史辨學者們皆欲將《詩經》「國風」諸詩多說為此一俗民集體的美好形象亦不為過，綜觀整個古史辨乃至新文化運動的俗民論述等討論裡，充滿著對俗民形象的美麗憧憬，俗民們以一種美好的、天真的、無顧他人眼光的、直率自然的等等俗民至上的神聖形象，在大多「國風」文本和被這些學者視為類「國風」的詩文本時，都必予以此種俗民乃為神聖之價值意義，由是，則俗民意象不只於上古詩文本中證成，更使《詩經》儼然成為證明上古曾存在真純俗民為主的烏托邦，完成其以俗代聖的「俗民原型觀」論述。

這並不是在《詩經》詮釋才有的思維，王汎森指出，新文化運動前後著名史學研究者楊寬的上古史研究即是如此，而被後來的史學研究者蘇秉琦等人批評，後起的這些史學研究者發現，楊寬將上古史中可能介於神話與傳說時代的史料，一股腦兒地全扔進上古神話範圍裡以神話模式加以論述，如此則中國上古史裡可為歷史實存之跡的傳說時代便全然消解得無影無踪〔註23〕。我們可以由此窺見當時代知識人重詮歷史時一種神話而烏托邦式的集體意識。

〔註22〕顧頡剛編：《古史辨》第三冊，頁 428。
〔註23〕王汎森：《古史辨運動的興起：一個思想史的分析》（台北：允晨，1987 年），頁 208～288。

　　這種烏托邦式集體意識在五四時期乃爲主要文化意識，因而此種抽象而普遍的現代神話思維同樣體現在五四文學觀之中。

　　顏崑陽先生批判「文學自覺說」與「文學獨立說」等五四以降所建構的詮釋範型時，曾指明其所預設的認識論和思維方式，在於切分性、抽離性而靜態化、一元化的特徵，可由以下三大要點加以說明：

1. 「文學」可以從總體文化社會的實際存在情境切分、抽離而獨立出來，而認知其固態化的「普遍本質」。

2. 文學的本質是由一元性的要素——「純粹審美」所構成，排除道德、功利等因素；因此所謂「美」，所謂「藝術」，只有一種：離絕事物「實用」的屬性，或離絕主體「實用」目的的審美經驗。準此，則「本質」先於「存在」；對於「文學本質」的認知，在思維方式上，不必切合文學在歷史情境中的存在實體，以「辯證法」進行各種對立性或並立性因素的綜合；而只需以抽象概念思維的方式，認知其唯一、普遍的本質。

3. 文學的本質既是唯一而普遍，並且固定不變，則動態的發生在不同歷史時期之不同的文學本質觀，或不同文類因「用」而成「體」的「差異性」特質與「相對性」審美基準，應被排除在認知範圍之外。〔註24〕

　　因而，顏崑陽先生指出中國古代文學史在五四此種文學觀下，「則多種文學因素的交涉、多種文類的『美典』、文學社群與文學傳統多向的分流、傳衍，多個歷史時期的文學風格，就被簡化到只剩『唯美』、『個人抒情』的作品才算是『文學』。」意即此種以「純粹美感」爲文學普遍本質的文學觀視野下，自然無法尊重文學歷史已發生事實的存在，只是將文學隔絕於人的社會文化存在的互動功能所獲致的具體經驗和價值，從而使此一五四新文學觀在詮釋中國古代文學歷史時，「其詮釋的客觀有效性，實在非常薄弱而有限」〔註25〕。

　　進一步而言，我們可以說「俗民原型觀」正是五四文學觀所以具如此特質的根本原因。由於五四文學觀亟欲證明個體意識自覺才是文學主體，個人

〔註24〕顏崑陽先生：〈「文學自覺說」與「文學獨立說」之批判芻論〉，收錄於《慶祝黃錦鋐教授九秩嵩壽論文集》（台北：洪葉文化，2011年6月），頁927～928。
〔註25〕顏崑陽先生：〈「文學自覺說」與「文學獨立說」之批判芻論〉，頁928～930。

抒情便成為文學本質之一〔註26〕，但我們可以發現其中所謂個體意識意涵的曖昧性；由前文所論可知，古史辨諸學者基本上對個體意識的詮釋往往含有強烈的集體性質，詩文本的發生被宣稱來自於個人抒情，實則在具體文本詮釋時，個體性始終面貌模糊，其原因即在「俗民原型觀」在詩文本詮釋時每每做為主導性思維，在此種詮釋意識下，俗民至上論必為意義詮釋核心，因而所有個體原有的差異性在此意識下必然趨於模糊，反而以俗民集體的同一性面貌展現。

由此，我們赫然發現古今詮《詩》範型在詩發生論的詮說實質上具有高度同一性，古代詮《詩》典範詩發生論皆以個體之普遍共性出發，以轉出詩文本意義的群體價值面向；古史辨學者在詩發生論的表面論述上雖看似反對古代典範的群體意義論述，欲以個體做為詩文本意義生成的原點和核心，不過這套表面論述落實到具體詩文本詮釋時，卻完全變調，不單以俗民集體意象象徵詩文本的理想價值，且由於此一集體意象構成源自去歷史化、現代性的神話性思維，使其詮釋個別詩作時必將此一集體意象置入上古詩作之中，而使《詩》文本經由古史辨學者詮釋後，始終呈現一種抽象的、靜態化、一元化的特徵，而這恰是顏崑陽先生對五四以降建構的文學詮釋典範所歸結的基本特徵，因而我們可以察知，「俗民原型觀」這套現代神話思維做為五四文人的群體意識，在文學界亦引發同一現象，即以烏托邦的、虛懸的現代神話思維做為重構中國文學傳統的基本思維，這和當時史學界裡將上古歷史予以神話化的思維和做法，可說如出一轍。

因此，五四詮釋範型這種詩發生論到詩本質的界定論述裡，大抵僅具有理論宣示的意味，在個別詩作詮釋上，五四學人反而流露出一種中國傳統思維的現代變形，在此一思維裡，集體性做為價值導向，加上神話性思維方式所構成的詮釋意識下，個體在文本詮釋中注定被邊緣化，意即在五四詮釋範型裡，詩本義的詮釋亦同於古代詮《詩》典範，所推求的並非原作者本意，而是貌似原作者本意，事實上於詮釋者手中卻暗自轉換至現代俗民原型的詮釋者本意，簡言之，對於上古人的心靈意識發而為詩的本意，五四文人其實並沒有多大的興趣，他們亟欲證立的本不在此，現代俗民原型象徵的理想價

〔註26〕錢理群，溫儒敏，吳福輝：《中國現代文學三十年》（北京：北京大學出版社，1998），頁21～22。顏崑陽先生：〈「文學自覺說」與「文學獨立說」之批判芻論〉，頁925。

值才是他們詮釋的意義歸趨，這一點在第四節五四時期的歌謠學運動裡將有更深入的探討。

　　問題在於現代意識與其價值論述脈絡可否直接用於上古？貌似上古文化史和文化研究的研究方法和觀點，到底是否真的追溯上古、研究上古？其推究上古的方法及思維內容到底是什麼？究竟是不是貼近上古的樣貌？這些顯然不是五四文人所關心，因為歷史的焦慮似已將他們壓倒，重詮歷史的策略也是一種解除壓力的策略，在此可以看到當時時局動盪促動五四反傳統文人積極重詮歷史，以尋求新出路的歷史情境。

三、現代式引譬連類與詮釋方法的俗民化原則

（一）山歌的體類比附到俗民價值比附

　　前面曾論及顧頡剛的徒歌、樂歌二分說，這一論說論證的重要方法之一就是以今之山歌類比，來完成俗民價值的類比，這在他多篇相關文章裡皆有多首其采風而得的山歌進行類比論證。

　　此外，陳槃也師法顧頡剛的山歌類比法，以廣州女的〈採茶歌〉與〈芣苢〉比較，於是便推證「其文藝價值愈益明顯」：

> 想像採茶女子在綠葉成陰的茶林之下，一邊採茶，一邊歌聲清脆地唱著，這樣的生活多麼甜蜜，多麼豐贍。我們若用賞鑒〈採茶歌〉的方法來賞鑒〈芣苢〉，則上古時代農村婦女質樸生活的影像，便如歐洲中世紀的故城，靄然浮湧在我們的「古意」裡。但，這層境界，「衛道」的先生們是夢想不到的〔註27〕！

　　這段關於〈芣苢〉詩本義詮釋的意義構成有幾個重要部分：一、俗民生活甜蜜豐贍的形象；二、類比現今廣州的採茶女子的〈採茶歌〉，反覆採摘芣苢的婦女可以連結反覆採摘茶葉的女子，故為農村婦女動作的同一，故為文本意義的同一；三、類比歐洲中世紀故城意象，其意象之「古意」與此詩為同一，故為文本意義的同一。

　　然而觀其原詩第一章「采采芣苢，薄言采之。采采芣苢，薄言有之。」乃至其後二章結構皆與第一章類似，不過略改數字以強調其反覆採擷芣苢的動作和過程，光由文本所述難以確定到底是喜樂而歌或是勞苦而作，或只是單純地歌詠，但陳槃顯然先受鄭樵解釋影響，先引其說裡如後世採菱、採藕

〔註27〕顧頡剛編：《古史辨》第三冊，頁437。

之詩,「以述一時所采之興爾」,又因比附廣州女的〈採茶歌〉,所以便釋爲甜蜜豐贍,更聯想比附歐洲中世紀故城的「古意」,詮釋方法貌似民俗學,卻充滿引譬連類的影子,從詩中描述俗民採摘植物的反覆動作,開始聯想與連結到其他古今中外的文本,凡有俗民反覆採摘植物動作的描述即屬同類文本,即爲同質性文本,所以推衍串連這些古今中外文本的意義皆同,於是上古農村婦女的質樸生活影像,近似歐洲中世紀故城,又同於現代廣州地方女子的採茶尋春之樂,如此則「俗民反覆採摘植物動作」猶如引譬連類的譬喻性質之義,可以依此在各種有此比喻的眾文本中,一直不停地加以連類,其詮釋之法反近似「毛傳」中偶爾出現外傳體的連類之法,不過增加一點文本語言形式上迴環複沓的雷同性而已。這種猶似中國老祖宗引譬連類的文本構義模式及其特殊性,待第四節再行詳述,此處只是要指出現代詮《詩》範型喜於塑造俗民共同生活形象,並隨即連結「俗民原型觀」的理想價值,即俗民共有質樸純眞、眞率浪漫的天性與自由自在的生活形象。

就詮釋研究而言,以山歌加以類比並非不可行,所缺者在於未能檢討此二者類比的合理性,如何得以視二者爲同質而可相互參照?今之山歌和古之詩歌雖多俗民所作,但古今俗民之特質是否完全相同?由上述討論可以看出古史辨運動者基本將二者視爲同一,即「俗民」做爲一個古今始終不變的基本群體,「俗民」即爲一永不變動的概念,此一基本預設很難符合事實,再加上其文本類比以相連意義的過程,其「實證」之根據僅在於兩個條件的近似:一是詩中人物(依其詮釋即視之爲作者)同爲俗民,二是語言形式上同樣具有所謂迴環往復的句式,但俗民概念在此處的模糊及廣泛性已可得見,即使加上語言形式上的條件亦難以證立,尤其所謂迴環往復的句式可否視爲俗民之語言專利,而做爲推證詩作作者俗民身分的證據,更有待商榷,以今之流行歌而言,迴環往復的句式實屬常見,今之流行歌雖可視爲俗,但俗民的概念意涵和內部構成差距不可以道里計,即令山歌亦然。陳槃此一方法實是沿用顧頡剛的俗歌研究法,如出一轍。

我們所以檢討此一詮釋方法,主要在於古史辨運動者極看重實證,且強調以實證之法和科學的知識論來進行詮釋研究,也就是自視爲具有方法學的自覺及科學的客觀,因而才採取此一「科學方法」來加以研究,這就是胡適強調研究《詩經》「關於一句一字,都要用小心的科學的方法去研究;關於一首詩的用意,要大膽地推翻前人的附會,自己有一種新的見解」,又說現代研究《詩經》

本義題旨「必須撇開一切『毛傳』、『鄭箋』、『朱注』等等，自己去細細涵咏原文，但你必須多備一些參考比較的材料：你必須多研究民俗學、社會學、文學、史學〔註28〕」，也就是傳統詮釋研究多附會謬誤，要回歸文本進行詮釋，但必須要有方法學的意識和學科知識基礎〔註29〕。

　　由山歌的類比詮釋方法來看，這個「科學的」類比連結裡仍不能免於主觀粗略地比附，顧頡剛的徒歌與樂歌二分說、陳槃的民間文藝研究說等都看似符合胡適提到民俗學、社會學研究的方法取向，實則其方法與邏輯都難說是其自身要求的客觀實證，我們在此無意挑剔其詮釋方法上的問題，而意在指出這種有著朝向實證方法努力，卻終不免落空的現象裡，其意義所以生成的關鍵仍在於理想價值觀的構作所致，意即這些方法都為了一個早已被預設的「俗民原型觀」，這種俗民歌謠與非俗民歌謠的分類概念和觀點乃是基於時代文化意識和其價值觀的產物，在此不言可喻；在五四時值新舊文化思想交互衝擊，和反傳統觀點下，可以理解其因時代限制而有此類尚未成熟的觀點和方法，然而我們可以發現，至今相關研究大多仍承襲五四範型此種以俗為尚的觀點和方法，不斷地加以沿用，使上古詩文本難脫因現代詮釋框架之限，而使意義偏向現代世俗性觀點。

（二）激進世俗化的詮釋導向——鄙俗化及現代性的原欲化詮釋

　　更有甚者，古史辨運動者詮釋《詩》文本時，多喜刻意將文本意義導向鄙俗化〔註30〕和原欲化的詮釋，且這類詮釋常帶著現代性的意識。

1、「牠」而非「他」——動物化、原始化的俗民性質

　　顧頡剛詮釋《詩經》文本時，其中常出現「牠」字的特殊用法，其意指頗值得深入推敲。

　　其詮釋〈野有死麕〉時，先說《詩經》中有一部分是歌謠，批駁古代讀

〔註28〕 胡適：〈談談詩經〉，《古史辨》第三冊，頁580、587。

〔註29〕 龔鵬程即曾注意五四時期以降文學史和批評史之論著中，喜以西方民間文學加以比附，卻未確實理解歐洲提倡西方民間文學不是站在傳統的對立面，而是欲藉之擴大傳統文學觀念，以研究一般文學的母題和形式問題，胡適等卻把民間文學和傳統文學加以二元對立，後者已死，於是文學要靠活著的民間文學來發展，此種對西方民間文學觀念的誤用即犯了類比式的錯誤，詳見龔鵬程：《傳統‧現代‧未來——五四後文化的省思》（台北：金楓出版，1989年），頁280。

〔註30〕 此處所謂鄙俗乃是中性用語，無價值判斷之意。

書人太沒有歌謠的常識,「所以不能懂得牠的意義〔註31〕」,還要強做解釋,不免便說出外行話。這段話意旨和其詮《詩》基本立場一致,但其中值得注意的是「牠」字的特殊用法,頗蘊深意。「牠」用以指代俗民歌謠,因為俗民所作,強調其世俗性特質,便以「牠」來代稱這類俗民歌謠,這並非印刷之誤字,也非詮釋之孤例,而為顧頡剛詮釋《詩經》文本和民間歌謠時的通用體例,如〈論詩序附會史事的方法書〉一文為突顯其認為漢儒詮《詩》附會之法的荒謬,便說:「我們若拿〈二南〉與〈鄭風〉調過了,〈唐風〉與〈齊風〉調過了,也未始不可就當時事實解釋得牠伏伏貼貼。」其中「牠」字即指代〈二南〉、〈鄭風〉、〈唐風〉、〈齊風〉等作;另外,〈詩經在春秋戰國間的地位〉中提及春秋時雅樂敗壞的趨向時說:「何況鄭聲流行,大家為牠顛倒,雅樂給牠弄亂〔註32〕」,此處的「牠」指代〈鄭聲〉,其他詮《詩》文章基本上均採此例,都刻意以「牠」字來指稱「國風」,而不是一般所用的「它」;這種用法在顧頡剛論《詩》諸文中隨處可見,且與指代其他非俗民所作文本類型多用「它」的用法有所區辨〔註33〕。

顧頡剛為了強調「國風」和民謠的世俗性,特別以一般用以指代動物才用的「牠」,來指稱民謠,這一用法所欲強調的世俗性意義便有更具體的內涵和象徵,以動物性的「牠」來象徵民謠的特質,便是強調俗民世俗性裡的動物性、原欲和本能性,這個用法主要用於包含「國風」在內的民謠文本,可由顧頡剛論述其他類型文本時的用語加以對照,便可看出此一特別用於民謠文本的「牠」的特殊意指。

在論說《周易》文本時,顧頡剛便以一般的「它」來指稱之。如〈易傳探源〉一文中,說及〈繫辭〉與〈文言〉等傳非孔子作,「經歐陽永叔一告

〔註31〕 顧頡剛編:《古史辨》第三冊,頁 440。
〔註32〕 顧頡剛編:《古史辨》第三冊,頁 351。
〔註33〕 顧頡剛在行文中使用代名詞指代時頗為講究,對於「他」用於男子(如頁 346,指代孔子),「她」用於女子(如頁 313,指代莊姜)等等都用得分毫不差;藉此代名詞用法體例之分辨,可知顧頡剛刻意將「牠」特別用於《詩經》文本來指代民謠的用法,確有其特殊意指和用意。又此一用法似為五四前後學者廣泛接受,即如禮俗研究之先驅陳果夫,在〈中國禮俗研究〉裡,亦通篇皆以「牠」來指稱風俗和俗民之禮俗,足證此一用法在五四前後使用的廣泛和普遍,也顯示五四當代對俗民之「俗」的一種特殊文化意識和定位。陳果夫文章收錄於婁子匡編:《中國民俗志》浙江篇(一)(台北:東方文化供應社,1970 年),頁 1～27。

發，今文家也就不能不割愛，把它們『清』了出來。眞的，它們實在太不像樣了〔註34〕」，對於《易》的〈繫辭〉等文本，顧頡剛則採一般用法，以「它」來指代；另在指稱《老子》一書時，亦以「它」來指代〔註35〕，可見作者非爲俗民，則不以「牠」代之。

　　另外，這一以「牠」來指代俗民之質和具此世俗性質文本的通例，尚可由另一例證之，〈紂惡七十事的變生次第〉一文裡，顧頡剛考察商紂惡跡的形構史跡時說：「民眾的傳說總不會因他們的不肯寫在紙本上而止其發展性的，牠依然是這樣地發展。結果就成了現在下等社會中很有勢力的《封神榜》一書，又把這些人事經過神話化了。〔註36〕」在此，「牠」即指民眾的傳說和民眾傳說而衍生的俗民小說等，所以顧頡剛又說：「希望大家把牠當作《徐文長故事》一類書看，知道古代的史實完全無異于現代的傳說：天下的暴虐歸于紂，與天下的尖刻歸于徐文長是一樣的」，由之我們又可看到顧頡剛疑古和疑古人之史等論述外，「牠」的用法確實意指凡具世俗性，且意指與俗民性質相關的文本，這一用法確爲顧頡剛論述爲文時的通例，時人亦多此一用法，如胡適、錢玄同等，乃至顧頡剛等人的學生晚輩等，亦皆如此，胡適在〈談談《詩經》〉一文起首便連用多個「牠」以指代《詩經》，並強調「牠是一部經典」，但「萬不可說牠是一部神聖經典」〔註37〕，明確以「牠」來強化《詩經》的世俗性，強調必欲去除《詩經》的神聖性，才是詮解《詩經》意義的正途，故當時此種以俗爲尚，且必欲將此世俗性推向一種極端——動物性、本能性的性質，反映因亟欲去神聖化的現代性文化意識下，對於世俗性質定義採取一種激進化詮釋的普遍現象。

2、情欲等於性欲——現代性原欲觀點的套用詮釋

　　這種將世俗化刻意導向鄙俗化的定義和文化意識，尚反映在對《詩經》文本的情詩詮釋上。

　　顧頡剛詮釋〈召南·野有死麕〉時表現的最爲明顯，其中特別引第三章「舒而脫脫兮，無感我帨兮，無使尨也吠」詮釋其義，先說解文字訓詁部分後，隨即以白話文來摹寫原詩爲：「你慢慢兒的來，不要搖動我的身上掛的東

〔註34〕顧頡剛編：《古史辨》第三冊，頁118。
〔註35〕詳見顧頡剛：〈從呂氏春秋推測老子之成書年代〉，收入《古史辨》第四冊，頁474及475。
〔註36〕顧頡剛編：《古史辨》第二冊，頁92。
〔註37〕顧頡剛編：《古史辨》第三冊，頁576～577。

西（以致發出聲音），不要使得狗叫（因為牠聽見了聲音）。」最末強調其意旨在於：「這明明是一個女子為要得到性的滿足，對於異性說出的懇摯的叮囑。〔註38〕」而後自必批駁「可憐一班經學家的心給聖人之道迷蒙住了！」說之不合於文本原意。

接著顧頡剛便引所蒐集的現代民歌《吳歌甲集》中第六十八首歌詞來對比〈召南・野有死麕〉以互相闡釋而作結，此一連類而互詮之舉在詮釋方法和原則均有其代表性，尤值得詳加解析，其所引之民歌歌詞為：

　　結識私情結識隔條浜，

　　繞浜走過二三更。

　　『走到吾篤場上狗要叫；

　　走到吾篤窩裡雞要啼；

　　走到吾篤房裡三歲孩童覺轉來。』

　　『倈來末哉！

　　我麻骨門閂笘籌撐，

　　輕輕到我房裡來！

　　三歲孩童娘作主，

　　兩隻奶奶塞住嘴，

　　輕輕到我裡牀來！』〔註39〕

在此示現的可說是顧頡剛在詮釋《詩經》個別文本時的基本詮釋方法，也就是前述的山歌比附互詮法，由現代山歌民歌和《詩經》平行並列，相互比附、相互詮釋彼此之意義，且多以現代民歌俗謠做為主要意義來源。

此一做法內部意義脈絡的構成極為微妙，要加以辨析，自然應先觀〈野有死麕〉原詩，其內容為：

　　野有死麕，白茅包之。有女懷春，吉士誘之。

　　林有樸樕，野有死鹿，白茅純束。有女如玉。

　　舒而脫脫兮，無感我帨兮，無使尨也吠〔註40〕。

〔註38〕顧頡剛編：《古史辨》第三冊，頁440。

〔註39〕顧頡剛：《古史辨》第三冊，頁441。《吳歌甲集》第六十八首吳歌中，浜為小河；「倈來末哉」即「你來好了」；「麻骨門閂」指不堅實的門閂，如麻骨脆而易折；「撐」即支住之意。此為顧頡剛自注，詳見顧頡剛等輯，王煦華整理：《吳歌甲集・吳歌小史》（南京：江蘇古籍出版社，1999年8月），頁76。

　　朱子釋原詩本義爲「南國被文王之化，女子有貞潔自守，不爲強暴所汙者，故詩人因所見以興其事而美之。〔註41〕」這樣的全詩本義詮釋顧頡剛當然不能接受，除因文王之化的說法代表儒家傳統神聖意義的來源而必否定其義外，顧頡剛和傳統典範詮釋的根本差異在於詩中女子面對男子誘之時的態度。若先擱置不論文王之化等價值意識的詮釋層面，純就文本所述意義而觀，前二章其實三個古今範型的基本詮釋大致相同，並無爭議，問題出在第三章，「鄭箋」詮釋爲：「惡無禮也，天下大亂彊暴相陵，遂成淫風，被文王之化，雖當亂世，猶惡無禮也。〔註42〕」

　　朱子《詩集傳》則釋爲：「此章乃述女子拒之之辭，言姑徐徐而來，毋動我之悅，驚我之犬，以甚言其不能相及也。其凜然不可犯之意蓋可見矣！〔註43〕」顧頡剛認爲經古代兩大詮《詩》典範的說解後：「於是懷春之女就變成了貞女，吉士也就變成了強暴之男，情投意合就變成了無禮劫脅，急迫的要求就變成了凜然不可犯之拒！最可怪的，既然作凜然不可犯之拒，何以又言姑徐徐而來？〔註44〕」

　　觀原詩所述，懷春之女和貞女的詮釋都有其可能性，鄭玄和朱子詮釋的重點雖有側重之不同，但均將此詩放在禮的情境下進行詮釋，即女子認爲需在合於禮的前提下，才能接受男子求愛，否則便拒之，雖則文本中未說及古代男女情愛婚嫁之禮，但詩文本表意原不在於詳述歷史文化背景，故不能據以認定此一禮制背景之不存；但解爲懷春之女亦有其可能性，第三章若與第一章所說「有女懷春」繫連，確亦可釋爲其女懷春而面對男子追求誘之時欲迎還拒的表現。

　　然而眞正問題不在於是懷春之女或貞女詮釋的爭議，而在於顧頡剛在第三章白話直解後，便直接將此女子釋爲要得到性欲滿足，而對男子發出勿驚動旁人的叮囑，這一詮釋直接使懷春之女變成肉慾之女，因此胡適便質疑此一釋義「容易引起人的誤解」，原因爲顧頡剛解第二句爲女子不要男子搖動她身上掛的東西而發出聲音，加上自行賦予所謂女子爲要得到性的滿足之說，「這兩句合攏來，讀者就容易誤解你的意思是像《肉蒲團》裡說的『幹啞事』

〔註40〕《毛詩》，頁9。
〔註41〕朱傑人編：《朱子全書》第一冊，頁418。
〔註42〕《毛詩》，頁9。
〔註43〕《朱子全書》第一冊，頁418。
〔註44〕顧頡剛編：《古史辨》第三冊，頁441。

了。」於是主張「『性的滿足』一個名詞，在此地儘可不用，只說那女子接受了那男子的愛情，約他來相會，就夠了」，又解說第二句關鍵字「帨」之意似不是身上所佩的佩巾，從而再引初民社會裡男子求婚女子往往獵取野獸獻予女子為例來說解此詩情境〔註45〕。

胡適的話雖說得十分客氣，其意不認同顧頡剛第三章詮釋將懷春之女直接變為肉慾之女的說法，卻十分明確。這的確指出顧頡剛的詮釋已將懷春之女和肉慾之女混同的問題，女子懷春不能皆說是性欲渴求，乃為明顯事實，對情感的欲望亦可是心靈、情感或現實上的需求，胡適在此客氣地說顧頡剛的詮釋易使人誤解，實則顧頡剛並非無意中做此詮解，而是刻意為之。

因而他讀完胡適建議後，表面上雖承認「帨」字訓詁可能有誤解，引現代民歌集《吳歌甲集》第二十四首裡「長手巾，掛房門。短手巾揩茶盆，揩個茶盆亮晶晶」來加以對照「帨」的可能意指〔註46〕，但後續為文仍強調自己以肉慾之女釋之的正當性，主要因俞平伯為文加入討論，且認同顧頡剛釋「帨」為女子佩巾之意，俞平伯說「『無使尨也吠』，意在沒有聲音，便作幽媾」，又說第三章是「一層逼進一層，然後方有情致，否則一味拒絕，或一口答應，豈不大殺風景呢？〔註47〕」

可見俞平伯頗認同顧頡剛之說，只是強調「若迎若拒」之態而已，於是顧頡剛便更明確地表明自己以現代吳歌比附上古《詩》文本的合理性，「『走到呸篤場上的狗要叫』與『無使尨也吠』的語意更是酷肖」，「而『輕輕到我房裡來』、『輕輕到我裡牀來』與『舒而脫脫兮』的文義也是十分符合。因為有了這一首極類似的歌詞，所以我對于這詩的卒章有這一個推測。」又說詩中的「帨」亦是聯想自《詩經》有不少「貽我佩玖」、「佩玉將將」等說法，「知道古人身上佩的東西很多，……帨既是佩巾，則感帨自可使佩玉將將起來」，故而有女子要求男子不要搖動身上佩飾的解釋〔註48〕。

由顧頡剛自己為文自況，可證其對此詩意旨論斷確由比附其所蒐集的現代吳歌而來，其詮釋原則在於因現代俗歌裡具有某些類似意象，所以推論具有類似意象的《詩經》文本本義應為相同意旨，在此古史辨諸人以山歌俗歌

〔註45〕 胡適：〈論野有死麕書〉，收入《古史辨》第三冊，頁442～443。
〔註46〕 顧頡剛：《古史辨》第三冊，頁443～444。
〔註47〕 顧頡剛：《古史辨》第三冊，頁444～445。
〔註48〕 顧頡剛：《古史辨》第三冊，頁447。

比附詮釋詩本義的基本詮釋方法再度出現，再次證明我們已論此法實爲古史辨學者詮《詩》的主要詮釋方法，乃爲事實。

　　但誠如胡適所言，顧頡剛的詮釋實已逸出原詩文本文脈及範圍，我們可以進一步再梳理顧、俞二人以爲此一古今詩歌比附以詮詩本義爲合理的基礎，除了前引顧頡剛所言「無使尨也吠」的狗叫、「舒而脫脫兮」的慢慢而來，及「帨」的佩巾等訓詁聯想外，則無其他相同者，但數個意象相同能否便推論二者意義相同，乃是一大疑問，因爲意象即使大多相同，語境卻可能完全互異，但決定詩本義的關鍵不在意象，因爲意象往往要依附語境才能取得更明確的意旨，所以顧、胡兩人對此詩本義詮釋立場的根本差異，不在於意象，而在於語境，「帨」釋爲佩巾或門帘並非重點，重點在顧以爲此詩女子不只受「吉士誘之」，依其詮釋則女子乃爲主動誘男子前來，是以勿使狗叫、「帨」和慢慢而來等意象全被導向依此滿足女子性欲之語境而構義，即此一強調女子性欲欲求之語境已成構義的核心，所有意象必圍繞此構義核心之語境而表出其義，胡適所主張的語境雖亦爲女子接受男子愛情，約其來會，但其中情意和意義便大不相同，原因即在其所指涉語境僅強調懷春之女，未必指向性欲，故此女、男子誘之和其他相關意象之表意亦僅及於女子懷抱對愛情嚮往之意。若以朱子對此詩的訓詁與顧頡剛相較，實無大異，朱子對「帨」字無詳解，顧頡剛對其他相關意象的訓解多從朱子之說，但其對此詩本義的主張卻與朱子南轅北轍，原因正在語境之別，朱子必將此詩本義導向文王之化下合於禮的語境，因而詩的意象必依此一語境而連結構義，這便是此詩本義所以古今有別，且古史辨諸學者們自己都要內訌而相互論辯的緣由。

　　如此詳加梳理各家對〈野有死麕〉詩本義形構的脈絡，並非要考其是非，而是要考察各家對詩本義形構的根本觀點和其所採詮釋方法的關連性，以顯明古史辨學者詮《詩》方法的基本模式和特質。由上所述，顧頡剛藉由現代俗歌以比附上古詩歌的詮釋方法恰爲其詩本義所以形構的關鍵，〈野有死麕〉原詩未必具有的語境和意指，在現代俗歌的比附下引入性欲的意旨，可是此一比附的基礎僅在三個簡單意象和可能類似的題材上（皆可視爲情詩），相互比附的兩個文本在語境上卻未有明確的相似性。用以比附的現代俗歌起首兩句「結識私情結識隔條浜，繞浜走過二三更」，便點明此俗歌語境在於男女彼此已相互結下私情，歌中男子與女子隔浜而居，男子夜半繞浜而來的語

境，依此語境，則意象必藉此一已相互有意且結下男女私情的夜半幽會而構義，歌中女子自無推拒，必為邀約接受之意，何況此歌女子極為主動，不但主動開門，還邀男子「輕輕到我房裡來」，末兩句更為露骨地以女子性徵誘引男子「輕輕到我裡牀來」，則此一現代俗歌中的女子主要為滿足性欲而誘引男子之意自可成立。

然而原詩文本僅以「野有死麕，白茅包之」來反覆強調男子以死麕誘引女子回應其情，原詩語境實未指明女子是否接受男子誘引，故後世對第三章釋義才有女子拒絕和接受等兩種不同態度的詮釋，由之引來諸多爭論；此外，相互比附的兩個古今文本的語言風格可謂迥然不同，其引現代俗歌的語言極為鄙俗而直露，多為女子直接誘引男子之語，甚且以身體相誘之；〈野有死麕〉原詩卻只是樸素地述及男子以死麕誘引女子以至女子之回應，女子的回應態度卻意指不明，也無明確誘引之語，因此顧頡剛這種詮《詩》基本模式建構的合理性其實頗有引人疑慮之處。

尤因其主張必要回歸文本而釋義，但對此詩文脈所形構的語境特質卻未詳加留意，其詮釋此詩本義的主要根據反在於比附的現代俗歌文本，由之引入他文本的本義以代為詮釋原詩之本義，此種詮《詩》意義脈絡的構義核心已不在《詩經》文本，反轉換至以現代俗歌民謠文本為構義核心，再行比附到《詩經》文本做為構義的基準，這當然不合於其自己主張的回歸原文本之論，亦再次證明古史辨學者在研究詮釋《詩經》時方法建構上的問題，以及在「俗民原型觀」價值意識主導下《詩經》詮釋方法上的限制，從而使其推證常易流於浮泛粗疏，並因依於此價值意識而多有進行比附之舉。

是以經由〈野有死麕〉在現代詮《詩》範型裡的詮釋建構，不難發現其藉現代俗民歌謠研究，而欲將《詩經》納入此一範圍進行詮釋的方法學建構，且習於以現代俗民歌謠裡的鄙俗性，比附於部分《詩經》文本中，將其認為可為《詩經》民風民謠代表之詩文本，導向鄙俗化的意義詮釋，如前已論，顧頡剛塑造俗民為現代正統的論述裡，屢喜將士紳與俗民對立，從而強調俗民敢於直露鄙俗之質，而說以顛覆傳統之意，可證其《詩經》詮釋方法和模式的基本建構多依「俗民原型觀」而來之事實。

這種詮釋模式並非孤例，以〈召南〉的〈小星〉詮釋而言，胡適認為此詩本義應是妓女夜中求歡：

〈嘒彼小星〉一詩，是寫妓女生活的最古記載。我們試看《老殘遊

記》，可見黃河流域的妓女送舖蓋上店陪客人的情形。再看原文：

嘒彼小星，三五在東。肅肅宵征，夙夜在公。寔命不同！

嘒彼小星，維參與昴。肅肅宵征，抱衾與裯。寔命不猶！

我們看她抱衾裯以宵征，就可知道她為的何事了〔註49〕。

其實此一詩本義推求的靈感來自於顧頡剛，胡適日記中提及：「頡剛謂此是娼妓之詩，此說極是。曾讀《老殘遊記》的人，亦可得此種感想」，於是總結說：「總之，用文學的眼光來讀《詩》。沒有文學的賞鑒力與想像力的人，不能讀《詩》〔註50〕」。

胡適以為有文學眼光和想像力者，便能讀懂這篇《詩經》新解而有同感，文學鑑賞力極高的周作人卻始終感覺不出，而說：

〈嘒彼小星〉一詩，胡先生說「是妓女星夜求歡的描寫」，引《老殘遊記》裡山東有窯子送舖蓋上店為證。我把〈小星〉二章讀過好幾遍，終於覺不出是送舖蓋上店，雖然也不能說這是一定描寫什麼的。有許多東西因為我不能完全明了的，只好闕疑。我想讀《詩》也不定要篇篇咬實這是講什麼。……這豈不是還中著傳統之毒麼？胡先生很明白的說，「國風」中多數可以說「是男女愛情中流出來的結晶」，這就很好了；其餘有些詩意不妨由讀者自己去領會，只要有一本很精確的《詩經註釋》出世，給他們做幫助。……〔註51〕

周作人批評胡適此一《詩經》新解，暗指胡適的詩本義新解亦同傳統釋詩時比附穿鑿而難以貼合文本脈絡的問題，周作人尚且指出胡適對〈葛覃〉提出的本義新解，乃是比附現代情境以求上古詩本義，胡適說此詩是描寫女工人放假急忙要歸的情景，周作人犀利地指出胡適的詩本義新解恰與自身所提詮《詩》原則不合，因胡適在同一文章裡便提出要「大膽地推翻二千年來積下來的附會的見解；完全用社會學的、歷史的、文學的眼光從新給每一首詩下個解釋」，結論時不忘加上民俗學，再次強調此類新學科詮釋視野的重要〔註

〔註49〕　胡適：〈談談《詩經》〉，收入顧頡剛編：《古史辨》第三冊，頁587。

〔註50〕　胡適：〈一九二二年四月二十六日日記〉《胡適的日記》，節錄收入於胡適：《胡適古典文學研究論集》（上海：上海古籍，2013年1月），頁253。此文尚發展成胡適在武漢大學的講稿〈談談《詩經》〉，收入顧頡剛編：《古史辨》第三冊，頁576～587。

〔註51〕　周作人：〈談〈談談《詩經》〉〉，收入顧頡剛編：《古史辨》第三冊，頁588。

〔註52〕　胡適：〈談談《詩經》〉，收入顧頡剛編：《古史辨》第三冊，頁580，587。

52〕；可是周作人發覺胡適詮解的方法和本義卻與其主張了解初民社會、還原作者本意決不相同，「胡先生只見漢口有些紗廠的女工的情形，卻忘記這是二千年前的詩了。倘若那時也有女工，那麼我也可以說太史坐了火車采風，孔子拏著紅藍鉛筆刪詩了。〔註53〕」

周作人略帶諷刺的說法突顯出若回歸文本自身，不論〈小星〉和〈葛覃〉，文本未涉及之處，胡適皆依比附之法而使原作者本意產生扭曲，〈小星〉作者或女子的身分，根本未見胡適所言指涉妓女求歡之意，因而這個妓女求歡的意旨仍只是詮釋者胡適自身的想像，但何以將意旨想像成妓女求歡，並非偶然；對照胡適在〈野有死麕〉詮釋時，批評顧頡剛詮解過度導向詩文本未指涉之意且過度鄙俗化的詮釋意向，胡適自己在〈小星〉詮說時亦不免犯同樣問題，更足證此種以鄙俗概括俗民本質的詮釋取向，所以〈小星〉原詩裡不過只說女子抱著被褥在星夜行進，胡適卻會聯想到妓女求歡的場景，這種聯繫性思維和顧頡剛可說如出一轍，都是基於他們對俗民必為鄙俗的本質想像而來，反映出欲將俗民鄙俗化，且將此鄙俗化的俗民套入《詩》文本的基本意向。

這種鄙俗化的詮釋意識在當時無所不在，是以其後數年陳槃對胡適將〈小星〉說成妓女求歡之說，不單未注意到其中聯繫性思維的主觀比附聯想問題，反倒視之為眾人所釋義裡「最為新穎可喜〔註54〕」，這種理所當然的觀點更足以證明此種以俗民本質為鄙俗，且以此為詮釋原則詮說詩本義的基本取向，在五四以來做為一種集體文化意識，且因而取得其價值正當性的現象，直至今日仍為常被沿襲的觀點。即如周作人雖察覺此種比附之法所造成類同傳統比附取義的問題，但周作人解讀詩本義的基本立場仍同於胡適著眼於男女愛情的情詩觀點，在詮釋方向上一樣是俗民化原則為主，只是不欲見現代比附和胡適當時的影響力使《詩經》詮釋成為另一新的「專制」觀點而已。

最明顯的是，以俗民化為核心價值，且以極盡鄙俗化為詮釋原則的這套《詩》文本詮釋方法，尚且延伸至詩體分類的現代建構，成為一套十分特異的詩體分類系統，由此則進入第三節討論。

〔註53〕 周作人：〈談〈談談《詩經》〉〉，收入顧頡剛編：《古史辨》第三冊，頁588。《古史辨》中已提及編入此書時，胡適便刪除〈葛覃〉的女工返家之說。然而胡適仍保留〈小星〉等詮釋而未改，可見其並未確實意識到自身的比附亦有穿鑿之嫌。

〔註54〕 顧頡剛編：《古史辨》第三冊，頁429。

第三節　詩體傳統分類系統重詮和「開放性文本觀」神聖義移轉

本章第一節已辨現代詮《詩》範型裡在詮釋觀點和方法上最核心的重構，即在《詩經》為古樂即上古詩歌總集的性質定位，且由此展開一套以樂歌和徒歌二分的雅俗對立論述，在此我們將進一步檢證此一看似音樂和詩體分類的文學和民俗學意味之詮釋論述裡，究竟實質的分類基礎何在？其強調做為學術研究和客觀詮釋的論說裡，預設的觀點和價值意識何在？此套《詩經》即古樂、即徒歌和樂歌綜合之上古詩歌總集論裡，落實在《詩經》的詩體分類上展開的新舊論述為何？其意義何在？

一、以歌謠為中心的「風」「雅」「頌」分類基準與詮釋

首先，想形構詮《詩》新典範必不能不面對「風」「雅」「頌」等傳統詩體分類問題，詩體傳統分類對想塑造現代詮《詩》新典範的學人而言，為一不得不保留的分類系統，除了基於其文化史料的意義，更因古之史料不可得，此舊分類系統已成歷史事實，故在研究上有保留的必要，且必須藉此舊史料的梳理，才能完成其詮《詩》的知識論建構。

（一）徒歌（歌謠）與樂歌（非歌謠）二分論重構詩體本質

顧頡剛很早便針對此一問題試圖以新的詮釋模式進行詮釋，在其徒歌與樂歌二分的上古詩歌分類說為基礎，顧頡剛再推進到「風」「雅」「頌」詩體問題上進行分類問題和分類意義的檢討，他認為《詩經》「到底有幾篇歌謠，這是很難說定的」，「大家都說「風」「雅」「頌」的分類即是歌謠與非歌謠的分類，所以「風」是歌謠，「雅」「頌」不是歌謠」，他肯定此一分類的正當性，卻認為這一分析太過粗略，而不夠確當，所以才要對此深入分析〔註55〕。

透過顧頡剛對當時學界說法的肯定，我們已可明白這種歌謠與非歌謠的分類共識，即是他原先提出徒歌與樂歌二分的上古詩歌分類論述，亦可窺知此一學界共識的時代意識對後來詮《詩》範型形構的關連性。不過這一分類系統再經顧頡剛的發展，反而露出方法論上的極大破綻，顧頡剛先欲論證「國風」裡不全為歌謠，非歌謠亦不少，這自是因為先前他早已提出徒歌與樂歌二分論裡的另一次要論點——《詩經》雖為上古詩歌總集，但經搜集編輯過

〔註55〕顧頡剛編：《古史辨》第三冊，頁314。

程裡樂工的整理，徒歌（歌謠）已雅化而爲樂工整理的樂歌（非歌謠）。其後他甚至在此一基礎上更向極端推衍，直接爲文〈論《詩經》所錄全爲樂歌〉，強調《詩經》爲已經樂工雅化而不是純粹民間通俗歌謠的原貌〔註56〕。依此觀點再推及「風」「雅」「頌」的辨體問題時，他認爲「國風」裡不全爲歌謠，非歌謠亦不少的理由在於：

> 如〈召南〉的〈何彼穠矣〉，與〈大雅〉的〈韓奕〉的性質是相同的，
> ——他們都是祝頌結婚的詩。〈鄘風〉的〈定之方中〉，如放在「雅」
> 裡豈不是〈斯干〉；如放在「頌」裡豈不是〈閟宮〉？——他們都是
> 建國家，聚生息的詩。至於〈采蘩〉〈采蘋〉，更和「雅」中的〈楚
> 茨〉〈鳧鷖〉沒有分別了——他們都是祭祀的詩。〈樛木〉〈螽斯〉，
> 更和「雅」中的〈天保〉〈蓼蕭〉沒有分別了——他們都是祝頌的詩。
> 這一類的詩，雖是在「國風」裡，我們也不能認爲歌謠，因爲這是
> 爲應用而做的〔註57〕。

此處明顯是以題材內容做爲分類基準，但題材分類的分類基本概念卻有極大的問題，且顯然是價值觀主導而造成的分類問題；如其所說，祭祀和祝頌類的詩即使在「國風」裡也不能歸類爲歌謠，因凡是「爲應用而做」的詩歌便不屬於歌謠，如此便出現一大疑難，難道上古之人沒有祭祀和祝頌的生活語境？再者此一觀點意指應用型、功能性的詩歌便不是歌謠，那麼顧頡剛到底怎麼定義歌謠的性質？上古之人最明顯的特徵便是尚未脫離天地宇宙神祇的神聖世界，總想參與神聖，祭祀和祝頌的生活語境才是他們最重要的生活向度，此爲民俗學、人類學和神話學的共識，因而顧頡剛的論點和分類觀點自然不能成立。

（二）祭祀和祝頌等應用之詩類非歌謠

不過此處重點不在證其謬，而是要深究其構作此一分類觀點的動因何在，若再接續觀其對〈小雅〉的分類論述，答案便可分曉。

> 反看〈小雅〉中，非歌謠的部分固然多，但歌謠也是不少。如〈采
> 薇〉、〈出車〉，不是與〈豳風〉的〈東山〉相同嗎？——他們都是征
> 夫懷歸的詩。如〈苕之華〉，不是與〈檜風〉的〈隰有萇楚〉相同嗎？

〔註56〕 顧頡剛編：《古史辨》第三冊，頁 314、591。
〔註57〕 顧頡剛編：《古史辨》第三冊，頁 589～590。

——牠們都是不願有生的。如〈蓼莪〉，不是與〈唐風〉的〈鴇羽〉
相同嗎？——牠們都是哀念父母的詩。如〈何草不黃〉，不是與〈豳
風〉的〈破斧〉相同嗎？——牠們都是怨恨出兵的詩。如〈黃鳥〉，
不是與〈魏風〉的〈碩鼠〉相同嗎？——牠們都是欲棄去一地而他
適的詩。如〈我行其野〉，不是與〈邶風〉的〈谷風〉相同嗎？——
牠們都是棄婦的詩。說到了〈邶風〉的〈谷風〉，更想起〈小雅〉的
〈谷風〉：牠們的意義是一致的（始厚而終棄之），怨恨是一致的（一
云，「將死將懼，維予與汝；將安將樂，汝轉棄予！」；一云，「習習
谷風，維風及雨」）〈小雅〉〈谷風〉之爲歌謠，是很顯明的了。所以
這一類的詩，雖是在〈小雅〉裡，我們不得不認爲歌謠，因爲這都
是平民心底的話〔註58〕。

　　在此所以不得不引述長段原文，乃因其中有久被忽視的極重要觀點有待
考掘。此段論述可由下列要點加以說明：

　　一、歌謠與非歌謠二分論被視爲確能依《詩經》本質，所設立的新的「科
學」分類標準，足以依現代學科視野重新詮釋《詩經》的體類問題。

　　二、依一、之內容，由於已設定《詩經》多已是經整理編輯後的非歌謠
（樂歌），但仍可從此一非歌謠的史料中，以科學研究推求出所謂歌謠（徒歌）
的部分原質和局部原貌，以考定歌謠及與其對應的非歌謠的特質。

　　三、「風」「雅」「頌」的傳統分類與今不同，受傳統觀點限制而來，故可
用新的分類觀點加以科學地分類，但因而必須找出傳統各體類裡被混合的歌
謠（徒歌）和非歌謠（樂歌），找出歌謠和非歌謠的特質，據以重新分類。

　　四、依三、，則依新的學科與科學標準所立定的詩體新類，就可以眞正
表現出《詩經》本有的意義和價值。

　　五、以題材內容做爲主要的分類基準，凡題材相同，則文本類型基本相
同。

　　六、「興」做爲輔助的分類原則，此處的「興」意指語言形式之義，兩首
詩文本「興」之用法和意義相同，加上五、的分類原則，則可推知此兩首詩
文本的性質同一，可做爲同一類型文本。

　　七、據前述詩體的新分類原則和方法，套入〈小雅〉之詩，得出結論之
一——〈小雅〉同於前所論之「國風」，都有歌謠和非歌謠混合的現象，即不

能說「國風」都是俗民歌謠，〈小雅〉便都不是俗民歌謠而爲雅化的樂歌，要精密析分其中俗民特質和非俗民特質才是。

八、依題材分類法來加以區分新的詩體類別，則〈小雅〉諸詩有許多分別可與各「國風」同題材的詩，如同爲征夫懷歸、同爲哀念父母、同爲怨恨出兵、同爲棄婦詩等等，基於五、的分類原則，同類題材即屬文本類型同一，故可證得例舉的這些〈小雅〉詩作全都不是本質原爲經樂工或士人雅化的樂歌，而仍保有其原先俗民歌謠的風貌和本質，可視之爲俗民歌謠。

九、同樣依上述標準分類，〈我行其野〉可以連結到同是棄婦詩的〈邶風〉的〈谷風〉，再由〈邶風〉的〈谷風〉，更想起〈小雅〉的〈谷風〉爲同類義，可再加連結，於是最終連結的〈小雅〉的〈谷風〉也是歌謠。

十、由九、之詮釋推證，可得出所有這類詩之本質都是歌謠，「因爲這都是平民的心底的話」。

問題是依其所說，怨恨一致，起興一致，題材內容和語言敘述修辭手法的一致，就可推論〈小雅‧谷風〉是歌謠，於是再據以推論〈小雅〉裡這類詩都是平民百姓的心聲，所以〈小雅〉這些類型的詩亦同於「國風」同類題材的詩，皆爲俗民歌謠，而非士人或朝廷所作之詩，這一推論看似言之成理，然而其推論最重要者不在於音樂、聲律不分而造成的推論基準上的邏輯謬誤，更大的問題在於其推論的邏輯和相關概念，全皆因依於其亟欲證立的價值觀。

以顧頡剛所論，即使不論其所推證「《詩經》即古樂」的相關論述在文本層次的論證上可否證成，最根本的問題在於「俗民感覺主義」所造成的錯誤，以怨刺之義爲題材分類的標準，依其所說則只要是怨刺詩，便是俗民的專利，凡題材內容爲怨刺者，便是歌謠，便是平民心底的話；反之，則不是歌謠，不是平民百姓心底的話。這一概念邏輯推證的危險即在看似實證的過程中，「俗民才有情感覺受」這一價值意識型態主導所有的推論，使得其「實證」最終淪於虛談。此價值觀即表明平民百姓才能感覺到怨刺悲苦、有血有淚，士人大夫不會怨刺悲苦，不可能有這類感覺，我們可概稱此一觀點爲「俗民感覺主義」的原因即在於此論述觀點上的極端性，如此則士人大夫被排除在人的情感覺受之外，士大夫有的便是「紳士氣」，乃是「衛道的官紳」，所以顧頡剛才在〈論《詩經》所錄全爲樂歌〉裡忍不住在論證過程中，強調這一主義式分類觀點裡的主義：

> 凡是土樂，一定是最少紳士氣。牠敢把下級社會的幼稚的思想，粗

獷的態度，淫蕩的聲音，盡量地表現出來。例如：北方的〈嘣嘣戲〉、
〈跑旱船〉，南方的〈打花鼓〉、〈蕩湖船〉……，都是。這些東西因
爲毫沒有紳士氣，所以最爲紳士派所厭惡。他們總想把她們完全禁
絕以正風化，所以〈四明文戲〉已不見於寧波，而〈嘣嘣戲〉也絕
跡于北京城。豈但這班衛道的官紳呢！就是我們一輩人亦何嘗不如
是。……因此，使我想起了春秋時各國土樂包羅在〈鄭聲〉一名之
下，而爲孔子所痛絕也是很可能的〔註59〕。

　　在這種古樂即《詩經》的論述裡，所存的分類觀點基礎便必然導向雅俗
階級的對立觀，更預設一切詩本義相關詮釋必以俗世化爲中心價值的開展。

二、雅俗二元對立的題材分類即詩體區辨

　　這個看似很有邏輯的詩群連結和分類，裡面其實大有文章。首先題材能
不能單獨據以做爲詩歌分類的基準，便是大有問題，此一分類原則若成立，
則怨刺詩也可同於怨刺散文，則可推證爲怨刺詩和怨刺散文乃爲文本體類的
同一？加上「興」的分類原則亦不能補救此處分類概念選取不當而導致的邏
輯謬誤，再者，這個題材內容以爲主要分類原則的分類觀點，似曾相似，本
章第二節我們已討論顧頡剛的得意弟子陳槃欲依此分類法則，證明〈二南〉
爲民間文藝，不爲聖王之化的論點，可見陳槃頗有乃師之風，且學得相當精
到，其論顧頡剛所立新的分類方法和邏輯全然一致，所欲證立的觀點也一致，
便是要以新立的詩體分類法則，以證立《詩》文本裡雅俗二元對立文本類型，
而此雅俗二元對立的文本類型來自於雅俗二元對立的社會階級——士人官紳
與下層俗民的二元對立。

　　顧頡剛的論述看似要爲詩體分類找到更精確詳實的分類標準，實際卻是
以詩的題材內容來做爲詩體分類的標準，再以此題材內容之間的類同性加以
歸納整理，據以形成題材上數個不同類別，再依此題材類別標準來判定詩體
內部。

　　問題在於其所立的題材內容分類基準，亦往往有價值觀的強烈預設，如
征夫懷歸、棄婦等怨刺詩、或男女之情的情詩等，這類題材都是其優先提舉
且依之以與價值觀直接連結，由此以形構其詩體分類論述，因而其所標舉的
「實證」，常僅有其表，詩體分類論述的內部多爲價值觀的證立，而不在於其

〔註59〕顧頡剛編：《古史辨》第三冊，頁624。

所標舉的語言文本特質的探討究明。

其實其前面「國風」的論述亦然，亦為同一方法謬誤而致，所以顧頡剛為何要說祭祀和祝頌之詩是為應用而做，從而把具有此類功能性的詩歌排除，自然不難理解；因其所論，雅詩和俗歌對立，雅詩又是經樂工整理或原本出自士人官紳等上層階級之手，祭祀和祝頌之詩多是上層階級所為（尤以《詩經》裡「雅」「頌」諸多詩作所見內容為是，但對照第三章解析，五四範型這一詩體定義實承自朱子釋詩體的語言形式義，卻將朱子論詩體的價值義切割刪除），則其必不能說是俗歌（徒歌），他認為「徒歌是為了發洩內心情緒而作的；他並不為聽眾計，所以沒有一定的形式。他如因情緒的不得已而再三咏歎以至有複沓的章句時，也沒有極整齊的格調。」代表樂工和士紳之作的樂歌便剛好相反，樂工是為職業而編作，「他看樂譜的規律比內心的情緒更重要」，為了考慮聽眾，需整齊歌詞和複沓樂調，但「他的複沓並不是他的內心情緒必要，他再三咏歎，乃是出于奏樂時的不得已〔註60〕。」

依其說，則前述所有新的詩體類別分類何以總是出現蹊蹺，便得以解明，本章第二節討論陳槃進行詩體分類推證時犯了標準設定的謬誤，即何以怨刺詩必為俗民之歌，士人官紳依此則原則便沒有怨刺的情緒或行為等等，對照其師之說便完全可知，這些我們如今指出不合情理的分類概念設定，對他們而言乃是理所當然，這一理所當然就是古史辨運動者早已在詩體分類原則裡預設一套價值觀，詩體分類原則看似科學的文本類型分類，是他們設定要完成的「純文學」詩體分類知識的建構，和不沾染道學經學等價值義而能有「純文學」之詩本義詮釋，才勉力學習新學、整理國故，然而這個純粹的文學國度在他們手裡還是失落了，在詩體分類論述裡，同樣如本章第二節所證，現代詮《詩》範型要完成的實不是他們以為的客觀實證的、「純文學」式的詮釋模式，而是成為自身想像的俗民烏托邦之寄託，《詩經》體類之判在「俗民原型觀」的文化價值意識下，變成雅俗對立、智識階級與非智識階級對立的語言文本類型論述，而其中不僅有著文化觀點的問題，更有社會至政治上的寓意。俗民傳統文學文化的對反即是貴族文學文化，當時顧頡剛在《民俗週刊》〈聖賢文化與民眾文化〉中，又以貴族與俗民的對立而立論，並對前者予以價值上的負面批判〔註61〕。

〔註60〕 顧頡剛編：《古史辨》第三冊，頁 624～625。
〔註61〕 顧頡剛：〈聖賢文化與民眾文化〉，收入婁子匡編：《民俗週刊》第一冊（台北：東方文化供應社，1970 年），頁 1～7。

更重要的是，此種論述觀點後來成爲現代詮《詩》範型裡意義構成的主要部分之一，且爲眾多著名學者共有的觀點，因而影響甚廣，包括中國文學史、批評史等的書寫觀點，數十年來仍以此爲主流〔註62〕。

三、現代「用詩」觀──讀詩即讀解社會階級二元對立之價值行動

更重要的是，在其體類分判詮釋之下，讀解詩文本成爲一種文化社會至政治價值行動的延伸，讀解詩文本即讀解社會階級的二元對立，在這現代詮《詩》範型裡，讀解詩文本原是想由個人自我抒情的正當性，以證立現代性個人主體裡的正當性，即自我權利、自由、民主等價值觀點，然而被顧頡剛等人主導的《詩經》即古樂說，從而推行出詩體新分類的種種論述和詩本義重詮時，讀解詩本義成爲解讀某種社會階級對立觀點的政治隱喻，由此，我們即使不欲批評此一原型觀包裝在科學理論中的危險性問題，也可以指出一件最重要的事──這就是現代版的「用詩」，而且其「應用」詩文本之所有意義詮釋行動，最終仍是要推導出一種理想價值的實際行動，更耐人尋味的是，其應用範圍之大而無所不包，和其老祖先一樣，都預設著一種整體一元論的思維，也就是將宇宙視爲一個各部分之間、部分與整體間互有聯繫，而成一不可分割的有機整體，現代詮《詩》範型裡的「用詩」，便預設藉詩文本重詮裡的新價值論述，得以繫連至無所不包的政經社會文化諸領域，從而引發不只是新的文學革命，更是屬於新的文化運動、社會革命等價值行爲。

林毓生已指出廿世紀中國知識份子的全盤反傳統思想的思維模式，實亦承此一整體論思想而來〔註63〕，第二章第三節已論，我們要接著指出的是，在這種現代「用詩」的行爲導向和思維模式中，反對「用詩」觀點和行爲的五四諸人，自身實亦未能脫離其厭棄的觀點──以詩爲教，傳統「以詩爲教」觀點裡往往預設藉詩之交流性產生教育教化之功能，從而要求導出價值行

〔註62〕承襲此觀點的劉大杰的《中國文學發展史》至今仍影響甚廣，後起諸作常在基本觀點亦沿襲之。龔鵬程指出，劉大杰和胡適、陸侃如、馮沅君、薛礪若等人，「都有種奇怪的傾向，認爲凡愈接近原始民間的文學，價值便愈高，文人之創作，必然是愈寫愈『古典』，愈寫愈僵化，愈無價值。」詳見龔鵬程：《傳統・現代・未來──五四後文化的省思》，頁280。

〔註63〕林毓生《五四時代的激烈反傳統思想與中國自由主義的前途》，收入林毓生，《思想與人物》，台北：聯經出版公司，1983年，頁139～196，其關於傳統整體一元論思維的論述主要見於頁150～171。林毓生著，穆善培譯，《中國意識的危機：五四時期激烈的反傳統主義》（增訂再版本），頁45～51。

動,這種思維和行動連結的用詩行為觀實則古今同一,全無二致。

然而還是要進一步指出,現代版的「以詩為教」觀點論述已有大異於傳統論述之處,現代範型將詩本質基本界定為個人自我抒情,且不需聽眾的本質設定,使詩文本成為近於自我的、唯心的意義取向,因而脫離了傳統詮詩必涉及的交流性質,使後世現代詩的創作也產生一種斷除交流性,多封閉於自我抒情的意義取向。至於五四新文化運動時期如此界定,何以還能導致「用詩」行為?除了當時新興報章雜誌等媒體的廣泛興盛〔註64〕,以利傳播新知之外,這主要必須回到時代的氛圍和歷史情境的特殊性來說,王汎森在《古史辨運動的興起》裡就非常銳利地指出,古史辨運動所提出的諸多觀點,尤其是看似顛覆傳統的史學觀點裡,往往有來自中國傳統史學思維和方法的來源,更有許多具體歷史人物如姚際恆、崔述等疑古派論者,皆不合於其時之主流論述,然而生於乾隆之朝的崔述雖被視為非主流學說的異端,何以時人卻未介意而未引發如五四般群起攻之或群起效之的效應,其關鍵便在這類異說能否在當代中產生巨大影響,仍必須參照其所置身的歷史情境的特殊性,生於太平之世的崔述,最多只是時人眼中的「一根刺」,但生於傳統與現代質變的時代,顧頡剛便幸運得多,得以乘時勢而使其學說在當代引起滔天巨浪,甚至至今仍持續其影響力〔註65〕。

基於同一分類概念和觀點,現代詮《詩》範型自可無止境地以此加以推證下去,諸如「〈大雅〉和「頌」可以說沒有歌謠」,或「我始終以為《詩》的分為「風」「雅」「頌」是聲音上的關係,態度上的關係,而不是意義上的關係〔註66〕」,但這些現代詮釋如今看來,自應有重新檢討的必要,在此不必細表,真正值得注意的問題並不在此,為此我們須回到剛才舉例而未完的討論。

四、詩本義構義原則自相矛盾與文本觀的糾結

前述關於〈小雅〉的歌謠和非歌謠析論之例中,最末的一串例舉連結以

〔註64〕 當時新興報章雜誌等媒體的廣泛興起現象已有諸多研究,此不具論,唯古史辨諸文章之發表在結集之前,多在此類新興媒體上先行發表,可知此一文本外部的傳播行為及影響。詳見周策縱:《五四運動史》(台北:龍田,1980 年),頁 285~288,304~305。(李仁淵:〈思想轉型時期的傳播媒介——清末民初的報刊與新式出版業〉,收入王汎森等:中國近代思想史的轉型時代 (台北:聯經,2007 年),頁 3~49。

〔註65〕 王汎森:《古史辨運動的興起:一個思想史的分析》(台北:允晨,1987 年)。

〔註66〕 顧頡剛:《古史辨》第三冊,頁 590。

取義，更應予以深究，在未究其舉例中實具之妙義前，若依前面所論，現代詮《詩》範型以個人自我抒情爲詩本義之源，故詩本義之形構自是以作者爲中心的「封閉性文本觀」，此點當無異議，不過這只是由其理論上的宣稱而觀之，實際其進行具體文本詮釋又如何，這便是在此要檢證的要點。

我們可以看到，這一串不斷串連的詩例裡，其中據以連結其義者，並不在其自稱的客觀而合理的實證科學邏輯，然而顧頡剛卻能如此理所當然地加以連結其義，其「理」何在？此時我們可以看到，由〈我行其野〉可以連結到同是棄婦詩的〈邶風〉的〈谷風〉，再由〈邶風〉的〈谷風〉，更想起〈小雅〉的〈谷風〉爲同類義，可再加連結，於是最終連結的〈小雅〉的〈谷風〉也是歌謠，「因爲這都是平民的心底的話」。其中詩本義裡的「棄婦」意象變成一種譬喻性質的中介，因而得以不斷由第一詩文本中，連結向第二詩文本之同一譬喻義，再轉向此例裡最終詩文本所具的棄婦譬喻，雖然這三個文本在篇幅、句式和意義上多有不同，但仍無礙顧頡剛設法串連以構義，最關鍵的即是「棄婦」意象裡蘊蓄著現代範型詮釋者所尊崇信奉的「俗民原型觀」裡的俗民至上價值，棄婦被棄的悲苦意象喻示著天眞質樸的俗民受了苦楚，乃是環境之不義所致，如此則此一俗民身分之棄婦的怨刺自爲天經地義，更顯其自然率眞、毫無造作之質，又能對顯環境之不公義（俗民的對立面），於是「棄婦」這一「俗民原型」裡一個理想價值義的側面，便構成一個神聖價值的意義來源，詮釋者爲了突顯神聖價值，往往必要打破文本界限，以引譬連類的方式在眾文本裡設法轉出並衍生出更多此一神聖價值義，這便完全是第二章第三章都曾論及「開放性文本觀」的基本構義模式，顧、陳二人及其他五四時期現代詮《詩》者於詩本義和體類意義詮釋中，不時在其欲現其以爲的神聖價值時，皆示現猶如漢代外傳體式的文本輾轉引譬連結的構義模式，現代詮《詩》者竟由他們最爲鄙視的漢儒手裡接下棒子，非常吊詭地傳承了他們最爲唾棄的比附構義之把戲。

第三章中我們已指出，朱子在論及神聖價值的〈二南〉文本時，皆以此引譬連類之構義模式來使文本構義之形式開放，以求神聖意義的豐富流衍與反覆示現，這種構義模式在漢儒和宋儒身上皆有，且均被現代詮釋者視爲穿鑿無稽，不料它卻在不能自覺自身矛盾的現代詮釋者身上反覆地具體再現，以一種非常隱微而易被忽略的模式，在凡涉及神聖性意義時便不斷地在眾文本裡四處遊走，閃現其亙古已存的幽魂。

神聖性理想價值常因依「開放性文本觀」而轉出其意義，引譬連類這種於現代人眼中往往不解其何以如此乖謬的構義模式裡，含藏著人類對意義開放性和豐富性的渴望，尤其是具神聖性的重要意義，往往成為足以主導意義在文本間串連衍生以增益其義之動能。

在三大範型的構義模式裡，我們已確能察知由「開放性文本觀」轉向「封閉性文本觀」的文本構義取向之歷史進程，這一由聖轉俗的構義觀點演變中，詩本義詮釋亦轉向個人創作主體為主的作者本意，從而使回歸文本成為文本詮釋的前提與基本詮釋原則。

然而這一主要的構義觀點和模式轉向中，我們仍然發現一個驚人且重大的事實，「開放性文本觀」仍未在此一文本構義思維轉向中消失，只是其所能影響的形構的意義範圍更為縮減，以致隱微到我們難以察知；直到現代，仍不時出現以主導關鍵意義的形構，不論古今三大詮《詩》範型裡，凡涉及核心理想價值的意義詮釋與論述，即所謂如何示現理想價值之神聖性意義時，「開放性文本觀」便在此一意欲逼顯神聖意義的時刻登場，以其所具構義思維的高度靈活性，即因依於引譬連類的意義衍生轉化之法，使神聖價值義得以示現其中的豐富性與廣延性，以此觀之，則我們可以說如今文本觀構義演變之中，神聖不死，只是凋零。此種以俗反聖，卻又不自覺流露出欲在激進世俗化內部重新發掘一種知識人所想像的非世俗性，這種不徹底的世俗，以及世俗化中對神聖的渴望，恰能反映出五四文人文化意識上既傳統又現代的矛盾。

五、俗民為中心的兩大詮詩類型及詩體析類

詩體舊分類系統畢竟不能滿足古史辨的學者，在亟欲以西方文學知識系統為尊，並儘快拋棄舊文學系統的價值意識下，一代有一代的文學，古史辨運動所代表新的一代，必應有新的文學風貌和文學觀點，對他們而言，詩歌的分類也該打破傳統以經學思維為基礎的分類，既然新的文學即是以西方文學觀點，新時代文學便應比照同樣的分類原則，且當時所流行和重視的是西方浪漫主義文學觀點，加上五四反傳統與對當時中國政治現實困局的不滿，於是愛情詩和後來所謂現實主義的詩便成為兩大詩體類型，看似是題材上的分類，其實有濃厚的新文學價值意識主導。適才所引的詩體分類裡，已可看到此一雛型，我們只要再稍加歸併這些小次類，便可以看到愛情詩和怨刺詩

為主的所謂現實主義之詩，在其中已成為現代範型裡的主要詮釋類型和詩體的新分類類型。

這一點我們還可由現今研究裡不斷加以印證，這樣的詩體新分類基準至今仍是常見的詩體分類方法，尤其在學界研究《詩經》時，更常以這樣的分類視野來重詮《詩經》，比如趙沛霖的《《詩經》研究反思》，在總結歷來《詩經》研究成果和論著時，便主要依此而分類論述，並以之為現代理想的分類模式〔註67〕。

因而在重新詮釋《詩經》時，這兩類詩體往往被突出詮釋，實則是此兩類題材之詩正可充分彰顯新文學最核心的價值，也是現代文學自覺與獨立觀的價值示現。具體例證除了我們先前提到的怨刺詩詮釋諸例外，《古史辨》第三冊裡〈卷耳〉、〈行露〉、〈小星〉、〈野有死麕〉、〈柏舟〉、〈谷風〉等詩，便被俞平伯全歸類為愛情為主的民間戀歌，由之被選為優先詮釋的詩文本進行一系列的探討〔註68〕。

而〈野有死麕〉和〈靜女〉兩詩甚且被當時眾多學人紛紛為文相互論辯其詩本義，但所詮釋之意義範圍仍多集中於民間愛情詩的定位。由此我們可知，古史辨運動者開始要重詮《詩經》時，何以總是先以此兩大詮釋類型相關詩作先行重新詮解和探討，其因正在於此。可見現代詮《詩》範型基於其理想價值觀在詮釋類型的基本形構歷程。

第四節　「反向格義」與《詩經》文本附庸化——以現代民謠為構義主體的詩本義和詩文本觀

考察古史辨運動詮《詩》論述的主要論題和爭議焦點如何形成的過程，將其論述順序和議題形塑的歷程進行梳理，便可發現更多值得深究的問題，其中最特殊的現象是，現代詮《詩》範型的出現最先完成的是一種理念範型，而不是完整的文本詮釋範型，這兩者差異看似僅在個別詩文本具體詮釋有無

〔註67〕趙沛霖《詩經研究反思》的〈目錄〉及〈前言〉都可見此兩大詮釋類型之跡，雖亦旁及所謂農事詩、戰爭詩等細類，但這些多可歸併於此兩大詮釋類型中。詳見其〈目錄〉頁1～3及〈前言〉，收入趙沛霖：《詩經研究反思》（天津：天津教育出版，1989年）。

〔註68〕俞平伯：〈葺芷繚衡室讀《詩》札記〉，收入顧頡剛編：《古史辨》第三冊，頁453～504。

完成而已，實則此一理念先行構成的詮《詩》範型中，其詮釋意識與古代詮《詩》的基本意識有著根本的差異，這一根本差異更能清楚顯現古今詮《詩》範型意義形構所以產生翻轉的重要原因。

一、詩本義的詮釋模式（一）——「反向格義」與《詩經》文本附庸化

格義一詞的概念義原是為了引介異文化的觀念，取本身文化近似的相關概念加以比附性的詮釋，即使二者概念不能完全等同，仍藉此本身文化相似概念的比附詮解，以求使異文化觀念便於被理解。然而由第二節對現代詮《詩》範型詩本義詮釋模式的辨析，我們卻看到一種可稱之為「反向格義」的詮釋現象，本應做為主要文本而進行詮釋的《詩經》文本，在古史辨學者的詮釋模式裡反而成為附庸，名義上仍是以《詩經》文本為主要詮釋對象，但依其詮釋方法詳究其實，詩文本的構義主體不在詩文本自身，反在於詩文本之外而被這些學者視為類似文本的現代民謠，意即表面上聲稱其詮釋為回歸文本，事實上其對詩文本之意義詮釋多不由詩文本自身為主，而以與之相比附的外來文本為主，而這外來文本正是現代俗歌民謠。

（一）歌謠學運動下現代俗歌為價值意義主體的語境

這一比附現代民謠以推求詩本義的詮釋方法，有其特殊的歷史情境和因緣，除因前文已論的「俗民原型觀」成為當時代的理想價值和基本觀點，在此一價值意識下促使眾多學者投入俗文化、俗文學的當代研究，甚至做為一種猶如社會責任與知識人使命般的神聖任務，當時最具代表性的具體實踐，即是在北京大學成立的民謠和民俗研究，尤以發行《歌謠週刊》為極具代表性的實踐行動，對現存民間廣泛流行的民謠俗歌進行廣泛的蒐集、研究和發表，當中的靈魂人物正是顧頡剛、胡適等古史辨學者。

民國之初（1918 年）肇始於北大公開徵集全國近世歌謠的歌謠學運動，至 1927 年 11 月顧頡剛領導中山大學語言所史學研究所發起成立民俗學會，黃錦樹說，這表示民俗學運動中一個新學科的完成，且對民俗的興趣幾乎是民初學人共同傾向〔註69〕。如此即說明當時俗民價值至上觀點在文化和文學研究上的具體影響。

〔註69〕黃錦樹：〈文與現代性：俗的發現〉，國科會專題研究計畫成果報告，2006 年
　　　　9 月 27 日，頁 1。

　　依此我們進一步要觀察的是這種觀點下，歌謠和《詩經》研究如何形成其近乎共構的詮釋關係，以及此一詮釋模式成爲現代詮《詩》範型構義核心的基本歷程。首先可由二個研究陣營成員的高度重合來加以探討，推動歌謠學運動的北大歌謠研究會裡主要成員，多爲參與重詮《詩經》的古史辨學者，這不是偶然巧合，而是基於「俗民原型觀」此一共同理想價值和文學觀下的實際社會文化行動。

　　歌謠學運動的主力健將顧頡剛、胡適、魏建功、董作賓、劉半農（劉復）等，同樣亦是《古史辨》中重詮《詩經》的主要參與者，在古史辨重詮《詩經》時立場和方法上相對理性和溫和的周作人和朱自清，亦多少參與其中，將詩與歌謠的關係研究在運動主要刊物《歌謠週刊》上進行發表，較少直接參與此運動的朱自清，1929 年在清華大學開設「歌謠」課，成爲首位在全國知名高等學府中開設專門課程的學者，此外大學裡俗文學課程亦陸續開設，意味歌謠學運動不再只是單純蒐集歌謠、研究歌謠，而是俗文學研究和運動的全面興起。周忠元研究這一「走向民間」的俗文學研究勃興現象時說：

> 劉半農一方面從事新詩創作和發表激烈的新文學理論，一方面親自採錄江陰船歌，調查各地民風民俗；胡適、周作人、沈尹默等人注重從文學角度研究歌謠；容肇祖、顧頡剛、董作賓等人則注重從民俗學的角度挖掘歌謠的意義和蘊涵在其中的民間文化資源〔註70〕。

　　周忠元說，這已不只是將歌謠做爲學術研究資源，以俗民語言文化替代傳統語言文化等思想觀點上的變革，重要的是歌謠研究會爲新文學且特別是新詩提供了語言範本，爲提倡白話文爲主的新文化運動加強其基礎〔註71〕。此一觀點說明歌謠研究運動裡歌謠對白話文創作所構成的啓發作用和模範作用，待後文再論。在此最應注意的是在二者研究成員的高度重合下，不單思想、價值觀具有共同性，二者的研究資源和研究方法上多相互共享且密切連結。沈兼士在《北大歌謠週刊》發行之初爲文，便提及顧頡剛蒐集吳歌、吳諺、吳語已有十四、五冊之多，「用力之勤，至可佩服」；郭紹虞亦在同一刊物上提及此事，並說顧頡剛當時已輯吳歌三、四百首之多〔註72〕；他們所說

〔註70〕歌謠學運動至俗文學研究興盛現象的說明，以及引文部分，分別見於周忠元：《二十世紀上半葉的「俗文學研究」》，（濟南：山東人民出版社，2012 年 12 月），頁 102～105、頁 110。

〔註71〕周忠元：《二十世紀上半葉的「俗文學研究」》，頁 110。

〔註72〕沈兼士和郭紹虞之說見於北大《歌謠週刊》，第一期（民國 12 年 1 月 28 日），

顧頡剛的吳歌蒐集研究，其成果即是當時陸續在期刊上發表和日後結集出版的《吳歌甲集》，此一文本在古史辨詮《詩》時乃是不時出現的常客和要角。

所以我們可以發現，這種對現代民歌俗謠積極研究的同時，顧頡剛等人將這部分的研究方法和發現直接轉用於《詩經》詮釋相關研究的痕跡，〈野有死麕〉便是重要的一例，顧頡剛便自言：「但我所以設想感悅發出聲音，乃是由于本集第六十二首之歌詞而來〔註73〕」，即對於文本中「悅」字的字義來自於研究《吳歌甲集》時產生聯想而做的詮釋嘗試。研究現代俗歌即比附於上古《詩》文本的詮釋模式和方法，第二節已然辨析，在此可再指出的是，顧頡剛、胡適等〈野有死麕〉文本詮釋的論述文章皆發表在原目的爲蒐集研究現代俗歌爲主的《歌謠週刊》上，而後顧頡剛對此一詩文本詮釋引起各學者紛起討論的回應意見和文章，便直接都發表在其蒐集現代吳歌而編作《吳歌甲集》裡附論的〈寫歌雜記〉中，依其詮釋個別《詩》文本的發想到論述形成發表，都以現代俗歌爲意義主體，上古《詩》文本〈野有死麕〉反而成爲附庸，〈野有死麕〉原詩文本的意義詮釋中，原詩文本不是意義生成的主體，意義主體在於同類比附的現代吳歌文本，所以才稱此法爲「反向格義」，意即顧頡剛詩本義詮釋方法主要構成便來自於吳歌研究。

原本在五四學者聲稱待重新詮釋，以冀還原《詩》文本原意的歷程裡，原《詩》文本反成爲彰顯現代吳歌文本意義的附屬材料，《詩》文本構義出現一種意義生成方向的逆反，《詩》文本看似完成詩本義的形構，但構義過程始終以比附的現代吳歌爲形構之意義價值所在，其中現代俗歌所代表的俗民至上價值成爲需求反覆闡發其義的主體，爲求突顯其象徵的理想價值之義，上古《詩》文本成爲證成現代俗歌價值的史料，以上古《詩》文本格出現代俗歌的價值意義，在「反向格義」的歷程裡，上古《詩》文本本義詮釋和現代俗歌意義詮釋在以後者爲主體的狀況下，彼此同一，相互釋義，於是二文本的本義便由之同步完成。

〈鄭風·褰裳〉是後起的另一文本具體詮釋案例，其詩本義詮釋模式亦由「反向格義」而得，顧頡剛同樣先發表在《歌謠週刊》上，也發表在《吳歌甲集》〈寫歌雜記〉之中，又依同一模式同樣再比附《吳歌甲集》所蒐集的第九十首現代吳歌，以推求〈鄭風·褰裳〉的本義，而相互比附之由在於「意

境與〈褰裳〉極相似〔註74〕」，但我們詳加比對此二文本，便會發現顧頡剛所說的極相似，實有諸多均大不相同，顧頡剛所謂意境的相似，主要指古今二首詩歌在部分意旨上都有女子對所喜男子發出若不愛己，乃從他人的爽直言語，可是這可否成為詩本義詮釋推究的基礎，仍應就全詩而論，以顧頡剛比附之詩的末段，亦即所謂極相似的主要構成部分如下：

> ……
>
> 你有洋錢別處嫖；
>
> 小妹身體有人要。
>
> 你走你的陽關路；
>
> 奴走奴的獨木橋。
>
> 偕佫各處去買香燒！〔註75〕

而原詩文本為：

> 子惠思我，褰裳涉溱。子不我思，豈無他人。狂童之狂也且！
>
> 子惠思我，褰裳涉洧。子不我思，豈無他士。狂童之狂也且！〔註76〕

文本兩相對比之下，這種「反向格義」法的問題又再度浮現，現代俗歌中極為直露的身體言語，和《詩經》原詩的語言並不相同，《詩經》原詩裡的女子表達情意雖亦直率爽快，卻不鄙俗，所述之意單純僅涉及女子表明「子不我思，豈無他人」的態度，所比附的現代吳歌語言和內容卻多鄙俗，且此歌前段尚敘及男子乃是換女人如換衣服的花花公子，女子尚且將自己與男子的新相好比較，而自覺不如對方等諸多內心曲折詳加敘說，但〈鄭風·褰裳〉文本裡全無這些情境和心態，將古今二首詩歌同一比附的結果，便是使《詩經》原文本的本義更趨鄙俗化，從而脫離原文本的意義脈絡，詩本義形構多是外來文本的比附而成。

　　若再以《詩集傳》的詮釋對照，朱熹也釋此原詩為淫詩，但其詮釋僅及於：

> 淫女語其所私者曰：「子惠然而思我，則將褰裳而涉溱以從子。子不我思，則豈無他人之可從，而必於子哉！」「狂童之狂也且」，亦譴

〔註74〕顧頡剛編：《古史辨》第三冊，頁450。
〔註75〕顧頡剛編：《古史辨》第三冊，頁451。
〔註76〕《毛詩》，頁34。

之之辭〔註77〕。

朱熹對此詩的詮釋顯然便能以回歸文本爲原則，僅由原詩文本語脈爲詮義範圍，並未加油添醋，換言之，朱熹於此詩反而眞能謹守文本意義脈絡而詮解，現代詮《詩》範型下的詮解卻因價值預設引致方法偏誤，比附現代吳歌的本義，一方面藉〈鄭風・褰裳〉來突出現代俗歌的意義，證成俗歌價值純粹、互古不變，另一方面又藉兩者的同一化，使現代吳歌文本之義比附於〈鄭風・褰裳〉，完成其所謂恢復《詩經》「眞相」的意圖，使二者本義趨於同一。

文末顧頡剛尚且藉其所舉的現代吳歌來反諷漢儒，說其義「但不知道是不是鄭國的突忽（或是允礽與胤禛）爭國，國人思大國正己而作的？〔註78〕」此說便是以「詩序」裡的說法故意比附於現代吳歌的本義，反諷「詩序」以史比附於詩的說法突兀無理；然若以顧頡剛的詮釋方法而言，其方法亦不能免於漢儒式的比附，只不過將比附的事物轉爲現代俗歌罷了；但他自己卻絲毫未覺自身和漢儒詮釋模式的近似之處。

爲何這種奇特曲折且全不符五四學者自稱實證的、科學的、理性的研究和詮釋方法，不但顧頡剛等古史辨學者乃至所有五四學者未能察覺異狀，甚且至今始終未被人發覺其中隱含的非理性和非科學性呢？一則在於五四學者所立下的詮釋方法和模式至今仍一直被視爲眾人理解、詮釋《詩經》的基本範型，成爲眾人模習的對象，既被視爲足以模習的範型，自是先肯定其方法模式的價值，因而在這種接受意識下，自不易對五四學者的詮《詩》方法進行深入探析和反思，也不易發掘其中自相矛盾的詮釋方法等諸問題；這適足以證明我們以之爲現代詮《詩》範型乃有其充分理由。

二則在於五四學者這套詮釋論述形成時，都先標舉西方新學的旗幟，表現出一套乍看頗具理性實證而科學的論述模式，且適時引入西方社會學、民俗學等各種於當時意味著科學理性價值的學問，更將之升爲理想價值所在的「道」〔註79〕，如此推波助瀾下，「反向格義」所形構的詩本義詮釋法和詩文本觀反倒成爲《詩經》詮釋的正宗。

以此種「反向格義」的詮釋模式觀之，現代詮《詩》範型雖賦予《詩經》

〔註77〕《朱子全書》第一冊，頁476。

〔註78〕顧頡剛編：《古史辨》第三冊，頁450。

〔註79〕第二章第三節巳部分論及傳統整體一元論思維對五四文人的深切影響，楊國
榮即說實證科學理性在五四文人引介下，不只是認知思維之一法，而成爲具
有價值核心義的「道」之所在。詳見第二章第三節附注。

文學和上古史料的雙重定位，但在詩本義詮釋等問題上，顯然以《詩經》為上古史料的定位為主，文學定位反倒次之，《詩經》成為一種工具性的史料，不單可以如顧頡剛所說做為可靠而可用於考證古史的材料，還可用於現代俗歌意義價值的證立，在此一層次觀之，現代詮《詩》範型又不自覺地再次完成「用詩」的具體實踐行動。如此看來，胡適、顧頡剛等五四學者曾說要發掘《詩經》的真相，但實為發掘現代俗歌的真相，此種現代「用詩」已不只是文學文化研究的具體實踐，亦是一種近乎社會運動性質的實踐。

（二）從「比較」到「比附」——方法淵源和廣泛沿用

「反向格義」的方法淵源最先是起自胡適所提倡的比較法，被多數學者認同後，在歌謠學運動的推波助瀾下轉用於《詩經》重詮運動，甚至可說歌謠學運動和《詩經》重詮運動乃為一事，其證不單可由詩文本詮釋的「反向格義」現象來證明，更可由五四此兩大重要詮釋文本運動其成員的高度重合，確知「反向格義」詮釋法成為詩文本詮釋主流的主要緣由。

我們可由「反向格義」方法的形構和其影響之擴大歷程來加以說明。「反向格義」本身意義形構的邏輯和實例，已由前文所論顧頡剛釋〈野有死麇〉、陳槃釋〈二南〉等詩本義時詳加解析，在此一基礎上可再詳察其方法的淵源，來自胡適在〈歌謠的比較的研究法的一個例〉一文中提倡的比較法，胡適此文原只強調西方歌謠研究常用比較不同歌謠，以呈現其共有的母題（motif），意即雖有眾多看似不同的歌謠，但剝除其細節小異，便可見出其常原出於同一母題〔註80〕。此一胡適所謂比較的研究法本亦有其研究上的效用和意義，然而此法幾經轉手和轉用，便發生重大異變，脫離此一原以母題為中心的研究軌道，反而轉成為文本比附的方法學宣示。且此一比較法後來不斷被其他學者視為詮《詩》的基本詮釋方法，如常惠、白啟明皆特別標舉此法為研究歌謠的重要方法〔註81〕，加以本章我們已討論的詮釋實例，都出於同一方法，足見其影響之廣泛深遠。

不過比較法只是一般性法則，古人也會比較，但在此應注意的是其使用比較法時的比較基礎，以及如何比較。五四學者將比較法用於《詩經》詩本

〔註80〕 胡適：〈歌謠的比較的研究法的一個例〉，收入《胡適古典文學研究論集》（上海：上海古籍，2013 年 1 月），頁 398～404。

〔註81〕 常惠和白啟明之說見於《北京大學歌謠週刊》，第一期（民國 11 年 12 月 17 日），第四版及第四期（民國 12 年 1 月 7 日），第三版。

義的詮釋時，顯然誤用比較法的邏輯，其特殊用法在於必將現代民謠視為意義主體和來源，而後將現代民歌和《詩經》兩種文本同一化，從而進行互詮和互釋，但名為「互」，實則以現代民歌之義來套入《詩經》文本中來賦予現代民歌式的詮釋，以現代民歌之義取代上古詩文本之義。以此而言，則五四學者並未嚴守回歸文本原則，反而趨近於漢儒的詮釋方法。

因而現代詮《詩》範型在詩本義詮釋的邏輯上，出現一種極特異的詮釋邏輯和固定模式，可以歸結出以下幾個重要特質：

一、詩本義詮釋邏輯的逆反：現代式引譬連類所呈現的「反向格義」下，文本詮釋的邏輯出現逆反的現象，原應被詮釋的詩文本不再是意義之源，只是附屬地位，意義主體在於現代俗民價值所在的現代地方歌謠。

二、現代式引譬連類的方法建構：現代式的引譬連類得以形構其合理性，主要藉上古之詩和現代俗歌皆以歌謠為定位的基礎，讓二類文本變為類同性質之文本，從而可輾轉繫連二者以使其相互比附、意義互換，現代民謠文本中象徵俗民理想價值的價值義，因而藉共同或相似意象成為一種譬喻性質的中介，轉換繫連至《詩》文本中，成為詩本義構義的核心。

二、詩本義詮釋模式（二）：白話翻譯與現代民謠的本義共構

現代詮《詩》範型的詩本義詮釋模式除前文所論的現代民謠為主體的反向格義之外，另一主要詮釋模式便是白話翻譯，並藉由二者合一，使現代白話民謠做為詩文本主要意義和形式的詮釋基礎得以完成，進而成為如今詮釋古詩古文文本的主要形式。然而這一詮釋形式看似單純，一般皆以為其等同於為了語言理解而以今之語言進行簡便自然的轉譯，其實白話翻譯模式所形構者遠遠超乎一般想像，除了詮釋形式本身並非簡單的轉換外，更在於其尚由詮釋暗暗置換為新的創作形式，形成一種兼具詮釋與創作意涵的特殊模式。

（一）白話翻譯詮釋觀點兩大基本意識及其矛盾

《古史辨》詮釋《詩經》的討論中，錢玄同〈關于野有死麕之卒章〉一文裡有一段對《詩》文本試作的白話翻譯值得細究，在此一白話翻試譯產生，緣於顧、胡、俞三人對〈野有死麕〉熱烈討論下，於是引起錢玄同的回憶：

> 忽然想起十幾年前有一位朋友用蘇州口語『意譯』這三句為——
> 倷慢慢能嘘！

　　倷勿要拉我格絹頭噓！

　　倷聽聽！狗拉浪叫哉！〔註82〕

　　此一蘇州方言白話翻譯文本之後，錢玄同尚且刻意用注音標注蘇州方言的讀音，這亦是當時歌謠學研究裡的熱門議題，在此議題中，不僅是以注音來標注地方歌謠的方言讀音而已，尚引起眾學者爭論如何標注俗民歌謠的問題，除注音標注外，尋求適切文字標注方言的方法亦是討論焦點之一，其中尚涉及廢漢字與否的問題〔註83〕。這些均是在北大《歌謠週刊》裡熱烈討論的論題，亦可見歌謠學運動所涉問題的複雜性，即歌謠學運動裡並非僅為單純中國現代民俗歌謠的蒐集研究，傳統與現代、中國與西方等文化衝突與交流的問題同樣在此一運動中顯現。

　　顧頡剛對此信的回覆又再次展現以比附而構成詩本義的詮釋方法，一是由蘇州小調比附上古《詩》文本，二是「不知演何故事，題是什麼」，但比附所依據者仍僅是斷章取義的局部意象，認為此蘇州小調裡「篤篤交」、「慢慢能」都是《詩經》〈野有死麕〉裡的「舒而脫脫」〔註84〕。

　　是以這兩封簡函看似只以隨筆方式提出對〈野有死麕〉的現代蘇州口語的白話意譯，然而此一看似不嚴謹的方言白話翻譯裡，卻內含現代詮《詩》範型裡重大的方法學意涵，一是以現代蘇州口語對譯上古詩文本〈野有死麕〉，意指二者之間具有高度同一性，故能藉此一翻譯呈顯原詩文本；二是此一古今文本的同一性建立在俗民性和地方歌謠兩個基礎上，第二節裡顧頡剛、胡適等對《詩經》的俗民歌謠定位，乃至顧頡剛對「國風」地方性意義的強調、陳槃對〈二南〉之「南」轉以地方性的詮解等均已賦予《詩》文本此兩項基本性質，且均在現代俗歌和上古《詩經》的兩相參照互詮中建構完成，於是此處以蘇州口語轉譯〈野有死麕〉即為在此一詮釋基礎上更進一步推衍的詮釋方法。另外，這種將上古詩文本與現代地方歌謠同一且互詮的詮釋方法，在當時是習見而理所當然的，錢玄同朋友的試譯、錢玄同的引用和認同，再至顧頡剛回覆以為此譯「妙饒風趣」，更由之聯想連結至日前所聽蘇

〔註82〕顧頡剛編：《古史辨》第三冊，頁448。

〔註83〕沈兼士及魏建功對方言歌謠標注的論辯，分別見於《北京大學歌謠週刊》第
　　　　七號（1923年1月28日），第七版；及同期刊之第八號（1923年3月4日），
　　　　第八版；同期刊之第九號（1923年3月11日），第六至八版。收入董作賓，
　　　　徐芳主編：《北京大學歌謠週刊》第一冊。

〔註84〕顧頡剛編：《古史辨》第三冊，頁449。

州小調〈時裝申曲〉裡的內容，再行同一方法之比附以釋義﹝註 85﹞，都可證明這種白話翻譯以詮釋詩本義的模式於其時的流行。

白話翻譯的概念及方法學建構在現代詮《詩》範型裡極為重要，其特質約可由以下幾點加以說明：

（一）翻譯的基本預設觀點——語言間的異質性

翻譯一詞，其實已預設一種語言間的異質轉換，因此白話翻譯的概念及方法學建構其實意味五四文人視自身傳統文化和語言為異質存在的詮釋方法和原則。即傳統文化和語言為外在之「他者」，古文與白話文在「翻譯」的觀點下，二者已不是同一民族語言源流發展下的產物，古文變為猶如外國語的異質語言。在此我們可看到白話翻譯概念背後所主導的預設觀點，即與傳統切割的反傳統思維，故不惜視自身源初語言為外來之「他者」。

（二）翻譯預想為中性的詮釋中介——白話與文言的同質同一

然而依前例所論，五四文人乃視白話為可等同原文本原義的語言，即經白話之翻譯後，原文本意義、形式皆可保留，如此似又預設文言和白話二者為同一。此時白話成為一種中性的語言中介，故不會改變文言之本義、形式。

（三）兩種預設觀點的自相矛盾

然而由前兩點觀之，即知其自身觀點的矛盾，這反映出五四文化意識在劇烈變化衝突中旳具體特徵。

（四）以方言為翻譯語言

在白話翻譯裡，如前所述，以方言做為一種翻譯語言，其實亦是現代民謠為意義主體的另一明證。

（二）翻譯抑或自作——詮釋兼創作的詩本義構成

事實上古史辨學者喜用的這一詮釋方法早在民國十二年郭沫若所作《卷耳集》便已採用，其書名即由〈周南〉的〈卷耳〉一詩之詩名而來，郭沫若在書中即是猶如白話翻譯般，將〈周南〉之詩全數再創作為新詩，成為一本以現代觀點重新再創作的詩集。這部詩集的特異處在於既如白話翻譯，同時卻具再創作的性質，郭沫若的《卷耳集》自然被視為創作詩集，然而詩集中以白話摹寫《詩經》〈周南〉的再創作方法，其實便是五四文人詮釋《詩經》方法的前身。郭沫若的示範具有代表性和影響力，經過他筆下翻譯後的〈卷

﹝註85﹞ 顧頡剛編：《古史辨》第三冊，頁 449。

耳〉全詩是這樣的：

　　一片碧綠的平原，

　　原中有卷耳蔓草開著白色的花。

　　有位青年婦人左邊肘上掛著一隻淺淺的提籃，

　　她時時弓下背去摘取卷耳，

　　又時時昂起頭來凝視著遠方的山丘。

　　她的愛人不久才出了遠門，

　　是騎著一匹黑馬，攜著一個童僕去的。

　　她在家中思念著他坐立不安，

　　所以才提著籃兒走出郊外來摘取卷耳。

　　但是她在卷耳的青白色的葉上，

　　看見她愛人的英姿；

　　她在卷耳的銀白色的花中，

　　也看見她愛人在向她微笑。

　　遠方的山丘上也看見她的愛人在立馬躊躇，

　　帶著個愁慘的面容，

　　又好像在向她訴說別離羈旅的痛苦。

　　所以她終竟沒有心腸採取卷耳了，

　　她終竟把她的提籃丟在路旁，

　　盡在草茵之上思索。

　　她想，她的愛人

　　此刻怕走上了那座土山戴石的危岩了，

　　他騎的馬兒怕也疲倦得不能上山了。

　　他不知道在怎樣地思念她，

　　她沒有法子可以安慰他。

　　假使能夠走近他的身旁，

　　捧著一隻金樽向他進酒，

　　那也可以免得他縈腸掛肚。

　　但是她不能夠。

　　她想，她的愛人

此刻怕走上了那座高高的山頂了，

他騎的一匹黑馬怕也生了病，毛都變黃了。

他不知道是在怎樣地愁苦，

她沒有法子可以安慰他。

假使能夠走近他的身旁，

捧著一隻牛角杯兒向他進酒，

那也可以使他忘卻前途的勞頓。

但是她不能夠。

她想，她的愛人

此刻怕又走上一座石山戴土的小丘上了，

他騎的馬兒病了，

他跟隨著的僕人也病了。

她又不能走近他的身旁去安慰他，

他後思著家鄉，前悲著往路，

不知道在怎樣地長吁短歎了。

婦人坐在草茵上儘管這麼凝想，

旅途中的一山一穀

便是她心坎中的一波一瀾。

卷耳草開著白色的花，

她淺淺的籃兒永沒有採滿的時候〔註86〕。

反觀《詩經》裡的〈卷耳〉原詩只有如下內容：

采采卷耳，不盈頃筐。嗟我懷人，置彼周行。

陟彼崔嵬，我馬虺隤。我姑酌彼金罍，維以不永懷。

陟彼高岡，我馬玄黃。我姑酌彼兕觥，維以不永傷。

陟彼砠矣，我馬瘏矣。我僕痡矣，云何吁矣！〔註87〕

即使不細究兩個文本語言上能否貼切對應和準確表意的問題，光是在篇幅上的巨大差異，顯示郭沫若的譯本和原詩在語言形式上的重大歧異。因而

〔註86〕郭沫若：《卷耳集》，收入郭沫若著作編輯委員會編：《郭沫若全集文學編・第五卷》（北京：人民文學出版，1984 年 6 月），頁 159～161。

〔註87〕毛亨傳，鄭玄箋：《毛詩》（北京：北京書局，1990 年），頁 3。

趙沛霖、朱孟庭等一方面將郭沫若《卷耳集》視爲白話譯作，但另一方面對
其「譯作」皆以爲不足〔註88〕。尤其趙沛霖對郭沫若首開白話譯詩之風大加
讚揚，卻也詳細探討其「譯詩」不忠於原作，而大改原作詩體和詩歌結構等
等問題，因而評之爲：「《卷耳集》的開創精神值得充分肯定；至於它的具體
譯法，可以理解，但不宜提倡。〔註89〕」

　　此類研究具體討論白話譯作的方法缺失而頗有貢獻，不過前行研究幾乎
皆認爲此種所謂白話譯作，即如五四文人宣稱乃依原詩文本翻譯而成，其實
必須區辨的是，郭沫若此書究竟是詮釋或是創作？詮釋意識和創作意識的差
別性在此被簡單地同一化，且向來未被注意，因而在此我們應特別針對此一
問題加以考察。細究五四當時以白話翻譯做爲古代文本詮釋方法的緣起及其
特質，則由郭沫若白話譯寫〈周南〉的目的，可以考見此種詮釋法中的重要
觀點和特質：

> 舊解的腐爛值不得我們去迷戀，也值不得我們去批評。我們當今的
> 急務，是在從古詩中直接去感受它的眞美，不在與迂腐的古儒做無
> 聊的訟辯〔註90〕。

所以他意在以自身的直覺去感覺文本意義，這一直覺自然主要以當時文化意
識爲主，並導向一種創作特質。

　　不過《卷耳集》原初發表形式尚有附「注」和「解」，「注」即是字詞訓
詁，「解」則似傳統「詩序」概括全詩本旨，另將全詩結構略加提示，猶如傳
統傳注體的章句訓解，只是將分章句轉成分節略附於後，但更可見其原仍承
自傳統詮《詩》典範形式的做法，以及原爲白話翻譯的寫作意圖，可知其原
不以創作意識爲主，而自視之爲《詩經》詮釋。

　　可是他在譯法問題上又說：「我譯得非常自由，我不相信譯詩定要限於直
譯」，並找詩人泰戈爾自譯詩作時未字字直譯之例來幫自己背書，且說此種譯

〔註88〕　朱孟庭：〈民初《詩經》白話註譯的發展——以疑古思潮建構文學性質的影響
　　　　爲論〉，《臺北大學中文學報》10 期（2011 年 9 月），頁 27～66。朱孟庭對郭
　　　　沫若等五四文人以降興起的白話翻譯《詩經》現象，仍定位爲翻譯，並認爲
　　　　郭沫若譯寫《詩經》之作的問題在於採「意譯法」而非「直譯法」，可見其仍
　　　　將五四白話翻譯視爲翻譯意識下的方法問題。
〔註89〕　趙沛霖：《現代學術文化思潮與詩經研究：二十世紀詩經研究史》，頁 361～
　　　　364。
〔註90〕　郭沫若：《卷耳集》，收入郭沫若著作編輯委員會編：《郭沫若全集文學編第五
　　　　卷》（北京：人民文學出版，1984 年 6 月），頁 208。

法「我覺得是譯詩正宗」，自承《卷耳集》受泰戈爾《園丁集》譯詩原則的啟示〔註91〕。

泰戈爾自譯詩作的譯法和郭沫若《卷耳集》的譯法是否有差距，在此不必多言，重點在於郭沫若的「自由」大抵已逾越翻譯原則，而是再創作為主的詩作。郭沫若在一九五七年修訂作品時，便將類同傳統詮《詩》做法的「注」、「解」全都刪除，僅留下自己的詩作部分，這一刪訂新稿正證明他自身視此部作品為再創作的個人詩作，而不是詮釋為主要目的之譯作。

但郭沫若這種既如詮釋，又欲創作的《詩經》詮釋示範，正反映五四文人自身對翻譯和再創作意識的混同，和急於擺脫傳統詮釋時，對如何開拓代表新時代新意的《詩經》新詮釋的激進做法。於是，胡適、錢玄同、顧頡剛等人踵繼其法以釋（譯）《詩》，便不令人意外，唯一有所不同之處，在於郭沫若自身背景和標榜地方俗民歌謠的歌謠學運動相去較遠，並未參與其間，故在其白話翻譯語言上未如古史辨學者們大多以現代方言為基本翻譯語言形式。

（三）白話翻譯與《詩》文本再創作風潮

白話翻譯和歌謠共構尚有另一種模式，朱自清便指出當時新詩人劉半農《瓦釜集》和俞平伯《吳聲戀歌十解》（我們的七月）都是模仿歌謠而作，但朱自清對此仿作而再創作的新詩有著如下評價：「都仿得很像，可是都只當作歌謠，不當作詩。〔註92〕」朱自清所以如是說，代表一種反省聲音的出現，然而這卻是時至歌謠學運動十五年後，才有的少數且未被重視的觀點。朱自清注意到歌謠和詩兩種文本類型在新文化運動以來被簡單同一化的問題，以及這種簡單將二者同一後，在分類基準和作品價值上所衍生的問題，且此類問題甚且直接擴及新詩的創作原則和形式發展，正足以證我們已說歌謠與詩的同一互詮問題，並不如昔日所以為的單純現象，而是由文化意識和價值觀的變異出發，產生一連串詩本義構成至詩文本觀的複雜變化，詩文本意義生成結構乃以遠超乎我們意想之外的特異詮釋形式，被巧妙而不自覺地置換成一種似是而非的意義脈絡，從而更進一步影響現代詩的創作觀和創作

〔註91〕郭沫若：《卷耳集》，收入郭沫若著作編輯委員會編：《郭沫若全集文學編第五卷》（北京：人民文學出版，1984年6月），頁158。

〔註92〕朱自清：〈歌謠與詩〉，《北京大學歌謠週刊》三卷一期（1937年4月3日），頁6。收入董作賓、徐芳主編，婁子匡校纂：《北京大學歌謠週刊》第三冊（台北：東方文化書局，1970年）。劉半農此一詩作為新詩史上第一部用方言寫作的民歌體新詩集，在中國現代文學史上具有特殊意義。

現象。不過朱自清所見主要在於辨以「俗」爲「眞」的詩文本價值觀之合理性問題〔註93〕，仍未見詩與歌謠詮釋共構的問題。

　　值得注意的是，這一以現代地方俗歌形式爲主進行白話翻譯的詮釋模式並非孤例，如前所論乃是當時十分流行的主要詮《詩》方法，且被視爲極具合理性的詮釋模式，在古史辨眾學者詮解《詩經》個別文本時，此一方法幾乎如同標準答案一般反覆再現，〈邶風〉中的〈靜女〉即是最具代表性的一例，而且透過此例，我們還可看到白話翻譯隱含另一個更重要的意義向度——創作抑或詮釋的定位難題。

　　〈靜女〉詮釋爭論在當時先由顧頡剛提出其異於郭沫若的白話文本翻譯，而後引來包括張履珍、謝祖瓊、劉大白、郭全和、劉半農、魏建功、杜子勁以至董作賓等多人熱烈的討論，各自提出自身頗有殊異的白話翻譯，反覆辯難。然而我們實際加以對照各白話譯本時，字詞訓詁的問題尚在其次，其譯法裡非屬直譯，且如郭沫若一般具有創作意識者，比比皆是〔註94〕。

　　更重要的是，最終由董作賓將此種白話翻譯詮釋法應用於中學中文教學的實例，董作賓教學時因見〈靜女〉白話翻譯所引發諸多論辯，便在教授此詩同時，要求初中三年級學生們習作同一首詩的白話翻譯，自己見學生所譯後，興之所至又自譯一番，而後更選取數篇學生習作連同己作交予顧頡剛參考比較〔註95〕，但這些所謂〈靜女〉白話譯本多難以直接稱之爲詮釋，因其中再創作之跡甚多，以第三首學生劉化棠譯作爲例，其第二章的譯文是：

　　　嘻！可愛的伊來了！
　　　給我一個紅管子，
　　　並且是有一種光彩的紅管子；
　　　哈哈！你眞好極了！〔註96〕

　　原詩第二章則是：

　　　靜女其孌，貽我彤管。彤管有煒，說懌女美。

毋需細部去檢視此譯文對〈靜女〉語言形式能否準確掌握及表現，只由譯文裡「嘻」、「哈哈」等詞的使用而言，便大爲偏離原文本簡潔陳述的形式及風

〔註93〕朱自清該文主要觀點見於後文詩本質之論析。
〔註94〕相關討論及白話譯本均收入顧頡剛編：《古史辨》第三冊，頁510～517。
〔註95〕其應用於中學中文教學相關歷程自述，見董作賓：〈〈邶風・靜女篇〉「荑」的討論〉，收入顧頡剛編：《古史辨》第三冊，頁542～543。
〔註96〕顧頡剛編：《古史辨》第三冊，頁552。

格，更增添原文本絕無的嘻鬧風格，使全詩的韻味至意義全然走樣，若欲由此學生譯本去推求原詩意義，領會《詩經》文本特質，無異是緣木求魚，此一文本視爲再創作則無妨，若爲詮釋卻絕非適切。但董作賓卻評學生們的譯作爲「頗有意致〔註97〕」，可以得知其評價基準絕非立於經典詮釋或文本詮釋的立場，主要反偏向於作文教學式的再創作基準。此即再度證明五四文人混同翻譯、詮釋和再創作等概念之事實。

由此便不難得知，至今中學的古詩和古文教學仍以白話翻譯做爲主要理解詮釋古人作品的基本模式，其源初的面貌即在於顧頡剛等人的示範，而後被眾學者廣泛接受並做爲一種標準詮釋模式，再經如董作賓在教育體制裡的教學實踐和推廣，白話翻譯即搖身一變爲理解和詮釋古人古詩的唯一模式，此一影響的深遠程度由此可見，然而細辨其實，卻多來自一種實驗性的、頗粗疏的語言轉譯模式，但經其標準化的這套詮釋方法和思維，如今依舊主導著人們對古詩古文的基本理解方法，而未察其實質與古詩古文相去甚遠，甚且因一般人對翻譯的認知，而多誤以爲白話翻譯文本與古詩文本乃爲意義和形式的同一，因之視白話翻譯文本等同於古詩文本，此種方法完全扭轉現代人們對古典傳統與古典文本基本認知模式和詮釋思維，尤不可小覷。就此點而言，現代詮《詩》範型並不如其自身宣告的返本歸原，回復《詩經》本有的眞相和面貌，甚至較古代詮《詩》典範更爲扭曲客觀歷史眞實，因爲古代典範雖採取用詩之義，但對自身用詩之法和價值理念所形構的意義體系，基本上頗有自覺，現代詮《詩》範型則不然，在面對歷史新困局裡的諸多文化衝突或類同觀點時，五四文人急於提出解決難題的方案之餘，卻未及沉澱省思自身意義形構體系裡的眾多矛盾和粗略，於是對於理解自身傳統反而製造出更多疑難。

自此現代詮《詩》範型所留下的不單是《詩經》或古詩詮釋的固定詮釋模式，更重要的是它置換了古詩古文所以爲古的核心意義和文本形式，以現代文本形式和價值取而代之，卻宣稱此一現代文本形式和價值意義才是眞實的「古」義，《詩經》白話翻譯和現代俗歌的詮釋共構下，其基本性質早已發生質變。

因此白話翻譯做爲主要詮釋方法，表面上只是爲了語言理解而生的方便法門，實質上此一白話翻譯的詮釋法，自始至終其意義主要並不指向《詩經》文本自身，反是向外衍生而指向類似現代俗歌民謠的轉化，最終其文本性質乃是導向白話現代民謠的再創作，這一詮釋活動實是《詩經》現代俗民歌謠

〔註97〕顧頡剛編：《古史辨》第三冊，頁543。

化的運動，《詩經》文本只是貌似被詮釋的對象，真正的意義主體仍在現代俗民歌謠，《詩經》文本的角色不過被視作附屬性的上古類同史料，用以證明俗民歌謠所代表的俗民理想價值亙古長存，永不衰竭。

意即白話翻譯做為現代詮釋古詩文的主要詮釋形式和方法，乃是與前述「反向格義」的思維與做法相互為用，而相當接近五四諸人大加駁斥漢儒比附以衍義的做法，這又是五四文人急於與傳統思維劃清界線，卻總在關鍵構義處流露其本於傳統思維的思維模式。不過五四學人所形構的此種「現代外傳體」畢竟和漢人的外傳體意旨大不相同，五四學人不經意立下的「現代外傳體」裡經典文本不是《詩經》，而是現代民謠，如前所述，《詩經》附庸化的結果即是猶如附屬的傳注文本，成為傳注現代民謠文本，從而廣衍現代民謠象徵的理想價值義，呈現文本構義結構裡邏輯逆反的吊詭現象。

然而這種方法未能進入古人歷史情境，故難以接近古人之意義思維和系統，因現代詮《詩》範型的文化意識型態過於強烈，使其多僅以現代文學和文化意識套用於《詩經》本義的詮釋，現代歌謠做為《詩經》文本構成的意義來源和主體，白話翻譯便成為語言形式上另一種詮釋手段和固定模式，尤其白話翻譯看似單純而方便地將古詩古文轉為易於理解的現代語言形式，但其實二者並不等同，白話翻譯後《詩經》白話版本的靈魂已被完全置換，《詩經》在白話翻譯的過程裡，等於直接變換為現代民謠，不僅古代詮《詩》典範所形構的詮《詩》傳統和意義脈絡被排除，連上古文本所特有的存在樣態和文化心靈亦多於此一併掃除殆盡。

因此白話翻譯的詮釋模式至關重要，可謂現代詮《詩》範型中關鍵的最後一步，其重要性固然建立於現代詮釋詩文本的基本模式和詮釋形式上的特質，但更重要者在於它不僅做為一種詮釋模式，尚且因白話翻譯版的《詩經》終必成為現代民謠的變形與替身，為現代俗民歌謠證成其歷史存在和價值的合理性，加以文學革命中白話革命的創作實踐性，《詩經》的白話翻譯並非如其表面所示，僅為一語言理解形式轉換的方便之法而已，它更成為一種既擔負詮釋任務，又上升為創作法則的必要手段，因之它不只是詮釋語言形式的轉換，更是詩文本創作形式的一種變身。此種既似詮釋又似再創作的特異形式，在五四前後成為現代詩創作的基本形式之一，亦是奠定現代詩形式的重要推手。

但此種名為翻譯，實則轉向再創作的模式，究竟能否視為一種適切的詮釋模式？尤其若以經典詮釋的觀點思考（不限於儒家觀點），經典文本自身必

做為詮釋本體，主要詮釋面向應是由經典文本領受其中的意義價值，自不應過度逸出文本外構作文本所無的意義〔註98〕，因而現代詮《詩》範型白話翻譯模式的建構，意味著其脫離經典詮釋意識，因而常不循此種經典意義構成脈絡，走向自作新意為重的再創作模式，這時白話翻譯已不是一種基本意義詮釋的適當方法，而是往往肆以己意、以己意為主的再創作文本，因此白話翻譯是否足堪為經典詮釋的適切方法，實有待商榷。

但這一對經典文本詮釋可能不適切的模式，在現代詩的創作發展上則有其重要性，以郭沫若的《卷耳集》而言，其藉《詩經》展開的現代性對話，雖為再創作，但其白話使用純熟而自然，以前引〈卷耳〉一詩而言，其所轉換成青年婦人思念愛人的個人情思之抒發想像，實有其吸收西方浪漫主義文學並轉化為再創作的精彩之處，在此我們可以看到五四時代的複雜性，現代詮《詩》範型所形成的經典詮釋範型有其詮釋模式上的重大問題與疑義，但其衍生現代詩創作層次的新路向確有其文學價值上的開展與意義。

三、自作立說與經典詮釋的基本區辨

現代詮《詩》範型形構歷程裡值得注意的另一個重要現象，便是理念論述完成先於具體文本詮釋，我們詳考《古史辨》詮《詩》論述形成和時間序列的關連性，可以發現其在不同階段所關注的主題亦有所轉移。

（一）理念論述做為詮釋優位的現代意義重構

基本上前期（民國十一年至十二年）論述主題先以歷史初步重詮和新範型價值的闡述為主，主要重點有二：一、基本詮釋觀點的確立：《詩經》文本

〔註98〕 經典詮釋與其詮釋方法乃為一複雜論題，此處難以細表，唯由本研究結果可知，儒家詩學雖看似逸出原文本外建構文本所無之意義，實因其先以《詩經》接受史上采詩陳詩之制和孔子編詩等重大且有特定意義的文化事件，使文本語境乃至「作者」皆發生轉換，而不以文本原作者本意為主，但在儒家詩學內部依其價值意識，所欲建構完成的經典文本義和其定義的詩本義構成原則、方法，彼此間內在邏輯皆呈現高度密合，基本上並無違反其觀點和詮釋原則之釋例。
反之，現代詮《詩》範型則呈現自身詮釋觀點和詮釋方法之間的矛盾和邏輯不一致問題，其宣稱的客觀實證或回歸文本釋義等觀點，並不能在其詮釋方法上得以實踐，其實際採取的詮釋法常與自身宣示觀點相逆反，形構更多疑義和混淆，如「反向格義」的構義方法，和白話翻譯裡實非翻譯的意義詮釋，均是違反其所定義經典價值（原作者本意所形構之詩本義）的做法，因而才被視為是過度逸出文本（經典）的詮釋行為。

的經典價值重塑，以及文學與上古史料的文本新定位。二、按照新的價值和文本定位，針對《詩經》古代重要詮釋文本進行價值意義的清理，最重要是攻「詩序」，對宋代以降相關詮《詩》文本則依其與現代詮《詩》觀點符合程度而予以重判，合者肯定之，不合者批駁之。另外尚有一重要詮釋觀點初步提出，即徒歌（歌謠）與樂歌（非歌謠）二分論的初步形構，但這在當時仍為附屬觀點，初期仍以《詩經》詮釋源流史的清理和基本價值觀的陳述為主。這時期的主要文本包括顧頡剛的〈《詩經》在春秋戰國間的地位〉、〈讀《詩》隨筆〉、〈從《詩經》中整理出歌謠的意見〉、〈論「詩序」附會史事的方法書〉及鄭振鐸〈讀「毛詩序」〉等。

　　中期（民國十四年至十五年）的論述主題開始發生變化，原本罕有學者投入的具體文本詮釋終於出現〔註99〕，雖仍零散，但形成十分熱烈的公開討論而為一大議題焦點，論述特質為：一、論述主題以個別《詩》文本具體詮釋為主，但仍限於少數被選取的詩文本，呈現集中於兩、三個零星文本進行熱烈爭論的狀況。二、被選取《詩》文本有〈野有死麕〉、〈靜女〉和〈褰裳〉，除後者外，皆引起不少互動討論；這類詩文本所以優先被選取詮釋，明顯可見其被視為具有價值重詮的象徵意涵，此三首詩依序分屬〈召南〉、〈邶風〉和〈鄭風〉，但不論正經或「變風」，其詮釋方向皆導向世俗化與現代個人作者為中心的本義觀，其詮釋方法常刻意轉向鄙俗化，或以身體欲望為主的意義詮釋，具有藉個別代表性文本重詮而示範性地具現《詩經》為俗民文本，強調其中世俗性以具體說明理想價值所在。

　　此時期尚有另一論述主題為《詩經》歌謠定位和研究詮釋歌謠之方法與其合理性建構，顧頡剛本於初期提出的徒歌與樂歌二分論，進一步落實於《詩經》文本初步分類整理，引起魏建功由歌謠表現形式法則「重奏復沓」的討論和論辯，於是顧頡剛藉此更進一步將其初期理論深化，寫成〈論《詩經》所錄全為樂歌〉的長篇論述，以之對《詩經》中歌謠或非歌謠的分類問題進行全面探討，即以詩歌的音樂性為基礎另立一套新的文本形式分類論，即由其初期已提出的觀點——未被整理重編的徒歌（歌謠）和已有重編改作之樂

〔註99〕關於《詩經》個別文本的具體詮釋，初期只有俞平伯在民國十二年末，以讀《詩》札記的形式，選出六首詩寫作六篇詮釋短文，後兩篇尚自題為「淺釋」；顧頡剛只簡略談了〈碩人〉和〈野有蔓草〉，前者主要引姚際恆和崔述等清儒異說，後者還是應學生投書之請，才簡略回覆的答書。詳見顧頡剛編：《古史辨》第三冊，頁453～489，369～370。

歌（非歌謠）二類型，來確立《詩經》文本的類型和性質。張天廬亦隨之發表〈古代的歌謠與舞蹈〉對此議題進行補充性論述。

直到後期（民國十六年至二十年），以詩語言形式為主題的具體探討才正式出現，且僅集中在兩個議題上，一是中期探討歌謠問題所注意到的複疊形式，鍾敬文〈關於《詩經》中章段複疊之詩篇的一點意見〉做了延續性討論；另一為「興」的問題，並以後者形成主要論題。包括顧頡剛、鍾敬文、朱自清、劉大白、何定生等都紛紛加入探討。

後期尚有不少論述是針對前、中期僅粗略提出的論點，進行補充性的論述說明或修訂，比如顧頡剛〈「毛詩序」之背景與旨趣〉（民國十七年七月）和〈重刻《詩疑》序〉（民國十九年二月）、陳槃〈〈周〉、〈召〉二南與文王之化〉（民國十七年五月）、何定生〈關於《詩經通論》〉、劉大白、杜子勁等對〈靜女〉的補充論說等等（民國十八年四月及民國二十年六月）。由此可知，現代詮《詩》範型裡部分重要詮釋的構成乃逐步經由眾人爭辯中完成，如相當重要的去歷史化和再歷史化的詮釋完成，乃在後期陳槃才針對象徵「聖王原型」的〈二南〉重新詮釋後，才算有明確具體地完成重構歷史價值的論述。

1、隨機性和意義未定性的未成熟詮釋

上述時序和主題構成脈絡的梳理中，不難發現其詮釋形構常有以下幾個特質：

一、論述和詮釋的形構均呈現且戰且走、隨機探索的隨機性與高度未定性，故多零星單篇文本的重詮，且多相互辯難下的隨機調整，這類現象都證明此一詮釋範型尚屬實驗性質且未成熟的詮釋。

二、文本意義的高度未定性原因有二：（一）《詩經》各詩文本具體詮釋多未進行；各詩文本的詩本義仍未經嚴謹研究和重新詮釋，僅有重詮《詩經》的理念觀點被重新建構。（二）疑古意識下掃除舊典範，欲重建新範式的初步階段，對新範式如何具體形構仍有諸多模糊未明且不能確認之處。顧頡剛重詮《詩經》時，自己便曾多次承認在文字訓詁和詩旨上難以掌握，或反覆不定的問題〔註100〕。

〔註100〕如顧頡剛在釋〈碩人〉一詩時，便自承自己前後為文所釋意義不同，「就覺得我這個斷語下得太輕率了，這個詩本事依然靠不住。」可見其詮釋仍在反覆不定的狀況。見顧頡剛：〈碩人是閔莊姜美而無子嗎？〉，收入《古史辨》第三冊，頁 367。其於〈野有死麕〉和〈靜女〉的討論中，亦常因他人之說而改變其詮釋，詳見前述討論和《古史辨》第三冊，頁 443～444，446～448，

三、價值理念觀點的詮釋優先性：透過上述現象和特質的解析，可知現代詮《詩》範型的構成屬於價值理念上的優先重構，此詮釋範型最先完成的亦是詮釋價值理念層次的完成，簡言之，此一範型的最主要特質在於詮釋價值理念優先於具體詩文本詮釋的意義重構，可見五四學者的觀點裡，價值理念的典範轉移先於一切，至於詩本義和詩文本觀何以不是來自詩文本自身的詳細解讀，而是來自文本外部的西方文化觀點，此種違反自身所立回歸文本、客觀實證等詮釋原則和理論的實際做法，則其仍未有所覺。最顯著的明證即爲五四前後時期全本《詩經》之詮釋專著始終未能誕生，五四學者們的精力皆投注在斬除古代詮釋典範，及新詮釋理念與價值的建構。

2、欠缺詩文本具體詮釋的理念式範型

因此現代詮《詩》範型在詮釋方法和模式上便呈現出以下特點：

一、因理念先於具體詮釋，故其價值觀多移植自西方詩學、文學、社會學、民俗學等學科觀點，而非以《詩經》自身文本全面理解和深入詮解而得，更可見出五四前後的價值優先性乃在西方文化和價值意識爲主。

二、基本思維和詮釋模式卻主要出於傳統整體一元論的原型觀，表面上引入西方學術知識、文化意識與價值觀點，但在詩體類型論、具體個別文本詮釋等較深層的論述建構時，反倒大多顯現原型觀的基本思維，除「一元」的價值內涵被置換爲西方現代性、世俗性等文化價值外，基本思維和詮釋模式卻是道地的傳統思維。

三、個別詩文本具體詮釋匱乏，僅極少數詩篇在《古史辨》裡具體列入討論，即使討論亦非如經典詮釋般全詩章句訓詁至詩旨的周密詮釋。

四、最後在詩本義論述的形式上，古史辨詮《詩》中期之後雖出現少數詩文本具體詮釋的論辯，但其詮釋和發表形式均有特殊性：（一）發表和書寫形式爲札記、簡略答書等爲主，皆非正式、非全面性的各詩文本詮解，而是更像隨筆性質的散論。（二）因而可知此類詮釋文章不僅非正式的注解和詮釋論文，更遑論系統或體系性的詮釋專著，反映出某種隨機和任意性。（三）發表詩文本的本義詮釋意見，但未形成自身定見，亦未能確認自身看法，而有頗強的猜測性質，因之可見其詮釋之未臻成熟〔註101〕。

524～525。
〔註101〕劉半農在眾人熱烈討論〈靜女〉詮釋時便說自己雖如眾人亦不確定，「我也來大膽猜一猜了」，於是便說此詩是「追憶的詩」。這類猜測語氣和態度在《古

（二）述作與自作詮釋意識之別到意義生成價值變遷

經由前述探討，有一個極為重要的詮釋現象因而浮現，這一現象具現古今詮釋意識和詮釋目的之基本差異，從而反映其文本觀、意義生成模式和寫作意識上的根本區別，表面上古今學者都對同一部重要文本《詩經》進行意義詮釋、研討和文本價值的區辨，事實上所做的卻非同一回事，最重要的分別即在於經典詮釋和自立新說兩種詮釋意識和目的上的根本歧異。

首先古史辨學者皆認為自身是學術知識上的研究而立其新說，這明顯脫離古代經典詮釋的基本觀點，基於自立新說的詮釋意識，不免標新立異之嫌，有時詮釋更有語不驚人死不休的姿態，如陳槃對胡適詮解〈小星〉的妓女求歡說，評為最新穎可喜，即為一證。

若對照古代經典詮釋的態度，更可見其間詮釋意識乃為天壤之別。《朱子語類》裡朱子曾言及前代儒者窮盡畢生之力，反覆推究才敢提筆注經的態度和做法，以此訓斥學生所學未精、即欲依己意注解《詩》的做法全為於己無益，於經有害，正因「肆以己意」實已破壞經典詮釋的根本精神，在妄加揣測經意時，經典自身原具的道理與重要價值反而隱匿不見，而被個人主觀任意所障蔽〔註102〕。此即證古人注經釋經之意識，與現代《詮》詩學者的實驗與猜謎態度適成反比。

因此以古史辨學者標舉的現代詮詩理念為基本詮釋觀點，對比古代典範做法觀之，古代典範同樣亦預設一套基本詮釋觀點和詮釋框架，此為古今相同，但差別在於古代學人必先完成其具體詮釋，即其文本意義生成必先提出其合理性的解釋和轉換，使其理念與文本得以相合，現代學人則急於先提出詮釋理念和理論觀點，具體文本詮釋的完成並不具必要性，則古今詮釋的基本思維顯有差異，此則因於：

一、注經的基本思維異變：經典注疏於古人而言，是神聖存在的再現與理想價值的闡發，乃是參與神聖的過程，故不是以提出自我觀點或創見為先，而強調以經典神聖義的再現和闡明為主，故具體文本詮釋不能略過，反而必須優先詮釋，否則便不能具現文本之神聖，畢竟經典原文才是神聖之存在；

史辨》詮《詩》時極為常見，其說見《古史辨》第三冊，頁 540。

〔註102〕此例詳見第三章第四節中解悟意識相關討論中，對朱子所言注經解經態度、意識及做法的辨析，見於《朱子語類》，收入朱傑人編：《朱子全書》第十七冊，頁 2767。

現代範型已不視《詩經》爲神聖價值之存在，故已脫離經典注疏詮釋的基本思維，強調自我觀點，加以當時歷史情境下西方文化爲主要引入的思潮，西方文學和文化觀便化爲詮釋觀點和價值所在，從而主導《詩經》詮釋意義的構成，因而文本內部脈絡的合理性建立反在其次，對現代範型而言，最重要的反是其理念和價值觀點的成立，文本自身反成爲次要。

　　二、由詮釋基本思維到詮釋文本意義的模式：依一、，最主要的反映在個別文本的零星且碎斷的詮釋，有頗強的任意性，訓詁不加詳辨，觀點和主旨卻先詮解的情況爲現代範型建構之初的常態。另外，詩體類型的分類亦非經由文本具體詮釋完成而來，乃藉古人之說（尤以朱子爲主）斷章取義後，即自行發揮己義，目的是爲先完成其理念裡「俗民原型觀」的詮釋。

　　三、因此其詮釋模式裡具有頗多將文本工具化的取向，如：古今歌謠互詮互換的同一化詮釋方法，即是將《詩經》文本視爲證成俗民意義的工具，《詩經》文本自身的意義脈絡和詩本義構成未必相關，詩本義的取義之源直接被置換爲現代俗歌，《詩》文本在詩本義詮釋過程變成工具性的存在，意即《詩》文本成爲證成俗民價值的工具，《詩》文本自身的意義被悄悄置換，《詩》文本只是一種證據性質的材料，目的是要與現代俗歌比附中，證成現代俗歌和俗民的世俗性價值。

　　另一工具性詮釋取向則在於詩體詮釋上，除「風」爲其核心價值所在，故略作闡釋，其他二體類皆未予文本具體詮釋及探討，而僅申明詩語言之形式化定義，多未加以論證。這種工具性的詩體詮釋因而產生一大問題，即文本和語言僅做爲一種工具性的存在，如「頌」體所以存在的主要意義在其工具性詮釋下全然喪失，其所強調者僅爲後世視野裡的實用性和工具性意涵。

　　過去我們常將古今詮釋範型文本放在同一天平上衡量，卻忽視其詮釋目的和詮釋意識上的根本差異，事實上，古代經典詮釋裡以經典的神聖價值，做爲生命存在立身的基準而進行的意義詮釋，和現代詮《詩》之舉大不相同，現代詮《詩》時將《詩經》視爲單純世俗文本而賦予的現代俗民性詮釋，及學術研究式的知識建構等，都不再以參與神聖爲務，乃要走向現代世俗自我價值的證成，因而其詮釋脈絡至經典的基本定義都必然產生根本的變化。

四、詩文本詮釋原則——回歸文本與現代民歌比附共構、轉向「俗民原型」、雅俗二元對立

因此現代詮《詩》範型裡對詩文本的詮釋原則便可歸結爲以下幾點：

一、回歸文本與現代民歌比附共構——即看似以個人自我抒情爲中心，以脫離傳統的「歷史原型」與儒家價值，先回歸文本乃爲證詩文本爲個人主體感發，且此一感發之質爲抒情，自我之抒情，此爲其詩本義構成的基礎。

而此一自我又爲現代性的自我，意味近於可孤立於社會網絡外，與之疏離的自我。如此則個人自我的個體性特質在理論上應被突顯，即詩代表個人自由地抒發自我情感，此爲個人自由之象徵，自由抒情成爲詩文本意義生成的基本面向。

但在「俗民原型觀」的價值推動下，與現代民歌語言及意義比附共構，從而發生一種現代式的引譬連類以詮釋的方法和現象。

二、由個人抒情轉向集體俗民形象的價值詮釋原則

是以看似回歸文本，卻因「俗民原型觀」的思維，使其回歸文本的初衷終成空幻，詩本義亦同古代詮《詩》典範發生意義的轉向，即由以個人自我抒情的原作者本意，轉向詮釋者本意，現代詮釋者的文化意識與價值反成主導詩本義構成的主體，個人抒情在當時詩文本釋義裡終非主體，現代俗民集體形象才是五四時期的核心價值象徵，在詩本義詮釋的價值原則裡，後者才是詩本義最終強調的歸趨所在。

三、古今對立、雅俗二元對立的詮釋原則

由詩人本意爲原點，轉向「俗民原型觀」的價值本義，因此而使得作者主體的自我模糊，反倒是爲突顯俗民集體意象與價值義。俗民集體意象的詮釋一方面賦予其天真爛漫、直率自然的特質，另一方面則又將世俗性意義導向鄙俗性，肯定本能原欲的存在樣態爲價值正當性所在，進一步常喜以性欲來概括情欲，以激進鄙俗性的詮釋來概括世俗性，並目之爲去神聖化、去經化的根本。因而在文本至詩體分類詮釋上均有雅俗二元對立的取向，且基於反傳統思維而以古今對立爲詮釋原則。

詩文本的構義模式理論上爲以作者本意爲主的「封閉性文本觀」，唯在欲證立其神聖的「俗民原型」時，即常採取「開放性文本觀」，以求文本間神聖義的引譬連類而轉生。

四、引譬連類和比附做爲主要詮釋方法

現代詮《詩》裡新的集體價值意義，看似以俗代聖，實則其俗民集體形象始終具有五四文人的美好想像，詩本義藉由現代式的引譬連類，在異質文本裡輾轉構義，終導向一種經由想像的俗民、想像的西方文明理想和想像的傳統之混同。現代的引譬連類乃藉上古之詩和現代俗歌皆以歌謠為定位的基礎，讓二類文本得以產生類同性，而可輾轉連繫二類文本以使二者相互比附、相互詮釋，使現代民謠文本中象徵俗民理想價值的價值義，藉共同或相似意象成為一種譬喻性質的中介，轉換繫連至《詩》文本中，成為詩本義構義的核心。其法和漢儒起的引譬連類的用法，實有異曲同工之妙。

五、愛情與怨刺的兩大意義向度詮釋

在前述詩本義構成原則下，做為俗民生活象徵的愛情與怨刺，即成為兩大意義向度而在《詩》文本構義時反覆出現，成為詩本義的主要指向，甚至在新的詩體分類建構時，此二題材亦成為分類的主要基準。

五、自然質樸、個人抒情之詩本質論述及詩文本觀

詩本質的論述則主要可歸結為兩大本質：個人抒情與自然抒情，後者又具有兩個面向：一、質樸單純直率風格，二、以愛情情欲本能和怨刺政治社會來加以具現所謂自然之質。

不過在新文化運動後期開始出現反省的聲音，如朱自清在〈歌謠與詩〉裡便著眼於歌謠學運動學者奉為圭臬的意大利衛太爾男爵對歌謠的價值意義之說法進行反思，衛太爾男爵十九世紀末在中國蒐集當時歌謠結集成書，其著作和說法當時屢被引用，對時人影響甚大。研究歌謠主要學者胡適和周啓明都引用且贊同其所謂民謠即真詩的觀點，甚且說「根於這些歌謠和人民的真的感情，新的一種國民的詩或者可以發生出來」。

但朱自清注意到這一說法裡可能有的問題，對民謠即真詩，以及歌謠可供新詩創作的參考兩個觀點進行反省，朱自清已反省到兩個基本問題，一是詩和歌謠同一化是否具有合理性，即詩可否單純等同於歌謠，由此再思索當時流行以「真詩」做為詩文本價值基準的合理性和問題；另一是基於前一觀點，對新文化運動初期以歌謠為本的新詩創作現象提出文本價值的省思。

雖尚未形成一成熟的看法，但已能針對當時對「真詩」概念的價值偏執加以反省，朱自清已初步洞晰新文學運動裡對「真」的偏見和其所衍生的問題，朱自清在此指出胡適等歌謠學運動裡主要學人對「真詩」之「真」的詮

釋和其問題在於：

> ……不過照歌謠的性質和胡先生所選出例看起來，所謂「真」似乎
> 就是「自然」，就是「天然」，鍾嶸《詩品序》所謂「直尋」，也是這
> 個。這裡的「自然」，恐怕還得加上「親切」；「親切」指的題材熟，
> 比喻熟，儘量用口語。……但這只是不歌而誦的徒歌（徒歌的「歌」
> 字是廣義）及山歌能夠如此；小調多經文人潤色，樂歌更加上許多
> 襯字，大約便無所謂「真詩」了〔註103〕。

由此，他便提出這種「真」的意涵顯然不是詩的唯一價值標準，對舉「真」
的另一意義，「便是『認真』的真，歌謠的性質裡卻似乎沒有」，並由詩及相
關文類的發展史來討論其中「真」的意涵，他說周朝人用詩至《左傳》裡引
詩賦詩等皆屬「認真」之「真」，「歌謠本身儘管不認真，取義的人是認真的」，
不過到了「漢武帝立樂府采歌謠，協聲律，就只供賞玩，無所取義了」，而後
認真與不認真之詩皆有，到杜甫後，詩增加其嚴肅性，「詩不再被人看作玩藝
兒」，因而詞曲舊說均說是「詩餘」、「詞餘」，從不算是「詩」，便因文類所具
的俳諧性；歌謠和樂歌對讀者聽者而言，也多只是玩藝兒，「即使歌詠悲情，
也還是輕快的俳味」〔註104〕。

朱自清的討論雖未形成自身對文學標準的固定觀點，但已明確意識到五
四時這種以自然世俗為「真」的新文學觀之限制，一方面是由詩和歌謠的文
類混同，在文本分類上有其不能成立之處，且此種「俗」以為「真」的存在
價值義到作品價值問題應有可反省之處，另一方面則是此種以「俗」為「真」
的文學觀落實於創作新詩時，模仿歌謠是否是一種新詩創作，也是一大問題，
朱自清雖基於同意顧頡剛「《詩經》所錄全為樂歌」的主張，認為歌謠可供創
作新詩的參考，但因其能對文化價值和文本價值等問題深入省思，故非一味
認同此種詩創作觀，意即模仿歌謠之作，「這作為通俗讀物或歌辭，是合式的，
但未必就是文藝作品。歌謠和新詩的關係，就是這點兒〔註105〕」，此說意在區
分歌謠與詩，指出二者未必能全然等同的關係，在他看來，歌謠裡常有膚淺
散漫的毛病，因而未必能等同於文藝作品的詩，然而這種觀點在當時畢竟並
非主流，且由其所述，可知新文化運動初期，現代俗民歌謠確實被廣泛視為

〔註103〕 朱自清：〈歌謠與詩〉，《北京大學歌謠週刊》三卷一期，頁5。
〔註104〕 朱自清：〈歌謠與詩〉，《北京大學歌謠週刊》三卷一期，頁5。
〔註105〕 朱自清：〈歌謠與詩〉，《北京大學歌謠週刊》三卷一期，頁6。

經典，成為可以摹習的重要典範，這亦證明現代俗民歌謠在當時做為一種意義主體的重要詮釋現象，至少在詮釋《詩經》上歌謠和詩乃做為一種共同體，且由現代俗民歌謠主導了現代詮《詩》範型的基本構成。

　　不過朱自清雖有慧見，卻未意識到同輩的五四文人所以有這種對俗民之「真」和歌謠價值的偏執，亦是一種「用詩」，其「用詩」態度和行動亦如古典詩傳統一般，極其認真且嚴肅，所以胡適、顧頡剛等人「用詩」之中，將詩本義刻意導向歌謠般的自然天真，且其「真」之義尚不僅是俳諧性的玩藝兒，更可說是以鄙俗為自然，即便如此，其如此取義的用意卻關乎存在價值的嚴肅性，為的是藉詩的重詮證明俗民價值至上，以期使現代世俗民主的價值觀得以在中國生根茁壯。這是五四文人的另一種自我矛盾，其詩本義和詩文本觀常欲將詩文本世俗化，甚且鄙俗化，然其自身「用詩」之舉恰如其祖先，世俗做為一種猶如「道」的核心價值義，五四文人「用詩」的價值行動和儒者對儒道落實於詩文本詮釋的作為並無差別。

　　總結現代詮《詩》範型所建構的詩文本觀則有以下特點：

　　一、表面上詩文本為作者主體延伸，文本與作者的一體觀；此一觀點和朱子類似，主要因二者基本上皆以作者本意為詩本義構成。實質上，現代詮《詩》範型因其詩本義構義模式類同於漢儒的比附取義，使詩文本變為現代民謠的延伸，《詩》文本成為可與現代民謠同一的始祖文本，現代民謠的作者成為主體。

　　故其作者觀乃以一種想像的俗民作者為主，其作者性質表面上為個人自我，實則在五四文人的「俗民原型觀」下，成為想像中的集體俗民，故強調其鄙俗化之質，此一作者觀在五四詮《詩》範型中最主要反映在「國風」作者，和「雅」中被其視為類同「國風」的俗民題材之作的作者亦然。

　　二、詩文本成為文學作品，成為一種自由的象徵，而詩文本更是被視為個人抒情的、浪漫的、唯美的象徵。因文學自覺與獨立，即是個人自覺與獨立，即是國家社會擺脫困局的新契機，此緣於一種傳統的原型觀，即傳統整體一元論的現代吊詭式再現。

　　三、然而個人抒情的象徵，爭取個人自由的象徵，於是等於爭取民主的象徵。如此則個人抒情之詩本義必轉向政治社會論述的詩本義，意義指向最終轉為現代理想價值的寄寓，在現代詮《詩》範型中乃以「俗民原型觀」為理想價值的基礎，如是則詩本義如古代詮《詩》典範模式，必轉向集體社會的政教意

義面向,在現代詮《詩》範型中詩文本成為控訴社會政治不公、籲請眾人興起反抗傳統以至既有政治結構的隱喻,充分表現出其詩本義的雙重性。

四、傳統「用詩」觀點及原型觀的承襲及轉用

由上所述,中國傳統整體一元論思維的根深柢固已可得見,其落實在詩文本觀層次而具現的思維向度,即是「用詩」傳統的生成和其現代範型中的延續。

即令現代範型對中國古典傳統「用詩」觀念頗有些覺察,卻因其與現代價值觀和文本觀之異質而否定其意義,將之貶斥為實用性的工具性意義,然自身最終卻亦不能免除此種實用性色彩,將詩文本詮釋活動視為文學革命、新文化運動及至政治社會現況改造運動的延伸,用以成為世俗性靈得以脫離傳統之象徵;廣義來說,此一現代「用詩」仍不脫傳統以詩為教的觀點,只是將現代社會教育裡的民主科學等價值意識,取代「聖王原型」或「聖人原型」等以詩為教之傳統價值,詩文本意義生成從不在五四諸人所想像的「純文學」概念裡,他們的文學仍舊「不純」,免不了祖先在他們腦海已然深植的實用即實體之思維觀點。

六、經典意義的萎縮與存在價值意義的死亡

值得一提的是,現代詮《詩》範型出現而延續至今的《詩經》詮釋模式裡,「經」不再是「常」,至少不是存在之常,《詩經》做為經典,其意義在於它是文學博物館裡詩這一文本類型裡的始祖,它是源遠流長的詩文本史系譜裡最頂端的一隻猴子,因而彌足珍貴,這隻稀有的猴子雖能穿越數千年時空之限,以其「超時間」性而存活至今,但牠曾經燦爛輝煌的生命從五四時期起便開始發生異變,頂多只能算是文學博物館裡存有的一個標本,供我們這些文學研究者指指點點;牠能跨出博物館走進人群的唯一機會,便是做為高中國文教科書的選文之一,〈關雎〉的重要價值是古今文人唯一的共識,不過它只是被視為一篇描述上古男女求愛歷程種種身心狀態的情詩,年輕學子們由此卻看不出它和當今流行歌裡充斥的純真版情歌有何不同,大抵還覺得語言不如今之情歌親切。由此看來,古史辨運動至五四文學自覺與革命諸文人的努力下,《詩經》如今確實如其所盼望,洗淨所謂傳統經學之鉛華,與時代終止對話,安安靜靜地獨坐在文學和上古史的博物館裡,安分守己地度其殘生。這就是文學革命和文學自覺後得到的經典價值。

　　古史辨運動不只如他們自己所說欲將傳統詮《詩》模式和觀點全部掃除，最終他們把《詩經》的存在價值都一併掃除，若以文學和上古史的價值而存在，則被其重詮而賦予的文學意義和文學價值也已不足以召喚現代人心，上古人之感乃是一種如現代人平凡世俗的生活之感，既爲同樣的世俗庸俗，則何必特意費心費力去瞭解上古人的感受，上古人之感不僅與現代時空隔閡而不相干，上古人之感被詮釋（包含所謂翻譯）爲如今人一般的世俗平淡而貧乏，更讓現代人覺得無意義而不相干，這可說是現代詮《詩》後的新困局。

第五章　結　論

　　我們讀詩解詩往往不自覺自身的詮釋意識及觀點，然而不同詮釋意識和觀點之下，所見之意義與所得的價值判斷便不相同，在五四以後我們對詩學的理解常過份偏向西方現代文化意識觀點，以致不能察知體會自身傳統文化意識的特質，另一方面受到五四典範對西學接受和理解上的限制，在研究方法和方法論上易缺乏省思，難以進入古人詩學的基本視域和意義核心，所形成的價值判斷有時亦不免有所偏。

　　本研究即希望在三大古今詮《詩》範型的重新梳理後，重新審視中國古代詩學典範的基本觀點和其闡釋視域，以求能深入傳統詩學對詩文本的定位，期望能以此研究做為基礎，藉以重新省思傳統詩學於現代歷史文化情境的可能意義，至少在古今詮《詩》典範的重新理解後，我們可以清楚得知，儒家詩學為代表所示現的中國傳統詩學，從不只將詩文本視為個人抒情的產物，而是將詩置放於社會群體的脈絡裡，另行思考和轉化其意義，成為社會交流互動的基礎，這可說是中國傳統詩學有別於西方詩學的重大特質。

　　我們對於此一傳統觀點的用心和存在特質應有一種不是隨意以今非古的態度，今人的文化意識形態乃相應於現今社會文化情境而生，亦有自身一時存在之特殊性，古人亦然，對自身意識形態和詮釋觀點之限不能有所省思，便以今為是，任意非難古人，則古人觀點之深刻處自不能對今人顯現，唯有尊重曾經存在的歷史情境，深切理解傳統所以為傳統之緣由和背景，我們才能重新進入傳統，與傳統深入對話來理解傳統，從而思索傳統的限制和其於今仍能再生其價值意義之所在。因而本論文主要研究方向在於：

　　一、檢討現代詩學或文學研究視野對傳統詩學的判斷問題及回應。這便包含本義形構觀點和模式、作者觀、作者與讀者的關係、詩體分類觀點及方法建構、學詩方法建構、詩文本觀等等問題。

　　二、進行一、之前，有必要回歸傳統詩學的視野深入理解，才能知曉傳統對詩文本的定位，明瞭傳統如何理解詩這種文本類型的特質，也才能明白傳統何以如此形構詩本義，再行理解現代詩學的詩本義形構與傳統詩學的異同承變關係。

　　三、因而本研究基於此而重探古今三大詮《詩》典範及範型後，可知傳統詩學其闡釋視域本與現今詩學有其差距，傳統詩學內部雖有其文化意識的傳統共識，但仍有時代及文化意識變遷下的典範轉移現象，使傳統詩學內部亦發生重要的變化，包括詩本義形構和詩文本觀等重大變遷。但亦發現中國傳統詮《詩》典範與現代《詮》詩典範在基本思維模式上的高度同質性，尤其在理想價值論述皆以傳統一元論式的「原型觀」而構成，因此在意義形構模式上，均呈現以比附和引譬連類為重要詮釋方法的特質，以便於理想價值義能在詩文本詮釋中具體示現，使中國詩學在文本意義的生成及詮釋上，因自身獨特的文化意識，展現極具中國文化特質的文本觀及本義觀。

　　是以透過古今三大詮《詩》典範的範型研究，可以發現以儒家為代表的中國詩學傳統，其讀詩解詩基本態度和目的，原不在於現代文學藝術審美欣賞的層次，而以通經致用為前提，故往往是士人因應自身所處歷史情境及時代問題，依當代文化意識來詮釋詩文本，甚至此種基本詮釋意識亦在五四範型的思維方式中延續，亦即中國詩學傳統的闡釋視域往往以「用詩」觀點出發，即非以原作者本意詮釋為主，而以詮釋者基於理想價值在詩文本觀的落實，進行詮釋者本意的詮釋，且此一「用詩」式詮釋均有社會實踐的行動義，並終指向群體社會的意義面向，因而與現今詩學的意義觀點大相逕庭。

　　但我們對於此一中國詩學傳統中通經致用概念的理解卻不能過於狹隘，「用詩」的發展歷程中，除儒家詩學內部對「如何用詩」觀點已有變遷外，在儒學外部的歷史文化變遷中，作者觀、詩本義構成乃至詩本質等詩文本觀均發生轉變，其中最值得注意的是世俗化詮釋面向的出現及趨向，反映《詩經》詮釋由經典位階逐漸走入極端世俗化的意義價值變遷，詩文本詮釋觀點、方法及模式皆發生極大的轉變。

　　因而本研究的基本研究成果可分成兩大向度加以說明，第一向度為古今三

大詮《詩》典範的範型形構說明，即總結此三大範型的詩本義基本形構模式、文化意識與其闡釋視域；第二向度則基於前一向度的論析成果，總論所涉及中國詩學傳統形構的重大議題及結論。在此即依序分爲以下幾個層面加以總結：

一、古今詮詩典範的詩本義形構模式、文化意識與存在闡釋視域

　　歷代範型的詩本義詮釋的典範轉移裡，吸引我們注意的不是典範轉移的權力問題，而是藉詩文本的本義構成模式異同，示現出超乎我們意想的豐富意義世界，不單在意義層次，更在轉出意義的方法學層次，三大範型對我們具現中國詩學傳統意義世界構成的神奇微妙之餘，更突顯人類意識與思維在面對意義思考時的多元性和難以固定的眾多面向，此即屬詩文本觀層次，在此依序加以總括說明。

（一）漢代詮《詩》典範的詩本義論述核心──輿論正當性及王化之跡同時於詩文本落實的意義原型建構

　　漢代《毛詩》所代表的典範意義在於由先秦引詩賦詩的意義生成模式，轉向詩本義探求的關鍵階段，從而使《詩經》詮釋的方法和意義發生基本轉向，且邁向高度體系化的詮釋建構。

　　但此時的詩本義轉向並非後世詩本義，後者以回歸文本及推求原作者本意爲主要取向，漢代詩本義的形構卻仍保有先秦意義生成模式的部分遺形，與詩相觸發而衍生新文本的外傳體，加上以文本爲詮釋中心的內傳體，二種詮《詩》體式都在《毛詩》中出現，《毛詩》顯然以內傳體爲主，但其與史相觸發以生成意義的面向，則近於外傳體之詩文本與他文本相觸發輾轉而生義的做法，可見《毛詩》詩本義詮釋中顯示文本意義生成觀點的歷史變遷和過渡之跡，並由「開放性文本觀」漸朝向「封閉性文本觀」發展。

　　《毛詩》詮釋的詩之特質則包括：一、詩文本的基本特質和典範義在於直接展現民心民情，做爲反映時政和風俗之良窳而存在，但《詩》亡之後，表示詩文本原做爲上下直接交流管道的功能已不存在，因而《詩》要在後世持續保有和發揮其本質義，僅能做爲往昔之鑑來發揮教戒的功能，這時的詩文本已失去代表直接民意和輿論的角色，周代曾有上下交流之義的《詩》文本已成歷史的陳跡，於今只能以一種「古代輿論原型」出現，即以昔日範式的垂鑒，間接對後世發揮教戒的功能，這就促成《毛詩》將《詩》文本引入歷史詮釋的主要根由，因爲《詩》文本代表的上下交流功能不存，卻想使此

一重要意義得以永存或再生，則將《詩》文本的歷史脈絡尋繹彰顯，使王者之跡和價值所在也得以突顯，便成為唯一選擇，如此才能將《詩》文本藉由歷史實存的證立而範型化，重新以經典之姿於後世復活，以上下交流的象徵意義取得其歷史生命的再生。

因而《毛詩》開展一種權變性的詮釋模式，一是引入歷史譜系於詩文本進行建構，唯有詩文本中出現歷史面向的指涉，才能使詩曾經代表當時輿論的意義得以確證，其次加上各詩均以誦美風刺為主要詮釋原則，聖王示現的價值才得以再現，也因此《毛詩》的詮釋努力主要在於「古代輿論原型」的範式建構，這個範式必先以歷史座標於詩文本的建構為前提，才終能進一步突顯詩文本原具可使上下交流的重大功能和意義，這才是《毛詩》所認知的詩本義和詩文本觀，所以《毛詩》即便引入歷史座標和史事史料，仍無違此一文本判定的根本原則，如第三節所論，其詮釋方法仍以美刺為優先，即為明證。

二、詩文本因承周《詩》源流發展而仍被預設為情志交流行為，但采詩等制不再，漢代所作詩文本自身的創作未必獲致上下情志交流之效，周《詩》文本代表的上下交流性和意義乃透過重新詮釋和典範化後才確立。

三、詩文本意義仍承接周代以來朝向代表民情之群體情志意義傾向，但在意義生成時產生歷史性詮釋的偏向，因其詮釋模式中歷史座標為意義生成的必要條件之一。

四、詩文本的歷史化、時空固定化，因其意義的產生已不同於周詩輿論的即時性，主要必依詩文本時空固定化後而生歷史性的教戒借鑑，指明王權的神聖和正當性除承自於天命外，尚取決於與俗之互動交流，由之則進一步推衍出詩文本觀裡價值意義的取向，即聖俗二者雖各有分際，但非絕然二分，且恰因詩所代表的上下交流才能以俗顯聖。

（二）宋代詮《詩》典範的詩本義論述核心——士人主體反思詩語言性質的解義行動與身心修煉工夫

人是意義的動物，總是在追尋著意義，但朱子告訴我們，所謂的追尋意義不只是自我主觀意志或理性意識的主動抓取，追迎而來的意義可能更為重要，且帶我們通向神聖之路，所謂追迎，是保持一種對理想價值意識的認知，但仍無法真正進入體證理想價值自身意義時，僅依理性的、語言的種種日常意識的理解，恐怕無法使我們進入此種具神聖性的理想價值意義，這種以語

言、理性感知爲主的日常意識確有幫助我們理解事物的重要性，尤其在理解文本意義上，包括語言的基本意義理解、知識系統的形成等等，都可幫助我們掌握文本基本的意義指向，然而這僅是第二義。

朱子認爲意義不僅在於第二義的理解，第二義的理解往往未必能與我們的價值行動產生關連，即使能充分理解語言層次之義，卻不能使人在完成語言理解並同意所理解的價值重要性時，即產生實踐此一語言理解所強調價值的具體行動，基於此種語言理解和價值行動的斷裂關係，朱子指出這種語言理解便不是眞正的解得意義，解得意義確實可與價值行動相互連結且同步產生，但並不在第二義理解層次上發生，而必要透過身心工夫的修煉轉化，才得以使身心意識脫離語言層次等日常意識的主宰，跨越翻轉至另一解悟意識，這種解悟意識帶來身心意識整體質性的轉化，才能使眞實意義呈現，尤其朱子藉由詩文本自身獨具的情性感發之質，視詩文本爲非一般語言的「言之餘」，這種文本類型的定位分判，便涉及語言所再現事物的性質和語言所以形構的關係探討，於是詩文本做爲情性感發之「感」的文本特質，即不能僅以一般的「言」來進行理解。

不過語言和知識並非因其第二義即虛妄無用，朱子之意不在於禪宗式的棄絕語言以求直觀證悟眞實，而在於體察語言自身和眞實間的裂隙之餘，找到語言得以逼近眞實的第一義解悟方法，意即眞實義雖不必因依於語言，但亦不代表棄絕語言僅依靠直觀便能證悟眞實，更不代表語言無助於覓得眞實，朱子在語言和眞實的裂縫之間找到了架接的橋樑，即是由自身體證經驗歸結出一套身心修煉的工夫，此套身心修煉工夫的兩端是語言和眞實，修證工夫則爲「諷詠涵濡」，朱子解詩工夫論的精義在於喻示我們，語言雖有其虛妄性，但並不全爲虛妄，否則不足以成爲人類溝通的重要基礎，我們可以經由對語言虛妄性的反思，以其可信之面向做爲靠近眞實義的初步工夫，即以語言可以詮釋指實的意義面向進行意義方向的理解與固定，設法避免直觀解義常易陷於主觀而使意義方向渙散的問題。

朱子解義工夫論的建構中尤具啓發性者，即在體認人類意識進行解悟眞實之難，仍需有具體因依之基礎以爲溝通解義之用，此一基礎即針對解義歷程之關竅，以語言爲本形成一套認識論層次的解義工夫體系，眞實義雖難以言詮而無法全然以語言表述予以固定，但仍能以語言先設法固定眞實義裡的部分關鍵特質，由此關鍵特質的固定，讀者得以避免直觀易造成任意想像的

意義偏離，得以循一與眞實相關而較可靠的關鍵特質，初步固定眞實的基本意義指向，再進一步力求轉出語言詮釋解義的意識層次，引入雖似仍依於語言、卻轉入涵泳體味的體證眞實之工夫，此一進階工夫雖仍有依於語言以固定主要意指的層次，但關鍵已轉至身心體證修煉的層次上，要求個人主體的身心意識必須與具現神聖的聖人主體確實產生感通，才得以在與聖人之感相通之際，眞正解悟眞實義，即最重要的第一義；但解悟意識產生需要前置的意識轉換，要擺脫日常意識的解義限制，需先設法由虛待而能動的準備意識開始進行初步轉化，即先降低日常意識常流於主觀的干擾，使自身意識保持虛待卻不僵滯的狀態，以便在依於語言已固定的意義指向，又能深入反覆涵泳體味與眞實相關之義，以求更深廣地求取眞實之全貌，此一意識準備工夫之要義在於進入虛待而能動的意識狀態，故朱子以「迎取」及「候」等意識行動來加以描摹，如此才能保持既與眞實接觸而不相失，又免於主觀任意之前見干擾，以求在與眞實相關部分反覆浸淫深入的過程，觸發直入眞實的解悟意識，最終產生與解悟同步的價值行動。

此一詩本義解義歷程實則喻示一整套由詩語言文本解義爲基礎的身心意識修煉轉化的工夫體系，通向朱子所體證眞實價值的意義世界和價值行動，而其所體證的眞實價值自是儒家理想價值，乃是「聖人原型」和「歷史原型」所具現的神聖意義，並發展出學詩的工夫論體系。由此觀之，朱子學所以能自南宋後期起成爲引領中國文化傳統方向的主要思潮，甚至廣及日、韓等東亞異域，而爲異邦知識人形構自身文化傳統的主要力量〔註1〕，不僅源於其知識體系的廣博深厚，更因此知識體系的建構裡，時時繫連著生命解悟意義與眞實的價值探索和行動，從而開展一套從內聖指向外王、由凡俗通向神聖的生命價值修證之工夫論體系，更因其相當通曉語言所形構的知識論的限制與功用，故其工夫論體系既有知識論性質的概念體系論述，以便於學習者理解修證之次序，不致過於虛玄而無從把握，又能曉喻語言轉化至眞實價值的修煉關鍵工夫，引導學習者不滯於語言知解的有限義，而跨越至眞能展開價值行動踐履的歷程，便於接引學習者入門，亦能使修證中的學習者知曉進階轉

<hr/>

〔註1〕黃俊傑主編的東亞系列研究叢書裡，已累積相當多的相關研究成果，此處僅能簡要舉出數例，如：黃俊傑編：《中日《四書》詮釋傳統初探》（台北市：國立臺灣大學出版中心：2004。黃俊傑編：《東亞儒者的四書詮釋》（台北市：台大出版中心，2005）。黃俊傑，林維杰編：《東亞朱子學的同調與異趣》（台北市：國立台灣大學出版中心，2007）等等。

化的方法，其面面俱到且具有真實體證性質的工夫論體系，實是朱子學能流布既廣且遠的重要原因。

如此我們可以說，正由於朱子對詩文本意義的感知思維不止於一般語言層次的知解，且更透過詩文本自身獨具之主體感發至感通的特質，體悟所謂語言之「言」與非語言但必經由語言表述的「言之餘」的差別，體察語言自身的限制，經由此深刻的語言性質反思所構成的語言觀和詩文本觀，朱子詩本義的解義論證得以開展出《詩經》乃至經典詮釋史的一個難以企及的高峰，朱子藉由反思語言所表出意義與真實之間的裂隙，完成學詩方法論的開展，因而朱子詮詩的典範義在於充分運用詩為情性感發之質，使詩文本之義建立在個人身心修煉並通向社會實踐的詮釋觀點，於是詩的解義歷程呈現出理解、詮釋、價值實踐各面向的高度整合，並涵括詩文本創作、詮釋、批評等各方位，讓詩文本展現的闡釋視域成為一種主體間相互感通以求身心修煉的動態歷程。

（三）現代詮《詩》範型的詩本義詮釋──現代俗歌為意義主體與經典意義萎縮喪失

現代範型的典範義來自於個人性與集體性兩種面向的矛盾綜合，一方面在個人性的意義面向中，現代範型在詩文本詮釋裡由自由、個人抒情、唯美等概念加以意義形塑，並證成個體自主性，使此一性質的個人主體在《詩》文本中具現，此一個人主體在自由的、個人抒情的藉詩感發中，具現的是可從社會網絡中脫離，為維持個人權利而斬斷與社會集體之紐帶關係，而可為社會中孤立之自我個體，此即受西方現代性觀點所影響的現代文化意識及其價值觀；另一方面現代範型又要求《詩》文本應當轉出足以改變歷史社會現狀的社會集體價值和價值行動，從而在集體性意義面向上重構《詩經》，因而針對當時歷史文化情境和現代文化意識中的世俗化觀點，以俗民至上的理想價值意識來形塑其「俗民原型觀」，並結合社會階級畫分觀點，以雅俗對立為核心概念，做為詩文本詮釋的主要原則，並導向俗民價值至上的終極意義，由此一意義的教育和傳佈，以求召喚眾人的認同與響應，形成社會政治改造的理解共識與開啟此一價值行動之原點。

然而至少在古史辨運動裡此一藉詩文本詮釋所導出的價值行動論述，大多尚未形構如同朱子般的工夫論，大抵因時值新文化運動初期，其論述重點在破除傳統之立場和方法的表述和形塑，尚不足以依新的文化意識建構新的學詩工

夫論,故其導致集體價值行動的層次,多不在其詮《詩》範型內部的《詩》文本詮釋,而在於建構詮釋範型時對詩本義和詩本質等議題另立相關論述,所引致精神層次的召喚。

所以現代詮《詩》範型雖與古代範型同樣具有價值行動意味,但此一經由詩文本詮釋帶來的價值行動啓示,大多緣於其當時所在的時代情境,即五四內憂外患的歷史境遇,才能對照出五四諸人急於掙脫傳統和當時政治社會困局之束縛,投向以西方文化價值爲主的新政治社會,以期開創新歷史的抱負與熱情,這是一種不與五四歷史情境共在,即難以察覺的特定時代之感,後世無法受其啓示感動而無以接續其價值行動,正因五四開創新歷史的熱情與動能往往不在現代詮《詩》範型文本詮釋的內部,故而於時移事往之現今,西方文化意識和價值觀已成爲華人世界裡的思維感知座標,個人主義與自我意識已不再是新鮮的話題時,大多數讀者若缺乏對當時歷史文化情境之理解,現代詮《詩》範型的經典義已失去其召喚眾人興起價值行動的土壤,僅因在文化意識上與現今的一致性,於詮釋模式上保持得以延續的範型地位,存在價值詮釋的典範義與其精神力量俱已失落,其最大問題即在於此兩大意義向度的詮釋導致經典意義的萎縮和喪失,詩文本所具的本質義和價值義經此一役,則多已不再能與現今個體或眾人產生存在意義的對話。

但在現代文學發展方面,因延續其典範性,在現代文學研究和現代詩創作上亦有觀點轉換後的積極開拓之功,此亦不可抹煞,然此部分猶待更進一步的研究。

而其建構的詩本義詮釋模式則顯現詮釋觀點與方法的矛盾,詮釋理論上宣稱回歸文本與原作者本意,以求其所謂實證客觀,然其具體詩作詮釋卻以現代俗歌爲意義主體,《詩經》文本意義反依現代俗歌比附其義而得,其詮釋方法和思維反近於漢儒的比附外來文本以取義,且因以現代俗歌文本比附,上古《詩經》文本反成附庸,且引入現代性文化意識,而多刻意鄙俗化或情欲化的詮釋。是以其詮釋個別文本成果和詮釋模式,不能視爲其所宣稱的上古詩文本原義的還原,而顯現出現代性文化意識和中國傳統一元論思維的交融和衝突。

二、詩本義與儒家述作傳統交互作用下的意義生成系統與其意涵

儒家詩學的形構與儒家述作傳統密切相關。解《詩》行爲即是在經典象徵的神聖價值接引下,經典文本的理解詮釋與價值解悟歷程成爲導引具體價

值行動歷程，其中祖述神聖實存意義與自身歷史視域的交互融合，乃由既存之神聖延伸而再創造新的意義，成為一種因依經典文本而有獨特的意義衍生及再創造系統，此一意義衍生及再創造系統的獨特性可分為以下幾大向度進行說明：

（一）「作者」轉換與詩文本經典化的意義轉化──經典意識的古今變遷

經典詮釋意識與其詮釋方法乃為一複雜論題，此處難以細表，唯出本研究結果可知，儒家詩學雖看似逸出原文本外建構文本所無之意義，實因其先以《詩經》接受史上采詩陳詩之制和孔子編詩等重大且有特定意義的文化事件，使文本語境乃至「作者」皆發生轉換，而不以文本原作者本意為主，但在儒家詩學內部依其價值意識，所欲建構完成的經典文本義和其定義的詩本義構成原則、方法，彼此間內在邏輯皆呈現高度密合，基本上並無違反其觀點和詮釋原則之釋例。即依其所定義的經典《詩經》文本，已不再只是純屬上古史料或上古個體詩作性質的文本，而必置於儒家經典意義脈絡來進行詩本義的推求，我們判斷儒家詩學觀點和方法時，應先依其內部詮釋系統而理解其意義構成的基本模式，則此模式自身內在理路其實相當明晰而少矛盾。

反之，現代詮《詩》範型則呈現自身詮釋觀點和詮釋方法之間的矛盾和邏輯不一致問題，其宣稱的客觀實證或回歸文本釋義等觀點，並不能在其詮釋方法上得以實踐，其實際採取的詮釋法常與自身宣示觀點相逆反，形構更多疑義和混淆，如「反向格義」的構義方法，和白話翻譯裡實非翻譯而多再創作的詮釋方法，均是違反其所定義經典價值（原作者本意所形構之詩本義）的做法，因而才被視為是過度逸出文本（依其自身所定義的經典文本性質）的詮釋行為。五四當時特殊且巨變的文化歷史語境，難免出現此種文化轉型期的問題現象，但至今我們面對傳統經典詮釋時，以《詩經》詮釋而言仍常依五四遺留的範型及觀點來進行思考，未能反思其經典意識和方法內部的問題和適切性，因此現代《詩經》詮釋的合理重構，實為一有待解決之問題。

（二）儒家《詩》經典義及儒學詩本義基本構成模式──「以詩為教」為根本

儒家經典詮釋中《詩》所獨具之經典義，主要「以詩為教」為根本，而這種詩文本的教化義，體現為兩方面，一則為詩文本所獨有的教化功能，此則表

現爲古代輿論原型與身心修證原型的象徵意涵；二則爲儒家經典共有的教戒義，當然《詩》亦具備。而詩本義構成的基本詮釋模式顯示，儒學所建構的中國傳統詩學觀從不只將詩文本視爲個人抒情的產物，而必將詩置放於社會群體的脈絡裡，另行思考和轉化其意義面向，成爲個人與社會交流互動的基礎。

因而其意義生成模式若由多重性作者觀而言，則原作者本意必轉入詮釋者或編詩者本意，以使詩文本能融入儒家價值，轉換其意義面向，故必構成詩本義的儒學轉向。

另外，若以詩本義轉向後之詮釋意識與基本詮詩模式而言，則有「詩史合一」模式和主體感通以求身心修證模式兩種。

前者詮釋目的與核心義在於使詩文本保持輿論的意義面向，又因價值本源義在於「聖王原型」，因而以詩爲教的目的即在於藉「古代輿論原型」在《詩》文本的具體形塑，使上下交流的正當性得以證立，主要用以教戒君王以行德政，故使意義詮釋必導向王者與俗民交流交融之跡，成爲反映社會的詮釋方法類型，因此要以風刺誦美做爲基本詮釋原則，發揮轉化語境以利詮釋之效，基本詮釋方法則爲史跡（王者之跡）比附與引譬連類。此時詩文本所以爲經典的特殊性質及獨具效用，在於「詩史合一」完成的「古代輿論原型」，即同時體現君民上下交流中的民情輿論和王化正變史跡的象徵文本。

後者詮釋目的與核心義爲主體藉詩文本以求通感，進一步進行聖俗主體交流，以爲身心修證的基本歷程，促使個人主體發生由俗趨聖之轉換；朱子以詩爲教的觀點除部分延續《毛詩》「聖王之跡」中的教化觀點外，主要則在由《詩》文本裡示現的聖人本意，以讀詩觀詩來做爲聖俗感通的個人修養歷程；主要詮釋意義面向則在詩文本呈現主體感發之跡，故主要詮釋詩文本所現之作者品格，以觀其聖俗賢否；其詩文本基本詮釋原則便由回歸文本以觀個人情性，再轉向聖人本意的價值分判；基本解詩方法分爲兩層，第一層之語言義的解義方法除了部分保有比附與引譬連類之法外，多以回歸文本爲主。第二層之非語言義的解義方法則爲「諷誦涵濡」的工夫。「聖人原型」則取代「聖王原型」成爲詩文本的價值意義本源。此時詩文本所以爲經典的特殊性質及獨具效用，在於以詩所獨具的個人情性自然感發爲質，使詩文本成爲個人情性修養之跡，同時可爲聖俗主體相互感通的中介，使讀詩觀詩成爲一種以自然感通爲本質的教化行爲，詩文本成爲鑑別個人主體情性修養之跡，而可區辨品鑑聖俗賢否。

（三）「開放性文本觀」朝向「封閉性文本觀」的構義演化趨向，及開放性文本觀之隱微實存

經由三大詮《詩》範型意義形構模式之探勘，基本上龔鵬程所論由神聖轉向「世俗性作者觀」之論說，及顏崑陽先生所論「開放性文本觀」朝向「封閉性文本觀」的論證，其中所論關於文本意義形構觀點於歷史演化的主要趨向已可證立，即世俗化取向導致文本意義由描述和參與神聖開放性，轉向以個人創作主體爲意義構成中心的封閉性，即文本意義朝向文本作者主體創作爲中心，而構成所謂作者本意的意義觀點，在三大範型的構義模式裡，我們已確能察知此一由聖轉俗的構義觀點演變之重要軌跡，因而詩本義詮釋亦轉向個人創作主體爲主的作者本意，從而使回歸文本成爲文本詮釋的前提與基本詮釋原則。亦即從強調經典文本意義的開放性而有種種轉用文本的取義模式，轉向以原作者本意爲中心的回歸文本趨向。

然而這一主要的構義觀點和模式轉向中，我們仍然發現一個驚人且重大的事實，「開放性文本觀」仍未在此一文本構義思維轉向中消失，只是其所能影響且形構的意義範圍更爲縮減，以致隱微到我們難以察知；然而仍未完全喪失其在足以主導關鍵意義形構之位階，不論古今三大詮《詩》範型，凡涉及核心理想價值的意義詮釋與論述，即所謂如何示現理想價值之神聖性意義時，「開放性文本觀」便在此一意欲逼顯神聖意義的時刻登場，以其所具有構義思維的高度靈活性，即因依於引譬連類的意義衍生轉化之法，使神聖價值義得以示現其中的豐富性與廣延性，以此觀之，則我們可以說如今文本觀構義演變之中，神聖不死，只是凋零。

進一步將此一趨向和問題，放置於文本構義觀點演變史上的意義和位置加以思考，則神聖價值作爲開放文本意義的動能與根源，直至現代詮《詩》範型亦然，仍保持「開放性文本觀」以轉出價值義的傳統構義思維裡，其實證實人類對於意義維持某種開放性以保有其豐富性的基本渴求，非爲個人一己的主體意義論述所能範限，人類雖欲求自我意義與自我利益，卻始終未曾停止對超出自我範圍的種種跨界渴望，這些跨界的熱望不止於自我所對應的群體或社會網絡，更常來自於某種具有神聖性的理想價值，古今三大詮《詩》範型不約而同地對我們示現出此一要點，此適足以證明人常是凡俗性封閉性與神聖性開放性兩種看似矛盾面向的意義綜合體。

三、詩文本觀承變關係與核心觀點喻示的詩本質

（一）聖俗原型觀裡的思維同一 ——傳統整體一元論與意義生成的關連

　　中國古代傳統整體一元論在三大詮《詩》範型中的軌跡始終存在，而成主導神聖價值意義構成的思維關鍵，不僅漢宋兩代以「聖王原型」或「聖人原型」觀形成其詮釋理想價值的根源，即使古史辨運動諸人欲尋求其現代理想價值時，亦同樣以原型觀思維進入，形塑「俗民歷史原型」的烏托邦形象及特質，其思維和方法皆與傳統兩大詮《詩》典範並無二致。可知此確如林毓生所言為中國傳統思維模式迄五四均根深柢固之基本思維模式。

（二）詩用即詩之本體——中國詩學傳統的核心觀點

　　我們由詩本義生成的模式及其生成歷程的探索發現，古今三大詮《詩》典範所顯現《詩經》接受史的三個主要階段，詩文本意義生成的關鍵全不脫「用詩」之觀念，即令現代範型對中國古典傳統「用詩」觀念頗有些覺察，而因其與現代價值觀和文本觀之異質而否定其意義，將之貶斥為實用性的工具性意義，然自身最終卻亦不能免除此種實用性色彩，將詩文本詮釋活動視為文學革命、新文化運動及至政治社會現況改造運動的延伸，用以成為世俗性靈得以脫離傳統之自由象徵，廣義來說，此一現代「用詩」仍不脫以詩為教的觀點，只是將現代社會教育裡的民主科學等價值意識，取代「聖王原型」或「聖人原型」等以詩為教之傳統價值，詩文本意義生成從不在五四諸人所想像的「純文學」概念裡，他們的文學仍舊「不純」，免不了祖先在他們腦海已然深植的實用即實體之思維觀點。

　　可以觀察到古今典範轉移過程中，後一典範對前行典範的批判，常著眼於前行典範「用詩」方向的乖離詩文本真實本質，從而導致詩本義與詩文本觀理解之誤，如宋儒與現代範型均批駁漢儒美刺說之穿鑿比附，不能解得詩本義，然而後二典範分別主張的詩本義及其形構模式卻頗為不同，關鍵便在於不同時代的文化意識主導不同的價值觀與意義生成系統，即「詩之體」的改變從而同步發生「詩之用」的改變。

　　所以古今用詩的三大典範，全圍繞在以詩為教的觀念而用詩，此一觀點並無古今之異。因此，中國文化思維主導下，「詩之用」即「詩之體」的觀念十分明確，且不論古今，全將詩導向用詩以為教的觀點，且在「教」的觀點

中，政治色彩始終無法脫除，詩文本觀中反映的價值意識皆不能自外於政治文化的影響。

因而重新省思古代傳統詮《詩》典範以詩爲教的觀點，便不能只定位於儒家一門一派價值觀的灌輸，而應理解其欲以詩行教育與教化，以期提升生命境界，關懷個人與群體社會關係等，乃應視爲一種具諸多存在價值的省思和價值行動。換言之，「用詩」觀念下所構成的中國詩學自有其獨特性，不符合五四文人所立的「純文學」概念，正代表其特有的文學意義及價值。藉古今三大詮《詩》典範的研究結果，我們可以發現中國詩學傳統因依於經典詮釋開展出獨特的詩文本詮釋系統，並由之對詩創作及文學批評等領域產生深遠影響。中國詩學傳統的價值及限制，仍應回歸具體研究，不宜先以現代文化意識型態即行斷之。

（三）詩體分類即價值義分類——王化之跡的類分至作者主體性質類分

由三大範型的詩體論述可知，詩的體類、語言形式的辨析往往離不開價值觀預設，《詩經》詮釋所示之傳統詩體分類觀點下，詩體分類的首要用意不在於理解詩文本所以成體的語言形式義，其分類主要基準在於價值義的分類。因而《毛詩》「風」「雅」「頌」之分，主要依王化之跡類型不同而分，「風」的類型義在於體現王者風化其民和俗民風刺誦美其王之跡，「雅」的類型義則在具現王政廢興之跡，「頌」類型義在頌美王者盛德，以告於神明而天人合一，此類稱頌王者之德且祭神告天之跡者，即爲「頌」。

《詩集傳》起分類基準發生轉向，以作者或文本所敍人物主體類型爲中心，並在風化之跡的詮釋背景下進行分類，「風」「雅」「頌」的詩體分類成爲作者或文本所敍人物主體類型爲中心。

《詩集傳》及五四範型更常將文本分類視爲作者主體延伸，僅是其所依價值觀不同，而分類觀點不同，但其視文本與作者關係爲一體，此種文本觀則二者同一，由之而使詩體分類成爲作者主體性質的分類，語言形式反非最主要的分類標準，這種作者與文本意義的一體觀是我們考察中國古今詩體分類時值得特別留意的重要觀點，即令現在詩體分類看似常被一般視爲語言形式分類的觀點中，仍不時可見此一作者主體分類的幽魂在詩體分類中隱現。

（四）情志交流性及社會群體性為中國古代詩本質到今昔詩本質的變遷

從三大範型詮釋可知，情志交流性及社會群體性於中國古詩雖屬詩本質，但其交流的層次、對象及目的並不相同，而因傳統文化意識自身的變遷，亦發生概念內部意義脈絡的變化，這亦反映出中國傳統文化意識自身的動態變化歷程中的變與不變。

但此類本質於現代以降逐漸弱化消失，現代詮《詩》範型裡作者創作主體的自我意識和個人主義的極度強化，使詩本義成為封閉於自我意識裡的意義產物，從而降低其本具的交流性質，轉向個體自我抒情的單向意義，並不預設必與其他主體交流的性質，然而在古典詮《詩》傳統裡，不論漢代「古代興論原型」的建構，或宋代「聖俗感通修煉原型」的構成，皆必詮釋詩文本裡的交流性，不論側重上下關係的溝通交流，或強調聖俗主體間的相互感通，皆本於詩之作來自感發的共性，從而要求詩文本之質與意義必導向一種藉詩為人類情性感發之普同性，以求形成交流共識或共感的基礎。

然而現代詮《詩》範型對詩文本觀的另行塑造，多已脫離傳統之交流觀點，其影響即是現代詩創作裡的小眾化現象和詩文本閱讀在現今生活中的邊緣化，此一現象已有多人注意〔註2〕，但我們在此要指出的是其根源性緣由，即詩文本自身創作時因於創作意識的改異而使其文本交流性格的喪失或弱化，這可以由古典詮《詩》典範裡至現代詮《詩》範型的詩本質轉移裡得到啟示。

（五）「言外之意」、含蓄蘊藉──經由典範詮釋建構的古典詩本質

古典詩學常見「言外之意」、含蓄蘊藉的詮釋與創作傳統，在古典二大詮《詩》範型中可以見出其觀點的形構與承變之跡。漢代《毛詩》在「詩史合一」詮釋觀點下，常須以語境轉換之法進行詮釋，因而衍生詩文本的「言外之意」、含蓄蘊藉之質。

至宋代朱子詮詩，則因其詩本義的雙重性論述中，對語言與非語言向度的詮釋，使此一詩本質觀得以承續，但實已轉換其觀點形構之質，即由解詩為主體間相互通感之定位而衍生，詩既為主體之感的示現之跡，則「感」

〔註 2〕 此類研究和現代詩小眾化現象之觀察極多，探討現代詩內外部發展的限制，如林燿德：〈世紀末台灣現代詩傳播情境〉，收入《世紀末現代詩論集》（台北：羚傑，1995）。在此僅指其詩文本創作意識可能形成的內部侷限。

難以用語言全然指實固定，故詩便因而有微婉玄祕之質，亦有所謂「言外之意」。

　　然而此種在古典蔚爲主流的詩本質，在現代已不被視爲詩文本主要性質，原因在於促成此特質生成的詮釋語境和意識已然消失，詮詩方法也已改頭換面所致。

四、詮釋典範對中國詩學方法學與工夫論的建構

　　上述古今詮詩典範以其典範性亦對中國詩學方法學上產生示範效應，故其在方法學上的建構往往亦喻示後世詩學方法的發展，其所形成的重要詮詩方法，主要可分以下幾點加以說明：

（一）比附與引譬連類爲中國詩學詮釋傳統的基本詮釋方法

　　雖說在五四典範影響下，比附總因其逸出文本基本範圍，常被視爲謬誤的詮釋方法，但經本研究探討結果，即如五四文人和其詮釋範型亦不脫此一方法，足證我們應該正視比附做爲一種詮釋方法的存在，意即可以對之進行思考、解析和評價，但不應先視其爲謬，即排除其詮釋方法的性質，據前述研討事實而言，應承認比附與引譬連類爲中國詩學詮釋傳統中一種基本且重要的詮釋方法，此種方法目的在於使欲強調的價值意義面向，得以因某種合理性的建構下，繫連依附在詩文本之中而成爲詩之意義生成主體。

　　此種非符合現代人文本觀和作者觀的詮釋方法，有其上古歷史情境和文化觀點的形成背景，不應依現代文化觀點即斥其爲非，而可藉著先予以價值中立的定位，思考其構義方法特質和合理性的建立，再反思其可能問題及限制。此則有待於進一步的研究。

（二）「詩史合一」詮釋方法至詩史詮釋方法

　　漢代《毛詩》所建立「詩史合一」模式的方法學沿襲先秦以來引詩賦詩等「開放性文本觀」，在詮釋方法上轉而發展出比附與引譬連類爲主的基本模式，以完成王化之跡在詩文本的意義具現，是爲「詩史合一」詮釋方法的形構，並由之發展爲後世文學與文學批評中常見的詩史詮釋方法，奠定其概念及詮釋方法上的基礎，此種詮釋方法主要導向強調詩文本意義在社會性及交流性上的意義脈絡，尤其是在王化之跡的語境下，呈現上下交流的價值合理性，以及在詩文本能具現個體感發轉化至王化興衰之跡的意義面向。

（三）從主體感通到品鑒人格的「詩可以觀」方法學建構

宋代《詩集傳》等朱子詮詩論述建立一套「觀詩即觀人」的方法學，意欲追返孔子以詩做爲個人主體感發的用詩面向，又保留王化之跡的詮釋背景，因而呈現回歸文本以觀個人情性感發正邪，再轉至以聖人本意爲準的價值分判，成爲觀詩即觀人品格的特殊詩學方法。並由「觀」的方法進一步提煉出語言和非語言義的解詩方法論。

詩文本意義由此一詮釋方法形構下，爲後世文學與文學批評中常見的主體感通以品鑒人格的詮釋方法，此種詮釋方法雖不否定王化之跡做爲詮釋背景和意義價值來源之一，主要詮釋導向已轉而強調詩文本意義在聖俗主體感通交流性上的意義脈絡，觀個人主體於詩文本感發的合理性及其修養狀態，詩文本詮釋方法裡的社會性面向並未消失，但必先建立在個人主體修證的基礎上，即內聖以通向外王的觀詩方法。

（四）「詩可以興」詮釋與實踐合一的工夫——「諷詠涵濡」與「興於詩」的主體解悟方法與行動

基於前一方法的建構，朱子由「觀」的方法進一步提煉出語言和非語言義的解詩方法論。即此種感通模式的詮詩方法，必從詩語言轉換到非語言的感通模式，才可確實完成觀人以品鑒人格。故其轉換的關鍵方法在「諷詠涵濡」，以詩文本的反覆諷誦、反覆體味的過程，使個人主體轉換至一種虛待而能動的意識狀態，從而能確實與詩文本中的另一主體產生感通，由之解悟詩文本中人格典範所示現的理想價值，以至於讀詩者能「興」起價值踐履行動，此即爲「詩可以興」的工夫論。乃爲成熟地結合身心修煉與詩之特質，所完成一套具有認識論意涵的儒家詩學方法論。因而此一詮詩方法充分具現儒家在詩學方法開展的特殊性，亦表示中國詮詩方法與西方現代詩學的異質性。

（五）與現代民謠比附共構的詩歌俗民化詮釋法

五四詮詩範型建構的詩文本詮釋方法，主要特質在於回歸文本與現代民歌比附共構，即看似以個人自我抒情爲中心，而欲回歸文本以證詩文本爲個人自我感發抒情之意，此爲其詩本義構成的基本預設。但在「俗民原型觀」的價值推動下，此一詮釋方法轉而與現代民歌比附共構，從而發生一種以現代式引譬連類進行詮釋的方法和現象，使個人抒情必轉向集體俗民形象的價值詮釋，因而並非回歸文本，而仍是轉向詮釋者本意，現代詮釋者的文化意

識與價值反成主導詩本義構成的主體，使其詮釋上古詩文本多以鄙俗化爲尚；且因其古今對立、雅俗二元對立的詮釋原則，上古詩歌（尤其「國風」部分）多被視同現代俗民歌謠之質而進行詮釋，因而在意義詮釋上，常導向愛情詩和怨刺詩的詮釋，詩體分類方法亦以此類題材爲分類標準。

　　總結而論，中國古今三大詮《詩》範型在典範轉移中所示現的文化意義、文本觀及存在闡釋的界域雖有其變，然亦顯明諸多重要的承續關係及特質，呈現中國傳統詩學的特質及特殊性，藉此以期做爲反思中國傳統詩學研究視域的基礎；依此而言，現今習於將經學、文學切分的研究框架，似不易於呈現中國傳統詩學意義及方法上的多元性，如何重新思考《詩經》詮釋研究的模式，乃至省思中國傳統詩學的基本視域，皆爲有待進一步研討的重大課題。

參考書目

一、古　籍

1. 毛亨傳，鄭玄箋：《毛詩》（北京：北京書局，1990 年）。

2. 毛亨傳，鄭玄箋，孔穎達疏：《毛詩正義》，收錄於《十三經注疏・第 3 冊》（台北：藝文印書館，1989 年。）

3. 王世貞：〈讀《韓詩外傳》〉，收錄於王世貞：《弇州山人四部稿・卷 112》（萬曆五年世經堂刻本）。

4. 方玉潤：《詩經原始》（北京：中華書局，1986 年）。

5. 朱熹：《四書集註》（北京：中華書局，1983 年 10 月）。

6. 朱熹：《朱子文集》，卷三九，收入朱傑人等編：《朱子全書》第二十三冊（上海：上海古籍，2002 年）。

7. 朱熹：《朱子語類（四）》，收入朱傑人等編：《朱子全書》第十七冊（上海：上海古籍，2002 年）。

8. 朱熹：《詩集傳》，收入朱傑人等編：《朱子全書》第一冊（上海：上海古籍，2002 年）。

9. 朱熹：《詩傳綱領》，收入朱傑人等編：《朱子全書》第一冊（上海：上海古籍，2002 年）。

10. 邢昺疏：《論語注疏》，收入中華書局編輯部編：《唐宋十三經》第四冊（北京：中華書局，1998 年 11 月），頁 13。

11. 姚際恆：《詩經通論》（台北：育民出版社，1979 年）。

12. 班固撰：顏師古注：《漢書》（北京：中華書局，1962）。

13. 范曄撰，李賢等注：《後漢書》（北京：中華書局，1965 年）。

14. 陳奐：《詩毛氏傳疏》，收入《皇清經解續編・第 12 冊》（台北：藝文圖

書館，1966 年）。

15. 陳澧：《東塾讀書記》（台北：廣文書局，1970 年）。

16. 劉向撰，向宗魯校證：《說苑校證》（北京：中華書局，1987 年）。

17. 趙順孫：《四書纂疏》（台北：世界書局，1986 年）。

18. 鄭玄注：《禮記鄭注》（台北：新興書局，1979 年）。

19. 鄭樵：《六經奧論》（台北：台灣商務，1983 年）。

20. 鄭樵：《通志》（台北：世界書局，1986 年）。

21. 魏源：《詩古微》，收錄於《續修四庫全書・第 77 冊》（上海：上海古籍，1995 年）。

22. 龔橙：《詩本誼》，收錄於《續修四庫全書・第 73 冊》（上海：上海古籍，1995 年）。

二、專著及專著論文

1. 王汎森等：《中國近代思想史的轉型時代》（台北：聯經，2007 年）。

2. 王汎森：《中國近代思想與學術的系譜》（常春：吉林出版集團，2011 年）。

3. 王汎森：《古史辨運動的興起：一個思想史的分析》（台北：允晨，1987 年）。

4. 王汎森：《近代中國的史家與史學》（上海：復旦大學出版社，2010 年）。

5. 王冠懿：《唐宋詩史說研究》，（成功大學中國文學研究所碩士論文，2007 年）。

6. 本田成之：《中國經學史》（上海：中華書局，1935 年）。

7. 本傑明・史華茲（Ben Jamin I. Schwartz）著，王中江編：《思想的跨度與張力：中國思想史論集》（鄭州：中州古籍，2009 年）。

8. 本傑明・史華茲（Ben Jamin I. Schwartz）著，程鋼譯：《古代中國的思想世界》（南京：江蘇人民，2004 年）。

9. 本傑明・史華茲（Ben Jamin I. Schwartz）著，葉鳳美譯：《尋求富強：嚴復與西方》（南京：江蘇人民，1996 年）。

10. 田旭東：《二十世紀中國古史研究主要思潮概論》（北京：中華書局，2003 年）。

11. 吉川幸次郎：《中國詩史》（上海：復旦大學出版，2001 年）。

12. 朱守亮著：《詩經評釋》（台北：學生書局，1984 年）。

13. 朱自清：《朱自清古典文學論文集》（上海：上海古籍，2009 年）。

14. 朱自清：《詩言志辨》（上海：華東師範大學出版社，1996 年）。

15. 何定生：《《詩經》今論》（台北：商務印書館，1973 年）。

16. 余英時：《中國近代思想史上的胡適》（台北：聯經，1984 年）。

17. 余英時：《朱熹的歷史世界：宋代士大夫政治文化的研究》（北京：三聯書店，2004 年）。

18. 余英時：《五四新論：既非文藝復興，亦非啟蒙運動》（台北：聯經，1999 年）。

19. 余英時：《史學與傳統》，（台北：時報，1982 年）。

20. 余英時：《宋明理學與政治文化》（長春市：吉林出版集團，2008 年）。

21. 余英時：《重尋胡適歷程：胡適生平與思想再認識》（上海：上海三聯書店，2012 年）。

22. 余英時著，沈志佳編：《余英時文集第二卷：中國思想傳統及其現代變遷》（桂林市：廣西師範大學出版社，2004 年）。

23. 余英時著，程嫩生、羅群等譯：《人文理性的中國》（上海：上海古籍出版社，2007 年）。

24. 余培林著：《詩經正詁》（台北：三民書局，1993 年）。

25. 吳宏一著：《白話詩經》（台北：聯經，1993 年）。

26. 吳萬鐘：《從詩到經——論毛詩解釋的淵源及其特色》（北京：中華書局，2001 年）。

27. 吳銳編：《後古史辨時代之中國古典學》（台北：唐山，2006 年）。

28. 邢義田：《天下一家——皇帝、官僚與社會》（北京：中華書局，2011 年）。

29. 朱漢民、肖永民著：《宋代《四書》學與理學》（北京：中華書局，2009 年）

30. 李家樹：《《詩經》的歷史公案》（台北：大安，1990 年）。

31. 杜維明著，錢文忠、盛勤譯：《道、學、政——論儒家知識分子》（上海：上海人民出版社，2000 年）。

32. 亞羅斯拉夫・普實克（Jaroslav Prušek）著，郭建玲譯：《抒情與史詩：現代中國文學論集》（上海：上海三聯書店，2010 年）。

33. 周予同著，朱維錚編：《周予同經學史論著選集（增訂版）》（上海：上海人民出版社，1996 年）。

34. 周振甫：《詩經譯注》（北京：中華書局，2006 年）。

35. 周策縱：《五四運動史》（台北：龍田，1980 年）。

36. 周策縱：《五四與中國》（台北：時報，1979 年）。

37. 周忠元：《二十世紀上半葉的「俗文學研究」》，（濟南：山東人民出版社，2012 年 12 月）。

38. 屈萬里著：《詩經詮釋》（台北：聯經，1983 年）。

39. 林毓生：《中國傳統的創造性轉化》（北京：三聯，1988 年）。

40. 林毓生：《思想與人物》（台北：聯經出版公司，1983 年）。

41. 林毓生著，穆善培譯：《中國意識的危機：五四時期激烈的反傳統主義（增訂再版本）》（貴陽：貴州人民出版社，1988 年）。

42. 林毓生：《政治秩序與多元社會：社會思想論叢》（台北：聯經，1989 年）。

43. 林燿德：〈世紀末台灣現代詩傳播情境〉，收入《世紀末現代詩論集》（台北：羚傑，1995）。

44. 林維杰：《朱熹與經典詮釋》（上海：華東師範大學出版社，2012）。

45. 侯外廬編：《中國思想通史·卷 2》（北京：人民出版社，1957 年）。

46. 俞平伯：《俞平伯全集》（石家莊市：花山文藝出版社，1997 年）。

47. 胡適：《胡適古典文學研究論集》（上海：上海古籍，2013 年 1 月）。

48. 威廉·詹姆斯（William James），蔡怡佳譯：《宗教經驗之種種》（台北：立緒，2001 年）。

49. 洪湛侯：《詩經學史》（北京：中華書局，2002 年）。

50. 耶律亞德（Mircea Eliade）著，楊儒賓譯：《宇宙與歷史——永恆回歸的神話》（台北：聯經，2000 年）。

51. 夏傳才：《詩經研究史概要（增注本）》（北京：清華大學出版社，2007）。

52. 徐復觀：《中國經學史的基礎》（台北：學生書局，1982 年）。

53. 徐復觀：《兩漢思想史》（台北：學生書局，1985 年）。

54. 高亨：《詩經今注》（台北：漢京文化，1984 年）。

55. 郭沫若著作編輯委員會編：《郭沫若全集·文學編第五卷》（北京：人民文學出版，1984 年 6 月），頁 159～161。

56. 婁子匡編：《中國民俗志》浙江篇（一）（台北：東方文化供應社，1970 年）。

57. 婁子匡編：《民俗週刊》第一冊（台北：東方文化供應社，1970 年）。

58. 張亨：《思文之際論集：儒道思想的現代詮釋》（北京：新星出版，2006 年）。

59. 張宏生：〈朱熹《詩集傳》的特色及其貢獻〉，收錄於林慶彰編：《中國經學史論文選集·下冊》（台北：文史哲，1993 年），頁 246～256。

60. 張京華著：《古史辨派與中國現代學術走向》（廈門：廈門大學出版社，2009 年）。

61. 張忠棟，李永熾，林正弘主編：《教育獨立與學術自由——現代中國自由主義資料選編：紀念「五四」八十週年》（台北：唐山，1999 年）。

62. 張海晏：〈經典崇拜與道德自覺——朱熹的詩學思想〉，收錄於姜廣輝主

編：《中國經學思想史‧第三卷》（北京：中國社會科學，2003 年），頁
783～815。

63. 張海晏：《《詩經》在漢代的教化功能——齊魯韓毛四家《詩》學合論》
收錄於《經學今詮初編——中國哲學第 22 輯》（瀋陽：遼寧教育出版社，
2000 年 6 月），頁 334～374。

64. 張暉：《中國「詩史」傳統》（北京：三聯，2012 年）。

65. 張豐乾：《《詩經》與先秦哲學》（北京：北京大學出版社，2009 年）。

66. 莫礪鋒：《朱熹文學研究》（南京：南京大學出版社，2000 年）。

67. 許倬雲：《我者與他者——中國歷史上的內外分際》（北京：三聯書店，
2010 年）。

68. 許倬雲著，鄒水杰譯：《中國古代社會史論：春秋戰國時期的社會流動》
（桂林：廣西師範大學出版社，2006 年）。

69. 郭萬金編：《《詩經》二十講》（北京：華夏出版社，2009 年）。

70. 陳平原：《中國現代學術之建立：以章太炎、胡適之為中心》（北京：北
京大學出版社，1998 年）。

71. 陳其泰，張京華主編：《古史辨學說評價討論集：1949～2000》（北京：
京華出版，2001 年）。

72. 陳岸峰：《疑古思潮與白話文史的建構：胡適與顧頡剛》（濟南：濟魯書
社，2011 年）。

73. 陳桐生：《禮化詩學——詩教理論的生成軌跡》（北京：學苑出版社，2009
年）。

74. 陳榮捷：《朱學論集》（台北：臺灣學生，1988 年）。

75. 陳榮捷著：《近思錄詳註集評》（上海：華東師範大學出版社：2007 年）。

76. 陳壁生編：《國學與近代經學的解體》（桂林：廣西師範大學，2010 年）。

77. 陳思和主編：《中國當代文學史教程》（上海：復旦大學出版，1999 年 9
月），頁 167。

78. 程俊英，蔣見元著：《詩經注析》（北京：中華書局，1991 年）。

79. 黃忠慎：《朱子《詩經》學新探》（台北：五南，2002 年）。

80. 黃俊傑、楊儒賓編：《中國古代思維方式探索》（台北：正中書局，1996
年）。

81. 黃俊傑：《東亞儒學史的新視野》（台北：喜瑪拉雅基金會：2001 年）。

82. 黃俊傑編：《傳統中華文化與現代價值的激盪與交融》（一）（二）（台北：
喜瑪拉雅，2002 年）。

83. 黃俊傑編：《中日《四書》詮釋傳統初探》（台北：國立臺灣大學出版中
心：2004 年）。

84. 黃俊傑編：《東亞儒者的四書詮釋》（台北：台大出版中心，2005年）。

85. 黃俊傑：《孟學思想史論》卷二（台北：中研院文哲所，2006年12月），頁183～185。

86. 黃俊傑，林維杰編：《東亞朱子學的同調與異趣》（台北：國立台灣大學出版中心，2007年）。

87. 彭國翔：《儒家傳統：宗教與人文主義之間》（北京：北京大學出版社，2007年）

88. 董作賓、徐芳主編，婁子匡校纂：《北京大學歌謠週刊》第一至三冊（台北：東方文化書局，1970年）。

89. 楊晉龍：〈《詩經》的形成與流傳初探〉，收錄於林慶彰，蔣秋華主編：《經典的形成、流傳與詮釋》（台北：學生書局，2007年），頁121～189。

90. 楊晉龍：《明代《詩經》學研究》，台灣大學中國文學研究所博士論文，1997年6月，頁331～337。

91. 楊國榮：《實證主義與中國近代哲學》（台北：五南，頁222～225）。

92. 漢斯－格奧爾格‧加達默爾（Hans-Georg Gadamer）著，洪漢鼎譯：《真理與方法：哲學詮釋學的基本特徵》（台北：時報文化，1993年）。

93. 裴普賢：《《詩經》研讀指導》（台北：東大圖書，1978年）。

94. 裴普賢編撰：《詩經評註讀本》（台北：三民書局，1982年）。

95. 趙沛霖：《現代學術文化思潮與《詩經》研究：二十世紀《詩經》研究史》（北京：學苑出版社，2006年）。

96. 趙沛霖：《《詩經》研究反思》（天津：天津教育出版，1989年）。

97. 劉立志：《漢代《詩經》學史論》（北京：中華書局，2007年）。

98. 劉長林：《中國系統思維》（北京：中國社會科學出版社，1990年）。

99. 劉述先：《朱子哲學思想的發展與完成》（台北：學生書局，1982年）。

100. 劉毓慶：《從經學到文學：明代《詩經》學史論》（北京：商務，2001年）。

101. 劉毓慶、郭萬金：《從文學到經學——先秦兩漢《詩經》學史論》（上海：華東師範大學出版社，2009年）。

102. 滕志賢注譯：《新譯詩經讀本》（台北：三民書局，2000年）。

103. 蔣年豐：《文本與實踐（一）：儒家思想的當代詮釋》（台北：桂冠，2000年）

104. 蔡英俊：〈「修辭立其誠」：論先秦儒家的語用觀——兼論語言活動與道德實踐真偽的問題〉，收錄於鄭毓瑜編，《中國文學研究的新趨向——自然、審美與比較研究》（台北：台灣大學出版中心，2005年9月），頁82～139。

105. 鄭振鐸著，鄭爾康編：《鄭振鐸全集》（石家莊市：花山文藝出版社，1998年）。

106. 鄭毓瑜:《引譬連類——文學研究的關鍵詞》(台北:聯經,2012 年)。

107. 魯迅:《集外集》(北京:人民文學,1973 年)。

108. 魯洪生:〈關於朱熹賦比興理論的幾點考辨〉,收錄於《第四屆《詩經》國際學術研討會論文集》(北京:學苑出版社,2000 年),頁 1274～1285。

109. 錢穆:《朱子新學案(四)》(台北:三民書局,1989 年)。

110. 錢理群,溫儒敏,吳福輝:《中國現代文學三十年》(北京:北京大學出版社,1998 年)。

111. 饒宗頤:《中國史學上之正統論》(上海:上海遠東出版社,1994 年)。

112. 顧頡剛:《當代中國史學》(瀋陽:遼寧教育出版,2006 年)。

113. 顧頡剛編:《古史辨》第一至七冊(台北:藍燈文化,1993 年)。

114. 顧頡剛等輯,王煦華整理:《吳歌甲集·吳歌小史》(南京:江蘇古籍出版社,1999 年 8 月)。

115. 龔鵬程:《傳統·現代·未來——五四後文化的省思》(台北:金楓出版,1989 年)。

116. 龔鵬程:《詩史本色與妙悟》(台北:學生書局,1986 年)。

117. 龔鵬程:《文化符號學》(台北:學生書局,1992 年)。

118. 龔鵬程主編:《讀經有什麼用:現代七十二位名家論學生讀經之是與非》(上海:上海人民出版社,2008 年)。

119. 顏崑陽先生:《六朝文學觀念叢論》(臺北市:正中書局,1993 年 02 月)。

120. 顏崑陽先生:〈從〈詩大序〉論儒系詩學的「體用」觀——建構「中國詩用學」三論〉,收入國立政治大學中文系所主編:《第四屆漢代文學與思想學術研討會論文集》(台北市:新文豐,2003 年 4 月),頁 287～324。

121. 顏崑陽:《李商隱詩箋釋方法論:中國古典詮釋學例說》(台北:里仁,2005 年)。

122. 顏崑陽:〈「文學自覺說」與「文學獨立說」之批判芻論〉,收錄於許文齡等編:《慶祝黃錦鋐教授九秩嵩壽論文集》(台北:洪葉文化公司,2011 年 6 月),頁 917～946。

123. Van Zoeren, Steven Jay(1991). *Poetry and personality: Reading, ecegesis, and hermeneutics in traditional China.* Stanford, Calif.: Stanford University Press。

三、期刊論文

1. 王德威:〈現代中國文學理念的多重緣起〉,《政大中文學報》第 13 期,頁 1～20。

2. 王龍:〈朱熹《詩集傳》賦比興標詩探微〉,《貴州大學學報(社會科學版)》

第 1 期（2008 年），頁 37～41。

3. 車行健：〈陳古諷今與毛詩序的歷史詮釋〉，國科會專題研究計畫成果報告，2011 年 9 月。

4. 朱孟庭：〈民初《詩經》白話註譯的發展——以疑古思潮建構文學性質的影響爲論〉，《臺北大學中文學報》10 期（2011 年 9 月），頁 27～66。

5. 周延良：《《詩經》學案與儒家倫理思想研究》（北京：學苑出版社，2005 年 2 月）。

6. 姜龍翔：〈論朱子《詩集傳》對二〈南〉修齊治平之道的開展〉，《清華中文學報》第 7 期（2012 年），頁 61～105。

7. 袁長江：〈說《韓詩外傳》〉，《中國韻文學刊》，第 1 期（1996 年），頁 10～14。

8. 梅廣：〈釋「修辭立其誠」：原始儒家的天道觀與語言觀——兼論宋儒的章句學〉，《台大文史哲學報》第 55 期（2001 年），頁 217～238。

9. 莫礪鋒：〈從經學走向文學：朱熹「淫詩」說的實質〉，《文學評論》第 2 期（2001 年），頁 79～88。

10. 張鴻愷：〈從詩教傳統論《詩經》「風雅正變」〉，《詩經研究叢刊·第 18 輯》，中國詩經學會，河北師範大學編（2010 年 5 月），頁 103～122。

11. 許紀霖：〈「五四」的歷史記憶：什麼樣的愛國主義？〉，《讀書》第 5 期（2009 年）。

12. 許紀霖：〈「少數人的責任」：近代中國知識分子的士大夫意識〉，《近代史研究》第 3 期（2010 年）。

13. 許紀霖：〈作爲社會運動的「五四」〉，《學術月刊》第 5 期（2009 年）。

14. 許紀霖：〈近代中國政治正當性之歷史轉型〉，《學海》第 5 期（2007 年）。

15. 許紀霖：〈近代中國政治正當性的價值衝突和內在緊張〉，《華東師範大學學報（哲學社會科學版）》第 1 期（2008 年）。

16. 許紀霖：〈近代中國政治正當性的價值衝突和內在緊張〉，《華東師範大學學報（哲學社會科學版）》第 1 期（2008 年）。

17. 許紀霖：〈個人主義的起源——"五四"時期的自我觀研究〉《天津社會科學》第 6 期（2008 年）。

18. 許紀霖：〈國本、個人與公意——五四時期關於政治正當性的討論〉，《史林》第 1 期（2008 年）。

19. 許紀霖：〈國本、個人與公意——五四時期關於政治正當性的討論〉，《史林》第 1 期（2008 年）。

20. 許紀霖：〈從尋求富強到文明自覺——清末民初強國夢的歷史嬗變〉，《復旦學報（社會科學版）》第 4 期（2010 年）。

21. 許紀霖：〈現代中國的民族國家認同〉，《世界經濟與政治論壇》第 6 期（2005 年）。

22. 許紀霖：〈現代中國的自由民族主義思潮〉，《社會科學》第 1 期（2005 年）。

23. 許紀霖：〈普世文明，還是中國價值？──近十年中國的歷史主義思潮〉，《開放時代》第 5 期（2010 年）。

24. 陳志信：〈詩境想像、辭氣諷詠與性情涵濡──《詩集傳》展示的詩歌詮釋進路〉，《漢學研究》第 129 卷第 1 期（2011 年），頁 1～34。

25. 陳志信：〈理想世界的形塑與經典詮釋的形式──以朱熹《詩集傳》對〈二南〉的詮釋為例〉，《漢學研究》第 21 卷第 1 期（2003 年），頁 279～306。

26. 陳志信：〈倫理神話的形構──以《毛傳鄭箋》的詮釋體系析論經學運作的形式與意義〉，國科會專題研究計畫成果報告，2005 年 10 月。

27. 陳逢源：〈先秦聖賢系譜論述與儒學歷史意識──朱熹道統觀之淵源考察〉，《中央大學人文學報》第 41 期（2010 年），頁 1～64。

28. 黃錦樹：〈文與現代性：俗的發現〉，國科會專題研究計畫成果報告，2006 年 9 月 27 日。

29. 彭維杰：〈朱熹「淫詩說」理學釋義〉，《國文學誌》第 11 期（2005 年），頁 63～83。

30. 鄔其昌：〈論朱熹「諷誦涵泳」的心理流程──朱熹《詩經》詮釋學美學詮釋方式研究之一〉，《湖北大學學報（哲學社會科學版）》第 32 卷第 6 期（2005 年），頁 645～649。

31. 趙繼承：〈從「依經立義」到「以經證義」──試論古典詩學「《詩經》話語模式」的蛻變〉，《中國韻文學刊》，第 1 期（2012 年）。

32. 劉毓慶、郭萬金：〈〈詩小序〉與詩歌「美刺」評價體系的確立〉，《太原師範學院學報（社會科學版）》第 6 卷第 6 期（2007 年）。

33. 鄭毓瑜：〈詮釋的界域──從詩大序再探抒情傳統的建構〉，《中國文哲研究集刊》第 23 期（2003 年）。

34. 顏崑陽先生：〈從「言意位差」論先秦至六朝「興」義的演變〉，《清華學報》新 28 卷第 2 期，頁 143～172（1998 年）。

35. 顏崑陽先生：〈中國古代原生性「源流文學史觀」詮釋模型之重構初論〉，《政大中文學報》第 15 期（2011 年）。

36. 顏崑陽先生：〈論先秦「詩社會文化行為」所展現的「詮釋範型」意義〉，《東華人文學報》第 8 期（2006 年）。